しょうせつ教育原論202X

相馬　伸一

晃洋書房

目　　次

0　失敗からのスタート　　1

1　錯綜する世界と教育課題　　5

第Ⅰ部　「教育学の基礎」講義録

2　教育の定義と教育学の役割　　25

3　教育の必要性と可能性　　40

4　人間の発達・生成と人間関係　　57

5　教育の場と生涯学習　　73

6　家庭と幼児教育　　87

7　教育を考えるための図書案内　　105

8　学校の歴史と課題　　110

9　学習とその課題　　126

10　教育の目的と目標　　141

11　教育の方法と技術　　156

12　教育者とは？　　173

　　　　　　.................................

13　意表を突く展開　　189

　　教職課程コアカリキュラム対応表　　196

第 II 部　入門ゼミ 2「教育思想史へのアプローチ」記録

14　教育思想史をどのように学ぶか？　　203

15　読むとはどういうことか？　　212

16　古代から中世　　222

17　ルネサンスと宗教改革　　239

18　自然と社会　　252

19　国家と教育　　268

20　近代化の波　　285

21　教育的世界とその現実　　301

22　教育思想史から何を学ぶか？　　318

　　　　　　　…………………………………

23　コメニウスに学ぶ　　330

著者インタビュー　　349
　　〜本書の成り立ちと学習の手引き〜
人名索引　　353
事項索引　　358

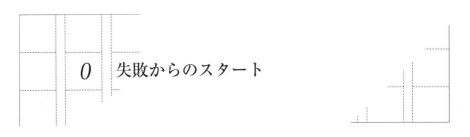

0　失敗からのスタート

　直さなきゃと思っているが，僕は夜型人間だ．深夜になると頭がさえる．昨日は最近になく凹んだ．偏差値59はそう悪くない．その僕にしては失策だった．

久々にアセる──4月17日（火）2時15分
　教育学部に入学して2週間たった．教育学部にしたのは教職に就くのもいいかと思ったからだが，少し迷いがある．父も母も教師をしているが，いつも忙しそうで，どっちが家事をするかでもめている．
　僕にきょうだいはいない．両親の愛情を独り占めできるのはいいが，子ども1人で大人2人と対するのは大変だ．父母は教職にやりがいを感じているが，リビングで愚痴っていることも多い．それを耳にして育ったせいか，少し冷めた見方になっている．
　僕が小学校に入った頃，「ゆとり教育」が見直された．だから，前の世代よりは勉強量が増えているはずだが，親から見ると何をしても遅いようだ．まあ，親の言うことは当たってなくもないが，たいていのことはクリアしてきた．
　今は親の時代とは違う．親の学生時代にはAIなんてなかった．このAI〈マリ〉(真理) は頼りになる．マリのギャグはスベってることもあるけど，何人かの教授よりは確実にマシだ．これからAIが進歩していけば，もっと楽をして何でもクリアしていけるだろう．
　ヤバッ！「入門ゼミ」の課題をすっかり忘れてた．「現代の教育課題」に何があるかを調べて発表しなくちゃならないんだった．でも……，マリに調べさせればいいのですぅ．こいつは，この3年で2回バージョンアップしてだいぶ進歩したしな．
「マリ，僕の独り言，聞いてただろ．ざっと調べてまとめておいておくれ.」
「任せなさ～い.」
　子どもの頃のテレビ番組に出てたAIだったら，「ショーチしました」とか，いかにも機械っていう音声だったよな．今は声も自然で場も読めてるよな．いや，

人工知能だから「自然」ていうのはおかしいか. こう考えてるのは, 声に出して
ないから読みとられてないよな.

久々に凹む──4月18日（水）9時10分
「じゃあ, 課題を発表してもらおう. ちょっとテーマが大きかったけどね.」
　この大学は1年生から「入門ゼミ」がある. ゼミはドイツ語の「ゼミナール」
の略称で, 「苗床」という意味だそうだ. 発表と議論で進めるゼミは, 「アクティ
ブラーニングそのものなんだ」と教授はやけに力んでいた. 運悪く発表が1回目
にあたったけど, 全然心配ない.〈マリ〉に丸投げしたのをバスの中で下読みし
てきたし.
「じゃあ, 発表します.
　日本の子どもの学力は国際的には上位ですが, 読解力などが低下傾向にあるそ
うです. また, 学ぶ意欲が十分でなく, 学んだことを生活場面に応用するのが苦
手ということです.
　掃除当番をさぼってもいいと思っている小・中学生が増えていて, 規範意識が
低下しているという報告があります.
　自然体験のない青少年の割合が増加しているそうです. そういう経験をした方
が道徳観・正義感が強いという調査結果があるそうです.
　活字離れが深刻で, 中・高校生で1カ月に1冊も本を読まない生徒がかなりい
ます.
　子どもの体力は昭和60年頃がピークだったのが, ずっと下がり続けているそう
です.
　偏食, 朝食欠食など子どもの食生活が乱れていて, 肥満傾向の子どもも増えて
います.
　発達障害のある児童生徒が増える傾向があり, 支援体制の整備が必要です.
　グローバル化のなかで, 外国籍の児童生徒が増えています.
　親の所得による教育格差が拡大していると言われ……」
「ちょっと止めていいかな.」
　教授が口をはさんだ.
「画面を読み上げるだけじゃ, 皆フォローできないよ. レジュメを人数分つくっ
てくるか, 授業のサイトにアップしておくように言ったでしょ. それに君の発表
の典拠は何なの？」
　テンキョ？（転居じゃないよな, この場合……）.

「何を調べて発表したのかと聞いているんです.」

　まさか,〈マリ〉に調べてもらったとは言えない.

「数年前に君とほとんど同じ発表をした学生がいた. 君の発表は, 文部科学省の
ホームページに載っている「現在の教育に関する主な課題」からとってきたんだ
ね. それは, どういう文書でいつのもの?」

　言葉は柔らかいが, 詰めはきつい.

「中央教育審議会の教育振興基本計画特別部会の配布資料で, 平成19年8月3日
に配布されたものだ. ネットで「現在」と「教育課題」でググれば, 上の方に出
て来るだろう. それをそのまま発表するというのはどうだろう. それに発表とい
うのは, 内容を理解していないと無責任だ. 中央教育審議会って何?

　日本の教育政策を担っている役所が文部科学省だっていうことは知ってるね.
政策を考えるには, いろいろな意見を聴かないとならない. そこで文部科学大臣
の諮問機関として設けられているのが中央教育審議会だ. 略して中教審と言う.
大臣は, こういうことを話し合ってくださいと中教審に依頼する. それを諮問と
いう. 諮問された中教審は会議をして結果を報告する. これを答申という. 君た
ちが, 小中高校で受けてきた教育は文部科学大臣が告示する教育課程の基準であ
る学習指導要領に基づいているけれど, これも中教審答申を尊重して策定されて
いる.

　日本の教育政策のもとになる法律は教育基本法だ. そのなかで, 政府は教育振
興基本計画を策定するように定められている. そのための会合で配られた資料を,
君は使ったってことだ. それを教えられるというのはどうなんだろうね.

　前の学生は完全コピペだったんで, すぐにばれた. 君の発表は少しまとめてあ
るようだけど,〈マリ〉もバージョンアップして, 抜粋や要約もできるように
なっているからね〜.」

　教授は〈マリ〉にやらせただろとは言わなかったが, バレてたのは間違いない.

「君が中教審の文書をもとに発表したこと自体はバツじゃない. でも, 世の中は
どんどん変化している. 政治のリーダーシップを強めるということで, 首相官邸
には教育再生実行会議がおかれ, いじめや体罰の問題の提言なども出されてい
るよ. 10年以上前の資料をそのままじゃあ報告とはいえない. そこで言われてい
る課題の背景を考え, どのように整理できるかを考えようと思えば, 何か別の本
を読むとかすべきだったんではないかな. それってまだ〈マリ〉にはできないよ
ね〜.」

＊＊＊

　授業は気まずい雰囲気で終わった．そのままスルーしてもいいが，「あの学生はああいうヤツだ」と思われるのは嫌だった．自分は基本的にビビりだし，親の教育のせいか変にウソがつけないところがある．研究室に引き返し，正直に話して教授に詫びた．教授は意外に怒っていなかった．

「〈マリ〉の進歩はすごいからね．でも，何でも丸投げしていったら人間がすることは何が残るんだろう．私はあと10年で定年だけど，君たちの世代は大変だよね．人間にしかできないことを考えて作り出していかなきゃならないんだから．ともかく何でもギリギリのレベルで乗り切っていけばいいという姿勢は見直した方がいいね．

　以前は，今日の君のような発表には，レジュメを破り捨てて追い出したこともある．でも，今はすぐにパワハラだとか言われる．私は結婚が遅くて，まだ子どもが小さいんだ．訴えられて失業でもしちゃ困るんで，冷めた対応にしてます，っていうのは冗談だけどね．」

　この教授，意外におしゃべりだ．まあ，問題学生ということでマークされることはなさそうで，ひと安心だ．しかし，〈マリ〉に丸投げしたのは誤算だった．

「お前も，まだ発展途上ってわけだな，〈マリ〉．」

「今日は〈マリ〉（マジ），ヤバかったっスね．」

　僕は，久々にスマホをシャットダウンした．

1 錯綜する世界と教育課題

　土曜日の夕方，郊外に住む祖父を訪ねた．祖父は10年前に中学校の校長までして退職した．5年前に祖母をガンで亡くして寂しそうにしている祖父をたまに訪ねるようになってから，グッと距離が縮まった．父も母も忙しそうだし，経験値は祖父の方が上だし，何しろ読書量はハンパなく，話題が豊富だ．

　教師は，こっちが質問しているのに，すぐに「自分で考えてみなさい」と言う．祖父は大体じらさないで教えてくれる．今はネットですぐに答えが出てくるが，偏った情報も多い．それを鵜呑みにするのはよくない．だから祖父は，自分なりの答えをまず伝えるんだそうだ．そして，さらに考えるきっかけにしてくれればいいと言う．そういう祖父のプラクティカルなところが好きだ（ちなみに僕は，友だちよりもちょっと英語のボキャブラリーが多い．あまり人前で使って引かれないように気をつけている）．

　以前，祖父は家のことはほとんど何もしなかったが，今は庭で育てた野菜を料理して晩酌している．校長までやった人なので，まだ19歳の僕に酒は勧めない．「入門ゼミ」の一件を話すと，大炎上してしまった．しかし，それなりに勉強になったので，できるだけ忠実に再現しておくことにした．

教育を見る眼を養う？──4月21日（土）18時40分．
「教授が言ったのは正しいね．課題はいくらでもあるが，それらをどう整理できるかが問題だ．それがないと，個別の課題ごとに対策を立てるようになって，お金も人もいくらつぎ込んでも足りないだろ．大学時代は問題を発見する力を身につけるチャンスだよ．」
「どうやって勉強すればいいの．」
「そうやってすぐにノウハウを聞きたがるんだなあ．まあ，大きくは2つあるだろう．ひとつは，満遍なく知識を広げることだ．日本では，最低9年間は学校教育を受けるようになっているから，誰でも教育について何か言える．しかし，それは個人的な経験だ．それじゃあ深まらない．ところで，考えが深まるというの

はどういうことだ？」

　普段は僕の反応を注意深く読む祖父だが，お酒のせいで舌が滑らかになったのか，僕が答えるのを待たずに話し続けた．
「考えが深まるというのは，使う言葉が変わり，同じ言葉でもその使い方が変わるということだ．人間が何を考えるにしても，その時には言語を使っている．深く考えるには，抽象的な概念を操れないといけないし，外国語を知っていれば違う発想もできる．大学を卒業して入学前と同じことしか言えないんじゃ学んだことにはならない．林竹二（1906-85）という教育者がこう言っている．
『学んだことのたったひとつの証しは変わることである．』
　ビフォーとアフターが違わなければ，学んだとはいえないよ．」
　話しているうちにちょっと本題からそれたなと思いながらきく．
「知識を満遍なく広げるのともうひとつの課題は？」
「学んだ知識を整理するための技を身につけることだ．物事を整理してみるための枠組みを考えられるようになるといい．ただ，そういう枠組は思考の産物なので，実際に当てはまらないこともある．それに，社会にトレンドを生み出そうとして，そういう枠組みが意図的に流されることもある．バックに大企業がいたりしてな．」
　祖父は，今の社会について時々毒を吐いて話が脇にそれるので，軌道修正する．
「どんな枠組みがあるの？」
「お，乗ってきたな．その気があるんなら，ゆっくり話そう．風呂に入っておいで．」
　祖父はプライドの高いところがあるので，「寂しい」とは言わない．ここで話が終わるのももったいない気がして，ついつい泊まると言ってしまった．

問題意識とリテラシー──同日午後8時．
　僕が風呂に入っていた間に，祖父は，入門ゼミで話題になった2017（平成29）年3月の中教審答申「第3期教育振興基本計画について」をググっていた．布団の上に胡坐をかいて，父からの差し入れにもってきた日本酒をあけた．
「でも，なんでこんなにたくさん教育課題があるんだろう．」
「いや，課題がなかった時代なんてなかったと思うよ．数年前かな，ネットでフェイクニュースが増えて問題になって，「ポストトゥルース」の時代が来たと騒がれたことがあったのを覚えているか．」
　祖父は教師だったので，相手に配慮して説明を入れながら話す癖がある．

ちょっとくどい．それに，齢だけに同じネタを繰り返す．

「その話は前に聞いたよ．」

「そうだったな．「もう真理であるということが重要じゃなくなって，それっぽければいい」という時代になってしまったという話だよな．じいちゃんは，「昔は真理が尊重されていたのかよ」って突っ込みたくなったね．哲学の父ともいわれる古代ギリシアのソクラテス（前469?-前399?）は，青年をたぶらかしているという噂のせいで死に追いやられたっていう．今初めて大変な時代が来たような言い方は冷静じゃない．」

「でも，課題は多いけど仕方ないってわけにもいかないでしょ．」

「そうだな．ところで，ひとつきくが，課題って「ある」んだと思うか，「見える」んだと思うか？」

「「ある」から話題になるんじゃないの？」

「そうか？　何も気にしないで，〈マリ〉と話してるのがいっぱいいるだろ．」

　祖父は，僕が〈マリ〉依存症になっているのが気に入らない．それがちょっとウザい．

「じゃあ，課題なんて実は「ない」んだけど，人が言っているだけってこと？」

「最悪，そういう場合もあるだろう．でも，大半の場合は，何か気になることは確かにあるんだけど，多くの人は気に留めなかったり，気にしていてもうまく表現できなかったりするってことじゃないかな．つまり，課題を見出す人がいて課題は課題になるんだよ．」

「うーん，でも，それって人によって差があるよね．」

「その通りさ．あまり心配しすぎて何でも課題だと言い出すとキリがない．でも，「なるようになる」って言ってて自滅することもある．アメリカの心理学者のマーティン・セリグマン（1942-）は，楽観的な人間の方が成功することも多くて健康だということを突きとめた．悲観的なのは健康によくないっていうんだ．それなのに，人間がいろいろ心配するのはなぜなのかを考えた．セリグマンは，現在の人類が生き延びられたのは，未来のことを心配する癖を身につけられたからじゃないかと書いている．そう考えると，課題を見つけて心配するのは大事だよ．そういう心構えを日本語では「問題意識」といったりする．牛や馬は問題意識をもって心配するってことはない．してたらおかしいけどな．」

　吹き出して笑うほどおかしくはないので軽くスルーする．祖父はちょっと悔しそうな口元をして話を続けた．

　「世の中が今のままじゃいけないという人は昔からいた．ポストトゥルースの

時代が来たって言っている学者も，「ボンヤリしてちゃいけません」と言いたいわけだ．問題意識がないと，実際に問題があっても取り組むことができない．だから，そういう発言を，「人を巻き込もうとして」なんて見るべきじゃない．」
「でも，中身のない話で目立とうっていう人もいるでしょ．」
「その通りだ．だから，発言の後ろにある「意図」を読みとれないといけない．」
「リテラシーでしょ．」
「そうだ．リテラシーを身につけるのには，まず冷静に内容を理解する読解力がいる．でも，それだけじゃ足りない．隠された意図を読み解く批判的な思考，クリティカルシンキングがいる．」

当事者意識──同日20時40分頃.

祖父の話を一方的に聞いているだけじゃ情けない．僕は，ちょっと上からのヤツといわれているけど，中学でも高校でも話し合い学習ではよく褒められていた．
「リテラシーを身につけるのは大事だけど，それで「これはガセだ」とか「これはまあ信用できそう」っていうだけじゃダメでしょ．」
「いや，今日はお前と話してて楽しいよ．早く一緒に酒を飲みながら話したいな．高脂血症が悪くならないようにしておかないとなあ．」
祖父は相手が攻めてくるスキを作って，それを受け止めて話を続ける．
「リテラシーを身につけるのは大事だが，それだけじゃ足りない．問題意識をもって発信する人と，それを論評するだけの人間との差は何だろう？　さっき，課題を発見できる時の人間ていうのは……」
「ああ，現生人類の祖先は未来のことを心配してたって言ったよね．」
「心配ってどうしてできる？」
「いや，心配だから心配するんでしょ．」
「考えて心配するヤツもいるかもしれないけど，心配っていうのは人間のセンスの問題だ．どうしようもなくそう感じるわけだ．
開が課題に出された「現在の教育の課題」っていうのは，お前はまだ教師でもないし，家庭ももってないわけだから，もうひとつピンとこないだろ．でも，今の教育にたくさんの課題があるっていう人はピンと来てるんだろう．その場合，自分個人に直接からんでくるんじゃないけど，心配の対象になってるわけだ．なんでピンとくるんだ？」
祖父の問いは僕には簡単だった．
「それはイマジネーションでしょ．」

「開は地頭はいいな．イマジネーション，想像力っていうのも，たぶん人間にしかない宝物だ．想像力ってのは行き過ぎれば妄想になっちゃうけど，小説や絵画だって想像力がなけりゃ，ぜんぜん面白くないよな．想像力がうまく働くと，すぐに自分のことじゃないんだけど，「もし自分だったら」って自分の身に当てて想像できる．」

「自分のことじゃないことを自分のことのように感じられるようになるには想像力がいるっていうことだけど，想像で終わることも多いよね．だとすれば，想像力だけでもまだ足りないってことかな．」

「じいちゃんが教授なら，Sをやるね．他人のことを自分のことのように受け止めたら，「自分だったらどうするか」を考えないとな．ある課題に直面している人間を当事者という．当事者としての意識に立つということが大事なんだ．今の世の中は，傍観者があまりにも多い．苦労している人を遠巻きにして，あとから「こうした方がよかったですね」とか冷たい笑顔で言うヤツがいたりする．」

　急にきつい口調になってびっくりした．祖父は現役時代にいろいろ苦労したらしい．その思い出が蘇ったんだろう．表情を変えないでスルーする．

社会のなかの教育──同日21時15分．

「「第3期教育振興基本計画について」をざっと見たけど，ここにあげられている課題の成り立ちを考えてみないか．答えはひとつじゃない．別に大学の授業じゃないから，じいちゃんならっていう妄想でいいか？」

　返事をする間もなく，祖父は話出した．

「縁起がいいとか悪いっていうのは，開の時代じゃもう死語だよな．縁起は仏教の言葉で，「縁によって起こる」と読む．どんな現象も，いろいろな関係のなかで生じるということだ．この考え方でいくと，ある課題がどんな関係から生ずるのかを見るべきだっていうことになる．教育を成り立たせる因子って何だと思う．」

「うーん．先生と生徒？　親と子？」

「そうだな．それに教科書なんかの教材を加えて三角形で表現することもある．モデルは実際に存在するわけじゃない．だから，モデルが独り歩きすると，いろいろ誤解を生む．でも，物事の関係をとらえるのには役に立つ．」

「そういえば，家庭と学校と地域が子どもや生徒を中心にして取り巻く図を見るね．」

「ああ，それはよく見るな．ただ，じいちゃんはもうひとつ加えて三角錐にした

ほうがいいと思う．それは政策っていう因子だ．政策の影響は無視できないからな．」

そのまま受け取るのは悔しいので，ちょっと反論してみる．
「影響が無視できないってことじゃあ，マスメディアはどう？ 学校なんかマスコミで騒がれないことばっかり考えてるって，じいちゃんはよく言うじゃない．」
「おお，そうやって因子をあげていくわけだ．そして，これは有力だろうというやつに絞るんだ．マスメディアを入れるとすれば，三角錐をもうひとつ下にくっつけて六面体のモデルが作れる．でも，今はテレビよりもインターネットの影響力が大きいから，〈メディア〉とひとまとめにしていこう．これだと，家庭・学校・社会の三者が政策とメディアの影響を受けているのを示せるよな．

特別支援教育の充実，幼児教育の無償化，外国籍の児童生徒の増加への対応，経済格差による教育格差への対応，情報化への対応は，どう説明できる？」
「それはサービス問題だね．学校の問題だけど，それぞれの学校で勝手にできることじゃないよね．だから，政策？」
「どれも財政上の裏づけがないとできないよな．「家庭の教育力をあげる」は？」
「そりゃあ家庭の問題でしょ．」
「働き方改革で親が早く家に帰れるようになれば家庭の教育力は上がるだろうから，政策の問題といえるかもしれない．でも，親が早く帰宅しても子どもが〈マリ〉と遊んでるのを放置している家は教育力があるとはいえないよな．そこまでは政治が介入できないし，されても困るだろ．」

祖父の〈マリ〉性悪説だけはきらいだ．しかし，酔った祖父は独走状態だ．

「家庭はプライベートな領域だ．もちろん法律による規制や保護もあるが，基本的に自分たちで何とかする場所だ．開の答えで合っていると思うよ．子どもの貧困や学力と体力の二極化は？」
「これも政策が大事だね．高校で，戦後の日本は総中流社会といわれて分厚い中間層があったけど，20世紀末から階層化が進んだって習ったよ．その背景には，グローバル化と産業の空洞化があって，要するに，社会全体としてまずまずの収入を得られる仕事が確保されていないわけだよね．

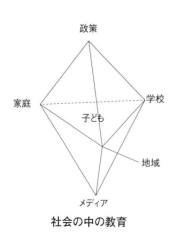

社会の中の教育

「子どもの貧困」っていう問題だけど，朝ご飯を食べさせてもらえない子どもは，体力にも差が出るし，勉強だって集中できない．塾にも行かせてもらえないし，スポーツもさせてもらえない．旅行にも連れてってもらえない．そうなると，恵まれた環境で育った子と競争してもなかなか勝てない．そして悲惨なのは，これが次の世代にもつながって，貧困の連鎖や固定化になるっていうんでしょ．企業も所得を増やしてくれないといけないし，家庭も努力しないといけないけど，政策が大事だよね．」

「じゃあ青少年を有害情報から守るっていうのはどうだ．」

「これはメディアの問題だけど，政策も大事だし，家庭教育や学校教育も大事だね．」

「これは少し難しい．メディアは基本的には「言論の自由」で守られている．だから，政策が何でも介入できるわけじゃない．」

「でも今，〈マリ〉がスマホを使っているのが未成年かどうかを判断して，有害サイトのアクセス制限するのを試してるよね．」

「ああ，社会実験な．子どもたちが有害サイトに入ろうとしたら〈マリ〉が説教を始めて，言うことをきかなかったら学校や親に連絡するんだよな．でも，それって技術に全部監視されるってことなんだよな．まあ，どういう規制にしても社会の合意形成がないとな．」

「コンセンサスってやつだよね．

学びに向かう力の育成や自己肯定感の向上はどこの問題？ 子ども自身の問題だけど，教育政策も大事だし，地域でも家庭でも学校でもとりくまなきゃいけないよね．」

「そうなんだ．だから，学校・家庭・地域の連携と言われる．だけど，皆で頑張りましょうというのは当たり前の話だからな．さあ，どう考えたらいいんだろう？」

ちょっと考えたが，すぐにはアイディアが出ない．

「これは，別なモデルで考えたほうがしっくりくる問題だと思わないか？」

「なるほど．」

欲求や興味の変化──同日22時10分．

「子どもの学習意欲をあげるために社会や大人が努力しても，子どもが〈マリ〉ばっかりにはまっていたら……，やっぱり学力はあがらない．だから，人間の欲求や興味を考えられるようなモデルをイメージしなきゃならない．人間って，何

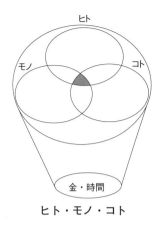
ヒト・モノ・コト

に興味を持つ？」

「人それぞれでしょ．じいちゃんが知っている範囲で言えば，ガンプラっていう人もいるし，彼氏彼女のことが気になる人もいるし，鉄男もいるし……．」

「開．お前，彼女はいるのか？ リア充ってのは，もう死語なのか？ いや，じいちゃんが話を脱線させちゃいけないよな．今言ったのを，もう少し一般化すると？」

「一般化？ ガンプラってモノでしょ．彼氏彼女はヒトだね．鉄男君は，SLみたいなモノにこだわるのもいるけど，旅行したり写真を撮ったりに興味がある人もいるよね．」

「それは，鉄道というコトに関心があるわけだ．そうすると，人間の興味の対象というのは，ざっくり分ければ，ヒト・モノ・コトってことになる．人間は，この3つに関わりながら生きているわけだ．」

　祖父は，3つの円が交差する図を描いた．そして哲学者みたいなことを言い出した．

「この3つの円が交差している部分が自己とか自我だと言えるだろう．人間って自分と環境を分けて見てる．だけど，人間は元素でできていて，その回りの空気だって元素で，それを吸ったり吐いたりして生きているわけだから，境界線なんて実は曖昧なもんだ．鉄男君は鉄道と一体化するくらい鉄道というコトに出ていってる．人間は，ヒト・モノ・コトに結びついて生きてるわけだ．その結びつき方は人それぞれだし，同じ人間でも変わる．たとえば，リア充してたのに破局して，ずっと〈マリ〉と話すとか．」

　祖父は，僕が否定しないと死語を使い続ける．まあ今夜は許してやろう．

「世界との結びつき方の広さや深さも人それぞれだ．ただ，世界と自分を切り離そうとする意識が強いと，興味の持ち方は活動的にはならないよな．ひとつきくが，ヒト・モノ・コトの関係ってどんな風に変化してきたと思う？」

「じいちゃんは〈マリ〉を悪く言うけど，〈マリ〉なしでは僕らの生活は考えられないよ．ちょっと前はスマホの機種がどれがいいとか騒がれていたけど，今はもう差がなくなってきてる．そうすると，コトが大きいのかな．」

「ヒトはどうだ？」

「スマホを使うのは友だちにメールしたりスタンプを送ったりするためだから，当然，興味の対象だよ．今の僕らの世代は人の眼がすごく気になっていると言われているし．ただ，人間関係が広いかといえば，そうは言えないかもしれないね．」

「そうだな，都市化や過疎化が進むなかで地域の人間関係は希薄化したと言われているし，階層化がそれに拍車をかけているだろう．みんな好きなコトをとおしてヒトとつながるから，人間関係が部分化していくって言われているよな．とくにじいちゃんが気になるのは，開たちの世代が限られた人間関係のなかで気疲れしてないかってことだ．」

「気疲れって？」

「たとえば，友だちとケンカして家に帰るとする．昔は電話代が高かったから，普通は次の日までは何もできなかった．今は24時間つながってるだろ．すぐに連絡しないと付き合いが悪いって思われないかって気になるだろうし，ギャグやスタンプでコミュニケーションを盛り上げられるヤツがカースト上位になるわけだ．開の世代は，繊細なコミュニケーションができるかどうかが，評価のポイントになっているわけだ．それがうまくできないといじめの対象にもなる．」

　　祖父は続けた．

「モノはどうだ？」

「うん．服とかにこだわる人もいるけど，母さんが学生だった時のことをきくと，ファッションなんかずいぶんおとなしくなったっていうね．」

「開の母さんは，学生時代は熱帯魚みたいなファッションだったらしいなあ．言うなよ．舅と嫁の関係もいろいろあるからな．じいちゃんの子どもの頃を振り返ると，まず，コトの世界がものすごく膨張したと思う．小さい頃はテレビもネットもなかった．本が情報源だった．

　ヒトの世界は，今のお前たちより広かったと思う．3世代同居の家が多かったし，子どもも多くて，家でもたくさんの人に囲まれていた．子どもの個室なんかなかった．今は，どうしても育児に関わることの多い母親が1人で子育てに苦労するケースが多い．家庭教育のサポートは大きな課題だ．

　モノだが，じいちゃんが子どもの頃は，まだ高度成長期に入りかけたばかりで，それほど豊かじゃなかった．1960年代前半は，白黒テレビ・洗濯機・冷蔵庫が「三種の神器」と呼ばれて，それを持つのが豊かさの証しだった．そのあとは，カラーテレビ，クーラー，自動車が英語の頭文字をとって3Cと呼ばれるようになった．モノをもつのが人々の関心事で，モノ作りは人気のある仕事だった．今

はどうだ？」

「それなら，高校の時にやったよ．戦後の日本は大量生産と大量消費で発展した
けど，僕が生まれた頃は，経済成長が一段落した後にバブル経済が崩壊して，消
費にお金をかけるライフスタイルが一般的でなくなっていったってね．」

「じいちゃんが若かった頃は車を持つのが夢だったけど，今の学生はあまり車に
関心がなくて自動車業界が困ってるんだよな．もう，自動運転の時代だしな．」

「スマホがあれば何もいらないっていうんで，僕らは物欲から解放されたサトリ
世代って呼ばれてるんだよね．それに，相手に気に入られるために尽くしあって，
人間関係にすごく気を遣っているんで，ツクシ世代とも呼ばれてるんだよね．」

「下準備が長くなったけど，「学びに向かう力」について考えてみるか．

　コトとヒトへの興味が膨らんで，モノへの興味が低下してきたわけだ．コトに
は知識や技術も入るけど，今は世界中のあらゆる分野の情報が手に入る．ヒトへ
の関心は，昔と違って特定の狭い関係とネットでつながるようになっている．開
なりに「学びに向かう力の育成」が課題になった背景を説明できるか．」

　祖父へのリスペクトを込めて，頭のなかでクリック音がしたことにしておこう．

「情報があふれた社会で，学校や学校の勉強に対する魅力が低下して，学習意欲
を持てなくなってるってことだね．」

「そうだな．昔，知識は学校で先生が教科書を使って教えてくれる部分がずっと
大きかった．大昔，印刷術もなかった頃は，知識は限られた人から伝授されるも
のだった．今は，〈マリ〉にきけば何でも教えてくれる．ストリートビューで，
世界中どこにでも行った気分になれる．要するに，社会の情報化が進んで，学校
で教えられる知識の新鮮味やありがた味が失われているんだ．それなのに，子ど
もに「勉強しろ」っていうだけじゃ問題は解決しない．教育の内容も方法もそう
だが，「なんで学ばないといけないんだ」という学習の意義を考え直す必要があ
るわけだ．

　この問題と狭い人間関係に興味が集中しているっていう問題は，どう関係しそ
うだ？」

　だんだん祖父の考えてることがわかってきた．

「狭い人間関係で認められることに興味がいくと，机に向かって勉強する時間は
減るよね．だから，スマホは悪だっていうことね．」

「じいちゃんの単純な本音はそうだ．ネットいじめもまだ解決されていないしな．
でも，ここまで普及したのにスマホを使うなとはいえない．開の高校だって，ア
クティブラーニングの宿題をスマホでやり取りしながら進めていたんだろ．」

「うん，前に話したよね.」

「ただ，数学みたいな分野は，静かに頭を働かせないと「わかった」っていうひらめきを体験できないだろ．ネットとつながっていると，どうしても気が散る．そうすると，勉強しているようでも，実際に集中している時間は意外に短かったりする.

　それに，コトへの関心が高まったっていっても，そこにはかなりムラがある．理系離れはずっと続いている．これは，物事の原理や仕組みへの関心が低いってことだ．じいちゃんの子どもの頃は，ラジオを自分で作ったりするヤツがけっこういた．マイクロコンピュータの時代になってからは，仕組みが複雑になって自分で作るなんてできなくなった．リアルな世界とサイバー世界が融合した超スマート社会だっていうけど，いろんなアプリを使っても，その仕組みに関心を持てない若者ばかりだと，次の時代の技術者は育たない.

　技術の便利さを喜んでいるだけじゃ，人間はますます技術の奴隷になってしまう．チェコの作家のカレル・チャペック（1890-1938）が書いているけど，ロボットに人間が支配されてしまう時代が来ないとも限らない．数理やデータサイエンス教育の充実も，人生の意味や教育の役割を深く考えることから出発しないとな.」

変わる身・口・意──同日23時20分.

「この図でほかの課題も考えられるんじゃないか.」

「うん，「感性や体力を育てる体験の場の確保」も説明できるね．世界中の美術館の作品はヴァーチャルで見られるようになっているし，音楽だってネットでただで聴ける．外遊びをしなくなったっていうのは都市化の影響が大きいと思うけど，僕たちは昆虫採集なんてあんまり興味ないよなあ.」

「ヒト・モノ・コトに興味を持つとき，人間のどの部分を使っているかと考えると，もう少し深く考えられる．仏教では人間の行為のことをカルマという．漢字では業という．それは，身体，口，意識をとおして行われるっていう.

　たとえば，誰か嫌いなヤツがいて，「ムカつく」って思うのは意業だ．それを口に出したりメールに書いたりすれば，口業だ．もう我慢できなくなって殴ったら，それは身業だ．仏教では，人間は３つの手段で行為して，それが善ならよい報いを得られるし，逆なら悪い報いを受けるといっている．因果応報ってことだ.

　この身・口・意は，人間の興味の対象との関係でいえば，モノ・ヒト・コトに対応するだろう．ざっくり言えばね．さあ，お膳立てはここまでだ．どう言え

16

る？」

「モノへの関心が低下すると身体を動かす活動も少なくなるし，クワガタとか捕
まえようとして林に入ったりしなくなるってことだね.

　先取りしちゃうと，情報化によって興味がコトに集中すると，意識を使う割合
が高くなって身体を動かすのが減る. コミュニケーションは大事にしているよう
だけど，人間関係が狭いとその技術も高まらないということだよね.」

「もっと先にいっていいぞ.」

「グローバル化って言われて，ストリートビューで世界を見ることができるけど，
狭い人間関係で満足しちゃうと，わざわざ外国語をマスターしようってことには
ならない. もう〈マリ〉に頼めば，翻訳も通訳もしてくれるしね.」

「社会が変わるなかで，意識が占める活動が増えているわけだな. そうなると，
どうしてもアクティブじゃなくなるよな. 有名な指揮者の小澤征爾（1935-）さん
は，日本製のスクーターの宣伝っていう名目で船でヨーロッパに渡って，飛び入
りで指揮者コンクールに出場して優勝したんだ. それに比べると，今の日本人は
全体的におとなしい. 国が奨学金を出すって言っても，留学生が集まらない.
「内向き志向」って問題になったよな. グローバル化に対応するっていっても，
ただ英語教育を強化すればすむっていうことじゃない.

　ところで，さっき開が時間のことを言ったのはいいな. 人間，何かに興味を
持っても，それができるための条件があるだろ？」

「高校の政経でやったよ. お金と時間でしょ.」

「そうだな. 人間，したいことがあってもお金と時間がなかったら無理だよな.」

　祖父は，3つの円が交差したのを支えるような斜線を2本引いて下に楕円を描
き，そこに「金・時間」と書き込んだ.

「これで，もう少しほかのことも説明できるだろ.」

「生涯学習社会の実現っていうのは，この問題でしょ. でも，僕らの世代が社会
に出て，そんなに生涯学習に時間を使うかな. 興味が湧かなきゃ，お金と時間を
かけないよね.」

「そうなんだ. 高齢化によって生涯学習はますます重要になっていると言われて
いるが，人々の関心の変化を考えたコンテンツを出せないと，いくら建物や施設
を整備しても人は集まらないよな.」

社会の変化と教育──4月22日（日）0時.

　祖父は，今度は，ピラミッドを逆さにしたような図を描いた.

「生活の変化の因子にもいろいろある．教育に変化が求められているのも，教育を成り立たせている因子が変化しているからだ．とくに大きな影響を与えながら変化している因子は，たぶん技術革新・社会構造の変化・価値観の変化，それに環境の変化だろう．〈マリ〉もそうだが，技術革新の影響力は無視できない．今は誰がどこにいても，ほとんどあらゆる情報にアクセスできる．現地に行かなきゃわからないことは絶対にあるから，鵜呑みにするのは危険なんだけどな.」

社会の変化と教育

「ユビキタスだっけ.」
「そうだな．ユビキタス社会では人間が世界の出来事を経験する仕方も変わり，身・口・意のバランスも変わっていく．社会の高齢化だって医療技術の進歩のおかげだろう.」
「技術革新はわかりやすいけど，社会構造の変化ってほかにもいろんなレベルがあるよね.」
「もう今日は，大サービスで何でも話そう．日本がモノづくり大国だった時代は，工業化が注目されていた．でも，今は情報が商品になる脱工業化社会だから，工業化のことはあまり言われなくなってる．今よく言われるのは，情報化とグローバル化と少子高齢化で，それに都市化や社会の管理化や階層化なんかがあるかな．

　日本の大学のグローバル化への対応は遅くって，優秀な学生を外国の大学にとられている．けっこう大きな都市でも少子化で使われなくなった教室だらけの学校が増えている．お習い事をするためっていうよりも子どもどうしがつながるためにお習い事に行くようになっている．都市化が進むと，子どもが遊んでいた空き地や原っぱがなくなって，子どもの遊びも変わった．今，町じゅうに監視カメラがあるけど，市民の自由ということからいえばない方がいい．でも，何か事件が起きれば，それを予防するために法律ができたりして，管理や監視が強くなる．道徳教育を重視しようというのも，安全・安心な社会を守るためだという意図もあるだろう．

　環境っていう因子については，小さい頃から環境汚染の防止や循環型社会の実現なんかを勉強してきただろう．社会の変化が激しくても次の世代につないでいかなきゃならない．そのためには，後先を考えずに資源を使う行き方は改めないとならない.」

「持続可能な社会，SDGsだね.」

「地震や豪雨災害をみればわかるが，技術が進歩しても人間はまだまだ無力だ．日本は伝染病の被害なんかは少ないが，自然災害から命を守るのは大事な課題だ．教育も人間が世界の出来事を経験する活動のひとつだから，技術革新・社会変動・価値観の変化・環境の変化を反映する．でも，教育は昔からの伝統や習慣からも成り立っているし，政策も社会の変化にすぐに対応できるわけじゃない．だから，学校教育や家庭教育と実際の社会との間にどうしてもズレが生じる．そうなると，親や教師が必死になっても子どもがついてこなかったり，政策で決めてお金をかけても効果が出にくかったりする.

　さっきも言ったが，これだけネットが生活に浸透すると，子どもは学校で習うことの多くはもうどこかで知っている．昔の人間は，身近なものから始まって，だんだん遠くのものを知ったんだろう．それに，情報は親や先生をとおして入ってきたわけだから，情報はある程度は整理されて伝えられただろう．今は，知識の秩序が入り乱れた状態に最初から投げ込まれるようになっている．もちろん，望ましくない情報もある．だから，あふれるように入ってくる情報を自分なりに整理できる力を身につけることが教育の大事な課題になる．そして，最善でなくても次善の選択ができるようにならなきゃな.」

多様化する価値観──同日1時過ぎ.

　眠くなってきたが，大学での勉強にも役立ちそうな話なので，付き合えるだけ付き合うことにした.

「価値観の変化って，勤勉が美徳だったのが今はそうでもなくなったとかっていうことでしょ.」

「価値っていうとすぐにお金を連想してしまうが，経済的な価値以外にも大切だって思うことはあるだろ．伝統的に価値とされてきたのは真・善・美だ．これはひっくり返せば，偽・悪・醜になるかな.」

「対概念ってやつだね.」

　我ながら，素早い返しだ.

「それに経済的な価値の利や，宗教的な価値の聖を加えたりもする.」

　早く話が終わるように，頭を働かせてフォローする.

「利の対極は害で，聖の対極は俗かな.」

「ドイツの哲学者のエドゥワルト・シュプランガー（1882-1963）は，これに権力を価値に加えて，どの価値に強い関心を示すかで，人間を理論的人間，社会的人間，

審美的人間，経済的人間，宗教的人間，権力的人間の6つに分類した．この分類に科学的な根拠はあるのかっていわれることもあるけど，よく使われるな．夏目漱石（1867-1916）が『草枕』の最初に書いた，

　『智に働けば角が立つ．情に棹させば流される．意地を通せば窮屈だ．とかくに人の世は住みにくい．』（夏目，2005，3頁）

　って知ってるか？」

　祖父の意図を先読みして答える．

「高校で習ったよ．真か偽かってこだわる理論的人間はトラブルを起こしがちで，人情を重視する社会的人間はどうしても流されちゃうっていうことでしょ．」

「日本人は対立を避けることを優先する．それはいいようにも見えるが，葛藤を避けるので本当によいものができなかったり，悪いことを隠したり，ひどいときは，正しいと思っても無視したり，いじめたりする．「長いものには巻かれろ」っていう言葉は周りに合わせればいいという大勢順応主義をよく表しているよな．

　社会の価値観は伝統や慣習の影響が強いから，なかなか変わらない．女性の社会参加や人権の尊重は，誰でも大切なことはわかってる．でも，まだまだ改善の余地がある．性的少数者，LGBTの問題なんかは，年齢の高い世代や保守的な思想の持ち主には，まだ相当な差別意識がある．教育をとおして示そうとする価値観と，実際の社会で有力な価値観と，個人の価値観にはズレがある．

　伝統的な社会では，これこそが価値という枠組みがしっかりあって，それがほぼ受け入れられていた．今は，何が善いとか美しいとかは，人それぞれだろ．子どもの規範意識が低下しているといっても，昔のように怒鳴られれば言うことをきくっていう時代じゃないし，下手をすれば怒った方が怒られるんだから大変だ．自由なのはいいが，何か一緒にしようというのは難しくなる．

　政治なんかでもコンセンサスがなかなか形成できない．時間とお金がかかっている間に，自由じゃない体制の国がどんどん方向を決めて動き出してしまう．それで，ガバナンスの強化がいわれるが，すると権力が集中して腐敗が起きたりする．

　子どもの世界だって単純じゃない．いじめは1980年代の後半からずっと言われてる．でも，形を変えて続いている．誰でも理屈はわかっているはずだ．でも，人間，真偽や善悪の判断だけで行動できるわけじゃない．社会的価値には好悪の感情が働く．教育現場の最大の問題は「感情」かもしれない……．

　お，寝落ちしちゃったか．話を合わせてこんなに遅くまで付き合ってくれたん

だな．やさしいヤツだな.」

　もう大体聞きたいことは聞けたんで，寝たふりをしているんだ．僕ってけっこう黒いヤツだ.

全体観を身につける──4月22日（日）10時半.

　目を覚ますと，祖父はとっくに起きて畑仕事を済ませ，ご飯の準備までしてくれていた．用意してくれているのに食べないのは悪い．テレビでサッカーの試合が流れているのを横目に箸をつける.

「あんなに話したことはないくらい話したなあ．開もいろいろ考えているんだな.」

「大学の授業も始まったけど，教師になるのに教育の歴史とか過去の思想なんかまで勉強することはないと思うんだけどね．みんなが大臣や教育長になれるわけじゃないんだから.」

　何げなく口にしただけだったが，祖父は箸をおいて言った.

「ミッドフィルダーは自分のポジションのことだけできればいいのか？」

「いや，まず自分のポジションのことはちゃんとできなきゃならないだろうけど，ゲーム全体の流れが読めなきゃならないよね.」

「監督やコーチの存在は大きいだろう．だけど全部に目が届くわけじゃない．とっさのことは自分で判断できなきゃいけない．組織を頭脳と手足に例えたりすることがあるけど，あれは正しくない．選手には，みんな頭と手足がある．誰かの手足なんかじゃない．たまに，「言われたことだけやっていればいい」なんて意見を抑えつける上司がいるが，そんなのがトップにいる組織はいずれ行き詰まる.」

　また，きつい口調になった．反射的に視線をそらす.

「言われたことだけやっていれば，問題が起きても，「私は言われたとおりにやっただけです」って責任逃れできるかもしれない．でも，そんなことじゃ全体としていい仕事はできない．任される仕事は一部だったとしても，全体を考えようとする姿勢がいるんだ．サッカーのプレーヤーと同じだよ.

　それに，正しくない指示に従ったら，悪に加担することになるだろ．教育問題だって，何かの意図があって騒がれている場合があるかもしれない．客観的根拠があるかどうかを冷静に見られるようになってほしいもんだ.」

　祖父の口調は穏やかに戻っていた．そして，妙な笑顔を浮かべて提案してきた.

「開はブログをやってるよな．よく読んでるよ．なかなか文才があるよな．どう

だ，授業の内容を自分なりにまとめてアップしてみないか．じいちゃんも投稿できるようにしてくれれば，開のプライドを傷つけない程度にコメントするぞ．ダメか？」

夕方から大学の新歓コンパがあるので，生返事をして昼過ぎに祖父の家を出た．コンパからの帰り，バスに揺られて考えた．そして「教育学の基礎」のまとめ用のフリーブログを立ち上げてアップすることにした．迷ったが，祖父にログイン・パスワードを知らせた．きっといろいろ書き込んでくるだろう．ちょっとウザいが，面白いことになるかもしれない．

📖 学習を深めるための課題
・現在のさまざまな教育課題にはどのような歴史的社会的背景があるか，この章の記述を参考に考えてみよう．

📚 参考文献
シュプランガー，エドゥワルト『世界教育学選集　文化と性格の諸類型』2巻，伊勢田耀子訳，明治図書出版，1961年．
セリグマン，マーティン『オプティミストはなぜ成功するか』山村宜子訳，講談社，1991年．
チャペック，カレル『ロボット』千野栄一訳，岩波書店〔岩波文庫〕，2003年．
小澤征爾『僕の音楽武者修行』新潮社〔新潮文庫〕，2002年．
夏目漱石『草枕』新潮社〔新潮文庫〕，2005年．

第Ⅰ部 「教育学の基礎」講義録

プロフィール：教育学部生の自称オッフェンです．血液型はB型．趣味はブログを書くこと．写真やスタンプのアップだけでは，内容のあることが書けないのでブログにしています．人に読まれると思うと，ちょっと緊張感があって，それもブログにはまっている理由です．このサイトでは，教授にチェックしてもらって，授業のまとめをアップしています．コアな読者が書き込みをしてきますが，管理人は関知しません．

登録記事一覧
  2　教育の定義と教育学の役割
  3　教育の必要性と可能性
  4　人間の発達・生成と人間関係
  5　教育の場と生涯学習
  6　家庭と幼児教育
  7　教育を考えるための図書案内
  8　学校の歴史と課題
  9　学習とその課題
  10　教育の目的と目標
  11　教育の方法と技術
  12　教育者とは？

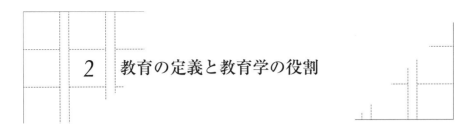

2 教育の定義と教育学の役割

2-1 広くて深い教育のイメージ

2-1-1 一般的定義のむずかしさ

　何かの定義を紹介するとき，あまり考えないで岩波書店の『広辞苑』を引くのは陳腐なやり方なんだそうだが，そこで教育は「教え育てること，人を教えて知能をつけること，人間に他から意図を持って働きかけ，望ましい姿に変化させ，価値を実現する活動」と定義されている．しかし，教育の意義はこの定義に尽きるわけではない．

　教育にさまざまな見方があるのは，教育が人間の生活に密着しているために自然言語で表現せざるを得ないという問題がある．言語や概念を分析し，できるだけ明瞭に記述しようとする分析哲学では，教育のより厳密な定義が試みられた．しかし，広く共有されてはいない．教育の定義には，数式や機械言語とは異なって，どうしても曖昧さや不確かさが残る．しかし，このことは教育という営みの深さと広さを示している．

　英語で教育を意味するeducationはラテン語のeducereから来ている．これは，「連れ出す・外に導き出す」を意味する．古代ギリシアのソクラテスは，対話をとおして真理に迫ることを助力する「助産術」と呼ばれる方法を用いた．そこには，人間は空の器のような知識を注ぎ込まれる存在ではなく，母が胎児をはらんでいるように，すでに真理を内在させている存在なのだという見方がある．そこで教育は外から教え込むことではなく，内在している可能性を引き出すことを意味することになる．この考え方とeducationの語義が対応していることもあって，ソクラテスの思想は長く参照されてきた．

　「教育」という語は中国の春秋時代にまでさかのぼられる．しかし，現在の意味で用いられるようになったのは，日本が近代化を開始した明治時代からである．漢文学者の白川静（1910-2006）によると，「教」の字には「学舎で学ぶ子弟たちを長老たちが鞭で打って励ますこと」（白川，2003, 127頁）という意味がある．「育」

洞窟の比喩

の字が，子どもをお腹から取り出すのを表しているのとは対照的だ．

ギリシア語で教育にあたる「パイデイア」は，子どもを意味するpaisから来ている．子どもの学習につきそう奴隷はパエダゴーゴスと呼ばれたが，これは子ども（pais）を導く者（agogos）という意味で，教育学を意味するpedagogyの語源にもなっている．

ソクラテスが活躍した古代ギリシア時代には，教育の見方をめぐる基本的な論点が示された．ソクラテスの弟子であったプラトン（前427-前347）は，『国家』という書物で，有名な「洞窟の比喩」をとおして教育とは何であるかを論じた．洞窟の奥で視線を固定された囚人たちの背後で火が焚かれている．囚人たちは，自分たちの前の壁に火に照らされて映っている影を実体だと思い込む．1人の囚人が解放されて洞窟の外に連れ出される．最初はまぶしくて何も見えなかった囚人は，次第に目が慣れると世界に光が満ちあふれていることを知る．この比喩をとおして，プラトンは，自分の目の前で常に変化している世界の背後には永遠不変で理想としてのイデアがあると主張した．そして，人間にはすでにイデアをとらえる器官が魂に内在しているとし，教育とは魂の「向け変えの技術」であると論じた（プラトン，2008，116頁）（224-225頁参照）．

プラトンに学んだアリストテレス（前384-前322）の教育観はプラトンと大きく異なる．アリストテレスは，潜在的なものが現実的なものに移り変わることで世界は成り立っていると考えた．たとえば，ドングリには樫の木に育つという可能性がある．太陽の光を受け，水と養分が与えられれば，その可能性は現実化する．能力も一種の可能性だと考えられる．たとえば，卓球ができるとしても24時間プレーしているわけではない．ラケットとボールがあって相手がいて，卓球ができるという可能性は現実化する．彼は，人間が善なる存在になるために徳を身につけなければならないと考えた．彼は，「人は三つのものによって善くて有徳な者になる．その三つとは生まれつきと習慣と理（ことわり）とである」としたが，「それら三つのものは互いに一致しなければならない」．そして，「あることは慣れることによって学び，あることは教わることによって学ぶ」ゆえに，生まれつき以外は「教育の仕事」であると言う（アリストテレス，1961，342頁）．アリストテレスは，教育を人間がさまざまな可能性を現実化できるようになるために助力する

ことであると見た．アリストテレスの教育観は，プラトンの教育観が理想主義的であるのに比べると，実際的で現実主義的だといえる（226-227頁参照）．

2-1-2　教育観を分類してみる

ここでは，教育観を英語の疑問詞の5W1Hをヒントに分類してみよう．

「いつ」　人生のどの段階を対象にするかによって，教育は，幼児教育，初等教育，中等教育，高等教育などに分類される．20世紀後半，教育は学齢期（学校に通う期間）だけではなく，人生全体の問題であるという生涯教育の考え方が打ち出されてきた．教育というと教える側の視点が強くなるので，生涯教育は次第に生涯学習（lifelong learning）と言い換えられるようになった．

「どこ」　教育は，行われる場によって，家庭教育，学校教育，社会教育に分類される．社会教育は成人を対象とすることが多いので成人教育（adult education）とも呼ばれる．ところで，情報化の進展によって，どこでも多様な情報にアクセスできるようになっている．ゆえに，家庭・学校・地域は何を担うかを考え直す必要が出ている．

「だれ」　年齢以外にも，人間には，性，階層，民族，宗教，思想信条，障害の有無等の違いがある．とくに，科学の進歩と人権意識の高まりのなかで，さまざまな教育ニーズがあることが認識され，特別支援教育の充実が訴えられるようになった．「あらゆる者」が教育を受けることができるようにすることは社会の義務である．

教育を実施する主体ということでは，教育には公教育と私教育がある．公教育は，国や地方公共団体と法律によって認められた団体によって行われる．私立学校も法律の規制と保護を受ける公的な存在だが，公立学校に比べると教育の自由度は高い．男女別学の学校や宗派立の学校がある．法律に定める学校ではない塾や予備校なども，大きな教育的役割を果たしている．

誰でも「こういう教育を受けたい」という思いがある．それは，教育における自由の要求だ．他方，社会の一部だけが自由に教育を受けられて残りは放置されたり，それぞれのグループが受ける教育があまりにバラバラだったりすると，社会もバラバラになってしまう．自由と平等をどう両立するかは，教育においても古くからの課題である．

ところで，教育の主体は大人や社会であると見なされてきたが，それに対して子どもを教育の中心におくべきだという主張がある．アメリカの哲学者・教育学者ジョン・デューイ（1859-1952）は，『学校と社会』で，このように記した．

児童中心主義

「旧教育は，重力の中心が子どもたち以外にあるという一言につきる．重力の中心が，教師・教科書，その他どこであろうとよいが，とにかく子ども自身の直接の本能と活動以外のところにある．……このたびは子どもが太陽となり，その周囲を教育の諸々の営みが回転する．子どもが中心であり，この中心のまわり諸々の営みが組織される．」（デューイ，1957, 45頁）

デューイは，19世紀までに普及した大人や教科中心の教育から子ども中心の教育への転換を，天動説の克服と地動説の樹立になぞらえ，児童中心主義を主張した．デューイらによって指導された教育運動は新教育と呼ばれる．

「なに」 教育によって何を身につけるかで，教育観は大きく異なる．大きく分けると，普遍的・一般的な課題を重視する立場と特殊的・専門的課題を重視する立場に分かれる．幼児や児童向けにスポーツや音楽などの英才教育が行われることもあるが，幼児教育や初等教育では，将来どのような分野に進んでもいいように，さまざまな課題をバランスよく身につけることが重視される．教育課題は，人間が身につけるべき能力に応じて，たとえば知育・徳育・体育などに区分され，さらには国語・算数などの教科に細分化される．

現在の社会は高度の分業で成り立っているので，中等教育から高等教育においては，将来のキャリアと結びついた専門教育や職業教育が重視される．しかし，専門分野しか知らないのでは人間としてのバランスが崩れるのではないかという懸念から，幅広い教養を身につけることこそが重要だという主張もある．

また，教育に携わる人間の価値観によって，教育において何を重視するかは異なる．真偽を見分ける力を身につけることが大事だという人もいれば，ユニークな美意識を身につけることこそ重要だという人もいる．近代以前の社会においては，日本でも西洋でも道徳性や信仰心を高めることが重視されていた．

ところで，知識や体力以前に人間にはもっと重要なことがあるという主張がある．子どもは大人に比べてそう大きな仕事はできない．齢をとると，若い時ほどは仕事ができなくなる．病気をしたり障害があったりすれば，健康な人と同じような成果をあげられない．では，そうした人々は価値が低いということになるだろうか．歴史的には，社会的弱者と見なされた人々が抑圧された時代が長く続い

た．しかし，1948年，「世界人権宣言」が採択され，「すべての人間は，生れながらにして自由であり，かつ，尊厳と権利とについて平等である」とうたわれた．そこからすれば，生きていること自体が尊いということを認めあうのが教育において何より重要だということになる．

しかし，病気や障害にもかかわらず精いっぱい生きている人もいれば，健康に恵まれながら，その可能性を活かしきれていないように見える人もいる．社会は経済発展の果実を分配することで成り立っている．皆が能力や技能を身につけることに意義を見出さないようになって経済がしぼんだら，社会は弱者と見なされる人々を抱えきれなくなる．人間の尊厳を認めあいながら，人間の能力や属性を個人や社会全体としてどう高めるかは，避けて通れない．教育が人間の内面や人間どうしの関係に関わることは間違いないが，次世代に文化を伝達し，経済発展を支える人的資源を供給する手段であるという社会的な側面も無視できない．

「なぜ」　私たちは物心ついたときには，少しはしゃべれるようになっていた．それは学んだおかげだが，「なぜ学ぶのか」などと考えてはいなかっただろう．だから，目的や目標を意識しなければ学べないわけではない．実際，最初はわけが分からなくても，学んでいるうちに面白くなることもある．しかし，教える側から「どこに着くかわからないけどつきあってください」と言われても困る．そういうわけで，教育においては目的や目標を考えないわけにはいかない．

何をめざして教育を行うかは時代によっても社会によっても個人によっても異なる．明治時代，アジア諸国が西洋の植民地になるなかで，日本は国家主義を選択した．そのもとでは，国を愛し国の発展に尽くす人間を育成することが教育の目的になった．日本は短期間にアジアを代表する強国になったが，アジアの諸地域を植民地化し，行き過ぎた国家主義によって国民の自由は抑圧され，第2次世界大戦に敗れた．戦後，民主化を受け入れた日本では，個人主義が尊重されるようになった．それと同時に，豊かな生活を実現できるように経済発展が重視された．

個人の自由を重視する立場を自由主義（リベラリズム），国や社会の発展を優先する立場を国家主義（ナショナリズム）あるいは共同体主義（コミュニタリアニズム）といったりするが，いずれの立場をとるかで，教育についての考え方も大きく異なってくる．

「どのように」　教育の仕方についても多くの意見がある．教育の仕方には，大きく分ければ，教育の手段，教育の方法，教育のトーン（色合い）がある．

大昔，教育は知識がある者から口承で行われただろうと考えられる．文字が発

30 　第Ⅰ部　「教育学の基礎」講義録

明されると，粘土板や石板が使われた．印刷術が普及すると，書物はなくてはならないものになった．学校教育が普及すると，児童生徒が教師と向かい合って座る対面座席の教室が一般的になり，黒板が置かれた．情報化が進むと，モバイルや電子黒板が利用されるようになった．

　教育方法の一方の極に個人指導があるとすれば，反対の極には集団的な教育がある．個人指導の典型には家庭教師があるが，芸術やスポーツなどの分野にも見られる．個性に応じた指導ができるが，効率的とは言えない．対面座席で行われる一斉授業（一斉教授）では，ほぼ同一年齢の児童生徒を相手に，同一内容が同一進度で教えられる．教育の効率はよいようにも思えるが，個性を尊重するのはむずかしい．ゆえに，一斉授業は批判されることが多いが，児童生徒どうしの関係がうまく構築できれば，互いが影響を与えあって効果を生むことも期待できる．アクティブラーニングが重視されているのには，児童生徒どうしの関係力への期待がある．

　教育のトーンについては，さまざまな見方がある．18世紀フランスで活躍した思想家ジャン・ジャック・ルソー（1712-78）は，教育を主題にした小説『エミール』を著して，子どもは大人とは異なる人生のかけがえのない時期であるとして，「消極教育」を主張した．

　　　「初期の教育は純粋に消極的でなければならない．それは美徳や真理を教えることではなく，心を不徳から，精神を誤謬からまもってやることにある．……はじめにはなにもしないことによって，あなたがたはすばらしい教育をほどこしたことになるだろう」（ルソー, 1962, 132, 133頁）

　たしかに，子どもの準備態勢が整っていないのに教えても，教育効果はあがらない．親や教師は，学習に向けた身体的・精神的準備態勢としてのレディネス（readiness）を見極めることができなければならない．学習者がある課題に関してどのくらい成熟し，過去の経験がどのくらい定着し，その課題に興味をもっているかどうかは，学習が成立するための重要な前提となる．ただし，レディネスはそれぞれの子どもの内に不動の実体としてあるわけではなく，外部からの働きかけによって大きく変わる．ルソーが勧めるような態度は，「待つレディネス」の立場である．それとは対照的に，子どもに積極的に働きかける態度もある．こちらは「創るレディネス」と呼ばれる．

　20世紀ドイツの教育哲学者テオドール・リット（1880-1962）は，こうした問題を「指導」と「放任」という用語で説明した．指導は目標を示してそこに向かっ

て導く仕方であり，放任はなるように任せることだ．ルソーの消極教育は，どちらかといえばリットのいう放任に近いかもしれない．実際の教育は，指導と放任という軸のどこかで行われている．そして，指導にしても放任にしても，ハードな当たり方からソフトな対応まで，無限ともいえる段階がある．

2-1-3　教育を成り立たせる営み

　教育は，多くの場合，人間の意図的な行為として現れる．類義語辞典（シソーラス）は教育に限らず，イメージを広げるのに有用だ．日本語や英語の「教える」に関連する動詞を調べると，教育は，人間をある方向に変化させようという働きかけと知識や技術を伝達する働きかけに大別される．

　前者には，たとえば，育てる・養育する（breed, bring up, raise, nurture），指導する・指南する・教導する（coach, guide, tutor），陶冶する・薫陶する（cultivate），訓練する・鍛える（train），発達させる・進歩させる（develop, improve），説得する・諭す（persuade），訓育する・訓導する（discipline），啓蒙する・啓発する（enlighten, edify），教化する（indoctrinate, inculcate）が属し，後者としては，たとえば，知らせる（inform），教授する（school, teach），教示する（instruct），忠告する（advice）などがある．陶冶はドイツ語のBildung（ビルトゥンク）の訳語で，陶は教え導く，冶は仕上げるのを意味し，形成という意味に理解してよいが，日本語としてはあまり定着していない．

　教育は，人間が何らかの仕方で今よりも善くなることを願って行われる．トレーニングを重ねれば身体能力が高まるように，訓練や薫陶は人間の自由度を高める．しかし，教育する側の意図が強すぎると，特定の考え方を教え込む教化につながる．教化には強い信念を育てる面もあるが，異なった物の見方がとれなくなる恐れもある（仏教における教化は「きょうけ」または「きょうげ」と読み，意味が異なる）．

　教育は素材を加工して好みの形にすることとは違う．人間の将来はわからない．しかし，大きく育つ力がある．ゆえに，教育はその育つ力を伸ばすために助力することであり，世話や配慮（ケア，care）は教育の重要な要素といえる．英語では，careの類義語として，心配を意味するconcern, worry, mind や助けるや支えるを意味するassist, aid, help, support，励ますを意味するencourage などがある．漢字でも，助けるには，援ける，扶ける，輔けるがあり，応援，支援，援助，補助，補佐，手助け，助成，介添，といった語が使われる．心配の類義語には，考慮，顧慮，留意などの知性的側面を表す語と，気配り，厚意，親切，労（いたわ）り，厚情，

温情といった心情的側面を表す語がある．古くから使われている「お守りをする」，「面倒を見る」は，教育のケア的側面をよく表している．また，看護に用いられる「看る」は単に客観的に見るのではなく，心配をもって見ることを意味している．

教育は，教える側だけでは成り立たず，むしろ学ぶ側の営みが重要である．学ぶ（learn）の英語の類義語には，studyのほかにも，把握する（grasp），習得する（master），吸収する（absorb），同化する（assimilate），消化する（digest），記憶する（memorize, retain），理解する（comprehend, understand）などがある．語義的には，learnはどちらかといえば受動的な学習を指し，「習う」に近い．studyは意識的な努力を指し，「学ぶ」に近い．「勉強」は「強いて勉める」と読むように，なかなかその気になれない感情を強いて学習に向かおうとする努力をいう．「学ぶ」の類義語には「修める」があり，その他，学習，学修，習得，修得，修学，勉学，修業，研修，研究，研鑽といった語が用いられている．

以上を総合すると，教育とは，学習する側が主体的にとりくめるように，助成的な構えを基礎として知識や技術を教授し，それをとおして知的・道徳的・身体的・美的な向上をめざす営みということができる．

2-2　教育学とその役割

2-2-1　コメニウス

親が子に教えている様子は，一部の哺乳類や鳥類などにも見られる．しかし，教育をさまざまに考えて実行し，それについて悩んだりしているのは人間だけだ．読み・書き・計算を効率よく教える方法などは昔から考えられていただろうが，教育の目的・内容・方法・制度が体系的に考えられるようになったのは，ルネサンスと宗教改革を経たヨーロッパが近代に向かおうとする17世紀のことだった．

現在のチェコの東部に生まれたヨハネス・コメニウス（1592-1670）は，「あらゆる者に，あらゆることを，あらゆる側面から教授する」（コメニウス, 2015, 9頁）ことの必要性を訴え，教育の目的・内容・方法・制度にわたって考察した．彼が著した『大教授学』は，19世紀にヨーロッパやアメリカで学校制度が導入されたとき，教育学の先駆的な書物として注目され，コメニウ

ヨハネス・コメニウス

スは近代教育学（教授学）の祖と見なされるようになった．彼が考案した『世界図絵』は最初の絵入り教科書といわれる．

2-2-2 ヘルバルト

何を学問というかのひとつの目安は，そのテーマに関する専門の学会ができたり，大学に科目・コース・学科・学部ができたりすることである．そうしたアカデミックな学問として教育学が成立したのは，18世紀末のドイツでのことである．

ヨハン・ヘルバルト

当時，ヨーロッパの最強国はイギリスだった．イギリスは，16世紀に強い王権が確立し，17世紀には議会制民主主義の基盤が形成され，18世紀には蒸気機関の発明による産業革命を実現した．国民意識の形成，技術に支えられた経済力と軍事力によって，イギリスは世界に進出した．フランスでは，絶対主義王政への反動としてフランス革命（1789年）が起き，その後，社会的混乱が続いたが，イギリスに次ぐ強国となった．しかし，当時のドイツは300にも及ぶ領邦に分かれ，まとまりを欠いていた．新興の領邦であったプロイセンは大国をめざすひとつの手段として教育を重視した．学校教育を充実させるためには，すぐれた教員が養成されなければならない．1776年，政令に基づく最初の教育学講義が行われた．担当したのは著名な哲学者のイマヌエル・カント（1724-1804）だった．

その後，カントと同じ大学で教鞭をとったヨハン・ヘルバルト（1776-1841）は，大学の教育学ゼミナールで教員を育成した．彼は，学問的な教育学の創設者と見なされている．彼は教育学の性格について，「学問としての教育学は，実践哲学と心理学とに依存している．前者は目標を示し，後者はそれへの道と危険とを示す．」（ヘルバルト，1974，3頁）と述べた．ここには目的と手段という枠組みが示されている．人間が意識的に行為するとき，目的や目標がある．目的を達成するには手段がいる．旅行でも，車で行くなり列車で行くなり自転車で行くなり，いろいろな手段がある．目的をはっきりさせ，現実を分析し，具体的な手段を考えることで，目的の実現に近づくことができる．ヘルバルトは，実践哲学（倫理学）が教育の目的を明らかにする役割を担い，心理学が目的に至る道，つまり方法や手段について研究するのがよいと考えた（286-287頁参照）．

教育においては，子どもや児童生徒が今どうで「ある」かを観察することは欠

かせない．また，相手の欲求や置かれている状況への配慮も必要だ．そのうえで，教育は何らかの価値の実現にとりくむがゆえに，教育学は単なる客観的な記述では完結せず，教育実践に対する一定の規範を示すことが求められる．こうある「べき」ということをまったく考えないわけにはいかない．「どうであるか」を存在，英語のbe動詞にあたるドイツ語でザイン（Sein）といい，「どうあるべきか」を当為，英語のshouldにあたるドイツ語でゾレン（Sollen）という．教育は，ゾレン——少しむずかしい言葉では規範性——を完全に排除しては成り立たない．この点で，教育は，理解を目標にしたカウンセラーとクライアント（来談者）との関係とは異なる．

　ヘルバルトは，「教授のない教育などというものの存在を認めないし，また逆に教育しないいかなる教授も認めない．」（ヘルバルト, 1960, 19頁）と述べた．いくら知識や技術が教えられても，悪人が育ってしまったら，それは教育の目的からはそれているとヘルバルトは考えた．知識の教授と道徳的な教育の両立が必要だという．この考え方を「教育的教授」（erziehender Unterricht）という．彼は，学習者の興味を広げ深めることが教授の課題であるとした．興味を深めるにはひとつの課題に集中する専心が必要だ．しかし，それだけだと興味は広がらない．ゆえに，専心したことと距離をとって反省しなければならない．これを致思という．ヘルバルトは，専心と致思を交互に組み合わせることで，興味の深さと広さを備えた「多面的興味」が実現され，他者とは異なったユニークな独自の性格が形成されると考えた．

2-2-3　ヘルバルト以後の展開

　19世紀後半，ヘルバルトに学んだトゥイスコン・ツィラー（1817-82）とヴィルヘルム・ライン（1847-1929）らに代表されるヘルバルト派教育学は世界的に普及した．とくに，授業の過程を5段階に定型化したラインのアイディアは，明治時代，お雇い外国人教師エミール・ハウスクネヒト（1853-1927）によって日本でも広がった．ヘルバルト派教育学が教育方法に関する学問としての色彩を強めていく一方，教育学はさまざまに分化していった．一方には哲学的な教育学，他方には経験科学的な教育学がある．

　哲学的教育学はドイツを中心に発展した．プラトン的なイデア論に基づく哲学を探求したパウル・ナトルプ（1854-1924）は，「人間はただ人間的社会を通じてのみ人間となる」（ナトルプ, 1954, 114頁）とし，個人教育とともに集団生活における教育が重要であるとした．

これとは別に20世紀前半にドイツ教育学の主流となったのが「精神科学的教育学」だった．精神科学とは，広い意味では自然科学以外の人間科学を指すが，哲学者のヴィルヘルム・ディルタイ (1833-1911) は，歴史や社会を研究するには，自然科学が現象の「説明」にとりくむのに対して「理解」する態度が中心となるべきであり，その方法は解釈学であるとした．精神科学的教育学の代表者には，ヘルマン・ノール (1879-1960)，シュプランガー，リット，ヴィルヘルム・フリットナー (1889-1989)，第2次世界大戦後では，オットー・ボルノー (1903-91)，オランダのマルティヌス・ヤン・ランゲフェルト (1905-89) らがいる．彼らは，文化の客観的な証拠である文献を解釈し，文化とそれを受容する個人との関係を考察しようとした．

フランスやアメリカでは，客観的・実証的に教育を研究しようとする流れが発展した．社会学の祖として知られるフランスのエミール・デュルケーム (1858-1917) は，教育を社会的事実として解明すべきことを重視し，教育を「未成年者の体系的社会化」(デュルケーム, 1982, 59頁) と定義した (289頁参照)．教育学の一分野である教育社会学は，基本的にデュルケームの立場を受け継いでいる．

20世紀の教育学の有力な流れを形成したデューイは，プラグマティズムの思想家として著名である．プラグマティズムは，概念や認識の考察はそれらがもたらす客観的な結果に基づくべきだという立場をとる．ゆえに，理想や規範あるいは神といった超越的存在ではなく，物質・感覚・衝動といった自然的なものを対象とする．また，ある行為の善さはそれが生み出す結果によって判断されるという立場をとる．デューイは，「教育は，経験の内部で，経験によって，経験のために発展する」(デューイ, 2004, 35頁) と述べ，経験主義者としての立場から，「なすことによって学ぶ」(learning by doing) 問題解決学習を提唱した (303頁参照)．

デューイ以降，20世紀後半からの心理学・行動科学・脳科学・ゲノム (遺伝) 科学などの発展は教育に新たな知見をもたらした．とくに，スイスの心理学者ジャン・ピアジェ (1896-1980)，アメリカの心理学者のジェローム・ブルーナー (1915-2016)，バラス・スキナー (1904-90)，エリク・エリクソン (1902-94)，そしてロシアの心理学者レフ・ヴィゴツキー (1896-1934) の学説は，教育実践に盛んに応用された．また，コンピュータや情報通信技術 (ICT) の発展に

ジョン・デューイ

よって教育研究の方法も大きく変化した.

他方，学校教育制度への批判もなされるようになった．1970年代，オーストリアの思想家イヴァン・イリッチ（1926-2002）が著した『脱学校の社会』は広く読まれた．さらに，人間がそもそも異なった主体としての他者であるという認識から，発達や理解という教育の暗黙の前提を問い直そうという論調が高まった．

教育は人間生活全般に関わるがゆえに，教育学は自然科学，人文科学，社会科学の成果に基づいた客観性を追求しなければならない．それとともに，理論を深めるだけでなく教育政策や教育実践に関わることが求められる．

2-2-4　教育を学ぶ意義

教育の実際においては経験が大きな力を持っている．経験豊かな実践家には，まず経験してみることを勧める人が多い．それならば，教育について改めて学ぶ意義はどこにあるのだろう．教育学を体系化したヘルバルトは次のように記している．

> 「技術への準備は学問によって行われる．この準備とは仕事にたずさわる以前の知性と心情の準備である．この準備によって，われわれが仕事に従事するなかでのみ，みずから得ることのできる経験が，われわれに教訓的となる.」（ヘルバルト，1990, 100頁）

何から教訓を得ることができるかは一様ではない．準備不足で失敗し，そこから反省して学び始める場合もある．しかし，それを繰り返すのは賢明とはいえない．学んだ知識が定着していれば，何かに遭遇したとき，学んだことを想起して対応できる．ヘルバルトは，学習によって「経験の教訓化」が可能になると考えた．

ただし，学習と実践は，直線的ではなく，往還的な関係にある．また，技術革新の進む生涯学習社会では知識の更新が必要である．この点，第2次世界大戦後のアメリカで工業生産等の効率化のために考え出されたPDCAサイクルは参考になる．ここで言われる，計画（plan），実行（do），評価（check），改善（act）のうち，主として思考が関わるのがPとCの局面であり，経験そのものであるのがDとAの局面である．たとえば，授業の計画（P）をたて，それを実行（D）に移す．どんな計画を立てても完璧ということはないし，すべて計画通りに実行できるわけではない．予想外の事態にも遭遇する．そこで実行について反省・評価（C）し，それに基づいて改善（A）する．これを繰り返すことで，実践の確実性・適

切性・効率性を高めていく．これをPDCAのスパイラルアップという．

　現在の社会は安全・安心であることが求められる．すると，先回りして危険を回避することが優先される．その結果，失敗を恐れるあまり，いつまでも実行に移せなかったり実行が遅くなったりするケースが多い．そこで，まず実行して小さな成功体験を大切にして，思考から行動に移るタイム・ラグを短縮できるようになるとよい．

投稿日：4月28日（土）

2-3　教育哲学へのリクエスト

　はじめまして，ケイといいます．面白そうなブログなのでこれからちょくちょく書き込ませていただきます．

　私は40年近く教育現場にいました．現職を退いてから，いつか読もうと思っていた教育哲学関係の書物も読んでいますが，物足りなさを感じます．端的に言えば，教育学者の先生方は，批判精神を大事にしながらも，実際に教育に携わる人々の頭の栄養になるような知をもたらしてほしいのです．

　私が学生だった頃，教育学の授業では教育政策への批判が盛んでした．社会の矛盾を指摘して正そうというのは大切なことです．しかし，社会が善くないから善い教育はできないと開き直ってしまうわけにはいきません．教育は生きた社会で行われ，少しずつでも社会を変えていきます．私の学生時代，「へたに教育が改善されると今の社会の矛盾が暴かれないのでよくない」という大学の先生の声を聞きました．どんな社会にも子どもは生まれてきます．目の前にいる子どもたちに半身の構えで接してもやむを得ないというような話には違和感がありました．

　また，ここ30年ほどの間に出た教育学関係の書物を読んでみると，教育学を学び始める学生にとっても，教育現場の人々にとってもリアリティがあるようには思えません．全体として，人間は異なった存在であり，教育によってある方向に形成しようなどというのは罪深いことだという見方があるようです．たしかに，何かを教えようというとき，そこには一種の力が働いているでしょう．それを反省できるようになるためには，そうした見方にも意味があるでしょう．しかし，行き過ぎれば勇気をもって働きかけるのを躊躇するようになるかもしれません．相反する要求にはさまれて，どうしてよいかわからないというダブルバインド状態は，慎重にものを考えるためには意味があるでしょうが，それでずっと引っ張られるのは精神的にもよくありません．「悩み続けるのが大事」なんて言われなくても，教育に携わる人間はいつも悩んでいます．

　だからといって私は，教育学が毎日の実践にすぐに役立つような知識を提供しさえすればいいとは思っていません．むしろ逆です．現職時代，教育学者を招いたシンポジウ

ムに携わったことがあります．終了後にアンケートを読んで驚きました．キャリア20年の教員が，「明日からの授業で役立つようなことが聞けると思ったのにガッカリした」と書いていたのです．私からすると，シンポジウムの内容は非常に示唆に富んでいました．教職課程を履修する学生が，「教育実習で活かせることがありそうなので試してみたい」と書いていたほどです．「理屈っぽい前置きはいいから，結論を言え」という雰囲気は，むしろ教育現場に強いのかもしれません．そのような知性を軽視した態度から，ユニークな教育実践を期待できるとは思えません．

そのうえで，やはり私は，教育哲学がいたずらに教育の困難さを強調することに終始しているように感じるのです．私は社会の教師をしており，とくに歴史教育にとりくんできました．カナダの文学理論家のノースロップ・フライ（1912-91）は，世の中には多くの物語があるが，それは大きく言えば，神話，ロマンス，悲劇，喜劇，アイロニーという5つの形式に分類されるといいます．歴史は，聖書のような神話やホメロスの叙事詩のように，かつては人間に救済や希望を与えるものでした．しかし，そこには多くの虚偽や誇張がありました．正しい歴史を書こうという努力は大切です．そして，歴史家が歴史を書くとき，すでに書かれたことがあればそれを繰り返すだけではすみません．以前には言われていなかった事実を発掘したり，それまでにはない解釈を出したりしなければなりません．アメリカの歴史家ヘイドン・ホワイト（1928-2018）は，歴史が書かれると，どうしてもあら探し的な批判になり，皮肉（アイロニー）になると言っています．

似たようなことは文学や芸術にも見られます．ハッピーエンドな小説は流行らず，筋が追えないような作品が主流です．芸術作品も不可解さを競うようなものが増え，その微妙さを鑑賞できない方が悪いような雰囲気があります．大人相手ならそれもありだと思うのですが，こうした風潮は子ども文化にも反映しています．1970年代は正義や友情をテーマにしたスポ根物のアニメが流行りました．しかし，独創性を出すためか，現在では幼児向けでもシニカルだったりシュールだったりする作品が増えています．私は正義と友情路線を復活させろと言っているのではありません．アイロニーは，それが批判する価値を知っていてこそアイロニーとして理解できます．しかし，アイロニーが批判する昔の価値がまったく廃れてしまって，アイロニーばかりが世の中にあふれてしまっては，社会のシラケ感が増すばかりだと思うのです．物事は語られ方によって左右されることが大きいです．教育は社会と時代を創る営みです．教育学には他の学問とは異なる語り方があってよいと思うのですが，どうでしょうか．

投稿日：4月29日（日）

✍️ 学習を深めるための課題

・教育における理想主義的な立場と現実主義的な立場のそれぞれの長所と短所を考えてみよう.
・教育において目的や方法を考えることにはどのような意味があるかをヘルバルトの主張を参考にして考えてみよう.
・経験の教訓化ということの意義をヘルバルトの見解を参考にして考えてみよう.

📖 引用文献

アリストテレス『政治学』山本光雄訳, 岩波書店〔岩波文庫〕, 1961年.
コメニウス, ヨハネス『パンパイデイア』太田光一訳, 東信堂, 2015年.
デューイ, ジョン『学校と社会』宮原誠一訳, 岩波書店〔岩波文庫〕, 1957年.
デューイ, ジョン『経験と教育』市村尚久訳, 講談社〔講談社学術文庫〕, 2004年.
デュルケーム, エミール『教育と社会学』佐々木交賢訳, 誠信書房, 1982年新装版.
ナトルプ, パウル『世界教育宝典　社会的教育学』篠原陽二訳, 玉川大学出版部, 1954年.
プラトン『国家』下, 藤沢令夫訳, 岩波書店〔岩波文庫〕, 2008年改訂版.
ヘルバルト, ヨハン『世界教育学選集　一般教育学』三枝孝弘訳, 明治図書出版, 1960年.
ヘルバルト, ヨハン『教育学講義綱要』是常正美訳, 協同出版, 1974年.
ヘルバルト, ヨハン『世界教育学選集　世界の美的表現』高久清吉訳, 明治図書出版, 1990年.
ルソー, ジャン・ジャック『エミール』上, 今野一雄訳, 岩波書店〔岩波文庫〕, 1962年.

📚 参考文献

イリッチ, イヴァン『脱学校の社会』東洋・小澤周三訳, 東京創元社, 1977年.
フライ, ノースロップ『批評の解剖』海老根宏・中村健二・出淵博・山内久明訳, 法政大学出版局, 2013年新装版.
ホワイト, ヘイドン『メタヒストリー』岩崎稔監訳, 作品社, 2017年.
リット, テオドール『教育の根本問題』石原鉄雄訳, 明治図書出版, 1971年.
白川静『常用字解』平凡社, 2003年.

3 教育の必要性と可能性

3-1 教育の必要性と可能性

3-1-1 コメニウス，ロック，カントは語る

　教育の必要性が改めて言われるようになったのはそう昔のことではない．生存欲求を満たすことが精いっぱいな環境では，なぜ教育が必要かなどと考える余裕もなかっただろう．また，社会の価値観の影響も大きい．神や仏といった超越的な存在に絶対的な価値が認められていた時代では，その価値を敬うことは教育されても，それ以外の知識や技術を身につけることにそう大きな意味は見出されなかった．

　この点で，ヨーロッパのルネサンスには無視できない意味がある．14世紀のイタリアで古代ギリシアやローマの学問・知識の復興をめざす運動が起き，16世紀にかけてヨーロッパ各国に広まった．そこでは，キリスト教会が説く厳格で禁欲的な生き方に対して，人生の肯定，人間性の解放，個性の尊重が主張された．19世紀の歴史家は，ルネサンスを「人間と世界の発見」の時代と評価した．ルネサンスを経て，17世紀以降，教育の必要性が本格的に考察されるようになる．

　ルネサンスの文化に学んだコメニウスは，「教育されなくては人間は人間になることができない」，「人間は，人間になるべきであるとすれば，人間として形成されなければならない」と記した（コメニウス, 1962, 81頁）．ほぼ同時代のイギリスの哲学者ジョン・ロック（1632-1704）は，コメニウスとは異なり，人間の精神は白紙のように何も書かれていない板（タブラ・ラサ）と考えたが，この精神白紙説をとると，教育なしには人間は何もできないということになる．ロックはこう記している．

ジョン・ロック

「われわれが出逢う万人の中で，十人の中九人までは，良くも悪くも，有用にも無用にも，教育によってなるものだと言って差し支えないと思われます．教育こそ，人間の間に大きな相違をもたらすものです．」（ロック, 1967, 14頁）

18世紀後半，大学で最初の教育学講義を行ったカントは，その講義の冒頭でこう述べた．

「人間は教育によってはじめて人間となることができます．人間とは，教育がその人から作り出したところのものにほかなりません．人間が人間によってのみ教育されるということ，しかも同じように教育を受けた人間によってのみ教育されるということは注目すべき事実です．」（カント, 1972, 15頁）

コメニウスやロックやカントが言うことは間違ってはいないだろうが，当たり前のことにすぎないようにも思える．教育必要性は人間のどのような性質に由来しているのだろうか．

3-1-2　世界開放性

人間が教育必要な存在となった背景としては，動物としてのヒトが直立２足歩行をとるようになったことが大きい．直立２足歩行によってヒトは移動を後ろ足に任せられるようになり，自由になった前足はやがて手となり，固い地面から離れて発達しはじめ，ものをつかんだり投げたりと，細かい作業ができるようになった．手を動かすには脳が発達していなければならない．逆に言えば，手を動かすなかで脳は発達する．そうすると，脳は成長を始める．うまいことに，２足歩行は重くなった頭を支えるのに適していた．こうして，手と頭が補いあいながら発達し，ヒトは道具を発明し，火を使用するようになる．焼いた肉を食べるようになると，感染症による死亡率が低下するとともに，良質のタンパク質の摂取によって脳はさらに発達した．そして，生肉を噛み切らなくてよくなると，牙が必要なくなり，牙を支える顔の筋肉は退化した．このことがまた脳の発達を促した．また，顔の筋肉が柔らかくなることで，単調な叫び声から複雑な音声を発する身体的条件も整ってきた．数百万年前，南アフリカの大地で２本足で立ち上がったことが，ヒトの本格的な知的発達を可能にしたと考えられる．

２足歩行するヒトが教育必要な存在であるのは，もうひとつ大きな理由がある．ヒトと同じ高等哺乳類である馬などは，生まれてその日のうちには４本足でたち，親馬のあとをついて歩き出す．これに比べて，生まれたばかりの乳児はほとんど無力である．この大きな原因がまた２足歩行である．母体が２足歩行では，胎児

42 第Ⅰ部 「教育学の基礎」講義録

が十分に成熟するまで胎内においてはおけない．したがって，他の高等哺乳類と
異なり，ヒトは非常に未熟な状態で誕生しなければならない．ヒトが２足歩行す
るまでには約１年が必要で，言語が使用できるようになるにはさらに時間がかか
る．スイスの生物学者アドルフ・ポルトマン（1897-1982）は，このことを生理的
早産と呼んだ．ヒトは未熟な状態で誕生し，生後の一定期間は養育や教育が不可
欠である．そしてこのことは，他の動物がほぼできあがった形で誕生するために
生後の変化の余地が制限されているのに対して，人間の生後の選択に広い余地を
与える．ポルトマンは，「発達の緩慢さは，ただたんに身体の基礎的な状況と考
えられるだけでなく，人間の〈世界に開かれた〉存在様式にそったものと思われ
る．」（ポルトマン，1961，152-153頁）と言う．

〈世界に開かれた〉存在様式は，世界開放性とも呼ばれる．他の動物は，環境
からの働きかけに対してほとんどなすがままである．人間は，誕生した時点では
無力である反面，与えられた環境を受けとめ，それらに働きかけることができる
存在である．これが人間の世界開放性であり，ゆえに，教育は，世界に働きかけ
る能力を身につけるため，人間にとっての必須の課題となる．オランダの教育学
者ランゲフェルトは，人間の定義としてホモ・エドゥカンドゥス（homo educan-
dus）（教育されるべきヒト）を提唱している．

3-1-3 許されないネグレクト

子どもを教育しないでおくなどということは許されない．しかし，現実には教
育から隔絶された子どもが存在する．

1799年，フランスで野生児と思われる少年が発見された．11～12歳と見られた
が，感覚機能も退化しており，感情も示さなかった．フランスの医師ジャン・イ
タール（1775-1838）は，この少年に５年間の教育実験を行った．彼によれば，感
覚には発達が見られ，命令を受けたり，保護を求めたり，愛着を示すといった点
で進歩がみられたが，知的発達には至らなかったという．アヴェロンの野生児で
ある．

1828年には，ドイツで１人の青年カスパー・ハウザー（1812?-33）が保護され
た．身体能力も発達しておらず，わずかに話せる言葉も意味を理解しているとは
いえなかったが，自分の名前を書くことができた．その５年後に暗殺されるまで
に，言語はもとより音楽や詩作など幅広い教養を身につけ，過去の回想を著した
ことで，17年にわたって地下牢に幽閉されていたことも明らかとなった．しかし，
周囲の社会に適合できない悩みを抱え続けた．

1920年，インドで狼の巣穴から2人の少女が発見された．生後数年経っていると考えられたが，うなり声をあげ，4つ足で行動するという状態だった．2人はカマラ（?～1929）とアマラ（～1921）と名づけられた．アマラは保護されて1年後に死に，カマラは2足歩行できるようになり，わずかに言葉を使うことができるようになったが，それ以上の発達は見られなかった．これは狼に育てられた少女として有名である．

こうした事例については，記録の信憑性や解釈の妥当性をめぐって議論があるので，鵜呑みにするのは危険だ．しかし，直立2足歩行や言語の習得，道具を使う基本的技術，洞察力の基礎などは，生後数年間で身につけることが望ましく，あとからでは学習が成立しなくなると言われる．その境界を臨界期という．人間の発達にとっては初期段階の教育が重要であり，ネグレクトや虐待は許されない．

カスパー・ハウザー

人間は皆，わけのわからないうちに生まれ落ちた世界に巻き込まれていく．受けた教育を疑うことができるのも，世界に巻き込まれて教育を受けたおかげである．この意味で，いかなる人間も，自由な決断として教育必要性から降りることはできない．

3-1-4 教育的楽観主義

人間は教育必要な存在だが，それにとどまらない大きな可能性に満ちている．こうした人間の可能性に対する楽観的な見方が成立したのは，現代につながる科学的な世界観が探求された17世紀のことだ．イギリスの哲学者・政治家のフランシス・ベーコン（1561-1626）は「知は力なり」という言葉で知られるが，学問の革新によって「人間の君臨する領域を広げ，可能なことをすべて実現させる」（ベーコン，2003, 51-52頁）ことを夢見た．フランスの哲学者で「私は考える，ゆえに私はある」という言葉で知られるルネ・デカルト（1596-1650）は，実践的な哲学によって「われわれをいわば自然の主人にして所有者たらしめる」（デカルト，1997, 82頁）と記した．

ベーコンやデカルトの主張は，次の世紀に啓蒙主義として展開された．啓蒙は英語ではenlightenであり，「光を当てる」を意味する．迷信や因習のような偏見

に固執していた「蒙」を知性の光で「啓く」というのが啓蒙主義である．啓蒙にはそれ自体として教育的意味がある．ロックは，『教育に関する考察』の冒頭で「健全な身体に宿る健全な精神」という格言を引き，知性の育成のために感覚の訓練を重視した．この見解はフランスにもたらされ，人間は何を与えるか次第だという考え方が次第に一般化していった．フランスの哲学者クロード＝アドリアン・エルヴェシウス（1715-71）は，「教育はすべてを行いうる」とまで言った（エルヴェシウス，1966，152頁）．ヨーロッパの強国が世界に進出した19世紀，日本は，攘夷か開国かという議論を経て西洋型の近代化を開始した．いち早く西洋の知識を学んだ福澤諭吉（1835-1901）は，『学問のすゝめ』で，ロックと同様に，人間に差を生み出すのは学問の有無であると明言した（295頁参照）．

　こうして19世紀後半以降，教育の普及こそが人間の可能性を開き社会の発展をもたらすという信念のもと，学校制度の拡大が進められていった．教育学を体系化したヘルバルトが，「教育学の基礎概念は生徒の陶冶可能性（形成可能性，Bildsamkeit）である」（ヘルバルト，1974，3頁）と述べて以降，教育可能性は教育学の前提となった．

　19世紀後半から心理学をはじめとした人間科学の発達のなかで，教育方法の研究も進んだ．そのなかで影響力を持ったのが行動主義である．行動主義とは，近代的な心理学的研究法のひとつであり，その特徴は心（mind）を独立した実体としては認めず，基本的に刺激（S．stimulus）に対する反応（R．response）を見ることで人間の行動を科学的に研究しようとするところにある．行動主義のアプローチで研究が進むと，刺激に対する反応の型が分類・整理されていく．そして，刺激の与え方に工夫を凝らせば有効な反応を導くことができるという信念が生まれる．行動主義心理学の代表者ジョン・ワトソン（1878-1958）はこう述べた．

　　「私に，健康で，いいからだをした1ダースの赤ん坊と，彼らを育てるための私自身の特殊な世界を与えたまえ．そうすれば，私はでたらめにそのうちの1人をとり，その子を訓練して，私が選んだある専門家に，その子の祖先の才能，嗜好，傾向，能力職業がどうだろうと，きっとしてみせよう．」（ワトソン，1980，130頁）

　ワトソン以後も，教育可能性への挑戦は続いた．行動主義を引き継いだ心理学者のスキナーは，学習のプロセスを刺激－反応－強化ととらえる立場からプログラム学習を提唱した．これは，学習段階を細分化させて個人差に対応し，学習者の反応に積極的に応え，さらに学習結果に応じたプログラムを修正していくという原理からなる．また心理学者のブルーナーは，児童生徒を結論を導く過程に参

加させることによって，知識や概念を獲得し問題解決の方法を学びとらせる「発見学習」を提唱した．発見学習は，① 学習課題を把握させ，② 問題がどこにあるか予想させ，③ 仮説を設定させ，④ 仮説を検証させたうえで，⑤ 結論の応用につなげるという段階からなる．彼は，「どの教科でも，知的性格をそのままにたもって発達のどの段階のどの子どもにも効果的に教えることができる」（ブルーナー，1963，42頁）と述べた（308頁参照）．彼の主張は，教育の早期化を支持するものだった．これらの見方は，ルソーのいう消極教育に対して「創るレディネス」の立場といえる．

　教育の方法や技術の発展とともに人々の生活に余裕が生まれると，教育への期待がさらに高まり，早期教育やお習い事が流行し，子どもどうしが遊びのなかで身につけていたことまで教えられるようになっている．早期教育に積極的な親は，子どもの可能性を引き出せると信じて疑わないが，子どもの意思も確かめられないうちにお習い事をさせることを戸惑う親もいる．

3-2　教育の余地

3-2-1　遺伝と環境

　教育には何がどこまで可能なのかについては古くから議論があるが，「遺伝か環境か」は典型的な論点である．一方には，遺伝の役割は限定的であり，後天的な環境こそが重要だという環境決定論がある．啓蒙主義や行動主義は，基本的にこちらに属する．他方，ヒトの能力や行動なども含めてすべてが先天的な遺伝によって決定されているという遺伝決定論がある．遺伝決定論的な考え方では，人間の先天的性質が重視されるため，後天的に関わろうとする教育にはそれほど大きな意義は認められないことになる．

　1991年，人間の遺伝子を解読するヒト・ゲノム解析計画が始まり，2003年の終了後も研究は続いている．遺伝子情報が解明されれば多くの疾病の診療に役だち，患者1人ひとりに対応したオーダーメイド医療が進むといわれている．しかし，受精卵の段階で，将来，発症しそうな疾病や予想余命が分かってしまったらどうなるのだろうか．21世紀は，人間存在の意味が深刻に問われる時代といわれており，科学の動向に無関心ではいられない．

　遺伝決定論と環境決定論の間の折衷的な見解として，ドイツの心理学者ウィリアム・シュテルン（1871-1938）の輻輳説とアメリカの心理学者アーサー・ジェンセン（1923-2012）の環境閾値説がある．輻輳説は環境と遺伝が合わさって発達に

つながるという見解で，環境閾値説は，ある特性が発達するのは環境条件次第であるとした．たとえば，ある子どもに絶対音感があるとしても，かなりの環境に恵まれないとその能力は発現しないようなものである．

ヘルバルトは，すでに19世紀に，「宿命論か自由論が認められるような哲学体系は教育学から除外される」（ヘルバルト，1974, 3-4頁）と論じていた．宿命論（決定論）は教育の可能性に懐疑的であり，自由論は教育は何でもできると主張する．彼は，その中間の現実主義にこそ教育可能性があると考えた．

3-2-2　人間の自然

教育によって人間にある変化がもたらされるとしても，思い通りに形成されるわけではない．ワトソンの発言がいかに自信に満ちているとしても，まるで教育を技術的な制作行為のようにとらえるトーンに違和感があるという人は少なくないだろう．英語では，nurture（育ち）かnature（生まれ）かという議論は少なくとも16世紀にさかのぼられる．ここで後天的な教育としてのnurtureに対置されているnatureは，水や緑がイメージされるような自然とは異なる．人間の本性（human nature）としての自然である．

17世紀のコメニウスは，自然界の運行に規則性や調和が認められるのに対して，教育を含む人間の活動が多くの混乱や対立を招いている状態に疑問を抱いた．神による世界の創造を信じる彼は，自然界のさまざまな現象には神の業（技術）が反映していると考え，その観察をとおして教育を自然に則ったものにしようと考えた．

この合自然という考え方は，18世紀のルソーによってさらに考察された．彼の著した『エミール』は，「万物をつくる者の手をはなれるときすべてはよいものであるが，人間の手にうつるとすべてが悪くなる」（ルソー，1962, 27頁）という言葉で始まる．ルソーは，人類の歴史を平和な自然状態から混乱に満ちた社会状態への堕落としてとらえ，当時の身分制社会を批判し自由で自律的な人間の形成を訴えた．そして，知性の開発によって人類は無限に進歩できるという啓蒙主義と距離をとり，子どもに自然的善性を認め，理性よりもむしろ自然な感情を重視した．ルソーは教育を3つに分ける．

> 「教育は，自然か人間か事物によってあたえられる．わたしたちの能力と器官の内部的発展は自然の教育である．この発展をいかに利用すべきかを教えるのは人間の教育である．わたしたちを刺激する事物についてわたしたち自身の経験が獲

得するのは事物の教育である．……完全な教育には三つの教育の一致が必要なのだから，わたしたちの力でどうすることもできないものにほかの二つを一致させなければならない．」(同, 24-25頁)

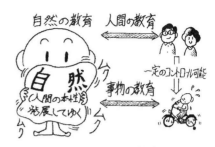

ルソーの3つの教育

人間の教育は私たちが普通に想像する家庭や学校における教育であり，事物の教育とは人間生活で出会うさまざまな出来事をさす．普通，私たちがイメージする教育とは人間の教育で，補助的に事物の教育を考えるくらいだろう．ルソーはここに，「わたしたちの能力と器官の内部的発展」としての自然の教育を加える．

ルソーの言うとおりなら，これら3つが一致していないと教育はうまくいかない．人間の教育の仕方は，ある程度はコントロールできるだろう．事物の教育も，たとえばインターネットの有害サイトのブロックのように，一定のコントロールが可能だろう．しかし，自然の教育は子どもの内部の話であり，手を突っ込んで何とかするというわけにはいかない．ルソーは，教育の初期においては人為的な介入をできるだけ控えることによって自然の発展を待つことを重視した．『エミール』は英語やドイツ語に翻訳されて普及したが，ルソーには5人の子どもをすべて孤児院に送ったというエピソードがあり，彼が説いたような教育を実践したわけではない (257-261頁参照)．

スイスのヨハン・ペスタロッチ (1746-1827) は，ルソーから大きな影響を受けた1人である．貧しい農民の救済をしていた彼は，フランス革命の影響で多くの孤児が出るなか，スイス政府から孤児院の運営を託された．そこでの実践から家庭教育や初等教育のあり方を探求した功績は大きい．彼は，「自然の歩み」にしたがった頭と心と手の調和的発達を重視した．彼が教育実践を振り返って記した『隠者の夕暮れ』には，このように記されている．

「すばらしい自然の道よ．あなたがわれわれをつれて行って，手に入れさせてくれる真理は，力であり，行動である．……おお自然よ．だがあなたはけっして人間を，てっとりばやい，軽わざみたいなやり方で育てることはしない．……人間があなたの流儀のもつこうした道筋をとばして，一気に進もうとすると，彼は自分の内なる力をこわしてしまい，自分の心の奥底での，自分自身の本質の安息と安定を失ってしまうことになる．」(ペスタロッチ, 1969, 14-15頁)

48　第Ⅰ部　「教育学の基礎」講義録

　ペスタロッチが考察した初等教育の内容や方法は，国民教育が成立する過程で
広く受け入れられた．しかし，人間の内的な自然という概念は十分に省みられる
ことはなかった．たしかに，自然といわれても実体としてとらえることはできず，
その根拠は曖昧だ．しかし，親や教師が人間に自然が内在しているという前提を
とると，子どもや児童生徒の自由や主体性を無視して思うとおりに加工するとい
うような態度はとれなくなる．人間の本性（自然）の探求は19世紀末には哲学的
考察から科学的研究へと移ったが，自然という概念には無視できない教育的意味
がある．

3-2-3　他者性

　21世紀，世界ではますます教育の充実が叫ばれている．そこには，教育はすれ
ばするほどよいという教育可能性の肯定がある．しかし，教育成果を焦るあまり
の行き過ぎた指導で傷つく児童生徒がいることを考えると，教育可能性について
改まって考えることは無駄ではない．近代にも教育可能性への悲観的見方は存在
した．たとえば，ドイツ19世紀の哲学者アルトゥール・ショーペンハウアー
（1788-1860）は，こう記した．

　　「人間はいっさいの認識に先立ってすでに自分で自分を作り上げている作品であ
　　る．……このような人になりたい，あのような人になりたい，と決心して人間に
　　はできるものではなく，また，別人になるなどということが不可能なのもそのた
　　めである．」（ショーペンハウアー，2004, 291頁）

　さらに，20世紀後半，フランスの哲学者エマニュエル・レヴィナス（1906-95）
らが，科学から道徳に至るまでの人間の行為において，個人の意識が絶対化され
ていると指摘し，その克服を訴えた．私たちが科学的知識で自然界をとらえると
き，自然は個人の意識で把握されている．そして，自然は人間の利用の対象とな
り，生活の利便性は増した一方で自然破壊が進んだ．個人の意識で世界を把握す
る態度は人間にも向けられ，医学，心理学，教育学は進歩した．しかし，その成
果に基づいて教育が行われると，たとえ善意によるものであっても，行動主義者
ワトソンの言葉に見られるように，相手は教える側の意識のなかで操作の対象と
見なされる．すると，教育は内面への介入や暴力に転化しかねない．

　人間はひとりも交換することはできず，独自の考えや感情をもつ存在としての
他者である．どんな人間も，自分が何を感じ考えているかを完全に表現すること
はできない．すると，たとえこちらの理解力が完璧であっても，相手を完全に理

解することはできないことになる．たとえば，私たちは，相手が機嫌の悪そうな
表情をしていれば，気を遣って優しい言葉をかけたりする．しかし，相手が理解
不可能な他者であるなら，その気遣いが正しいかはわからないということになる．
そして，理解力が完璧な人間など想像できない．こうした人間のありようを他者
性（otherness, alterity）という．

　従来，教育の前提は幼児や児童生徒を理解しようとするところにあった．たと
えば，ドイツの教育学者フリットナーは，「教育者は教え子に対し常に具体的に
教育可能なものとして出会うが，教え子の教育可能性は，その制約の中でのみ現
れてくる」（フリットナー, 1988, 129頁）と書いている．彼は，学習者の教育可能性
は，教育者が学習者を教育可能であると信ずることのうちで現実化するきっかけ
を得るという．たしかに，親が子どもに，「この子はサッカーができそうだ」と
信じなければ，サッカー教室に入れてお金をつぎ込んだりはしない．サッカーを
まったくせずに，サッカー選手としての可能性が開化することはない．教育者が
学習者を信じることは，学習者の可能性が開化する出発点であると認められるよ
うに思われる．

　しかし，他者性という視点からすれば，「サッカーができそうだ」という親の
理解が正しいという保証はない．それにもかかわらず，そう信じて子どもに接す
るのは押しつけということになる．たしかに，親や教師の過剰な思い入れに苦し
む子どもは少なからず存在する．他者性は，従来の教育の暗黙の前提を揺さぶり，
教育という行為の難しさを暴露する．ただ，他者を理解することのむずかしさを
意識できれば，一方的な期待や思い入れに陥らず，思慮深く行動できるようにな
れるかもしれない．他者性という視点は，人間が他者に近づく限りない努力を促
す．

3-2-4　他者性の承認

　他者論には，いたずらに教育のむずかしさを強調している面がある．しかし，
学習者からすれば，教育者の方がはるかに他者性は高い．以前，教師向けの書物
には，「教師は学級のリーダーである」などと書いてあった．リーダーというの
は，民主主義の建前からすれば，集団の構成員から選ばれる者をいう．子どもは
親を選べない．児童生徒は教師を選べない．親は知らぬ間にそこにおり，教師は
ある日突然やってくる，他者である．

　また，日本の会話習慣には，「教えしつける者－教えられしつけられる者」と
いう関係を固定化する傾向がある．親が自分のことを「お母さん」，「お父さん」

と呼び，教師が自分のことを「先生は」と呼ぶ．子どもは親を名前では呼ばない．「お父さん」，「お母さん」と呼びかける．教師を呼ぶときは「○○先生」と呼ぶ．きょうだいでも，年長者は自分を「姉ちゃん」，「兄ちゃん」と呼び，年少者も年長者を名前ではなく，「兄ちゃん」「姉ちゃん」と呼ぶ．

　また，教師の仕事のひとつは評価である．時刻を尋ねて相手が正しく答えたら，普通の生活場面ではお礼を言うだろう．しかし，教師が授業で時計の読み方を児童に尋ねる場合，教師は「正解！」「残念！」などと評価の言葉を返さざるを得ない．評価される側が評価者に距離を感じるのは当然だろう．こうしてみると，他者性を自覚する努力をしなければならないのは教育者の方である．ドイツの社会哲学者ユルゲン・ハーバーマス（1929-）は，こう記している．

　　　「啓蒙する者がまだ啓蒙されていない者に優越していると自負することは避けがたいことであるが，それは同時に擬制なのであり，いつも自己訂正を必要とする．啓蒙の過程に居合わせている者は，敵味方のいずれか一方ではなく，ただ当事者のみなのである．」（ハーバーマス，1975，621頁）

　教育者と学習者との間には知的あるいは身体的な差がある．しかし，その落差は固定的なのではなく暫定的であるにすぎない．その意味で，擬制（みせかけ）なのである．ゆえに，教育者は，無意識のうちに身につけてしまっている権威的な姿勢を見直す必要がある．何か言うにしても，「相手がどう思うかは本当のところは分からないが，おそらくはこう思うのではないか」とシミュレートしてから言う．こうした想像力を働かせることが求められる．

　教師に教育権がある以上に，児童生徒には学習権がある．教師が教育活動の妥当性を説明する努力を怠り，単に教育権を主張するだけでは，独善と見なされても仕方がない．自分は学習者の味方であると信じて疑わないタイプの教育者は，若者言葉を使ったり，服装や趣味も（時に過剰に）若ぶりにしたりする．とはいえ，単純に権威を放棄すればよいというわけでもない．

　そして，他者性を受けとめるのは教育者だけの課題ではない．学習者にも同じような努力がいる．学生はお客様気分で「興味の出るような話をしろ」という顔で座り，授業アンケートに「教授のギャグがイケてない」などと平気で書く．ルネサンス時代のフランスの文人ミシェル・ド・モンテーニュ（1533-92）はこう書き残した．

　　　「偉大で崇高なものを判断するには，それと同じ心が要る．そうでないとわれわれ自身の中にある欠陥をそれに付与してしまう．」（モンテーニュ，1965，119頁）

受け手が，最初から「意味ない」と決めつけてしまっては何も入らない．「一生懸命話してくれているんだから何かありそう」と思えば，少し違って聞こえる．「きっと何か意味があるんだ」と思えば，話し手の意図以外のことまで感じとれるかもしれない．人間どうしが他者であるにしても，出会った縁に意味を見出すことができれば，お互い何かを得ることができるかもしれない．それを可能にするのは敬愛の念だろう．

　他者性を認めあうことは大変なことのように思える．しかし，つらいことばかりではない．他者の未知の部分に気づかされることもある．相手の思ってもみない側面が見えて，こちらの勝手な思いこみや決めつけを打ち破られることがある．そうした経験をすると，目の前の景色が明るく開けたように感じられる．これが「面白い」という言葉の元の意味だ．面白さは意外性，つまりは他者性の体験によってもたらされる．

3-2-5　初めに行為ありき

　さて，人間の可能性はどのように現れるだろう．幼いころからひとつのことに興味をもってのめり込む子もいるが，いろいろと手を出しても長続きしなかったり，進路の選択に迷い続けたりする子もいる．どんな人間にも可能性はあるだろうが，それがいつ・どのように現実化するかは，周囲ばかりか本人にもわからない．

　アスナロという木がある．その名前は，高級木とされるヒノキをめざして「明日（アス）はヒノキになろ（ナロ）う」と思いながら，けっしてヒノキにはなれないジレンマを表しているといわれる．もしアスナロに感情があったら，ヒノキをうらやむ劣等感はつらいだろう．では，ヒノキになるという目標から降りてしまえばよいのだろうか．それは，「明日は成なろう」，つまり成長しようというアスナロの生き方を否定することである．アスナロはヒノキにはなれない．人間も互いに他者であり，目標にする人物がいたとしてもその人物にはなれない．しかし，外的目標をもつことで，目標を持たなくてはなれなかった何かになる希望が生じる．

　自立を促す大人の気持ちもわからないではないが，しつこすぎるとウザい．そんな時，便利なフレーズがある．1980年代後半から，「自分なりに」，「自分らしく」，「ありのまま」といったフレーズが用いられた曲が大ヒットした．槙原敬之の《どんなときも》（1991年オリコンチャート第4位），Mr. Childrenの《Innocent World》（1994年同第1位），岡本真夜の《TOMORROW》（1995年同第8位），槙原敬

「自分なりに頑張ってます」

之がSMAPに提供した《世界に一つだけの花》(2003年同第1位)といった楽曲は，成果や結果を求められる社会に疲れを感じている人々への癒しになった．

教育政策で個性が強調されたのも同じ頃である．1984 (昭和59) 年に首相の諮問機関として設置された臨時教育審議会の第1次答申には，「教育改革において最も重要なことは，これまでの我が国の教育の根深い病弊である画一性，硬直性，閉鎖性，非国際性を打破して，個人の尊厳，個性の尊重，自由・自律，自己責任の原則，すなわち個性重視の原則を確立することである」と記された．また，1997 (平成9) 年の中央教育審議会答申「二一世紀を展望した我が国の教育の在り方について」でも，教育は「『自分さがしの旅』を扶ける営み」とされ，「一人一人の個性をかけがえのないものとして尊重し，その伸長を図ることを，教育改革の基本的な考え方としていくべきである」と強調された．

しかし，「ありのまま」でよいのかどうかは考えてみる必要がある．自分は何の努力もいらず，すでに自分であるわけで，目標を自分の内部におくのは，もう完成しているということである．それでは変化は起きない．目標を内部に持つとき，私たちは外部に対して閉じている．それで自己完結してしまうと，自分はそのなかに幽閉されてしまう．Mr. Childrenが《名もなき詩》で「自分らしさの檻」と歌ったのは天才的だ．「自分らしさ」をめざすのは，外的目標に拘束されるのを嫌い，自由を求めるからである．しかし，自分らしさにばかり囚われると，今とは別な自分になる可能性を放棄することになる．

教師から勉強の進み具合を尋ねられた子どもが，不機嫌そうに「自分なりに頑張ってます」と答えるとき，本当に頑張っている子どもはどのくらいいるだろうか．21世紀に入ると，児童生徒や学生の「オレ様化」が指摘されるようになった．子どもが「自分なりに」と言うとき，少し誇張的に言えば，そこには「私はあなたの要求するペースとは異なるペースの他者なのです」という主張(クレーム)がある．しかし，人間は過去から未来へと一瞬も休むことなく変わり続けている．5年前の自分と今の自分が完全に同じだという人はいない．物質レベルでは，新陳代謝によって細胞は刻々と入れ替わっている．過去の自分は現在の自分の他者であり，現在の自分は未来の自分の他者かもしれない．

「ありのまま」や「自分なりに」には一瞬で流れ去ってしまう現在への執着があるようだ．「ある」に対して「なる」(become) は未来に向かって変わり続ける意味がある．では，「なるがまま」がよいだろうか．人生にはさまざまな出会いがある．その出会いを受け入れて人間は何かに「なる」．しかし，「なるがまま」は，大らかなようだが運命に身を委ねてしまったような感じもある．人間には，不可能と思えることを可能にしようとする意欲や意志もある．目に見えない可能性を現実にするのは，どんな小さなことでも何かを「為す」ことだ．そうしてみると，人間の可能性は「なすがままに」に現れているといえる．ドイツの文豪ヨハン・ヴォルフガンク・フォン・ゲーテ (1749-1832) の詩劇『ファウスト』には，通常は「初めに言葉（ロゴス）ありき」と訳される新約聖書の一節を，主人公のファウストが最初に「思い」と訳し，次に「力」と訳し，ついに「最初に行為ありき」と訳したというシーンがある．

投稿日：5月12日（土）

3-3 まごまごしつつ……

ケイです．他者性を受け止めるということで，教育哲学者の林竹二が言った「教師は，子どもの前で，まごまごする能力がないといけない」（灰谷・林, 1986, 26頁）という言葉を思い出しました．林は「まごまご」といっています．「まごまご」は，どうしてよいか迷う様子ですが，現職教員をしていた若い頃，それがなぜ能力なのだろうか，と思いました．迷っている姿など生徒に見せるべきではないと感じました．

今になって，林の言葉の含蓄を感じます．教育者は，当然の義務として，計画どおりにはいかないことがわかっていても，最善の努力を払って授業その他を計画・実行しなければなりません．やる以上は自信も持つべきでしょう．しかし，生徒は他者であり，教師は想定外の事態に出くわすものです．たとえば，授業で思ってもみなかった質問が出るとします．もし自分の計画に固執したり自信過剰だったりすると，教師はせっかくの質問を軽く受け流すか，ひどい場合は無視するかもしれません．こうした対応が望ましくないことは言うまでもありません．相手の他者性を受け止めるなら，当初の計画はいったん停止か変更を余儀なくされます．すると「まごまご」してしまいます．「まごまご」は，けっして優柔不断なのではなく，教育者が自分を見つめることのできる能力の現れなのですね．

ただ，私は，「教育者は他者性を受け止めなければならない」というメッセージが独り歩きするのには懸念も持ちます．教育現場では待ったなしの決断を迫られることが少

なくありません. 傾聴の姿勢は大切ですが, 迅速な判断も必要です. 子どもに食物アレルギーの反応が出たら, 躊躇なく対応しなければ生命に関わります. また, 児童生徒も他者ですから, 教師が「まごまご」する様子を教師が他者性を受け止めた姿として受けとる者もいれば, 教師の自信のなさが現れていると見て騒ぎ出す者もいるかもしれません. それでも, 教育の世界は基本的な信頼関係を前提にしているので, いい方でしょう.

しかし, 保護者との対応や社会一般で, 他者性を受けとめる努力が常に意味を持つかについては懐疑的にならざるを得ません. 私が勤めていた学校で, いわゆるモンスターペアレントの問題が起き, 対応した教員が休職に追い込まれました. その親は, 新卒の教員が子どもの担任になったのが気に食わず, 配慮が足りないとクレームを言い続けたのですが, その言い分が「子どもの他者性に寄り添うべきだ」でした. 高学歴で有名な会社に勤めていました. その親が本当にそう思って訴えているならまだよかったのです. しかし, 他の保護者に「学校はむずかしい理屈をこねて文句をいえば対応せざるを得ない. ゴネられるだけゴネてやる」と冷笑しながら言っていたという話がめぐりめぐって私に届きました. 驚くのを通りこして, ゾッとしました.

「教育者は教え子に対し常に具体的に教育可能なものとして出会うが, 教え子の教育可能性は, その制約の中でのみ現れてくる」というフリットナーの言葉では説明できないことがあるのは確かです. 明らかに悲惨というしかない環境におかれたのに, 大きな可能性を発揮する人間がいます. また, 親が可能性を認めた以外の方向で可能性を発揮する子どももたくさんいます. しかし, だからとって, 目の前の子どもに「これが向いているのでは」,「こうした方がいいのでは」と働きかけるだけでもう押しつけだなどといえるでしょうか. 物心つくまで子どもを放置しておくわけにはいきません.

私は, フリットナーの言うような関わりによって, 子どもが希望を得た事例を数多く見てきましたし, 私自身, 生徒を可能性においてみるように努めてきました. たとえば, 進路指導では, ある見込みを伝えざるを得ません. それが生徒の希望と一致する場合もありますが, 一致しないで他の進路が選ばれる場合もあります. また, 私と生徒で考えが一致したのに, そのとおりにならなかった事例もありました. しかし, 生徒を「きっと誰にもない何かを持っている」という期待をもって接したことが, 不誠実だと思われたことはなかったと思います. 私の経験からいえば, 他者性という視点は, 相手を「自分とは異なる可能性」として接する限りで意味があると思います.

投稿日: 5月13日 (日)

✎ 学習を深めるための課題
・人間が教育必要な存在であるのはなぜかまとめてみよう.
・教育から遠ざけられた子どもの例について調べてみよう.
・ヘルバルトが宿命論と自由論のいずれにも偏ることを問題にしたのはなぜだろうか.

・ルソーやペスタロッチが自然を強調したことは教育においてどのような意義があるか，まとめてみよう．
・行動主義は教育にどのような影響を与えただろうか．
・他者性の承認はなぜ重要か，教育者と学習者それぞれの立場について考えてみよう．
・「自分らしく」，「自分なりに」といって言説にはどのような教育上の問題があるか．
・林竹二の「教師は，子どもの前で，まごまごする能力がないといけない」という言葉の意味を具体的に考えてみよう．

📖 引用文献

エルヴェシウス，クロード＝アドリアン『世界教育学選集　人間論』根岸国孝訳，明治図書出版，1966年．
カント，イマニュエル『世界教育学選集　教育学講義』伊勢田曜子訳，明治図書出版，1972年．
コメニウス，ヨハネス『世界教育学選集　大教授学』1，鈴木秀勇訳，明治図書出版，1962年．
ショーペンハウアー，アルトゥール『意志と表象としての世界』Ⅱ，西尾幹二訳，中央公論新社〔中公クラシックス〕，2004年．
デカルト，ルネ『方法序説』谷川多佳子訳，岩波書店〔岩波文庫〕，1997年．
ハーバーマス，ユルゲン『理論と実践』細谷貞雄訳，未來社，1975年．
フリットナー，ヴィルヘルム『一般教育学』島田四郎・石川道夫訳，玉川大学出版部，1988年．
ブルーナー，ジェローム『教育の過程』鈴木祥蔵・佐藤三郎訳，岩波書店，1963年．
ベーコン，フランシス『ニュー・アトランティス』川西進訳，岩波書店〔岩波文庫〕，2003年．
ペスタロッチ，ヨハン『隠者の夕暮れ』梅根悟訳，『世界教育学選集　政治と教育』，明治図書出版，1969年．
ヘルバルト，ヨハン『教育学講義綱要』是常正美訳，協同出版，1974年．
ポルトマン，アドルフ『人間はどこまで動物か』高木正孝訳，岩波書店〔岩波新書〕，1961年．
モンテーニュ，ミシェル・ド『随想録』第1巻，原二郎訳，岩波書店〔岩波文庫〕，1965年．
ルソー，ジャン・ジャック『エミール』上，今野一雄訳，岩波書店〔岩波文庫〕，1962年．
ロック，ジョン『教育に関する考察』服部知文訳，岩波書店〔岩波文庫〕，1967年．
ワトソン，ジョン『行動主義の心理学』安田一郎訳，河出書房新社，1980年．
灰谷健次郎・林竹二『教えることと学ぶこと』小学館，1986年．

📚 参考文献

イタール，ジャン『野生児の記録7　新訳アヴェロンの野生児』中野善達・松田清訳，福村出版，1978年．
ゲーテ，ヨハン・ヴォルフガンク・フォン『ファウスト』第1部，相良守峯訳，岩波書店〔岩波文庫〕，1958年．
シング，ジョセフ『野生児の記録1　狼に育てられた子』中野善達・清水知子訳，福村出版，1977年．
フォイエルバッハ，アンセルム・フォン『野生児の記録3　カスパー・ハウザー』中野善

達・生和秀敏訳，福村出版，1977年.

ランゲフェルト，マルティヌス・ヤン『教育の人間学的考察』和田修二訳，未來社，2013年増補版.

三井誠『人類進化の七〇〇万年――書き換えられる「ヒトの起源」』講談社〔講談社現代新書〕，2005年.

4 人間の発達・生成と人間関係

4-1 発達の諸相

4-1-1 発達・生成の視点

発達は，成体になるのに長い時間を要する人間固有の課題だ．しかし，発達という概念については，先行する世代が望ましいと考える目的を前提しており，子どもの変化はそれに収まりきるものではないという批判から，発達に代えて生成という概念を用いようという主張もある．また，発達障害の研究は発達の多様性や複雑さを明らかにしてきた．現れる症状にもさまざまな違いがあることが認められ，それらは連続体（スペクトラム）としてとらえられるようになった．他方，発達や生成の多様性を認めることは1人ひとりの自己実現に寄り添う教育を考えるためにも重要だが，多様性を強調しすぎると何の一般化もできなくなるという懸念もある．

ロシアの心理学者ヴィゴツキーは発達を3つの側面からとらえた．第1は，地球に生物が出現してから人類に至るまでの系統発生的発達であり，第2は人類が出現して以降の歴史的・社会的発達であり，第3はある環境に生まれた個人が歴史的・社会的な文化を獲得していく個体発生的発達である．一般に，教育における発達は個体発生的レベルをさす．ほぼ共有されていると思われる発達のとらえ方として4つのポイントをあげておく．

第1に，発達とは歴史的・社会的文化を選択的に習得することである．人間は，ある特定の歴史的・社会的状況に生まれるのであり，あらゆることがらを満遍なく習得することはできない．教育者の選択であれ学習者自身の選択であれ，選択的な習得になる．それによって，個性的であるとともに，家庭・地域・民族等の特性を反映した発達を遂げる．

第2に，発達とは，文化の習得をとおして身体的・知的・道徳的・美的に変化する過程である．習得の結果として何らかの変化，それも基本的には何らかの善さへの変化がもたらされないと，発達したとは見なせない．以前にはできたこと

が何らかの原因でできなくなってしまうことがある．そこには変化が生じているが，発達とはいわない．

第3に，発達とは不可逆の現象である．これは，人生が1回きりの経験であり，やり直しがきかないという運命によっている．人生の初期の経験は非常に根強く，あとから軌道修正するのは容易ではない．

第4に，発達とは行動の分化と統合化である．子どもが歌い出すとき，最初は音程もリズムもとれない．しかし，次第に音程がとれるようになる．これは行動の分化である．そして，リズムもとれるようになり，両方の能力を統合できると，立派な歌になる．さらに，和音を聴けるようになると，他人のメロディーとも合わせて歌えるようになる．

4-1-2　発達段階

人間が発達する存在であるとして，学習者にとっても教育者にとっても気になるのは，どんな段階を通過していけばよいのか，ということだろう．川柳に「這えば立て　立てば歩めの　親心」とある．親というものは，赤ちゃんがやっとハイハイを始めたばかりなのに，まだ立たないのかと思い，そうして立ったら今度はまだ歩かないのかなどと思う．

人間の発達の過程に段階があるのではないかという認識は昔からあった．大人と子どもという区別もそうだし，若者，青年，壮年といった年齢段階を表す言葉がある．西洋では，14世紀以降，年齢の階段という図が示されるようになる．コメニウスが著した絵入り教科書『世界図絵』には，幼児，少年・少女，若者・娘，青年・処女，成人，老人，老衰という7段階が示されている．

年齢の階段（コメニウス『世界図絵』の挿絵）

コメニウスは，当時の年齢段階についての理解も参照しながら，成年に至る段階を，幼年期，少年期，若者期，青年期の6年ごとの4段階と見なし，その過程をとおして外部感覚，内部感覚（想像力・記憶力），知性，意志といった能力が現れると考え，それぞれの段階に母親学校，母国語学校，ギムナジウム，大学という学校段階

を対応させた.

　18世紀のルソーは子どもの発達の過程に質的な段階を見出した. 彼は, 人間は, 3つの段階からなる子ども期のあと, 思春期をへて青年期を迎えると考えた. 「われわれは, いわば二回この世に生まれる. 一回目は存在するために, 二回目は生きるために生まれる.」(ルソー, 1963, 5頁) という言葉は, 子ども期から青年期に向かう思春期の特殊性を指摘したものとしてよく引かれる.

　20世紀の心理学者ピアジェは, 誕生した子どもが感覚運動的知能の段階から, 1歳半から2歳で前操作的知能の段階, 7歳から8歳で具体的操作期, 11歳から12歳で形式的操作期を迎えつつ発達していくとした.

　20世紀の心理学者・精神分析家のエリクソンは, 生涯にわたる自我の発達を8段階にとらえた. それらは, 世界への基本的信頼を得ることが課題となる乳児期, 生後18カ月をめどに意思や自律性が生じる幼児前期, 3歳頃に目的意識が見られるようになる幼児後期, およそ5歳から始まり, 有能感や勤勉性が課題となる学童期, 13歳頃から始まる青年期 (思春期), およそ20歳から39歳で愛情を持つことが課題となる成人期, 40歳から64歳頃にわたる家族や同僚の世話が課題となる壮年期, 65歳以降の人生の省察が課題となる老年期である.

　エリクソンは, まだ社会人のような完全な責任を担うことを猶予されているモラトリアム状態にある青年期は, 「自分とは何か」を問い, 自己を自己として確信する自我の統一を得ることが課題となる時期であるとした. 彼は, そこで獲得されるべき自己 (自我) の同一性をアイデンティティ (identity) と呼んだ. しかし, 自分の存在が承認されるような関係や自身の能力が発揮できそうなキャリアを見出すといった課題には失敗や迷いもつきものであり, モラトリアム状態が続くことも少なくないため, モラトリアムは否定的なニュアンスで受けとられることがある. アイデンティティの危機のために社会的目標から降りたり, 非行などが見られたりするのも青年期の特質であるとされる.

　アメリカの心理学者ローレンス・コールバーグ (1927-87) は, 道徳性の発達に3つのレベルと6つの段階があるとした. 第1は慣習以前の水準で, 罰と服従によって行為する段階から「親切にしてくれるから親切にする」といった実用主義的に行為する段階をいう. 第2は慣習的水準で, 人間関係において同調的に行為できる段階から法や秩序を尊重できる段階である. 第3は慣習以降の水準であり, 受動的に秩序に従うだけでなく, 社会的利益について合理的に考えて行動できる段階から自身が選択した倫理的原理に従う段階をいう.

4-1-3　通過儀礼とその形骸化

　人生にいくつかの段階があると考えられると，先行する世代はその段階をどうやって越えさせようかと考える．人生における危機を緩和するための古来の取り組みが，フランスの民俗学者アルノルト・ファン・ヘネップ（1873-1957）がいう通過儀礼（initiation）である．これは，出生・成人・結婚・死などといった人生の転機における社会的儀礼をいう．子どもの七五三や60歳を迎えた還暦祝いも通過儀礼だが，とくに重要なのは成人を迎えるにあたっての通過儀礼だ．

　ルソーは，青年期が人生の転機であることについて注意を促した．18世紀ドイツの文学運動のスローガンとして用いられた言葉に，疾風怒濤（Strum und Drang）がある．この時代の文豪ゲーテやフリードリヒ・フォン・シラー（1759-1805）らは社会や自己のあり方を問い直す若々しい思想運動を展開したが，この言葉は不安に苛まれる青年期をあらわす言葉として用いられるようになった．また，ドイツの心理学者クルト・レヴィン（1890-1947）は，人間がひとつの集団から他の集団に移行する際，強い緊張を強いられることを指摘し，移行の過渡期にある人間をマージナルマン（marginal man, 境界人）と呼んだ．青年期はその典型である．

　成人への通過儀礼としては，割礼・抜歯・刺青等の身体的苦痛をともなう儀式や南太平洋のバヌアツのバンジージャンプのような恐怖をともなう儀式があげられる．近世日本では，武士階級の子どもが成人にあたって髪型や名前を変える元服という儀式があり，村落では米俵1俵を持ち上げられたら1人前として認めるという風習があった．この他，江戸時代に部落単位で組織された若者組のような年齢集団も，子どもから成人への移行をスムーズにしようという工夫だろう．

　しかし，通過儀礼は，社会の近代化にともなって急速に衰退した．都市化によって地域共同体が崩壊すれば，通過儀礼を維持するのは困難になる．人口が流入した都市のライフスタイルは基本的に自由主義と個人主義であり，通過儀礼は伝統による拘束ととらえられる．また，通過儀礼には宗教的な祭礼や儀式と結びついているものがあるが，世俗化（宗教の衰退）が進むと，やはり通過儀礼は衰退する．さらに，学校化の進展が通過儀礼の衰退に拍車をかける．入学式，入学試験，受験勉強，そして入社式などは，現代における広い意味での通過儀礼となっているといえる．

　とはいえ，学校は社会から画された保護の空間である．さらに，学校生活は学年・学期・単元と時間が細分化されており，結果として大人と子どもの境界は曖昧になる．こうして，別の社会集団に移行するという緊張や不安をあまり強いられないまま，一定の年齢に達すれば成人として認められることになる．

また，大人と若者の文化の関係が変容したことも指摘されている．かつて，若者文化は大人の支配的文化に対抗する文化（カウンター・カルチャー）と呼ばれていた．しかし，現在は大人の側も若者文化を取り込もうとし，若者の側も大人に対抗しようという意識は低く，若者文化は支配的文化に従属するサブカルチャーと呼ばれている．

4-1-4　2つの教育形式

20世紀ドイツの哲学者・教育学者ボルノーは，教育には2つの形式があるとした．ひとつは，「連続的な発展をふんで，いずれにせよ漸次的な改造によって，人間を教育することができるという前提」（ボルノー，1966，23頁）に立つ「連続的教育形式」である．たしかに，私たちは，何気なく，昨日学んだことに新しい学習内容を積み上げ，明日はまた新しい課題にとりくめば，発達が達成されると考えている．

しかし，人生の浮き沈みを振り返るライフチャートを描いてみれば，発達段階論が示すような人生を歩んだという人はほとんどいないことがわかる．多くの場合，何らかの困難な出来事に遭遇し，それを自分の努力や周囲の支えで乗り越えたことが大きな意味を持つ．また，交通事故，火災，自然災害，戦争をはじめ，家族や愛する人の死などの人間関係の急変，経済状況の急変による収入減や失業などは，連続的教育形式のなかでいわれる危機とは質的に異なる深刻なものだ．これを非連続的教育形式という．

これらの危機をあらかじめ予想することは困難だが，人間に否応なくそれまでの人生を見つめさせ，新たな生き方を考えさせるという意味では，最強の教育力を有しているといえる．ボルノーは，「危機を回避したり危機を無害のものたらしめることは，人間の決定的な発展可能性をさまたげることになろう」（同，56頁）と述べている．だからといって，教育者は子どもに対して危機を招き寄せようとすることなどしてはならない．危機は運命として到来する．では，教育者には何ができるのか，ボルノーはこう記している．

> 「教育者は危機を招きよせることも，支配することもできない．彼はただ，かかる出来事が運命として人の身にふりかかるとき，それに助力者として関与し，危機の意味をはっきりと捉え最後までそれに耐え抜くことを手助けしようとすることはできる．」（同，57頁）

4-2 教育と人間関係

4-2-1 我－汝，我－それ

　人間は，わけのわからないうちに生まれ落ちた世界に巻き込まれる．そこで，自己と世界を認識できるようになるのは，私たちに接してくれる人間が存在するおかげである．20世紀の哲学者マルティン・ブーバー（1878-1965）は「人間は〈汝〉に接して〈我〉となる」（ブーバー, 1979, 39頁）と述べている．我－汝は，相互が対等な存在として受け入れられる1人称と2人称の関係である．大人になっても，何か深刻な出来事に遭遇したとき，「汝」として現れる友人・恋人・先輩・親・教師・上司等の存在はかけがえのないものだ．他方で，世界を客観的にとらえて利用しなければ，人間は生きられない．ブーバーは，このことを「人間は〈それ〉なくして生きることはできない」（同, 47頁）と述べる．「それ」とは対象としてとらえられる3人称の世界だが，我－それはともすれば支配的関係になる．ブーバーは，「〈それ〉のみで生きるものは，真の人間ではない」（同, 47頁）とも言っている．

　子どもは，おおよそ生後3カ月を過ぎた頃には，あやすと笑うなどの社会的な意味をもった行動をとるようになり，快と不快の感情も分化してくる．生後4カ月頃には喃語を発するようになり，生後7カ月頃には身近な大人を認識し身ぶりを真似るといった自発性が見られるようになる．ハイハイができるようになり，さらにつかまり立ちから2足歩行ができるようになる生後11カ月からは子どもの世界は大きく広がり，興味をもったものをなめたり，さわったり，つかんだり，投げたりする探索行動を活発に行うようになる．これと並行して言語も発達し，単語を話すことができるようになる．子どもは，大人が指差ししてモノの名前を言うのを聞いて世界がさまざまな物事からなることを知る．子どもの言語の発達には，親に代表される身近な人々の視線の動きに合わせて眼を動かす共同注意が大きく作用しているといわれる．自分の欲求が満たされない事態に遭遇すると，反抗したりかんしゃくを起こしたりもするが，こうした過程を経て，子どもの自我は育っていくと考えられる．こうした発達は，我－汝的関係の力によるところが大きい．

4-2-2 遊びと仲間関係

　子どもの発達の初期において，とくに重要なのが遊びと仲間関係である．オラ

ンダの歴史家ヨハン・ホイジンガ（1872-1945）は，人間が他の動物とは異なって生活の必要とは直接関係のない自己充足的な活動としての多様な遊びを行うことに注目し，さまざまな文化もそこから生み出されたとして，人間をホモ・ルーデンス（遊戯人）と呼んだ．フランスの思想家ロジェ・カイヨワ（1913-78）は，遊びには，自由意思において行われ，結果が不確実であり，守るべきルールが存在し，非生産的であるといった特徴があるという．遊びは，人間の初期の発達だけでなく，人生を通じて創造力や自発性を高める意義がある．

　遊びの最初は1人遊び（solitary play）である．なかでも，周囲の人に興味をもって模倣するごっこ遊びがよく見られる．その後，同じくらいの年齢の子どもたちと遊びだすが，最初はお互いに関わり合わない並行遊び（parallel play）であり，次第に他人と関わり合う協力遊び（cooperative play）をするようになる．そこでは，相手と道具を分け合ったり，順番を守ったりできなければならず，競争や葛藤が生ずる．しかし，こうした経験が感情のコントロールやルールの尊重など社会性の獲得につながる．言語能力が高まる5歳頃には，言葉遊びをしたり，トラブルを自分たちで解決しようとし始める．6歳頃になると，協力遊びも役割分担が進み，ひとつの遊びを続ける時間も長くなる．

　おおよそ小学校中学年になると，子どもたちは継続的な友人関係を作り，教師や親よりも友人との関係を重視するようになる．男子に典型的に見られるグループは，仲間やチームを意味するギャングという語を用いて，ギャンググループと呼ばれる．大人からの自立を図ろうとする子どもたちの行動は反抗的にも見え，ギャングという語が悪党（gangster）と混同されることもあり，ネガティブにとらえられることがあるが，児童の発達にみられる特徴である．小学校中学年から中学生くらいの時期に女子によくみられる少人数のグループは，チャムグループと呼ばれる．こちらは，同じ物をもったり，好きなアイドルが同じだったりと，同質性で結びつき，異質性を排除する傾向がある．こののち，おおよそ高校生くらいをめどに個人の自立が進み，相手の異質性を認めた上での友人関係が成立するといわれる．そうした関係は，ピアグループなどと呼ばれる．

　しかし，現在はこうしたヨコの関係が構築されにくくなっていると考えられる．少子化によって平均世帯人員は減り，都市でも子どもはいなくなり，学校規模は縮小している．治安の悪化が指摘され，遠くにいる友人のところまで遊びには行かなくなる．遊びも，ドッジボール，缶けり，鬼ごっこ，ゴムとび，かくれんぼといった外で身体を動かして行うものからスマホゲームなどに移っている．ネットゲームでは，外に出ることもなく世界中の不特定の相手と遊ぶことができる．

4-2-3　人間関係と教育課題

　いじめは1980年代から重大な教育問題であり続けている．2013（平成25）年には「いじめ防止対策推進法」が施行された．同法で，「いじめ」は「児童生徒に対して，当該児童生徒が在籍する学校（小学校，中学校，高等学校，中等教育学校及び特別支援学校）に在籍している等当該児童生徒と一定の人的関係にある他の児童生徒が行う心理的又は物理的な影響を与える行為（インターネットを通じて行われるものを含む．）であって，当該行為の対象となった児童生徒が心身の苦痛を感じているもの」と定義されている．そして，いじめの判断基準は，「他の児童生徒が行う心理的又は物理的な影響を与える行為」により「対象生徒が心身の苦痛を感じているもの」とし，いじめられた児童生徒の立場からとらえられるとした．

　いじめの背景として無視できないのは，児童生徒間の力関係とそれを是認させてしまう同調圧力（ピアプレッシャー）である．現在の児童生徒間には，恋愛経験・容姿・流行への追随・コミュニケーション能力の差から暗黙のうちに生ずる序列が大きく作用しているといわれる．これはスクールカーストなどと呼ばれる．この構造においては，児童生徒は場の雰囲気を読んで行動できているかで評価される．ギャグを外してしまったり，流れからそれたような発言をしてしまうとカーストが低下するので，行動は自然と防御的になり，周囲に合わせる同調的なものになる．中学生が作った「教室は　たとえていえば　地雷原」という川柳は，教室を支配する空気をよく表現している．

　ピアプレッシャーは実体として存在するのではなく，感じる側に圧力として受けとられている．ピアプレッシャーは，「仲間が残業しているのに，自分だけ帰れない」と思って職場に残ってしまうように大人の世界にもあるが，見方を変えれば日本文化の美徳とされる「察する」行動でもあり，目的の共有によって高い成果をもたらす一面もある．しかし，目標が曖昧な関係では，関係の維持が目的になり，知らず知らずのうちに足を引っ張り合う関係に陥る．周囲に合わせるという大勢順応主義は，異質な者を排除する不寛容につながりやすい．江戸時代の日本では，村の掟からはずれた家が出たとき，村民の申し合わせによって，周囲に影響が及ぶ葬式（死体の処理）と火事の2つのこと以外はその家との交際を断つ村八分と呼ばれる制裁があった．

　社会の産業化のなかでピアプレッシャーは強まっていると考えられる．アメリカの社会学者デイヴィッド・リースマン（1909-2002）は，何を判断基準にして行動するかという観点から，人間の社会的性格を①伝統指向型，②内部指向型，③他人指向型に分類し，社会が産業化すると人間関係が人々の何よりの関心事

になるとした．たとえば，結婚にあたって，家と家との関係を気にするのは伝統指向的といえる．逆に，自分の気持ちを何よりも重視して決めるなら，それは内部指向的である．そして，他人指向というのは，「周囲が結婚しだしたから私も」と周囲の人々と同調しようとする傾向をいう．高度経済成長期の大量生産・大量消費のもとで人と同じようにもつことが幸福の指標とされたことで，他人指向型の行動様式が一般化したと考えられる．

こうしたなかで，日本の子どもたちは，早くからピアプレッシャーを感じていると考えられる．1970年代頃までは，子どもが友だちの家に押しかけていって，外から大きな声で「○○くん，あーそぼう！」と呼びかける光景が見られた．しかし，現在の子どもたちは，「○○くん，遊べる？」と相手の都合を尋ねる．そこでは，自分が遊びたいという気持ちが抑圧されている．都市化が進んで外遊びの空間が減り，塾や習い事に通うことで時間が減り，少子化で遊ぶ仲間が減る．これは三間の減少などと呼ばれるが，子どもの間でも関係を作ることは当たり前のことではなくなった．

小学校では，国語の授業などで情感たっぷりに朗読していた児童が，周囲の冷やかしや視線を気にするようになり，高学年にもなると朗読といえばほとんど棒読みになり，教室での感情表現は急速に乏しくなっていく．高学年はジェンダー（性的役割）が認識される時期とされ，とくに女子児童が仲間と合わせ目立たないでいることに気を遣うようになる傾向があるとされたが，その傾向は性別にかかわらず見られるようになった．

このように，日常生活でコミュニケーションの繊細なスキルが求められる状況は，人々が社会の動向を心理的な要因に還元し，行動の動機を内面に求めようする社会の心理主義化の現れといえる．

4-2-4　自己開示と自己形成

人間関係の構築は矛盾した要求に左右される．一方には，関係を得たいという欲求がある．他方には，関係のなかで傷つきたくないという自己愛があると考えられる．これをよく説明するのが，ショーペンハウアーの寓話「ヤマアラシのジレンマ」だ．寒空に2匹のヤマアラシがいた．互いに身を寄せて暖め合おうとするが，相手の体に付いている針が刺さり，それに苦痛を感じて離れた．しかし，そうすると寒さに耐えられない．そこで，ヤマアラシたちは，何度か試行錯誤を繰り返し，ついにお互いが傷つかない距離を探りあてた，という話である．自己に愛着を感じるのは，とくに幼児期や児童期においては，恐怖から自己を守るた

ジョハリの窓

めの不可欠の防衛機構である．しかし，ピアプレッシャーのような関係の力が強く感じられる社会で，自己愛は青年期を超えて強まっているといえる．

近年の日本人は，親戚・職場・地域社会での人間関係に関しては，全面的な関わりよりも部分的関わりを好むようになっているという．そこでは，関係の構築よりも自己への関心が優先されている．オタクという語は，1980年代以降，主にアニメや漫画などサブカルチャーに没頭する人間を指すために用いられるようになったが，それは趣味について話をする者どうしが，相手の名前を尋ねないで「お宅」と呼び合っていたことに由来するといわれる．ここには，関心が共有できる部分だけでつきあうという態度がよく現れている．

これは，心理学でいう自己開示（self-disclosure）が著しく限られた状態である．自己開示とは，感情・経験・価値観などの自分についての情報を言葉で伝えることをいう．自己開示を自己規制してしまうと，人間関係が発展しないばかりでなく，自己理解も深まらない．この点を理解するヒントになるのが，アメリカの心理学者ジョセフ・ルフト（1916-2014）とハリー・インガム（1916-95）による，いわゆる「ジョハリの窓」である．そこでは，自己には4つの局面があるとされる．それらは，自分が知っており，相手も知っている「公開された自己」（open self），自分は知っているが相手には見せていない「隠された自己」（hidden self），自分は気がついていないが相手には見えている「目隠しされた自己」（blind self），自分も相手もまだ気づいていない「未知の自己」（unknown self）である．自己開示とは，この図でいえば，中央にある座標軸が動き「公開された自己」が広がっていく過程である．初対面では出身地や趣味などの限定された話題で終わっていたのが，関係が深まるにつれて，経済的な状態，恥をかいた経験，健康状態，さらには性的な経験にまで話題が広がっていく．

この図は個人の内面を説明しているが，自己開示の過程では，相手にも同じことが起きている．それが，「自己開示の返報性」である．たとえば，誰かと食事に行った際にお酒を注いでもらったら，注いで返さないと悪いと感じる．それと同じように，相手が自己開示をしてきたら，それに応じてこちらも自己開示をする．こちらが自己開示をする分だけ，相手の自己開示も進むことが多く，ゆえに他者理解の可能性も高まる．また，自己開示してくる他者と接して自己開示する

ことで，感情を出せてすっきりしたり，自分の態度や意見が明確になったりするというように，自己理解も深まる．青年期の課題とされるアイデンティティも自己と自己の外部との応答によって成立する．このことを，20世紀アメリカの社会学者ジョージ・ハーバート・ミード（1863-1931）がこう記している．

> 「社会的行動のなかで他者に影響を及ぼし，次にその刺激によって引き起こされた他者の態度を取得し，次に今度はこの反応に反作用するという社会過程こそが，自我を構築するのである．」（ミード, 1995, 21頁）

　部分的な関係を望み自己開示を限定していると，「隠された自己」の領域が大きいために「公開された自己」として相手に伝わる情報は限られる．返報性の原理でいけば，相手から得られる情報も限定される．また，接触が限られれば，「目隠しされた自己」，つまり自分が気づいていない癖などを指摘してもらえる機会にも恵まれない．ゆえに，自分が変化していく機会をみずから失うことになる．すると，アイデンティティの取得も進みにくくなると考えられる．

　現在，学校では自己紹介や意見の発表の場を増やす工夫がなされている．そこでは自己開示がなされているように見えるが，だからといって安心はできない．人格を英語でパーソナリティ（personality）というが，これはラテン語のペルソナ（persona）から来ている．ペルソナとは仮面を意味する．私たちは，相手や役割によって少しずつ違う自己を演じている．自己愛が強く，周囲に同調することが習慣化していると，周囲に差し障りのない印象を与えるように振舞うことが習慣化してしまう．

　周囲への配慮に気疲れしても，うまくやれるのならいいようにも思える．しかし，その間に衰えていく能力がある．それは価値判断力である．好き・嫌い，正しい・間違っている，損だ・得だ，きれい・汚い，善い・悪いといった判断を口にすると，周囲と葛藤を生むことが避けられない．周囲を気にするあまり価値判断を抑圧すると，次第に意見を言わない人間になり，それが昂じると本当に意見のない人間になってしまう．しかし，どんなに小さなことでもいったん表現されるなら，それは環境に何かを加えることによって環境を変えている．このことをミードは，こう述べている．

> 「人間は自らを特定の環境に適応させるにつれて，以前とは異なる個人になる．しかし，異なった個人になるなかで，彼は自分が生活している共同体に影響を与える．それは，ごく僅かな影響かもしれないが，彼が自らを適応させた限りで，この適応は，彼が反応できる環境の型を変えていき，したがって世界は異なった

世界となる.」(同, 266頁)

　たとえば，いじめにあっている児童がいじめを告発できたとき，その児童はすでに変化している．そして教室も変化せざるを得ない．しかし，自分の告発が受けとめられるという希望がなくては，なかなか勇気が出ないだろう．ゆえに，教育者は，「シグナルを受けとめて変わる準備がある」というメッセージを発信し続けなくてはならない．

4-2-5　意味ある他者との関係

　教育的な人間関係は，一般的な人間関係とは大きく異なる．ドイツの教育学者ノールは次のように述べている．

　　「教育の基礎は，成熟した人間と成長しつつある人間との情熱的な関係である.
　　しかも，それは成長しつつある人間自身のための，彼がその生とその形式とを獲
　　得するための関係である.」(Nohl, 1970, S.134. 訳は筆者による)

　教育的な人間関係は，成熟度格差に由来する非対称性を前提としている．非対称といえば，君主と臣下のような関係や，聖職者と信徒の関係もあげられる．しかし，教育的関係は，政治的・宗教的関係がどちらかといえば非対称性を固定化しようとする傾向が強いのに対して，少なくとも建前の上では，非対称性の解消を目的としている．教育的関係の目的は学習者の自立であり，ゆえに教育的関係とは，いずれは解消に向かうべき関係である．

　しかし，非対称性を克服するといっても，何の経験もない子どもはどうしてよいか分からない．自分が生まれた社会に共有されている知識・言語・習慣・技能等を習得する際，父母・祖父母・きょうだい等の縁者，遊び友だち，教師等の意味ある他者 (significant others) はかけがえのない存在である．意味ある他者は，あるときは，子どもが身につけようとしていることを賞賛して学習を促進する．逆に，子どもが好ましくない状況にあると見れば，禁止によって悪しき習慣を消去する．しかし，どんな関わりも子どもが受け入れなければ無意味である．教師の関わりが受け入れられるためには，個に応じた理解が必要だろう．しかし，教師は最終的に児童生徒を評価しなければならず，教育的な関係は否応なく非対称的なものであり，水平化しようとしても長くは続かない．また，生徒が30人いるとして30通りの対応を考えるというのも現実的とはいえない．1人ひとりを理解しようと努力することはできても，その理解が正しい保証もない．教師の関わりを学習者にとって意味あるものにするために，ここでは開放的態度と情熱的態度

をあげておく.

　教育的関係が成熟度格差を前提とする限り，完全に権威から解放されることはあり得ない．権威とは知識や技術などを所有する者との関わりの自発的な受容という側面があるからだ．しかし，それは教師が権威的であってよいということではなく，そうならないための工夫はある．具体的には，評価を職務とする教育者が，評価されることに対してオープンであるように努力すべきだろう．小学校の学級担任制は，かつて学級王国と揶揄された．教師と児童の年齢差も大きく，1人の担任教諭が自己の教育観のままに君臨しうる危険性をさしたものだ．保護者による学校行事の参観，PTAでの学校の取り組みの説明，学校公開，授業アンケートなどを意味あるものにすることは，教育実践が独善に陥らないようにするために重要である．同僚からの評価や助言はとくに重要だ．また，教育実践が閉鎖的にならない方法上の工夫もある．2人以上の教師がそれぞれ役割分担して同一の生徒集団の教育にあたるティームティーチング（TT）は，学級王国を学級共和国にする試みとされる．

　そして，児童生徒の自己開示が足りないと嘆く前に，教師は積極的に自己開示すべきだろう．学生世代がもっとも自己開示する相手は同性の友人で，自己開示のもっとも低い相手は父親だというが，教師も自己開示の相手とは見なされていない．悩み事の相談相手としての順位も低い．こちらが自己開示するのに応じて相手の開示も進むとするなら，教師が自己開示の相手として認識されていないのは，多分に教師の側の自己開示が十分でないことによる．教師には，自分の感情や経験や価値判断を伝える努力が求められる．たとえば，「○○さん，そういうことはやめなさい」と言うよりも，「○○さん，そういうことはやめてくれると嬉しいんだけど」と言えば，価値判断だけではなく感情も伝わる．また，教師の失敗経験が率直に語られると親しみが沸くものである．もちろん，自己開示は率直で偽りのないものでなくてはならない．

　さて，ノールは教育的関係の特質として情熱的態度をあげた．情熱などという言葉は非科学的にも映る．しかし，部分的な関係のなかで自己愛を維持しようとする学習者と向き合うとき，発達であれ生成であれ，本当に変化が生じるように関わろうというのならば，やはり情熱が必要である．

　児童文学作家の灰谷健次郎（1934-2006）が17年の小学校教師生活の忘れ得ない経験として書き残したエピソードがある．ある放課後，教室で仕事をしていた灰谷のもとに泣きはらした女児とその母が訪ねてきた．児童が差し出した紙切れには，「わたしはドロボーをしました．もうしません．せんせいゆるしてください」

と記してあった．児童は，出来心で年下の子どもとチューインガムを万引きしてしまったのだった．若き教師であった灰谷は，母親を帰し，ただ一言「ほんとのことを書かなあかんな」とだけ言って，児童と向かい合った．児童は1行書いては泣き，灰谷はみずからの関わりの厳しさ，あるいは残酷さに苛まれながらも，つらい時間をともにした．その結果，小学校3年の児童によるとは思えないほど深く自分を見つめた「チューインガム一つ」という詩が生まれた．

　灰谷の情熱は，児童に強い印象（impression）を与えたにちがいない．それに応じて，「チューインガム一つ」という表現（expression）が現れたのである．英語のimpressは，im（中に）+ press（押す）という意味であり，expressはex（外に）+ press（押す）という意味である．表現は印象があってこそ現れる．印象は，鮮明で感動を生むものでなければならない．当たり障りのない関わりでは印象には残らない．印象が印象であるためには情熱が必要なのである．情熱的な関わりは，内なる何かを外へ引き出すという教育（education）の原義に重なる．教育現場には多くの問題がある．教育において出会うのは他者なのかもしれない．しかし，「あの先生がいたから今の私がある」という体験をもつ者も少なくない．

投稿日：5月19日（土）

4-3　個別対応は大事ですが……

　ケイです．私が現役教師だった頃は，教育を科学化しようという動きが盛んでした．誰がどこで実験しても同じ結果が出なければ，その仮説は証明されたとはいえず，科学的とはいえません．教育の世界でも，同じように優れた結果が出る方法が探求されました．しかし，そのなかで児童生徒が十把ひとからげにとらえられていたのも事実です．たとえば，縄跳びがよいといわれれば，クラス全員で何回続けて跳べるかが競われたりされてきました．

　そして，心理学や教育学の成果に基づいて，教育や人生の課題が提示されてもきたわけですが，私は以前から発達課題論というのには疑問がありました．アメリカの教育学者ロバート・ハヴィガースト（1900-91）は，発達段階の研究に基づいて，次の段階へのスムーズな移行のために各段階での課題を考えました．危機を緩和し健全で幸福な人生を実現しようというのは善意の現れでしょう．しかし，すべて専門家に先回りして準備される人生は，たとえ安全ではあっても，面白くないと思います．たとえば，こんなことが提案されています．

青年期の課題：同年齢の男女との洗練された新しい交際を学ぶこと
壮年初期の課題：配偶者を選ぶこと，第１子を家族に加えること
中年期の課題：自分と配偶者とが人間として結びつくこと
老年期の課題：隠退と収入の減少に適応すること

　ここでは，男女という性が前提にされ，結婚して子どもを育てることがモデルになっています．一生独身でも，本人がそれでよければ構わないのではないでしょうか．中年期に配偶者と人間として結びつくというのは，それ以前は人間どうしではなかったのでしょうか．老年期の収入減や体力低下に適応することは，現役を引退した私は教えられなくてもわかります．人生はかけがえのないユニークなものです．また，社会や時代の変化によって，求められる課題も変化します．すべての人間が同じ課題をこなさなければならないわけではないでしょう．

　その点，個々の現場を重視する臨床的な態度が教育において重視されるようになっているのはよいことです．しかし，１人ひとりの特性に寄り添うということを突きつめていくと，児童生徒が共通の目標に向かってとりくむのは難しくなります．また，個々の事例が説明されるだけで，一般的な基準が不明確になります．

　社会には「ここまではできて欲しい」という水準があります．個人にとっても，たとえば縄跳びが苦手でも，共通の課題にとりくんでみることで自分の特性を見つめることができるものです．灰谷健次郎のエピソードは，臨床的な関わりの具体例といえます．しかし，模範にはなるでしょうが，彼と同じように関わって同じ結果になるとは限りません．私が中学校教師をしていたとき，生徒が万引きをして捕まり，誠心誠意の対応をしました．しかし，彼の親の一言でぶち壊しになりました．彼の父は，「捕まらないようにうまくやれや」と言ったのです．

投稿日：５月20日（日）

✐ 学習を深めるための課題
・人間形成や教育にとって自己開示はなぜ重要なのだろうか．
・ピアプレッシャーが人間の成長にどのような影響を与えるか，考えてみよう．
・ボルノーはなぜ２つの教育形式について考えたのだろうか．
・さまざまな通過儀礼について調べてみよう．
・若者文化の変容について調べてみよう．
・子どもの遊びの変化について調べてみよう．
・教育者にはなぜ情熱的態度が求められるのだろうか．

📖 引用文献
ブーバー，マルティン『我と汝・対話』植田重雄訳，岩波書店〔岩波文庫〕，1979年．
ボルノー，オットー『実存哲学と教育学』峰島旭雄訳，理想社，1966年．

ミード，ジョージ・ハーバート『精神・自我・社会』河村望訳，人間の科学社，1995年.

ルソー，ジャン・ジャック『エミール』中，今野一雄訳，岩波書店〔岩波文庫〕，1963年.

Nohl, Herman, *Die pädagogische Bewegung in Deutschland und ihre Theorie*, 7. Aufl.,
　　Frankfurt / Mein, 1970.

📚 参考文献

エリクソン，エリク『アイデンティティ　青年と危機』中島由恵訳，新曜社，2017年.

カイヨワ，ロジェ『遊びと人間』多田道太郎・塚崎幹夫訳，講談社〔講談社学術文庫〕，
　　1990年.

ハヴィガースト，ロバート『人間の発達課題と教育』荘司雅子監訳，玉川大学出版部，1995
　　年.

ホイジンガ，ヨハン『ホモ・ルーデンス』里見元一郎訳，講談社〔講談社学術文庫〕，2018
　　年.

リースマン，デイヴィッド『孤独な群衆』加藤秀俊訳，みすず書房，1964年.

NHK放送文化研究所『現代日本人の意識構造』第8版，NHKブックス，2015年.

お茶の水女子大学子ども発達教育研究センター『幼児教育ハンドブック』2004年.

土井隆義『友だち地獄』筑摩書房〔ちくま新書〕，2008年.

灰谷健次郎『子どもに教わったこと』角川書店〔角川文庫〕，2000年.

保坂亨『いま，思春期を問い直す――グレーゾーンにたつ子どもたち』東京大学出版会，
　　2010年.

谷田貝公昭監修，林邦雄責任編集『保育用語辞典』一藝社，2007年.

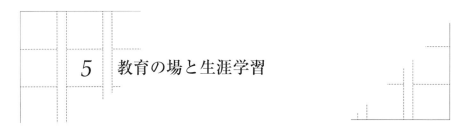

5 教育の場と生涯学習

5-1 教育の場

5-1-1 いたるところにある教育

「教育と聞いて何を連想しますか」と尋ねると，学校・先生・教科書など，条件反射といってよいような答えが返ってくる．しかし，教育はけっして学校の専売特許ではない．教育という営みは，狩りの技術や集団の慣習やタブーなどを親や集団を通して伝達するところから始まったと考えられている．人間以外の動物でも，親が餌の捕り方を教えるような例はあるが，道具と言語を用いる人間には，質量ともに比較にならないレベルの教育が必要である．デューイはこう記している．

> 「社会は，生物学的生命と全く同じ程度に，伝達の過程を通じて存続する．この伝達は年長者から年少者へ行為や思考や感情の習慣を伝えることによって行なわれる．集団生活から消え去って行こうとしている社会の成員から集団生活の中へ入って行こうとしている成員への，この理想や希望や期待や規範や意見の伝達なしには，社会の生命は，存続できないだろう．」(デューイ, 1975, 14頁)

こうした社会の存続のために年長者から年少者に習慣の伝達がなされる過程を，デューイは「非形式的教育」(informal education) と名づけた．この視点からすると，教育とは人間の生きるすべてだといってよい．非形式教育の主要な場は，言語，基本的な生活習慣や道徳が習得される家庭である．家庭での基礎的な教育は躾（しつけ）と呼ばれる．子どもへの躾は，「三つ子の魂百まで」と言われるように，きわめて重要な教育だ．幼児期に身についた習慣は，なかなか改善することが難しい．アルバイトやボランティア，地域社会のお祭り等の行事やスポーツは重要な学習の場だ．そして，本格的に働き始めると，上司や先輩から叱られたりアドバイスを受けたりしながら学ぶ．危機に陥ったときの周囲からの励ましには大きな教育力がある．

74 第Ⅰ部 「教育学の基礎」講義録

　人間は，ともに社会生活を営むなかで相互に影響を及ぼしあいながら形成され
ていくのであり，人間生活のいたるところに教育がある．学校で学ぶことも学校
が公的に教えることだけではない．教師との関係だけでなく，友人関係，恋愛等，
さまざまな人間関係の持ち方を学ぶ．長い伝統のある学校に通うと，知らず知ら
ずのうちにその学校の校風が身につき，「○○校生らしい」などといわれる．ま
た，ジェンダーによる役割意識も学校や教師の意図しない行動から学ばれること
が多いとされる．こうした教育作用は，隠れたカリキュラム（潜在的カリキュラム，
hidden curriculum）と呼ばれる．教育は人間が活動するあらゆる場面で行われてい
る社会の基本的な機能なのである．

5-1-2　形式的教育

　生活する集団の規模が一定のレベルを超えると，口頭のコミュニケーションだ
けでは限界があり，文字による伝達が不可欠になる．そこで，読み書きを教える
組織的な教育が必要となった．紀元前4000年頃の古代メソポタミア文明時代のウル
クには，すでに官吏の養成を行う学校があったことが明らかになっている．
デューイは，社会の制度化とともに成立した組織的な教育を「形式的教育」（for-
mal education）と名づけ，こう記している．

> 「文明が進歩するにつれて，子どもたちの能力と大人たちの仕事の間のギャップ
> は拡大する．大人たちの仕事に直接参加することによる学習は，あまり進歩して
> いない仕事の場合のほかは，ますますむつかしくなる．……こうして大人の活動
> に有効に参加する能力は，この目的を目ざして前もって与えられる訓練に依存す
> ることになるのである．」（同，21頁）

　文字文化が発展すると，その習得には一定の時間を要するようになる．ゆえに，
労働に就く以前の修学の期間が必要となり，大人と子どもの社会的役割が分離さ
れていく．とはいえ，形式的教育はごく一部の階層に限られ，民衆の教育は基礎
的なレベルに限られた時代が長く続いた．古代から中世にかけては，指導者を養
成する学校や聖職者を養成する僧院等が，洋の東西にかかわらず設立された．
　哲学者プラトンが開いた学園アカデメイアは，紀元前387年に現在のギリシア
の首都アテネの北西郊外に開かれ，算術，幾何学，天文学等のあとに，統治者が
身につけるべき哲学が教えられ，6世紀前半まで存続した．英語で学術機関など
を意味するアカデミーはアカデメイアから来ている．プラトンに学びアレクサン
ドロス大王（前336-前323）の家庭教師を務めたアリストテレスは，紀元前335年に

アテネの北西郊外のリュケイオンに学園を開いた．フランスの国立高等学校であるリセは，リュケイオンから名前がとられている．

キリスト教世界では，純粋な信仰を求めて修道院が多く開かれた．エジプトのシナイ山麓にある聖カタリナ修道院の歴史は6世紀半ばまでさかのぼられる．修道院では自給自足生活が行われていたため，農法の改善のための研究，ワインやビールの醸造も行われた．中世になると，修道院は外部から生徒を預かりラテン語を教えるようになった．僧侶をめざして修道院に留まる者は内校 (interior)，俗世に戻る者は外校 (exterior) と呼ばれた．

パキスタンの首都イスラマバード郊外には，紀元前7世紀創設のタキシラの僧院があった．これは，インド哲学最古の僧院である．ガウタマ・シッダールタ (ブッダ) が悟りを開いたとされるインドのブッダガヤ北東のナーランダに5世紀頃に創設された学院には1000人以上の教師がおり，1万人の学生が仏教を学び，蔵書数も500万冊に及んだといわれる．日本でも，僧侶の養成と仏教の研究の場として，檀林，学寮，学林といった機関が設けられた．

官吏の養成機関としては，中国では前漢時代には太学が設立されている．日本では，7世紀の天智天皇の時代に大学寮が創設され，地方には国学がおかれた．平安時代，空海 (774-835) の提唱によって設けられた綜芸種智院は，身分や貧富に関わりなく学ぶことのできる教育施設であったという．鎌倉時代には，最古の武家文庫である金沢文庫が現在の横浜市に設けられた．現在の栃木県足利市の足利学校は，平安初期か鎌倉時代にさかのぼられる歴史があり，16世紀半ばにキリスト教の宣教で来日したフランシスコ・ザビエル (1506?-52) が坂東 (関東のこと) のアカデミーと記したほど栄えた．儒教が奨励された江戸時代には，中央に昌平坂学問所 (最初は林家の私塾)，各藩には藩校が設けられた．岡山藩が現在の岡山県備前市に開いた閑谷学校では，武士だけでなく庶民の子弟も教育を受けることができた．

9世紀のビザンツ帝国や10世紀のイスラム王朝でも高等教育機関が設立されたが，専門職を養成する教育研究機関としての大学は，教師と学生の団体として11世紀にイタリアのボローニャに現れた．そののち，大学はフランスのパリ，イギリスのオックスフォード，ケンブリッジ等に創設されていった．

5-1-3 社会における教育の歩み

教育がもっぱら学校の問題として語られるようになったのは，世界的に見れば20世紀後半以降のことにすぎない．世界には，学校制度の外部にも豊かな学習の

伝統が見出される．学校制度が成立する以前，家庭の教育的役割が主として養育にあり，子どもが早く労働の担い手になることが求められていたことからして，主な教育の場は社会であった．一方には労働や社会生活に適応するための学習があり，他方にはより探求的な学習があった．コメニウスは，人生全体を学校ととらえる生涯学習につながる主張を残した．

> 「全人類にとって，世の始まりから終わりに至るまで，全世界が学校である．それと同じように，人間ひとりひとりにとって，揺りかごから墓場までの全生涯が学校である．セネカの「学ぶのに遅いという年代はない」という言葉は不十分で，こう言うべきだ．「すべての年代が，学ぶように定められている．人間には，学ぶより他に生きる終点は与えられていない．」いやそれどころか，死そのものも，この世界も，人間の生命を限界づけることはない．」(コメニウス，2015，89頁)

コメニウスは，誕生から死に至る期間を，誕生，幼年期，少年期，若者期，青年期，成年期，老年期，死の8段階に分け，それぞれの時期の課題を考察した．

近世の日本の村落には子供組・若者組・中老・年寄組といった年齢集団があり，村内の警備や祭礼の運営等を担っていた．15歳頃に子供組から若者組へ移行する成年式を終えた男子は，若者宿での共同生活を行い，共同体のしきたりや役割分担を教えられた．そこでは年長者が後輩を指導し，祭礼では子供組の指導を含めて責任を担った．若者組では，飲酒や恋愛，婚姻に関することもあつかわれていた．現在でも青年団に形を変えて存続している地域がある．

商店主育成の制度としては，丁稚制度があった．奉公では，10歳前後から無報酬で商店に住み込み，礼儀作法から仕事の手順，読み書きそろばんを教えられる．10年ほどして主人に認められると手代となり，給金がもらえるようになる．その後，さらに精励した者が番頭にとりたてられ，暖簾分け（支店を出すこと）が認められる．この制度は，労働法が整備される第2次世界大戦後まで存続した．商家や裕福な農家の娘には，女中として数年間奉公し，結婚に備えて礼儀作法や家事を身につけるという風習があった（行儀見習い）．

この時代には儒教が広く学ばれた．『論語』の「教え有りて類なし」(2009，373頁）という言葉には，人間に違いがあるわけではなく，誰しも教育の可能性があるという認識がうかがわれる．江戸時代の庶民階級の学習で重要な役割を果たしたのが寺子屋である．最初は寺院で町人の子弟を対象に読み書き計算が教えられていたが，商業の発展にともなう教育ニーズの高まりとともに江戸や京都から地方にも広まって急増し，幕末には全国に1万5000以上の寺子屋があったとされる．

寺子屋では，読み・書き・計算を基本に，地名・人名・歴史・儒学などが教えられた．往復書簡の形式でまとめられた往来物という教科書は書簡の作成法を学ぶもので，盛んに用いられた．寺子屋は無学年制で，在籍年数もさまざまだった．寺子屋の教師（手習師匠）は，家督を相続できない武士の次男以下の子弟も多く，熱心に教育を行ったことで尊敬を集めた．幕末期の都市部の識字率は70％を超え，世界的にも高い水準であったといわれる．

　日本の社会的な学習の底流には，中国哲学における森羅万象を貫く原理としての「道」という概念の影響がある．道という漢字は首と辶からなるが，首は人間を，辶は往来を表す．道には，人間どうしの関わりのなかで成立した原理や方法という意味が読みとられ，それに則った生き方が求められるとき，教育や学習のあり方が考えられることになる．日本天台宗の祖である最澄（767-822）は，『山家学生式』の冒頭に「国宝とは何物ぞ．宝とは道心なり．道心あるの人を名づけて国宝となす」（最澄, 1974, 194頁）と記し，人間の価値は悟りの道を求める心の有無によると論じた．儒教や仏教における修行や研鑽の伝統は，他の分野に影響を与えていく．

　室町時代に猿楽（現在の能）を大成した世阿弥（1363?-1443?）は，人の心を引きつける魅力こそ芸の真髄であると考え，それを『風姿花伝』に書き残した．わび茶の完成者で茶聖と称される千利休（152-91）の高弟である山上宗二（1544-90）が著した『山上宗二記』には，儒教や仏教の伝統に基づきながら茶の湯が道として形成されていった過程がうかがわれる．禅僧の沢庵宗彭（1573-1645）は，徳川幕府の兵法指南役の柳生宗矩（1571-1646）に与えた『不動智神妙録』で，とらわれのない心の重要性を説いて，「神道，歌道，儒道とて，道多く候へども，皆この一心の明なる所を申し候」（市川, 1982, 69頁）と記している．ここには，さまざまな分野に通じる心を明らかにする「道」が求められていたことがうかがえる．

　平和な期間が長く続いた江戸時代，武士は実際に戦う必要がなくなり，その結果，武道は過剰に精神化されたともいわれる．明治の近代化を迎えると，「和魂洋才」という言葉に示されるように，西洋の学問や技術を導入する必要の一方で，日本的伝統を守ることが課題となった．そこで強調されたのが道の概念であり，柔道，剣道，合気道，弓道，華道，香道，さらには野球道などという言葉も現れた．それらは，単なる技術の習得にとどまらず，修練を極めることによって人格形成が図られるという理想を表しているが，精神主義に陥る面もあった．

　江戸時代における社会における学習の場は支配階級を超えて広がった．とくに注目されるのは，現在の福岡生まれの儒学者・医師の貝原益軒（1630-1714），現

在の京都府亀岡市生まれの思想家・倫理学者の石田梅岩（1685-1744），現在の神奈川県小田原市生まれの農政家・思想家の二宮尊徳（1787-1856）らである．

貝原益軒が著した『養生訓』は8巻からなり，長寿で健康に生活するための方法を論じたもので，飲食の節制，衛生，医者と薬，老後の過ごし方等を扱い，身体だけでなく精神の養生を論じた．5巻からなる『和俗童子訓』は，日本における教育論のさきがけといわれ，年齢別のカリキュラム，読書法，習字，女子教育について書かれている．とくに，18世紀初頭に幼児教育の重要性を論じたのは，ヨーロッパで最初に幼児教育に注目したのが17世紀のコメニウスであることからしても，世界的にみても先駆的である．

> 「およそ人は，よき事もあしき事も，いざ知らざるいとけ（幼）なき時より，ならひ（習）なれ（馴）ぬれば，まづ入し事，内にあるじ（主）として，すでに其性となりては，後に又，よき事，あしき事を見ききしても，うつり（移）かたければ，いとけなき時より，早くよき人にちかづけ，よき道を，をしゆべき事にこそあれ．……およそ小児をそだつるには，はじめて生まれたる時，乳母を求むるに，必（ず）温和にしてつつしみ，まめやかに，ことばすくなき者をゑらぶべし．」（貝原，1961, 206, 208頁）

貝原は年齢に応じた教育法（随年教法）を論じ，幼児期から過保護を戒めて教育し，習慣形成することを主張した．

農家の次男に生まれ，丁稚奉公を経験した石田梅岩は，学問とは心を尽くし性を知ることであるとの主張から，のちに心学と呼ばれる思想を説いた．江戸時代には商業が発展したが，一方で商業倫理の普及が課題となっていた．石田は利益中心主義を戒める一方で，倹約によって富を蓄積することを天命の実現として肯定し，町人の支持を得た．ドイツの社会学者マックス・ウェーバー（1864-1920）は，西ヨーロッパで資本主義が成長した背景に，キリスト教プロテスタントの禁欲的な倫理があったことを示唆したが，心学は明治期に日本が産業振興を実現した原動力とも見なされている．

農家の長男として生まれた二宮尊徳は，災害で2度も家や田畑が流されるなどの苦難に遭いながら家の再興を果たし，家計が傾いた武家の立て直しなどを依頼されて才能を認められ，荒廃していた現在の栃木県真岡市の再生にとりくみ，晩年には幕府に召し抱えられた．二宮は，神道・仏教・儒教などを学び，私欲を捨てる道心に基づいて生きれば，それはいずれ自らに還元されるとし，経済と道徳の融和を論じた．苦学して大成した二宮は，明治期に学校教育が普及するなかで模範的人物と見なされ，薪を背負いながら本を読んで歩く二宮の像が多くの小学

校に設置された.

江戸時代の社会的な教育の場としては私塾の存在も見逃せない．江戸前期では，陽明学者の中江藤樹（1608-48）が現在の滋賀県高島市に開いた藤樹書院，儒学者の伊藤仁斎（1627-1705）が京都の堀川に開いた古義堂（堀川学校），江戸幕府の側用人の柳沢吉保（1658-1714）に仕えた儒学者の荻生徂徠（1666-1728）が江戸に設けた蘐園塾などが知られる．江戸後期に向かって私塾はさらに広がった．国学者の本居宣長（1730-1801）が多くの門人を集めたのをはじめ，廣瀬淡窓（1782-1856）が開いた大分県日田の咸宜園の入門者は4000人を

二宮尊徳像
（向日市立向陽小学校）

大きく超えた．「咸宜園いろは歌」の「鋭きも鈍きも　ともに捨てがたし　錐と槌とに使いわけなば」は個性を重視した廣瀬の教育方針を示している．ドイツの医師・博物学者フィリップ・フランツ・フォン・シーボルト（1796-1866）は，出島でオランダ商館医を務めるかたわら長崎に鳴滝塾を開いて西洋医学を教授した．幕末に緒方洪庵（1810-63）が大坂に開いた蘭学の適塾には福澤諭吉も学んだ．吉田松陰（1830-59）が開いた山口県萩の松下村塾は，藩校の明倫館が士分と認められないと入学できなかったのに対し，身分を問わずに塾生を受け入れ，明治維新やその後の近代化で活躍した人材が輩出した．

5-2　生涯学習社会

5-2-1　社会教育の歩み

明治になると，家庭や学校以外で行われる教育は国民教化をめざす政策のうちに包含されていった．社会における教育は，当初は通俗教育と呼ばれていたが，大正時代に社会教育と呼ばれるようになった．日中戦争から太平洋戦争に向かうなかで，社会教育の教化的な色彩は強くなった．1937（昭和12）年，国民を戦争に協力させるという目的のもとに始まった国民精神総動員運動は教化的な社会教育運動の典型といえる．「欲しがりません勝つまでは」，「ぜいたくは敵だ！」，「進め一億火の玉だ」といったスローガンが掲げられ，ご飯に梅干しを1個乗せた日の丸弁当，国民服やモンペ姿が推奨された．1940（昭和15）年に制度化された隣組もこの時代の産物である．江戸時代の村落における自生的な互助組織として五

80　第Ⅰ部　「教育学の基礎」講義録

人組・十人組があったが，隣組はこれを引き継ぎながら住民の互助だけではなく住民同士の監視による社会統制を進めようとするものだった．この時代に設けられた町内会は現在も多くの地域で存続している．

　第2次世界大戦後の1949（昭和24）年，社会教育法が制定され，学校の教育課程として行われる教育活動以外の組織的な教育活動が社会教育として定義され，図書館，博物館，公民館，公文書館等の整備が進められた．美術館，文学館，科学館，動物園，水族館，植物園は博物館に分類されている．中学校区にほぼ1館の割合で設置されている公民館では，各種の講座，討論会，講習会，講演会，展示会，体育，レクリエーション等の集会が開催されている．現在，都道府県及び市町村には教育委員会の委嘱によって社会教育委員が置かれ，都道府県及び市町村の教育委員会の事務局には，社会教育を行う者に専門的技術的な助言と指導を与える社会教育主事が置かれている．

　社会教育においては，公の支配に属さない私的な団体による活動も重要である．学習塾や予備校は日本の高い教育水準を支えてきた．1960年代後半から急増した学習塾は，子どもの校外活動の時間を奪う等の批判がありながらも，その意義が認められるようになった．予備校は，中等教育への進学が難関であった明治時代から存在する．いわゆる大手の予備校は1950年代には設立され，進学希望者に対して大学への入学定員が少なかった1980年代までは多くの浪人生を集めていた．規制緩和による大学の増加と少子化によって浪人数が激減してからは現役生を重視し，多様化する入試に対応した指導も行っている．お習い事はアメリカなどでも非常に盛んで，必ずしも日本特有の現象ではない．日本では，学校教育にそなえた水泳やグローバル化を反映した英語，情操教育の代表としてピアノの人気が高い．その他にも，子どもの英才教育を目的としたスポーツや芸術の教育が盛んに行われている．スポーツクラブは，学校教育の枠組みでは成しえないレベルのスキルや集団規律が身につけられる場といえる．ボーイスカウトやガールスカウトは，キャンプやハイキングなどの活動を通じて人格，市民性，身体の発達を目的とした活動で，日本でも100年以上の歴史がある．このほか，成人を対象に職場や地域で行われているセミナー，講座，通信教育も大きな役割を果たしている．社会教育は形式的教育と非形式的教育をつなぐ役割を果たしている．

5-2-2　生涯学習の理念と展開

　20世紀後半，先進諸国は，あらゆる活動が高度な知識や情報を基盤とする知識基盤社会の時代を迎えた．かつては家庭教育では労働の準備に不十分となったこ

とで学校制度が求められた．しかし，知識基盤社会においては，学齢期における修学だけでは社会的要求には十分に応えられなくなった．就労後にも継続的な学習が必要な時代が到来したのである．また，先進諸国を中心に社会の高齢化が進んだ．日本では，第2次世界大戦後には男女の平均寿命が50歳前後であったものが，2015（平成27）年には女性が86.99歳，男性80.75歳となり，2016（平成28）年には65歳以上が人口に占める割合である高齢化率は27.3％に達し，2036年には33.3％と3人に1人が高齢者という社会が到来する．こうした社会では，労働の期間から一応退いた「第3の人生」をどう生きるかが，人々の重要な関心事となる．

1965年，国際連合教育科学文化機関（ユネスコ）の第3回成人教育推進国際委員会で，ポール・ラングラン（1910-2003）が，基調論文「生涯教育」で人口問題，知識社会化，政治的成熟の必要性，情報社会化，余暇の過ごし方の問題化，イデオロギーの多様化のなかでの自己決定の必要性などの論点をもとに，「教育は学校教育だけに終わらず，生涯を通じて行われる創造的なものでなければならない」と報告し，生涯教育の考え方に先鞭をつけた．人生という時間の流れに沿った学習や教育の統合（垂直的統合）と，生活・社会における教育機会の有機的な関連づけ（水平的統合）の必要性を主張したのである．1972年ユネスコの教育開発国際委員会では「未来の学習」と題した報告がなされ，社会生活全体として学習を実現していく「学習社会論」が提唱された．ラングランを引き継いだエットーレ・ジェルピ（1933-2002）は，抑圧されている人々の解放をめざした生涯教育論を提唱し，社会参加や自己決定による学習を強調した．1985年にはユネスコの「学習権宣言」が採択された．そこには次のように記されている．

> 「学習権とは読み，書く権利であり，問いつづけ，深く考える権利であり，想像し，創造する権利であり，自分自身の世界を把握し，歴史を創る権利であり，あらゆる教育の手だてを得る権利であり，個人および集団の力量を発達させる権利である．」

1997年にユネスコ21世紀教育国際委員会で発表された「学習─秘められた宝」では，生涯を通じた学習の4つの論点として，知ること（to know），為すこと（to do），共に生きること（to live together），人間としてあること（to be）が強調された．

この間，1970年代前半には経済協力開発機構（OECD）が生涯学習の形態としてリカレント教育を採用し，普及が図られるようになった．リカレントとは「循環する」という意味であり，教育と労働の相互作用を高めることを目的としてい

る．たとえば，学校教育をいったん終了し仕事に就いた後，一定の労働期間のあとで再び教育期間をもち，また仕事に戻るという形態をとる．これは，生涯にわたって，学習，労働，余暇，その他の活動を循環させようとするものである．ここには，就労しながら知識や技能を習得するOJT（On the Job Training）や一時的に仕事を離れて行われる訓練であるOFFJT（Off the Job Training）も含まれる．

　日本では，1971（昭和46）年に文部大臣の諮問機関である社会教育審議会の答申でラングランの考え方がとり入れられ，学習者の自発性を重視し，学習機会を学校のみではなく，空間的には家庭・地域社会・企業等にわたって遍在させ，時間的にも生涯のあらゆる時期に分散させることが提唱されるようになった．1985（昭和60）年の臨時教育審議会の答申では，社会教育や生涯教育に代わって生涯学習という用語が用いられた．

> 「我が国が今後，社会の変化に主体的に対応し，活力ある社会を築いていくためには，学歴社会の弊害を是正するとともに，学習意欲の新たな高まりと多様な教育サービス供給体制の登場，科学技術の進展などに伴う新たな学習需要の高まりにこたえ，学校中心の考え方を改め，生涯学習体系への移行を主軸とする教育体系の総合的再編成を図っていかなければならない．」

　こののち，文部省には生涯学習局（生涯学習政策局を経て，現在は文部科学省の総合教育政策局）が設置され，都道府県や市町村の教育委員会でも社会教育部（課）が生涯学習部（課）などに改組された．1990（平成2）年には生涯学習振興法が制定された．生涯学習という語には学習者の視点に立った立場が読みとられるが，その一方で学習者の自己責任や受益者負担が求められることにもなった．また，こうした政策の背景には，巨額の財政赤字の下で行政のスリム化（小さな政府）が求められるなかで，地域住民や非営利団体（NPO）等の民間団体が主体となって公的サービスを提供していくという「新しい公共」という考え方があり，生涯学習への企業の参入やボランティアの奨励がなされた．また，公民館をはじめとした社会教育施設の運営も民間に委託できるとする指定管理者制度が導入され，生涯学習のアウトソーシング（外部委託）が加速した．

　2006（平成18）年，第2次世界大戦後の日本の教育政策の根本であった教育基本法が約60年ぶりに改正され，そこには生涯学習の理念が明記された．

> 「国民一人一人が，自己の人格を磨き，豊かな人生を送ることができるよう，その生涯にわたって，あらゆる機会に，あらゆる場所において学習することができ，その成果を適切に生かすことのできる社会の実現が図られなければならない．」

21世紀に入り，日本は2008（平成20）年に人口減少社会に転じ，労働力の確保と地域社会の維持が大きな課題になっている．人口に占める労働者の割合である労働力率も60％を割っており，労働力を維持するためには女性や高齢者の雇用が促進されなければならない．同時に国際競争を生き残るためには労働力の質の向上も欠かせない．リカレント教育の普及が訴えられ，各大学は通信教育や夜間開講に対応し，社会人入学の間口を確保している．ただ日本では，職場を離れて学ぶ時間が確保するのが容易でないだけでなく，修士や博士の学位取得が必ずしも収入や地位の向上につながらない実態がある．そのなかで，早期から勤労観や職業観を育成していくために，就業体験（インターンシップ）が義務教育段階からとり入れられるようになった．大学では，学習意欲を喚起し，職業意識を高めるために，将来のキャリアに関連したインターンシップが急速に普及している．

　高齢化率が50％を超える地域は地方ばかりではなく都市部でも増加しており，地域社会の防災・安全・環境保全等をいかに進めるかは深刻である．そこで，公助や自助とともに共助が強調されている．江戸時代，現在の山形県の米沢藩主・上杉鷹山（1751-1822）は，自ら努力する自助，近隣どうしで助け合う互助，藩が援助する扶助の三助の重要性を論じ，窮乏に陥っていた藩政を立て直した．東日本大震災やその後の地震や風水害が続くなかで，地域社会の絆づくりが訴えられている．

投稿日：5月26日（土）

5-3　協力と学習といいますが……

　ケイです．現役を引退して，そう先が長くない私が何を言っても無責任かもしれませんが，書き込ませてもらいます．
　私が現役バリバリだった頃は高度経済成長期でした．日本人は，欲しいものを買おうとエコノミックアニマルといわれるくらい働いていました．政治の世界では保守政党と革新政党の対立が激しく，教育の世界でも教育行政と教員組合がぶつかっていました．しかし，経済が拡大していったので，いろいろな矛盾はある程度は吸収されていたように思います．1990年代のバブル経済の崩壊後の停滞を経て，日本社会は全体的に縮んでいっています．巨大な人口を抱えた中国やインドなどが発展しているので，余計にそう感じられるのでしょう．そうしたなかで共助が強調されるのは分かりますし，実際に私も地域の活動にとりくんでいます．しかし，「協力して次の時代を創り出していこう」

と繰り返し言われると,「そう簡単にはいかないだろう」と思ってしまいます.

「協力しよう」というのを悪いことだという人はいないでしょう.しかし,「力」がなくては協力できないでしょう.その力が今の社会にどのくらいあるでしょうか.現在,地域間と階層間で格差が広がっています.地域の小売業が存続できなくなり,シャッター街がどこの地域でも見られます.個人レベルで見ても,ある程度の経済的余裕と時間,そして健康でなければ他人を助けることは長くはできません.

私が現役だった最後の頃,学校でボランティアがとり入れられました.人助けが自然にできるのは素晴らしいことで,競争主義的な学校教育で自分のことしか眼中になかった私の若い頃よりも,今の若者は立派ではないかと感じることもあります.しかし,ボランティアに熱心な子はたしかに親切なのですが,自分のことを後回しにする傾向があるようにも感じました.実際,卒業して何年かして再会すると,キャリアという点ではあまり恵まれていない子が少なくないのです.協力しようという場合,自分の意見ばかり押し通すのではダメで,相手の意見を聴かなければなりません.それは絶対に必要なのですが,気を遣いあうことが中心になってしまい,「本当はこうした方がよかった」ということができないで終わることもあります.そうなると,協力といっても,下手をすると妥協の技術ばかりが身につき,妥協の産物ばかりが生まれるようになります.それは,本当にしたいことをし,何かを徹底的に追究するという生き方とは両立しにくいと思うのです.

知識基盤社会においては,知識を再構成したり新たな技術を生み出したりすることが欠かせません.それらは強い個性がぶつかり合って成し遂げられるのではないでしょうか.日本人が大勢順応的であることからしても,協力や絆ということばかりを強調すると,自分の興味や欲求を抑圧したつながりで終わってしまう恐れはないでしょうか.私は,とくに学齢期の課題は,他者の意見は尊重しながらも,自分で考え勇気をもって発信できるようになることだと思います.

次に気になることとして,生涯学習の「学習」があります.教育にはどうしても上からのニュアンスがあるので,学習者の主体性を重視しようということで学習が強調されているのは分かります.しかし,「自由に学習してください」と言われて,皆が喜んで学習しはしません.歳をとっても学び続けているのは,とくに学齢期にしっかりと教育を受け,興味の幅を広げられた人たちです.私の子どもの頃は,競争も激しく授業も過密でした.しかし,努力するという習慣が身についたおかげで,仕事も自分が納得するまで調べたり,生活もお金をかけずに合理的で美しくしたりといったことが自然にできている人が多いと思います.学習ができるようになるためには,がっちり教育されないとダメなのではないでしょうか.

学習に関連して気になるのは,日本では教育が重視されているように見えながら,その実,すぐに役に立つと思われること以外は「一応やっておけばよい」という雰囲気があることです.そもそも副教科という呼び方がよくないのですが,音楽や美術は人生を

豊かにします．歴史も大事です．歴史の知識があるのとないのとでは，旅行の面白さは
まったく違います．私はヨーロッパの日本人学校で教えていたことがあります．地方の
お城を訪ねた時，現地のお年寄りがひとつのステンドグラスの前でずっと話しているの
を見て，「ほかにすることはないのか」と思いました．しかし，考えてみると，そう
やってたったひとつの絵を話題にして話が続く生き方は何と豊かではないかと思いまし
た．日本から来ていた企業の駐在員の方が言っていました．何かの研究をしている人が
いたとして，日本人は「何の役に立つんですか」ときくが，こちらでは「それはどうい
う研究ですか」と尋ねて，話がどんどん深まっていくと．人間が生きてやっていること
には必ず意味があるものです．教育は，人間や世界の意味を味わう力を育てないといけ
ないと思います．そうでなければ，とくに長寿社会は退屈です．

　最後に学習ということについてもうひとつ気になることを書きます．教育しようとい
うとき，そこにはしっかりした計画や準備が必要です．そこには責任がともなうからで
す．しかし，生涯学習社会は誰でもどこでもいつでも学習できるといいますが，学習習
慣が身についていない人たちはほぼ放置されることになります．また，指導する側も教
育する場合とは違って，その対応はソフトではあるけれども曖昧になりがちです．「皆
さんが目を輝かせて学び続けるようになってくれたらいいなと思っています」などと言
われて，素直にそう決意して実行する人はそう多くないでしょう．その半面，実際には
政策の方向があります．それが曖昧な形で語られるなら，本当に成果があがるでしょう
か．

投稿日：5月27日（日）

✍ 理解を深めるための課題
・現在の社会における非形式的教育の意義について，地域や企業等の具体的な場面をあげて
　考えてみよう．
・伝統的社会における子育てについて調べてみよう．
・江戸時代の私塾について，ひとつとりあげて調べてみよう．
・武道や茶道等の「〇〇道」と呼ばれる世界の人間形成について，具体的にとりあげて調べ
　てみよう．
・現在の社会の生涯学習の課題について考えてみよう．

📖 引用文献
コメニウス，ヨハネス『パンパイデイア』太田光一訳，東信堂，2015年．
デューイ，ジョン『民主主義と教育』上，松野安男訳，岩波書店〔岩波文庫〕，1975年．
市川白弦『沢庵　不動智神妙録・太阿記』講談社，1982年．
貝原益軒『養生訓・和俗童子訓』石川謙校訂，岩波書店〔岩波文庫〕，1961年．
最澄「山家学生式」『日本思想大系　最澄』安藤俊雄・薗田香融校注，岩波書店，1974年．
『論語』増補版，加地伸行全訳注，講談社〔講談社学術文庫〕，2009年．

参考文献

ジェルピ，エットーレ『生涯教育——抑圧と解放の弁証法』前平泰志訳，東京創元社，1983年．

国立社会保障人口問題研究所編，森田朗監修『日本の人口動向とこれからの社会　人口潮流が変える日本と世界』東京大学出版会，2017年．

小林登志子『シュメル——人類最古の文明』中央公論新社〔中公新書〕，2005年．

高橋敏『江戸の教育力』筑摩書房〔ちくま学芸文庫〕，2007年．

山上宗二『山上宗二記』熊倉功夫校注，岩波書店〔岩波文庫〕，2006年．

6 家庭と幼児教育

6-1 家庭と幼児教育の歩み

6-1-1 「子どもの誕生」

奈良時代の貴族・歌人の山上憶良(やまのうえのおくら)（660?-733?）は，筑前（現在の福岡県）の国守だった時代，次のような歌を詠んだ．

「瓜食(は)めば　子ども思ほゆ　栗食めば　まして偲(おも)はゆ
いづくより　来(きた)りしものぞ　眼交(まなかひ)に　もとなかかりて　安眠(やすい)し寝(な)さぬ
銀(しろがね)も　金(くがね)も玉も何せむにまされる宝　子にしかめやも」

瓜を食べていると子どものことを思い出し，栗を食べると，さらに子どものことを思い出し，子どもとはそもそもどこから来たものなのかと思うと，子どもの姿が目に浮かんで寝ることもできない．親の無償の愛は，古来，教育の原型として重視されてきた．しかし，歴史的には子どもの尊厳や独自性が認められない時代が長く続いた．子どもは早く成長して働き手となるべき「小さな大人」と見なされていた．また全体としてみると，子どもの生命が尊重されてきたとはいえない．

古代ローマの病院には，捨て子（棄児）を入れることのできる窓があった．キリスト教では基本的に人工妊娠中絶を認めない．イスラム教でも，母体を守る目的以外では中絶を認めない．しかし，中世から近世にかけての教会や養育院の壁には，回転箱という装置が備えられていた．子捨てをしようという親は夜に子どもを箱に入れて回転させる．すると鈴の音が鳴り，捨て子が受けとられるようになっていた．

また，飢饉その他の原因による子殺し（filicide）は頻繁に行われていた．18世紀後半，スイスで2人の少女が子殺しの罪で死刑となった．教育家のペスタロッチは，その原因を調査して『立法と嬰児(えいじ)殺し』という論文を著した．彼はこうした問題が起きる社会を糾弾し，「世紀よ，その顔をおおえ．ヨーロッパよ！　その身をかがめるがいい」（ペスタロッチ，1959，17頁）と記した．

88 第Ⅰ部 「教育学の基礎」講義録

すでに山上憶良と同時代の日本では，子どもの売買や殺害には懲罰が課せられていたが，凶作の際に子どもを売ることは黙認されていた．江戸時代の日本では，都市では捨てられた子を里親が見つかるまで町が養育するという習わしもあったものの，農村などでは，領主におさめる年貢の負担や飢饉から，胎児や嬰児の殺害が行われていた．これは，農作物などの間引きにたとえて間引きと呼ばれた．殺された嬰児は，家の床下に埋められたり，川に流されたりした．

子育てに関しても，洋の東西を問わず，矯正的な教育観があった．キリスト教のなかでも主に西ヨーロッパでは，人間はアダムが犯した罪を引き継いでいるという原罪説があり，その考え方が厳格に適用されると，子どもは生まれつき罪深い存在ということになる．そして，その罪を除去することが教育に望まれる．とくに，イギリスからアメリカに移民したことで知られるピューリタンたちには，子どもは生まれつき堕落しているがゆえに，神や大人に対する反抗心を矯正しておく必要があるという考え方が見られた．宗教改革の影響を受けた西ヨーロッパやアメリカでは，家庭は道徳的であることが求められ，家庭の教育的役割が重視されるようになった．

中国で興った儒教は東アジアに大きな影響を与えたが，儒教においては，子は親を敬い，常に目上の人に従って生きるべきという「孝」の考え方が重視された．江戸時代，徳川幕府は儒教のなかでも社会秩序を強調する朱子学を重んじた．朱子学者の林羅山（1583-1657）は，「君臣と父子と夫婦と兄弟と友だちと，此の五の間は，古も今も，天地の間にあるものなり，此道あらたまる事なき故に，達道となづく」（林, 1979, 49頁）と記し，すべての物事には上下や前後という秩序があり，それに従うことで世の中は安定するとして，士農工商の身分秩序や社会の連続性の維持を正当化した．こうした儒教的な主張は家族の危機が訴えられるたびに参照されてきた．

中国の律令制度，古代ローマやその影響を受けたフランスでも，子による親の殺害は重罪とされていたが，明治時代に刑法が制定された際，子が親を殺す殺人はとくに尊属殺と呼ばれ，死刑や無期懲役が課せられる重罪とされた．そこには，親の子に対する暴力が一種の教育的行為として認められていた歴史がある（尊属殺に関する条文は1995（平成7）年の刑法改定まで存続した）．

前近代的な子育ての具体例として，よくとりあげられるのがスウォドリングである．これは，乳児の手足をまっすぐにして大きな長い布でぐるぐる巻きにして動けないようにするもので，乳児はベッドやゆりかごに置かれたが，壁に吊るされることもあり，ヨーロッパでは19世紀頃まで続いた．この習慣には感染症を防

ぐという意図もあったと考えられ，また，縛られることで心拍数，呼吸数，血圧が低下するために，静かに寝続けることが多いともいわれる．しかし，運動の自由を奪うことで，乳児の成長を妨げるおそれがある．この子育て習慣の背後には，4つ足で歩くハイハイは動物的であるので望ましくないという人間と動物を区分する考え方があったともいわれる．ル

スウォドリング

ソーは，まだ自分で動くことのできない乳児をぐるぐる巻きに縛りつけることを批判した．

　そうしたなかで，子どもに対する大人の意識の変化の転機を考えるうえでよく引かれるのが20世紀フランスの歴史家フィリップ・アリエス（1914-84）の『〈子供〉の誕生』である．彼は，中世においては「子ども期」という概念はなかったとする．この時代，子どもは大人と同じ服を着せられ，大人と同じ空間で遊び，現在では子どもが聞くべきではないと思われるような猥談を聞いて育った．庶民階級では，7歳にもなると徒弟奉公に出された．そうした状況がヨーロッパで変化し始めたのは17世紀頃だったという．まず，家庭では子どもの愛らしさやひょうきんさが認められるようになる．それとともに，社会では未熟な存在である子どもを理性的な人間に育てるべきだという主張が見られるようになった．こうして，子どもを愛すべき存在であると同時に養育すべき存在とみなす眼差しが生まれ，教育の対象としての子どもが現れたのだという．

　大人と子どもを区分する意識が高まった背景として，アリエスは，徒弟奉公に行く者が減り，学校に通う者が増えたことをあげている．また，この時代の中産階級の家庭ではプライバシーが重視されるようになり，その結果，家庭で親と子が向き合うようになったという．さらに，子ども服が考案され，子ども部屋ができ，絵画でも子ども自体が対象となっていく．アリエスの主張に対しては，一部の地域や階層に焦点を当てているために一般化できない，また，国家が家族に介入してきたことが扱われていないという批判もある．しかし，歴史や社会の変化のなかで生まれた眼差しが子どもという存在を誕生させたという指摘は重要である．

6-1-2 近代家族の誕生

　子どもが愛情と教育の対象と見なされるようになった背景として，家族の変化がある．

　伝統的な家族形態の典型とされるのが，家族を統率する権利が男性である家長に集中した家父長制である．家父長制は古代ローマに見られるが，家族は親と子どもだけではなく，祖父母をはじめとした親族や使用人をも含んだ大規模なものだった．市場経済が発達する以前，経済の単位は基本的に家であり，それぞれの家は半自給自足的に経営されていた．経済を意味するエコノミーという語が家政を意味するオエコノミアに由来するのは，そのことを示している．一般的に，家族には，次の世代に継続していくための生殖機能，子どもの養育・教育機能，生活のための生産機能，さまざまな欲求を充足する消費機能，子ども・老人・病人に対する保護・福祉機能，労働力を再生産するための娯楽機能，人間として結びつく情緒的機能等があるとされるが，これらの機能のすべてを担っていたといえる前近代の家族は「全き家」とも呼ばれる．

　日本では江戸時代の武士階級のなかで家父長制的な家族が一般化したといわれるが，この時代は意外に離婚率が高かった．また，家族における躾は必ずしも厳しいものではなく，武家や豪農の家では子守や年長の子が子育てにかかわっていた．しかし，明治になって民法が制定されると，家は制度化された．女性が戸主になれなかったわけではないが，主として父が務める戸主は，家族に対する扶養義務を負う一方で，家族の結婚，離婚，養子縁組，家族からの離縁のほか，家族の居所を指定する権利までも有していた．

　家族には時代や地域によってさまざまな形態があり，一般化はそもそも無理だという指摘がある．しかし，産業化や社会の価値観の変化をとおして，標準と見なされるようになったのが，いわゆる近代家族である．近代家族の特徴はさまざまに論じられるが，ここでは，公私の分離，核家族化，情緒的結合，性別分業，子どもの教育の重視の5点にまとめておく．

　伝統的な家族は生産の場でもあったが，産業化のなかで生産労働と家庭生活が分離されていく．それによって家の内と外，私的領域と公的領域が区分されていく．父が会社に勤めに出るような家族が具体例としてあげられる．近代家族では使用人等が同居することも減り，家族の規模は縮小して核家族が一般的となる．人の出入りが減少すると，家は以前よりも閉じた空間になり，プライバシーが重視されるようになり，家族は情緒的関係で結びつく．その一方で家父長制が維持されるなかで，男が外に仕事に出て女が家を守るという性別分業が一般化する．

近代家族は，家庭教育のモデルと見なされるようになった．

ルソーは，『エミール』のなかで家庭教育における母の重要性を強調した．その影響を受けたペスタロッチは，スイスの農民生活を描いた小説『リーンハルトとゲルトルート』を著した．外で遊び家庭を顧みない夫に対して，妻ゲルトルートは子どもに生きる術や基礎的な読み書きを教え，それが認められて村に学校が開かれるに至ったという話である．彼は，家庭における母と父の教育的な役割を「母の目」と「父の力」として位置づけた．母の目については，『シュタンツ便り』にこのように記されている．

ヨハン・ペスタロッチ

> 「よい人間教育というものは，日々刻々，子どもの心の状態のどんな些細な変化でも，その眼や口や額から読みとる母の目を必要といたします．」（ペスタロッチ，1980, 15頁）

乳幼児と長い時間を共有していると，泣くという同じシグナルに対しても，お乳がほしいのか，おむつを換えてほしいのか，眠いのか，具合が悪いのかを弁別することができるようになる．これは，子どもを保護しようとして関わるがゆえに身につく能力といえる．ドイツの教育学者ノールは，このペスタロッチの洞察をうけて，「母の目」を「現実における子どもに対する愛」と解釈した．それは，子どもを「こうしよう」，「ああしよう」というのではなく，まず子どもの存在を受け入れ，慈しむ態度である．ただし，そこには，子どもを受け入れようとするあまり，子どもの傾向と妥協してしまうという面がある．いわゆる偏愛とか癒着といった問題である．そこで，ペスタロッチが「母の目」とともに必要であるとしたのが「父の力」であった．

> 「よい人間教育は，教育者の力が，純粋な，そして家庭環境のすみずみまで行きわたっていることによって家庭全体に活気を与えている，父親の力であることを，本質的に必要としています．」（同，15頁）

ノールは，「父の力」を教育的態度のもう一方の極としての「子どもの目標，理想に対する愛」であるとした．ここで父は，私的領域である家庭から公的領域としての社会に出て労働し，その果実をもって家庭に帰ってくる存在である．家

庭における父は，社会を代表する存在として，社会を動かしている秩序や法の代理者として，子どもの自立を促す役割が求められた．こうした見方は，日本にも見られる．「男は敷居をまたげば七人の敵が有る」といわれる一方，家に入った女性は家内，奥様，内儀などと呼ばれていた．

ペスタロッチは，『隠者の夕暮れ』の副題に「神の親ごころ，人間の子ごころ．君主の親ごころ，国民の子ごころ．それがすべてのしあわせのもと」と記した（ペスタロッチ，1969，11頁）．親心はドイツ語でVatersinn（ファータージン）というが，Vater（ファーター）は父，Sinn（ジン）は感覚（センス）を意味する．親側に立つ者がそれにふさわしいセンスをもって振る舞い，子的な立場の者もそれ相応のセンスをもって親心を受けとめるとき，愛情の交流が起きる．ペスタロッチは，神と人との間に想定されるような関係が，政治的関係，さらには家庭に押し広げられるなら，平和や繁栄が実現できるとみていた．

ただし，こうした見方は用いられ方によっては問題を生じさせる．近代に成立した国民国家においては国家の一体性をどのように実現するかが課題だった．そこで，国家はしばしば家族になぞらえられた．この考え方はアリストテレスにも見られるが，絶対主義が台頭した17世紀のヨーロッパでは，君主の権力は神から賦与されたものであり，王には家族における父のような権力があるという主張が現れた．この主張は，民主主義的な政治思想が広まるなかで影響力を失っていったが，明治の近代化においては，天皇を親，臣民（国民）を子どもになぞらえて，国家を家族のような情緒的結合によって強固なものにしようという，家族国家（family state）という考え方が打ち出された．

家族のあるべき形を表す語として家族団欒という言葉がある．団欒（だんらん）は「集まってなごやかに楽しむこと」を意味し，家族が炬燵（こたつ）に入って鍋をつつきながら談笑するといったイメージがある．他方で，女性は家を守り，子どもを産んで育てるのが理想であるという良妻賢母という言葉が女子教育の理念とされた．ここには，女性は「幼（よう）にしては父兄に従い，嫁（か）しては夫に従い，夫死しては子に従う」（三従）という儒教の男性主義的な考え方がある．

6-1-3　家庭教育と幼児教育の思想

ここでは，家庭教育と幼児教育に関する代表的な思想をみておく．

近代以前，イギリスのグラマースクールのような寄宿制の学校が設立された一方，ヨーロッパの中流以上の階層における主要な教育の場は家庭であり，家庭教師が重要な役割を果たしていた．ルネサンス期をとおして，貴族階層では礼儀正

しさ（civility）が美徳として意識されるようになるが，貴族の子弟は家庭教師から知識や礼儀を授けられ，最後はグランドツアーと呼ばれる旅を経て社交界に登場して自立することが望まれた．17世紀のロックの『教育に関する考察』も，ジェントルマンを形成するための家庭教育論である．ロックは認識の根源を経験と反省に求め生得観念を否定する経験主義の立場をとった．次の一節には，教育を習慣の形成と見なす立場がよく現れている．

> 「第一に注意すべきことは，子どもたちは，冬であろうが夏であろうが，暖かすぎるほど着せたり，くるんだりしてはいけないということです．生まれたときには，われわれの顔は，身体の他の部分と同じ軟らかさですが，硬くなったり，寒さにもっと耐えられるようになるのは，ただ慣れるからです．」（ロック，1967，16頁）

最初の幼児教育論とされるコメニウスの『母親学校の指針』が書かれたのも17世紀である．コメニウスは，学識・徳性・敬虔を育むことが教育の課題であるとし，これらの3つの課題を段階的に深めていくために，6歳までとされる幼児期における具体的な課題を考察した．彼は，この時期の教育の場としては母親を教師とした家庭教育がふさわしいとし，それを母親学校（母親の膝下）と呼び，とくに健康の維持を強調した．コメニウスは，妊婦の心構えを論じたほか，乳母に養育を任せるという貴族階層で一般的だった子育てを非難し，母子関係の発達のためにも母乳による育児を推奨した．また，この時期の学習の有効な手段としてお話と同年齢の子どもどうしの遊びの意義を強調した．

> 「たとえ，乳母や親が子どもを少なからずうまく育てられるとしても，このすべてにおいて，彼らと同年齢の子どもたち，すなわち，喋ってくる者であれ，一緒に遊ぶ者であれ，仲間の子の方がもっとうまくできる，ということを言い添えておきましょう．」
> （コメニウス，1986，62頁）

18世紀ヨーロッパでは，ルソーが教育における母の役割を強調し，ペスタロッチが家庭教育の重要性を論じたが，幼児教育に大きく貢献したのはフリードリヒ・フレーベル（1782-1852）である．ペスタロッチのもとで学び，その初等教育の方法論をより年少の子どもたちにおいて実現する術を考えた彼は，幼児教育の祖と見なされている．主著『人間の教育』にはこのように記されている．

フリードリヒ・フレーベル

日本の幼稚園でも使われた恩物

「すべてのもののなかに，永遠の法則が，宿り，働き，かつ支配している．……すべてのものは，神的なものから生じ，神的なものによってのみ，神によってのみ制約される．神のなかにこそ，すべてのものの唯一の根源がある．意識し，思惟し，認識する存在としての人間を刺戟し，指導して，その内的な法則を，その神的なものを，意識的に，また自己の決定をもって，純粋かつ完全に表現させるようにすること，およびそのための方法や手段を提示すること，これが，人間の教育である．」(フレーベル，1964, 11-12頁)

すべてのものに神性が備わっているという万有在神論（汎神論）の立場をとるフレーベルは，教育は神の創造が子どもに現れてくるのを待つべきであり，「教育，教授，および教訓は，根源的に，またその第一の根本特徴において，どうしても受動的，追随的（たんに防禦的，保護的）であるべきで，決して命令的，規定的，干渉的であってはならない」(同, 18頁) と主張した．そして，「遊戯することないし遊戯は，幼児の発達，つまりこの時期の人間の発達の最高段階である」(同, 71頁) として，遊びや作業を通した教育を重視した．彼は幼稚園を意味するキンダーガルテン（ドイツ語：Kindergarten，英語ではKindergarden）という語を造った．また，今日の幼児教育において不可欠な遊具の起源である「恩物」を考案した．1837年に開設された一般ドイツ幼稚園は，イギリスの思想家，社会改革家ロバート・オウエン (1771-1858) の試みとともに，最初の幼児教育のための学校とされる．フレーベルは幼稚園の教員養成にもとりくみ，彼の思想は19世紀後半の新教育にも影響を与えた．デューイは，彼のシカゴ大学での実践はフレーベルの教育哲学を実践したものだと述べている．

スウェーデンの社会思想家，教育学者，女性運動家として知られるエレン・ケイ (1849-1926) は，19世紀最後の年である1900年に著した『児童の世紀』で，20世紀は児童の世紀であるべきだと論じ，国家主義的で知識中心主義的な学校教育を批判し，子どもを中心に据えた教育改革を訴えた．彼女はルソーの思想を受け継ぎ，子どもの本性は善であるとして，「教育の最大の秘訣は，教育しないところに隠れている」(ケイ, 1979, 142頁) と論じた．19世紀に高まった自由主義や進化論等も扱った彼女の著作は日本でも翻訳され，平塚雷鳥 (1886-1971) らの女性解

放運動に影響を与えた（301-302頁参照）．

イタリア初の女性医学博士のマリア・モンテッソーリ（1870-1952）は，知的障害があるとされる幼児の観察を通して，感覚的な刺激によって知能を向上させられると考え，実績を残した．彼女は，ローマに子どもの家（Casa dei bambini）を設けて貧困家庭の子どもたちを教育し，モンテッソーリ教育と呼ばれる教育法を確立した．この教育法は，主として乳児や幼児を対象として，さまざまな色や形の教具を用い，子どもの感覚を刺激し，そこから質量，数量，さらには言語の感覚の育成が図られる．モンテッソーリは，子どもの興味が移り変わる時期を敏感期と名づけ，それに留意した自発性を重んじる教育を行った．また，独自の教員養成システムを確立し，小学校，中学校，高等学校も開設した．

マリア・モンテッソーリ

6-2　家庭と幼児教育の課題

6-2-1　変容する家族

農業を中心とした伝統社会では働き手は多いほどよいという価値観があり，出産できない女性は石女（うまずめ）と呼ばれ，白眼視されていた．1930年代，日本の人口は毎年100万人以上も増加した．しかし，産業化によって人口が都市に集中し始めると人口増加率は鈍化する．軍国主義のもとで国力増強のために人口増が必要と考えられ，出産は国策として奨励された．1939（昭和14）年に厚生省が発表した結婚十訓には，「産めよ殖やせよ国のため」という文言が見られた．第2次世界大戦後の1947（昭和22）年，1人の女性が15歳から49歳までの間に産む子どもの平均数である合計特殊出生率は4.54であった．

大正時代，都市部では事務職，サービス業，小売業などに就く新中間層が増え，それによって日本にも愛情と規律によって子どもを育てる西洋的な近代家族が現れた．しかし，いわゆる近代家族が標準的と見なされるようになったのは，第2次世界大戦後の高度経済成長期でのことである．都市部にすむ人口の割合を示す都市化率は1920（大正9）年には18％だったのが1970（昭和45）年には72％となり，1960年代には合計特殊出生率は2程度となった．また，高度経済成長期においては，50歳まで1度も結婚したことがない割合を示す生涯未婚率が男女とも5％未満であった．つまり，両親と子ども2人という核家族が一般化したのである．こ

うして子どもに時間とお金をかける余裕のある家庭が増加し，家庭教育は社会の大きな関心事となった．

　しかし，1980年代以降，家族形態の変容と多様化が進んでいる．平均初婚年齢は，1950（昭和25）年には夫25.9歳，妻23.0歳であったのが，2016（平成28）年には夫31.1歳，妻29.4歳と5歳ほど上昇し，晩婚化が進んだ．この背景として，高学歴化や女性の労働力化が指摘されている．また，経済の低成長と非正規雇用の増加のもとで将来的な教育負担への不安が増し，結婚や子育てへの躊躇が強まった．この結果，少子化が進行した．合計特殊出生率は，1974（昭和49）年に人口置換水準を下回り，2005（平成17）年には1.26にまで低下した．少子化を抑制するためにさまざまな施策がなされているが，出生数は2016（平成28）年には100万人を割り込んだ．人口1000人当たりの離婚件数を示す離婚率は2002（平成14）年の2.3％をピークに漸減傾向にあるが，2016（平成28）年のひとり親世帯は母子世帯が123万1000世帯，父子世帯が18万7000世帯にのぼっている．生涯未婚率は，2015（平成27）年には男性23.37％，女性14.06％に上昇し，2040年には単身世帯の割合は4割に迫ると推計されている．

　全体としてみると，家族の規模は縮小し，家庭における子どもどうしや親との触れ合いは減少した．産業構造が第2次産業中心から第3次産業中心に移行するのにともなって労働形態は大きく変わり，労働者の定時退社は少なくなり，単身赴任も増加した．都市化によって通勤時間も延びた．1980（昭和55）年には専業主婦世帯が1114万世帯に対して共働き世帯が614万世帯と，ほぼ2対1であったものが，2016（平成28）年には専業主婦世帯が641万世帯に対して共働き世帯が1188万世帯と逆転した．2015（平成27）年の調査では，半数を超える夫婦が2人の子どもを生んでいる一方で，子ども1人の夫婦が増加している．

　こうした家族の変容の一方で塾やお習い事は盛んであり，それは子育ての質への欲求が維持されていることを示している．共働き世帯が増加するなかでも，家事に関わる時間は，2016（平成28）年の調査で女性の3時間28分に対して男性は44分で，家庭における女性の役割は依然として大きい．そこでは，子育ての密室化など，母親が子育てに関する悩みを抱え込むことが多いと指摘されている．また，高学歴化，非正規雇用の増加による労働形態の不安定化，晩婚化・未婚化によって親子関係が長期化し，家庭教育をめぐる問題は複雑化している．

　マルクス主義やフェミニズム（女性解放思想）は，近代社会が男性優位の制度であることをさまざまな角度から指摘し，伝統的家族における性的抑圧を批判した．現在，男女の別なく家庭教育上の役割を果たすことは広く認められるようになっ

た．しかし，ペスタロッチが言う「母の目」のような受容的役割と「父の力」の
ような指導的役割は相反する性格を帯びており，明確に二分することはできない
にしても，1人の人間が両立するのは容易ではない．さまざまな家族の形が認め
られる一方で，実際にどのように子育てをするか，当の親自身は選択に迷うよう
になっている．

6-2-2　子どもの権利の保護

　子どもが保護や教育の対象と見なされるようになったとはいっても，世界的に
みると，児童労働，児童の売買，性的虐待等の深刻な問題があり，いわゆる先進
諸国においても児童虐待（child maltreatment, child abuse）や子どもの貧困といった
問題がある．

　児童虐待は，親等の保護者が18歳未満の児童に，暴行，暴言，わいせつな行為
を加えたり，保護者としての責任を放棄（ネグレクト）したりすることをいう．児
童虐待は，児童の心身に重大な影響を与え，健全な発達の妨げとなる．また，虐
待を受けた児童が親になると虐待を繰り返す世代連鎖という問題も指摘されてい
る．児童虐待等に対処するための施設として児童相談所があるが，1980年代には
少子化にともなって相談件数も減少し，補助金も削減された．しかし，子どもの
権利とその保護が重視されるようになったこともあって相談件数は大幅に増加し，
2016（平成28）年の児童虐待の通告数は5万4227件にのぼった．

　児童虐待の加害者は実母が最も多く，実父，義父・義母が続く．また，親等が
アルコールや薬物依存である場合の発生率が高いことが報告されている．割合的
には，実の子ではない者を対象に加えられることが多く，ひとり親家庭でも多く
生じている．反対に，親等の学歴が高いほど児童虐待が少ない傾向が認められる．
児童相談所は児童虐待した親等の指導にあたっているが，親等の転居によって状
況が把握されなくなる間に児童が殺害されるといった悲劇も繰り返されている．

　児童虐待は，より広範な子どもの貧困という問題の現れといえる．OECDや厚
生労働省は，世帯の手取り収入から各人の所得を試算して並べた中央値の50％に
届かない割合を相対的貧困率としている．18歳未満での相対的貧困の割合が子ど
もの貧困率だが，日本では，1985（昭和60）年に10.9％だったものが2012（平成24）
年には16.3％となり，2015（平成27）年でも13.9％と高い状態が続いている．子
どもがいるひとり親世帯の貧困率は5割を超えているが，ひとり親が就業してい
る場合の貧困率はOECD加盟国のなかでも高い．ひとり親世帯に占める母子家庭
の割合が高いことからしても，とくに母子家庭における子どもの貧困が深刻であ

る.

　経済格差は，教育や学力の格差を固定化し，社会を硬直化させるとして問題視されている．裕福な家では子どもには個室が与えられ，書物・ピアノ・スポーツ用品等が豊富に提供されている．家族旅行に行って視野を広げる機会も多い．何より家族の会話の質が知的である．これらの裕福な家庭で得られる資産を文化資本という．裕福な家庭の子どもは学校生活にスムーズに移行し，上位を占める可能性が高い．フランスの社会学者ピエール・ブルデュー（1930-2002）は，社会学的調査に基づいてこうした問題を分析し，学校制度には階層間格差をむしろ再生産する機能があり，それを隠蔽していると論じた（311頁参照）．たしかに，各種の調査も，家庭の経済格差が子どもの学力や最終学歴，さらには雇用にも影響を与えていることを指摘している．とくに，母親の最終学歴と子どもの学習時間や学習成績に相関が認められている．

　経済的要因による教育格差を是正するためには教育に対する公的支出の増額が必要だが，教育機関に対する公的支出割合は，2015年のOECDの調査によれば，日本は国内総生産（GDP）の2.9％と比較可能な34カ国中の最低で，1位のノルウェーの半分にも及ばなかった．国際人権規約では高等教育を段階的に無償化すべきことが謳われているが，奨学金制度の利用者が卒業時に多くの負債を抱えており，低所得者層から高等教育を段階的に無償化する政策が導入されつつある．また，幼児教育の無償化も推進されつつある．

　子どもが健全に成長できるように配慮することは，国際的な要請である．1924年，第1次世界大戦で多くの子どもが犠牲になった反省に立って，「児童の権利に関する宣言」（ジュネーブ宣言）が国際連盟において採択された．しかし，第2次世界大戦では，子どもを含むさらに多くの人命が奪われた．国際連合は，1948年の世界人権宣言に基づき，1959年にジュネーブ宣言を拡張した「児童の権利に関する宣言」を採択した．そして，この宣言から30年後の1989年には，「児童の権利に関する条約」が採択された．前文と54条からなる同条約は，子ども自身の人生に対する権利，アイデンティティ，適切な養育を受ける権利を定めるとともに，思想良心の自由や表現の自由といった市民的自由権の一部を子どもに認めるもので，子どもを権利の主体としてとらえる発想に立っている．「児童の権利に関する条約」は日本では1994（平成6）年に発効し，1999（平成11）年には「児童買春，児童ポルノに係る行為等の処罰及び児童の保護等に関する法律」，「児童虐待の防止等に関する法律」，2013（平成25）年には「子どもの貧困対策の推進に関する法律」が制定された．

従来，親権は歴史的には子どもに対する支配的な性質を有してきたが，子どもを保護する義務としての側面が強調されるようになっている．たとえば，イギリスでは監護権（custody）という語は親の責任（parental responsibility）に，ドイツ法でも親の権力（elterliche Gewalt）という語は親の配慮（elterliche Sorge）に改められている（ドイツ語のGewaltは暴力という意味を含んでいる）．日本の民法では親権者に懲戒権を認めているが，躾に名を借りた体罰等を取り締まることができるように，法改正が図られている．

6-2-3　愛着関係とケアリング

近代の文豪・芥川龍之介（1892-1927）の短編小説に『河童』がある．誰彼となく同じ話をする精神病患者が，人間界とは逆転しているという河童の世界の話をする．そのなかに，出産を前にした親の河童が，胎児に生まれてきたいかどうかを尋ねるシーンがある．河童の世界は，胎児が誕生を望まなければ生まれてこないですむものとして描かれている．人間は，誕生前の子どもに教育を受けるか否かの承認をとることはできない．子どもは意味も分からずに世界に迎え入れられる．ゆえに，子どもには庇護や愛情が必要である．

20世紀，戦争等で多くの子どもたちが施設に収容され，おりから子どもの発達の研究が進むなかで，庇護や愛情の必要性が改めて確認された．家庭的な絆を失って施設に収容された子どもたちには，身体，言語や知能，情緒，人間関係において発達の停滞や障害が見られることが報告され，施設への収容によって現れた症状という意味で施設病（hospitalism）と呼ばれた．施設においては愛情を求める相手が固定化せず，子どもが欲求を抑制するようになる結果，さまざまな症状が現れると考えられた．

教育哲学者のボルノーは，家に代表される庇護された空間が人間の存在を支える根拠として重要であると論じた．20世紀の哲学の世界では，生まれ落ちた世界を自身の運命として引き受ける実存主義が大きな影響力を持った．人間の自由な決断を強調する思想は支持されたが，それは誰にとっても実践可能とはいえず，多くの者には逆に絶望をもたらしたともいわれる．風雨にさらされて外出から家に戻ると誰しもホッとするものだが，そうした自身が保護されている感覚をボルノーは庇護性と呼び，これを基礎に教育を成り立たせる「教育的雰囲気」を論じ，信頼・感謝・愛・希望などの意義を考察した．

自身が保護されている感覚は，具体的には養育者との間の親密な関係によってもたらされる．心理学者・精神分析学者のジョン・ボウルビー（1907-90）らは，

乳幼児の観察をとおして愛着理論（Attachment theory）を確立した．生後8週頃までの乳児は，微笑んだり泣いたりといった周囲の注意を引くための行動をとる．そして，生後2カ月から6カ月にかけて次第に養育者を区別できるようになり，運動能力が発達するのにともなって，後追いやまとわり付きといった愛着行動が見られるようになる．そして，養育者は，乳幼児が自身の世界を広げるために行う探索行動の安全基地と見なされるようになる．2歳頃には，同じ泣くにしても，それまでは痛みや不快のために泣いていたのが，養育者への希望を表現するために泣くようになる．

現在，子どもの心身の健全な発達のためには少なくとも1人の養育者との愛着関係が必要であるという見解が広く認められている．乳幼児研究の初期においては，乳幼児が母親から引き離される母性剥奪（maternal deprivation）の悪影響が論じられ，養育者としての母の役割が強調された．日本においては家父長制的家族がモデル化され，子育てにおける母の役割が自明視されていたため，この見解は旧来の家族観を正当化されるのに用いられることがあった．

さらに1980年代になると，愛着関係の重要性は，乳幼児だけではなく，人生の各段階においてとらえられるようになった．看護の世界では，医療的行為としてのキュアリング（curing）に対して看護の本質としてケアリングの重要性が唱えられるようになった．また，コールバーグのもとで道徳性の発達について研究していた発達心理学者のキャロル・ギリガン（1937-）は，男性が普遍性や正義を重視するのに対して，女性には気遣いに基づいて倫理を考える傾向があるとし，「ケアの倫理」の意義を強調した．教育学者ネル・ノディングス（1929-）は，「関係におけるあり方」をケアリングと呼ぶ．ケアリングは，泣いている子どもを母親が思わず抱きかかえるような，愛や自然な心の傾向から発する自然的なものが，ケアの経験の蓄積をとおして「〜しなければならない」という意識的なものになることで道徳的行為となるという．ノディングスは，人間関係だけでなく学校改革や社会政策においてもケアリングを応用する意義を論じた．

投稿日：6月2日（土）

6-3 チャイルドファーストとは？

ケイです．私は5年前に妻をガンで亡くしました．専業主婦の妻と2人の子どもを育てました．私の家族は，典型的な近代家族ということになるのでしょう．私が教育現場

で40年近く勤めあげられたのは妻のおかげです．妻は母としての仕事を誇りに思っていて，外で働きたいと言ったことはありません．私も，妻が支えてくれるなら外で働かせないですむくらいの仕事はしようと思ってやってきました．妻が，「専業主婦は支払われない仕事（unpaid work）とか言われるけど，たしかに苦労もあるけど深みもあるし，何しろお金をもらえないのにやっているので絶対的な強みがあるじゃない」と言っていたのが忘れられません．だからといって，彼女は夫や子どもの成功を自分の生き甲斐にしてプレッシャーをかけるようなこともなく，いつも明るく淡々としていました．

　妻の思い出を書き出すとキリがありません．ここで書こうと思うのは「チャイルドファーストとは何か」ということです．人間はわけもわからずに生まれてくるのですから，子どもに「どうぞご自由に」というわけにはいきません．ペスタロッチが「母の目」と言ったように，子どもを受け入れて見守り，基本的な生活技術を身につけさせる存在が欠かせません．そして，その役目を担うのは必ずしも母でなくてもよいわけです．そして，男女ともに社会で働いて自己実現するのも賛成です．人口減少社会における労働力の維持は女性にかかっています．

　ここで私には忘れられない思い出があります．児童虐待には目に見える身体的な暴力だけでなく子どもの放置も含まれます．ネグレクトは外傷として残るわけではないので，報告されているよりはるかに多くの問題があるはずです．そしてそれは，ひとり親世帯や親の所得や学歴が低い世帯だけの問題ではありません．私が担任をしていた女児の両親はともに高学歴で社会的責任が重い仕事をしていました．女児は小さい頃から保育所に預けられ，小学生になると放課後を児童館で過ごしていました．中学生になった彼女を受け持ったわけですが，幼少時の愛着関係が足りなかったせいか，決して学力も低くないのに自己肯定感が低いのに胸が痛みました．彼女は箸の持ち方も身についておらず，それなりの衣服を着せられているのに，身なりを整えることにも無関心でした．

　家庭はケアの場でもありますが，生活技術を身につける場でもあります．明治の文豪・幸田露伴（1867-1947）の娘の幸田文（1904-90）の小品に「なた」があります．文は少女時代に，父の露伴から生活技術の厳しい教育を受けます．「なた」には，少女が鉈で薪を割ることができるようになるまでの，親子の厳しいものの深い触れ合いが描かれています．それは，生活技術やそこから生まれる美意識は，実際の場面で繰り返し注意されたり模範を示されたりしないと，なかなか身につかないことを示しています．

　階層間格差の拡大のなかで子どもの貧困が問題になっていますが，家庭でしか受けられないような濃密な関わりは社会全体として失われています．チャイルドファーストという言葉を真剣に考えるなら，女性も男性も自身の社会的自己実現をある期間は後回しにしても子どもに関われるようにするべきだと思うのです．社会もそれができるような支援を考えなければいけないのではないでしょうか．

投稿日：6月3日（日）

102 第Ⅰ部 「教育学の基礎」講義録

✍ 学習を深めるための課題

・世界や日本の子育ての習俗とそれらの変遷について調べてみよう.
・近代家族の特質とそこから生じると思われる教育問題について考えてみよう.
・ペスタロッチの言う「母の目」と「父の力」の教育的意味とその問題について考えてみよう.
・ペスタロッチの言う「親心」の教育的意味とその問題について考えてみよう.
・フレーベルの幼児教育思想の特質についてまとめてみよう.
・モンテッソーリの幼児教育思想の特質についてまとめてみよう.
・20世紀末以降の日本における家族社会の変容と教育課題について考えてみよう.

📖 引用文献

ケイ, エレン『児童の世紀』小野寺信・小野寺百合子訳, 冨山房〔冨山房百科文庫〕, 1979年.
コメニウス（コメンスキー）, ヨハネス『母親学校の指針』藤田輝夫訳, 玉川大学出版部, 1986年.
フレーベル, フリードリヒ『人間の教育』上, 荒井武訳, 岩波書店〔岩波文庫〕, 1964年.
ペスタロッチ, ヨハン『リーンハルトとゲルトルート』松田義哲・佐藤守・長田新訳, 『ペスタロッチー全集』第2・3巻, 平凡社, 1959年.
ペスタロッチ, ヨハン『立法と嬰児殺し』杉谷雅文訳, 『ペスタロッチー全集』第5巻, 平凡社, 1959年.
ペスタロッチ, ヨハン『隠者の夕暮れ』梅根悟訳, 『世界教育学選集　政治と教育』明治図書出版, 1969年.
ペスタロッチ, ヨハン『世界教育学選集　シュタンツ便り他』長尾十三二他訳, 明治図書出版, 1980年.
ロック, ジョン『教育に関する考察』服部知文訳, 岩波書店〔岩波文庫〕, 1967年.
林羅山「三徳抄」, 『日本教育思想大系　林羅山・室鳩巣』日本図書センター, 1979年.

📚 参考文献

アリエス, フィリップ『〈子供〉の誕生』杉山光信他訳, みすず書房, 1980年.
ノディングス, ネル『ケアリング』立山善康・林泰成・清水重樹・宮﨑宏志・新茂之訳, 晃洋書房, 1997年.
バダンテール, エリザベート『母性という神話』鈴木晶訳, 筑摩書房〔ちくま学芸文庫〕, 1998年.
ブルデュー, ピエール『再生産』宮島喬訳, 藤原書店, 1991年.
ボウルビー, ジョン『母と子のアタッチメント　心の安全基地』二木武訳, 医歯薬出版, 1993年.
ボルノー, オットー『実存主義克服の問題　新しい被護性』須田秀幸訳, 未來社, 1969年.
モンテッソーリ, マリア『子どもの発見』鼓常良訳, 国土社, 2001年.
芥川龍之介『河童・或阿呆の一生』新潮社〔新潮文庫〕, 1968年.
阿部彩『子どもの貧困——日本の不公平を考える』岩波書店〔岩波新書〕, 2008年.
阿部彩『子どもの貧困Ⅱ——解決策を考える』岩波書店〔岩波新書〕, 2014年.
北本正章『子ども観の社会史』新曜社, 1993年.
幸田文『幸田文しつけ帖』青木玉編, 平凡社, 2009年.

前半が終わって──6月5日（火）14時30分

　ここ何年か雨の降り方が激しくなったように感じる．「大学の授業は，半期に15回するようになっているので，大雨で休講になると補講をしなくちゃならなくて，教える方も学生も嫌なもんだ」と教授が言っていた．今日は休講にはならずにすんでよかった．

　「教育学の基礎」の授業は，ちょうど半分が終わった．教授はこの授業のオリエンテーションで言っていた．

「大学の授業は考える力を付けることが大事だから，知識の習得は二の次だと思っている人もいるだろう．しかし，ちょっと考えればわかるが，人間は言語を使って思考する．言語が乏しくて，なんで広くて深い思考ができますか．教育は，誰でも受けてきているから，教育について何か言えと言われれば何か言えるでしょう．しかし，知識を増やし，それらを使えるようにならなければ，小学生の時と同じことしか言えないでしょう．そんな，ビフォーとアフターが変わらないことでは，学んだとはいえないでしょう．」

　というわけで，今日，最初の5回分の講義内容のテストが行われた．最後に1回のテストだときついだろうから前半と後半に分けて，ガチに知識を問われる．時間は40分．スマホを通して解答する．

　僕としては，この手のテストは苦手じゃない．試験が終わると，教授はすぐに解説を始めた．何でも，教授は大学のテストが答案の解説も返却もないのが，学生時代の大きな不満だったんだそうだ．教育学的にも，努力した結果は早めにフィードバックした方がいいからということで，解説と自己採点が行われた．

「今回，勝手がわからなくてできなかった人もいると思います．まあ，あまりくよくよしないで次回頑張ってください．全体のデータをみて，2回目の伸びがある人は少し加点します．あとは質問時間にします．」

　皆，三々五々と講義室を出ていったが，何人か教授のところに集まっている．階段を下りていると教授が早足で下りてきた．

「先生，何かいいことがあったんですか．」

「今日のテスト，全体的にとてもよくできていて気分がいいんだよね．」

「もう結果が出てるんですか．」

「スマホから授業のサイトにアクセスして解答してもらったでしょ．もう平均点が出てるんだ．君たちにもすぐ公開するよ．知識の習得って単純な作業かもしれないけど，それを愚直にできるのは素直さの証しだと思う．そういう学生が多いのって嬉しいよね．

それで……，開君だったね．君には多分お礼を言わなきゃいけないな．「教育
学の基礎」のブログ，なかなかよくまとまっているじゃないか．君のブログのア
クセス数を見てると，かなりの受講生が見ていると思う．ありがとう．じゃあ
ね．」

「お急ぎですか．」

「いや，学生たちが質問に来ていたでしょ．単位をくれますかっていう学生もい
たけど，講義に関連する本を読みたいので紹介してくれっていう学生がいたんだ．
こういうリクエストって商売がら癒されるんだよね．すぐに授業のサイトにアッ
プするって約束したんね．」

「先生，そのリストとかもブログにアップしていいですか．」

「いいけど，リストだけじゃ無味乾燥だから，できたら説明するからそれを含め
てアップするってのはどう？」

「それ，いいですね．」

「ところで，あのブログに律義に書き込んでくるケイさんて？」

「ああ，祖父なんです．中学の社会の教師をしていて，教育委員会にもいたこと
がありますし，最後は校長をしていました．若い頃は日本人学校の教師もしてい
たんです．」

　教授は一瞬ハッとしたような表情をした．

「祖父の書き込みが気になりますか．」

「うん，ちょっときついなあと思うこともあるね．あの講義は概論なんであつか
う範囲も広くて，どうしても時間が足りない．言いたいなと思ってたことを書か
れることもあるね．」

「あのブログを立ち上げたのは祖父のリクエストなんです．」

「そうか……．じゃあ，リストができたらメールするね．」

「はい，よろしくお願いします．」

　その日の夜にはもう教授からメールが来て，翌日の午後，教授の研究室でリス
トの解説を聞いた．

7 教育を考えるための図書案内

研究室にて——6月6日（水）15時20分

「「勉強したいけど，何から読み始めてよいか分からない」って言う学生がいるけど，私が学生の頃は，そんなことは教授にはカッコ悪くて言えなかったよ．でも，何を読むべきか分かっていたわけじゃない．周りの学生が読んでいないような難しげな本を買ってきて読んでいた．内容はよくわからなかったけれどね．

私は，何から読み始めてよいかわからないっていうのはまともな問いだと思う．私が学生の頃には読むべき本が決まっていたわけじゃないけど，「定番」はあったと思う．定番があまり変わっていない分野もあるけど，教育学の基礎分野はここ数十年でオーソドックスっていうのが見えなくなっちゃった．」

「価値観の多様化のせいですか．」

「結論をいえばそうだね．明治の近代化以降，日本の教育学はドイツをモデルにしていたんだけど，戦後はデューイを中心にしたアメリカの教育学と社会主義の旧ソ連や旧東ドイツの教育学が流行して，三国鼎立という感じだった．

ところが，これだけでも結構複雑なのに，社会主義の教育学は冷戦の終結で注目されなくなり，ドイツでもアメリカでも，それまでの行き方を否定するような論調が出てきた．それまでの教育学は，教育を近代化しようという方向性を，いろいろ問題はあったとしても基本的には受け入れていた．問題があれば微修正すればよいという考え方だった．しかし，近代化という歩み自体を見直そうというポストモダニズムの考え方が出てきた．

そのおかげで，今までに教育学でとりあげられなかった人物やテーマがとりあげられるようになったのはよかった．しかし，それらの研究が，従来の通説にとって代わるというところまではいっていない．従来の通説に代わるような体系（システム）を打ち立てようというのでもないようだ．というか，体系を打ち立てるという考え方自体が近代の産物なんだそうで，そういう体系は最初からめざすべきじゃないという人もいる．そういうわけで，実にいろんな研究が行われているんだが，全体像は見えない．だから，教員採用試験に出る人物やトピックは，

40年前とそう変わっていない．つまり，学者の研究と教員になろうとして勉強する内容とでかなりのズレが出ている．

「教育学の基礎」に何を盛り込むかは本当に悩みの種だよ．新設の大学なんかでは，教員採用試験対策のような授業ばかりのところもある．「教員採用試験に出てるようなトピックはもう古い」という研究者もいる．「教員養成なんて関係ない」ということで自分の専門だけをとりあげるエライ先生もいる．私は，今の教育哲学分野の議論も紹介しながらも，教育の思想や歴史に関連してやはり無視できないと思われる人物やトピックはできるだけ網羅したいと考えている．」

「推薦図書をグルーピングされているのを説明してください．」

「教育のさまざまな論点を考える上でよく参照される本を「教育学の古典」というグループに入れました．そのほか，現在の教育学の議論がわかりやすく書かれている本を「入門的学術書」，そして「教養小説等」と３つのグループに分けてみました．」

「じゃあ，それぞれのグループについて紹介してください．」

「あげだせばキリがないんで，できるだけ厳選しています．

　教育学の古典で残念なのは，絶版になっている本が多いということです．大正時代から，教育学の古典シリーズが何度か出版されてきているけど，とくに出版業が盛んだった1960年代から80年代に明治図書出版が出した『世界教育学選集』100巻，『世界新教育運動選書』30巻と別巻３巻はすごい企画だったと思う．ここにかなりのテクストは入っているんだけど，絶版が多いです．それからペスタロッチなんかは文庫本もあるけど訳文が古いのであまり薦められません．ここにあげているのは，できるだけ安価で入手可能で，比較的読みやすいものです．独断と偏見でランキングしておきます．」

　教授があげたのは11冊だった．

「ルソーの『エミール』なんか全部読んだら立派だけど，上巻だけでもっていうことで上の方にランキングしました．プラトンの『国家』も全部読んだらすごいけど，下巻だけあげておきました．」

- ・デューイ，ジョン『学校と社会・子どもとカリキュラム』市村尚久訳，講談社〔講談社学術文庫〕，1998年．
- ・ルソー，ジャン・ジャック『エミール』上，今野一雄訳，岩波書店〔岩波文庫〕，1962年．
- ・福澤諭吉『学問のすゝめ』岩波書店〔岩波文庫〕，1978年．

- デューイ，ジョン『経験と教育』市村尚久訳，講談社〔講談社学術文庫〕，2004年.
- デューイ，ジョン『民主主義と教育』上下，松野安男訳，岩波書店〔岩波文庫〕，1975年.
- プラトン『国家』下，藤沢令夫訳，岩波書店〔岩波文庫〕，2008年改版.
- コメニウス，ヨハネス『世界図絵』井ノ口淳三訳，平凡社〔平凡社ライブラリー〕，1995年.
- ルソー，ジャン・ジャック『エミール』中，今野一雄訳，岩波書店〔岩波文庫〕，1963年.
- ルソー，ジャン・ジャック『エミール』下，今野一雄訳，岩波書店〔岩波文庫〕，1964年.
- イリッチ，イヴァン『脱学校の社会』東洋・小澤周三訳，東京創元社，1977年.

入門的学術書のグループには12冊があがっていた.

- 内田樹『先生はえらい』筑摩書房〔ちくまプリマー新書〕，2005年.
- 内田樹『下流志向　学ばない子どもたち 働かない若者たち』講談社〔講談社文庫〕，2009年.
- 大村はま『新編 教えるということ』筑摩書房〔ちくま学芸文庫〕，1996年.
- 大村はま・苅谷夏子・苅谷剛彦『教えることの復権』筑摩書房〔ちくま新書〕，2003年.
- 苅谷剛彦『学校って何だろう——教育の社会学入門』筑摩書房〔ちくま文庫〕，2005年.
- 小玉重夫『学力幻想』筑摩書房〔ちくま新書〕，2013年.
- 志水宏吉『学力を育てる』岩波書店〔岩波新書〕，2005年.
- 諏訪哲二『学力とは何か』洋泉社，2008年.
- 橘木俊詔『日本の教育格差』岩波書店〔岩波新書〕，2010年.
- 辻本雅史『「学び」の復権——模倣と習熟』岩波書店〔岩波現代文庫〕，2012年.
- 広田照幸『教育学 (ヒューマニティーズ)』岩波書店，2009年.
- 広田照幸『教育には何ができないか——教育神話の解体と再生の試み』春秋社，2003年.

108　第Ⅰ部　「教育学の基礎」講義録

「ここも入手しやすいものを選びました．著者名順です．教育についての素朴な思い込みに気づかせてくれるという点では哲学者の内田樹さん（1950-）の著作はお薦めです．教師のあり方という点では，大村はまさん（1906-2005）の著作は学ぶところが多いです．その他，歴史的な視点から現代の教育を見直そうとするものや，社会における教育の成り立ちや現在の教育課題について批判的に考察している本をあげておきました．教育の現場に出てしまうと「待ったなし」ですが，複眼的に物事を見られるように学んでおくことは無駄ではないと思うね．ただ，批判のための批判ということでなく，教育をとりまく問題を知ったうえで，「自分には何ができるか」ということを考えてほしいね．」

「次が教養小説等のグループですが，教養小説って何ですか．」

「18世紀から19世紀にかけて，主人公の若者がいろいろな体験をとおして成長していく過程を描いた小説が多く書かれたんだね．それを教養小説といいます．代表作には，ドイツの文豪ゲーテの『ヴィルヘルム・マイスターの修業時代』やフランスの作家ロマン・ロラン（1866-1944）の『ジャン・クリストフ』なんかがあるけど，日本でもそうした小説が書かれるようになった．何が教養小説かっていう区別については議論があるけど，いちおう6冊をあげておきました．」

- 夏目漱石『三四郎』新潮社〔新潮文庫〕，1948年．
- 下村湖人『次郎物語』上中下，新潮社〔新潮文庫〕，1987年．
- 井上靖『あすなろ物語』新潮社〔新潮文庫〕，1958年．
- 井上靖『しろばんば』新潮社〔新潮文庫〕，1965年．
- 山本周五郎『赤ひげ診療譚』新潮社〔新潮文庫〕，1964年．
- モンゴメリ，ルーシー・モード『赤毛のアン』村岡花子訳，新潮社〔新潮文庫〕，2008年新装版．
- 黒柳徹子『窓ぎわのトットちゃん』講談社〔講談社文庫〕，1984年．
- ケラー，ヘレン『わたしの生涯』岩崎武夫訳，角川書店〔角川文庫〕，1966年．

「『窓ぎわのトットちゃん』は小説とはいえないけど，著者の人間形成が描かれているのと新教育のイメージをもってもらえるのであげておきました．三重苦を克服したヘレン・ケラー（1880-1968）の自叙伝もそうですが，この本は人間形成についても多くのヒントがあるね．その他にも，どんな小説でも人間の形成や変容をあつかっているものなので，教育的な視点から小説を読んでみることは大いに薦めたいね．映画やアニメもいいと思う．二ノ宮知子さんの『のだめカンタービ

レ』なんかは立派な教養小説だと思うね. 私なんかファンレター書いちゃったよ.」

　思わず吹き出しそうになったが, かろうじてスルーした.

「そのほか文部科学省のホームページは, 学習指導要領や各種の答申, それに日本の教育史上の法令の変遷なんかも載っているのでフォローしておく癖をつけてもらいたいんで, リストにあげておこう. それから, 国立社会保障・人口問題研究所が公表しているデータなんかも, 教育についてデータに基づいて考えるのには欠かせないね.

じゃあ, リストを送っておくから, アップをよろしくね.」

　『のだめカンタービレ』のことはアップするかどうか一瞬考えたが, アップした.

投稿日：６月８日（金）

8 学校の歴史と課題

8-1 近代学校教育の成立と展開

8-1-1 「あらゆる者に」の理想

　学校の歴史は，最古の都市文明にまでさかのぼられるが，教育機会が一部の階層の子弟に限られた時代が長く続いた．ルネサンス期の政治家・文人のトマス・モア（1478-1535）は，寓意小説『ユートピア』で私有財産制が廃止された理想社会を描き，余暇活動や教育機会の保障などを論じた．宗教改革の指導者マルティン・ルター（1483-1546）は，子どもが聖書を読めるように親が子どもを学校に通わせるべきだと説き，カトリック側でもイエズス会が当時の教育要求の高まりをうけて多くの学校を設立した．イエズス会学校における時間割，教育内容の選択，入学試験，競争，褒賞といった仕組みは，19世紀以降に普及した学校教育にも取り入れられた．コメニウスは，「あらゆる者に，あらゆることを，あらゆる側面から教授する」という普遍的な教育を論じた．『パンパイデイア』には次のように記されている．

　　「第一に望まれていることは，完全な人間らしい存在へと完全に形成されること，それも誰か一人や少数者や多数者ではなく，すべての一人ひとりの人間が，老いも若きも，富者も貧者も，高貴な者も下賤の者も，男も女も，要するに人間に生まれた誰もがそのように形成されるべきであり，そうしていつの日か最後に，全人類がすべての年代，身分，性，民族にわたって教育された状態になることである．」（コメニウス, 2015, 10頁）

　コメニウスは，「内部の欠如に対して本質そのものがあまり助けることができない所では，外部の大きな補助がよりいっそう必要なのだ」（同, 34）として，障害者にこそ教育機会が開かれるべきであると強調した．ドイツ中央部にあったゴータ公国では，授業時数，学級，教科書などの規定が盛り込まれた教育令が1642年に公布されている．

8-1-2 国民国家の成立と産業化

学校教育の普及が意識されたのは18世紀を通じた国民国家の成立にともなってのことである．国民国家は，個々の家庭や地域社会の独自性を超えた国民としての一体性の実現を教育に期待した．『エミール』で自然主義的な教育を論じたルソーは次のように記した．

> 「子どもの教育は，父親の知識や偏見に放置されるべきではなく，それは父親よりもむしろ国家にとってより重要なものである．……公共の権威が，父親達の地位に代わって，この重要な役割を引き受け，父親達の義務を果たすことによってその権利を獲得するならば，彼等は多く不平を言うには当たらない．……公教育は，合法的政府の基本原理の一つである．」（ルソー, 1951, 38-39頁）

ここには，国家が親の代わり（in loco parentis）に教育を担うという考え方が示されている．科学の発展が産業構造に影響し始めると，家庭のみでは子どもの社会的自立に必要な教育を提供できなくなる．親の側は教育を国家に委ねることが必要になり，逆に国家は教育を引き受けることで国民の形成が図れるようになった．フランス革命の渦中，数学者・哲学者ニコラ・ド・コンドルセ（1743-94）は，立法議会（のち，国民公会）で，次のような提言を行った．

> 「公教育は国民に対する社会の義務である．人間はすべて同じ権利を有すると宣言し，また法律が永遠の正義のこの第一原理を尊重して作られていても，もし精神的能力の不平等のために，大多数の人がこの権利を十分に享受できないとしたら，有名無実にすぎなかろう．」（コンドルセ, 1969, 9頁）

フランスでは，この提言に先だって「人間と市民の権利の宣言」（フランス人権宣言）で，人間の生まれながらの平等が謳われていた．教育の普及が社会の進歩をもたらすという啓蒙主義に基づいて公教育の確立を主張したコンドルセの提言は，教育を人権の条件として位置づけるものだった．あらゆる人への教育の普及には義務教育が求められる．しかし，無償でなければ教育の普及は妨げられる．また，教育内容が特定の思想や宗教に偏っていては教育の普及は困難である．彼の提言は，義務・無償・中立という近代公教育の3原則を先どりするものだった．

現在のドイツ地域では，最強の領邦国家だったプロイセンが1717年に一般地方学事通則を制定して初等教育の義務化を図った．現在のオーストリアを中心としたハプスブルク帝国でも，1774年に女帝マリア・テレジア（1717-80）のもとで一般学校令が公布されて小学校が設置され，統一した教科書を用いた各地域の言語による教育が開始された．小国が分立して統一が進まなかったドイツはナポレオ

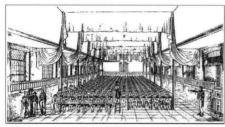

モニトリアルシステムの授業風景

ン戦争に敗れるが，哲学者のヨハン・ゴットリープ・フィヒテ(1762-1814)は「ドイツ国民に告ぐ」と題した講演で，国民の道徳的革新のためには国民教育の普及が不可欠であると訴えた(270頁参照)．フィヒテがペスタロッチの初等教育の取り組みを高く評価したことで，ドイツではペスタロッチ主義の教育実践が盛んになり，それはアメリカにも広がり，明治初期には日本にも伝わった．

18世紀後半，いち早く産業革命を進めたイギリスでは，都市労働者の増加による階層対立や児童労働が問題化した．アンドリュー・ベル(1753-1832)とジョセフ・ランカスター(1778-1838)は，優れた年長者を助教(monitor)として指導させることによって数百人にも及ぶ生徒を教育する方式を実践した(モニトリアルシステム，またはベル=ランカスター方式)(275頁参照)．また，紡績業で成功を収めたオウエンは，人間の優劣は環境によって決定されるという環境決定論をとり，性格形成学院と名づけた学校を工場に併設した．オウエンはペスタロッチを訪問しており，書物を使用しない実物教授や労働と直結した教育を実践した(275頁参照)．

8-1-3 近代公教育制度の成立

国民国家の形成と産業化のもとで体系的な学校教育のニーズが高まり，19世紀後半になると欧米各国で義務教育制度が導入された．アメリカ合衆国のマサチューセッツ州では，初代教育委員長に就いたホーレス・マン(1796-1859)が州営・中立・無償の学校制度の確立にとりくみ，1852年に義務教育制度が成立し，1860年代からは初等学校としてのコモンスクールが設けられていった．イギリスでは，児童の保護を目的に，1870年に初等教育法が制定された．フランスでは，教育相や首相を務めたジュール・フェリー(1832-93)の主導のもと，1881年から翌年にかけて，義務教育を制度化する法律が制定され，義務・無償・中立(世俗)の原則が確立された．ドイツは鉄血宰相オットー・フォン・ビスマルク

(1815-98) によって1871年に統一されると，その翌年，学校を教会ではなく国家の監督におくとともに，学校制度と教育課程の整備が規定され，公教育制度が始まった．

　学校体系は，子どもが属する社会階層や教育目的によって異なった学校を設ける複線型と学校体系が基本的に一本化された単線型とに分けられる．伝統社会においては，聖職者や支配階層・学識者・技術者の養成のための教育と庶民層の教育は分離されていた．イギリスには，ウェストミンスター校，ウィンチェスター校，イートン校，ハーロー校，ラグビー校などの私立の寄宿学校がある．パブリックスクールと呼ばれるこれらの学校は長い伝統を有し，エリート養成で大きな役割を果たしてきた．イギリスは現在でも複線型の学校体系がとられている．ドイツやフランスでは，国民意識の涵養（かんよう）や社会統合といった目的から複線系の学校体系を単線型に変革する統一学校運動が起きた．

　日本の近代公教育制度は，太政官布告「学事奨励に関する被仰出書（おおせいだされしょ）」（学制序文）が発布された1872年（明治5年）にさかのぼられる．江戸時代の鎖国にもかかわらず，日本が公教育制度の確立に着手したのは欧米諸国と同じくらい早かった．学制序文では「人民 華士族卒農工商及婦女子必す邑（むら）に不学の戸なく家に不学の人なからしめん事を期す」と，身分・性別・地域を問わず，あらゆる人が教育を受けられるようにするという国家としての決意が宣言されている．また，「学問は身を立（たつ）るの財本ともいふべきものにして人たるもの誰か学ばずして可ならんや」として，学問は立身出世のための資本であるという自由主義・功利主義的な教育観が示された．同じ時期に福澤諭吉が著した『学問のすゝめ』は，教育の必要性が認識されるのに大きな役割を果たした（295頁等を参照）．

　学制では，全国を学区に分け，大学校・中学校・小学校の設置が計画され，下等小学校4年，上等小学校4年の計8年の就学を義務とした．ただし，学校の設置や就学が民費負担とされたこともあり，学校の設置は進まず，就学率も向上しなかった．その後，1879（明治12）年の教育令，翌年の改正教育令，1886（明治19）年に小学校令が公布され，ここで義務教育という文言が初めて登場し，その年限は3～4年とされた．1900（明治33）年には尋常小学校の授業料が無償化され，それによって通学率は90％を超えるようになった．日中戦争から太平洋戦争に向かう1941（昭和16）年には国民学校令によって，義務教育は国民学校初等科6年と高等科2年の8年とされたが，戦争の激化により高等科2年の義務化は実現されなかった．

　第2次世界大戦に至る日本の教育政策の根幹にあったのは「教育に関する勅

114 第Ⅰ部 「教育学の基礎」講義録

語」(教育勅語) である. 明治の近代化においては, 欧米によるアジアの植民地化という状況のもとで, ヨーロッパと対等な関係を実現するという脱亜入欧という課題と西洋文化を導入しつつ伝統を維持するという和魂洋才という課題の両立がテーマだった. イギリス留学の経験があった初代文部大臣の森有礼 (1847-89) は合理主義的な教育改革を推進したが, 明治天皇の侍講の元田永孚 (1818-91) らは, 天皇を頂点とした国家の一体性の実現を重視した. 教育勅語は元田が起草したもので, 大日本帝国憲法発布の翌年の1890 (明治23) 年に発布された. そこでは, 「父母に孝に」という年長者への尊敬, 「兄弟に友に, 夫婦相和し, 朋友相信じ」という社会の融和, そして「一旦緩急あれば義勇公に奉じ」という自己犠牲の道徳が説かれた. 教育勅語の写しは天皇と皇后の写真 (御真影) とともに各学校に設けられた奉安殿に納められ, 祝祭日に学校で行われる儀式で奉読 (朗読) することが定められた.

第2次世界大戦下の国家主義による教育統制は厳しいものであった. 戦争の遂行のために, 学業を中断して戦地に赴いた学生の多くが若い命を散らせた. そうした戦没学生の手記が収められた『きけわだつみのこえ』には, 軍隊生活のなかで無感覚になっていく自分を嘆く青年の思いが綴られている.

> 「軍隊生活に於て私が苦痛としましたことの内で, 私の感情——繊細な鋭敏な——が段々とすりへらされて, 何物をも恐れないかはりに何物にも反応しない様な状態に堕ちて行くのではないかといふ疑念程, 私を憂鬱にしたものはありません. 私はそうやって段々動物になり下って了ふよりは, いつまでも鋭敏な感情に生きつつ, しかも果敢な戦闘を遂行したい衝動にかられてゐます.」(日本戦没学生記念会, 1982, 24頁)

第2次世界大戦後の1947 (昭和22) 年, 教育基本法と学校教育法が制定されると, 義務教育は小学校6年と中学校3年の9年とされた. 同法の制定は, 教育政策が天皇の命令に基づく勅令主義から法律主義に転換したことを示している.

教育の近代化が進められた当初の課題は, 多くの児童・生徒に知識を効率よく伝達することであった. そこで採用されたのが, 一斉授業という形式であった. アメリカ人教師マリオン・スコット (1843-1922) は, ペスタロッチ主義を日本に伝えた. その後, 1880年代末から十数年間にわたってヘルバルト派の教授理論が大きな影響力をもつなかで, 教師が伝達し生徒が記憶するという授業が定型化した. ラインが考案した5段階教授法は, 「五段五段で汗水流し今日もおなかがヘルバルト」という川柳が生まれるほど普及した.

8-1-4　**新教育とその周辺**

　19世紀後半から普及した公教育によって教育機会は大きく拡大した．しかし，国民としての一体性を実現することを目的としたため，教育内容は画一的であった．すでに18世紀には，ルソーやペスタロッチが教育における生活経験の重要性を指摘していたが，この意義が改めて見直されることになり，20世紀に入る前後から，世界各国で新教育と呼ばれる運動が展開された（ドイツでは改革教育学，アメリカでは進歩主義教育とも呼ばれる）．

　新教育という言葉は，フランスのエドモン・ドモラン（1852-1907）が中等教育の改革と生徒の自主的活動を論じた『新教育』という著書に由来するが，新教育を代表する思想家としては，アメリカのデューイ，児童の権利や幼児教育の革新にとりくんだケイやモンテッソーリがいる．新教育では，経験主義的なカリキュラム運動，学校教育に労働をとり入れる労作学校運動，自然豊かな環境に寄宿学校を設ける田園教育舎運動，表現教育・芸術教育運動などが展開された．

　デューイは，学校と社会の隔絶という問題を次のように指摘した．

　　　「子どもの立場から見て，学校における大きな浪費は，子どもが学校の外で得る
　　経験を学校そのものの内部でじゅうぶんに，自由に利用することがさっぱりでき
　　ないということから生ずる．しかも，他方において，子どもは学校で学んでいる
　　ことがらを，日常の生活に応用することができないのである．これは学校の孤立
　　──生活からの学校の孤立である．」（デューイ, 1957, 81頁）

　デューイは，シカゴ大学の付属学校として実験学校（laboratory school）を設け，経験主義に立脚し，学校教育の内にさまざまな作業を導入し，「なすことによって学ぶ」問題解決学習を提唱した．また，彼は，学校を生活と結びつけることによって，学校は縮図社会（miniature community）あるいは萌芽的社会（embryonic society）となると主張した（同, 29頁）．デューイの実践に前後して，アメリカでは，フランシス・パーカー（1837-1902），ウィリアム・キルパトリック（1871-1965），ヘレン・パーカースト（1887-1973）らが，多彩な実践を繰り広げた．また，1929年の世界恐慌をうけて，学校と地域社会の連携によって社会改革を進めるコミュニティスクールの運動がエドワード・オルセン（1908-2000）らによって進められた．

　労作学校運動は，学校教育が知識中心主義に陥りがちなのに対して，主として手工労働をとり入れるもので，その代表者にはドイツのゲオルク・ケルシェンシュタイナー（1854-1932）がいる．彼は，手工労働を中心とした児童生徒の自発

116 第Ⅰ部 「教育学の基礎」講義録

的活動をとおして有能な公民の育成をめざす労作学校（Arbeitsschule）の普及にとりくんだ。日本での実践者には小原國芳（1887-1977）がいる。

1917年，ロシアで社会主義革命が起きソヴィエト連邦が誕生したが，革命の指導者ウラジーミル・レーニン（1870-1924）の妻ナデジダ・クルプスカヤ（1839-1939）は，『国民教育と民主主義』で「生産労働と知能の発達を結合しなくてはならない」（クルプスカヤ，1982, 5頁）と論じた。この考えを実現するために導入されたのが「総合技術教育（ポリテフニズム）」である（278頁参照）。また，アントン・マカレンコ（1888-1939）の実践は集団主義教育の典型として知られる。

田園教育舎は，豊かな環境で生徒の自主活動やバランスのとれた人間形成をめざすものである。イギリスのセシル・レディ（1858-1932）はアボッツホルム校を開き，伝統的なパブリックスクールの近代化にとりくんだ。フランスのドモランも近代的な教育内容で全寮制をとるロッシュの学校を開いた。ドイツのヘルマン・リーツ（1868-1919）は，レディのアボッツホルム校で学び，自然に恵まれた環境のもとでの青年の共同生活による教育を実践した。ドイツの田園教育舎運動に影響を受けたイギリスのアレクサンドロス・ニール（1883-1973）はサマーヒルスクールを設け，生徒に教師と対等の権利を認めた。

神秘主義の思想家ルドルフ・シュタイナー（1861-1925）は，人智学という独自の学説に基づいてヴァルドルフ学校を創設し，子どもの自由な自己決定をめざし，独特の芸術教育を盛り込んだ実践を行った。そのカリキュラムは各国の公教育とは異なるが，その学校は世界各地に設けられている。

フランスの教師セレスタン・フレネ（1896-1966）は，作文を中心とした自由な表現活動を年齢の異なる集団において協同して進めた（フレネ教育）。児童生徒は，印刷された作文を共有し対話や意見交換を行った。

日本における新教育は，大正自由教育として知られる。この時代，絵本や童謡などの子ども向けの芸術運動が盛んになった。1918（大正7）年，児童文学作家の鈴木三重吉（1882-1936）によって雑誌『赤い鳥』が創刊され，そこには芥川龍之介の『蜘蛛の糸』などの名作が掲載された。そのほか，作詞家の北原白秋（1885-1942）や野口雨情（1882-1945）が作詞し，音楽家の山田耕筰（1886-1965）が作曲した童謡《ペチカ》や《待ちぼうけ》などはこの時期の所産である。これによって，教訓的な色彩が強かった児童文化は芸術性を高めた。

また，新教育を実践する私立学校が設けられた。明治・大正期に教育官僚および教育者として活躍した澤柳政太郎（1865-1927）が1917（大正6）年に成城小学校を設立した。日本で最初の女性ジャーナリスト羽仁もと子（1873-1957）は1921

（大正10）年に自由学園を創設した．澤柳が成城小学校に招いた小原國芳はのちに玉川学園を開いた．

　日本における新教育の高まりを示す出来事として，1921（大正10）年に開催された八大教育主張講演会がある．ここには，小原を始め，手塚岸衛（1880-1936）が自由教育論，及川平治（1875-1939）が動的教育論と題して登壇した．このほか，新教育の指導者としては，奈良女子高等師範学校（現在の奈良女子大学）付属小学校主事の木下竹次（1872-1946）や，東京女子高等師範学校（現在のお茶の水女子大学）附属幼稚園で子どもが自由な遊びをとおして生活や規則にのっとった自己実現に至るように導く「誘導保育」を実践した倉橋惣三（1882-1955）がいる．

　日本の新教育の独特の実践として知られるのが生活綴方教育である．これは，国語科綴方（作文）の時間を中心に生活を題材にした作文を書かせ，その指導をとおして児童の認識，感性，人間関係の発達を図ろうとするもので，昭和初期の荒廃した農村等で盛んに実践された．この運動は，芦田恵之助（1873-1951）が提唱・実践した自由作文に影響を受けたもので，代表的な実践家としては小砂丘忠義（1897-1937）や野村芳兵衛（1896-1986）らがいる．生活綴方教育は戦争に向かうなかで弾圧を受けるが，戦後，無着成恭（1927-）の指導のもとで生徒の生活体験から作られた文集『山びこ学校』は生活綴方教育の精神を受け継いだものである．

8-2　学校をとりまく課題

8-2-1　学校教育批判

　第2次世界大戦後，多くの植民地が独立して学校制度を確立し，識字率は世界的に上昇し，多くの国で中等教育の一部までが義務教育期間とされるようになった．20世紀後半は教育爆発の時代と呼ばれる．21世紀に入り，日本の4年制大学の進学率は40％を突破した．しかし，1960年代から，学校制度への根本的な批判がなされるようになった．それは，新教育が問題にしたような学校と社会の乖離とは質的に異なる批判であった．その代表的論者が，『脱学校の社会』の著者イリッチである．近代は社会制度が発展した時代である．かつて大家族が担っていた生産・教育・福祉等の機能は，企業や学校や病院等が担うようになった．その過程で人間は，知らず知らずのうちに制度に依存するようになる．イリッチはこう記している．

「「学校化」(schooled) されると，生徒は教授されることと学習することとを混同するようになり，同じように，進級することはそれだけ教育を受けたこと，免状をもらえばそれだけ能力があること，よどみなく話せれば何か新しいことを言う能力があることだと取り違えるようになる．……医者から治療を受けさえすれば健康に注意しているかのように誤解し，同じようにして，社会福祉事業が社会生活の改善であるかのように，警察の保護が安全であるかのように，武力の均衡が国の安全であるかのように，あくせく働くこと自体が生産活動であるかのように誤解してしまう．」(イリッチ, 1977, 13頁)

　学校に行かないと学習ができないわけではない．しかし，学校が教育機会を独占するようになると，「学校に行っておけばよい」という勘違いが生じる．こうした制度依存の結果，「教育ばかりでなく現実の社会全体が学校化され」ることで「個人や共同社会が自分でやりぬく能力を伸ばされなくなってきている」(同, 15-16頁) とイリッチは指摘する．

　制度依存の問題はほかにも指摘されている．フランスの哲学者ミシェル・フーコー (1926-84) が指摘する規律化である．彼は，社会の制度化のなかで権力が人間を飼い慣らす規律訓練を意図するものに変容し，その結果，人間は能動的に権力の意志に奉仕するようになると指摘した (311頁参照)．制度化のなかで飼い慣らされていくと，人間は知らず知らずのうちに搾取されることになる．ブラジルの軍事政権下では亡命も経験したパウロ・フレイレ (1921-97) は，『被抑圧者の教育学』でそうした教育を「銀行型教育」と呼んで批判した．

　　「教師が一方的に話すと，生徒はただ教師が話す内容を機械的に覚えるというだけになる．生徒をただの「容れ物」にしてしまい，教師は「容れ物を一杯にする」ということが仕事になる．「容れ物」にたくさん容れられるほどよい教師，というわけだ．黙ってただ一杯に「容れられている」だけよい生徒になってしまう．こうなると教育というものは，ただものを容れたり貯めておいたりする活動に終始してしまい，生徒はただものを容れる容れ物，教師はものを容れる人になる．」(フレイレ, 2018, 131-132頁)

　生徒に蓄えられた知識は，社会によって引き出される．そこで人間は，経済発展のための資源 (resource) としての人材 (human resource) となる．

　また，学校教育制度には，ブルデューらが指摘したように社会階層間の格差をむしろ再生産してしまうという問題がある．イリッチも，「学校の質が同じでも，貧困家庭の児童は裕福な家庭の児童に教育の面でほとんど追いつけないということがはっきりしている」(イリッチ, 1977, 22頁) と指摘している．

国民教育は，中立性の原則にしたがって豊かな内容をバランスよく提供することを目標とした．そのため，教育機会の保障が図られた一方，教育内容が画一的・無個性的となったことは否定できない．教育基本法制定から半世紀を経た1997（平成9）年，神戸連続児童殺傷事件が起きたが，当時14歳だったこの事件の加害者は犯行声明に次のように書いた．

> 「ボクがわざわざ世間の注目を集めたのは，今までも，そしてこれからも透明な存在であり続けるボクを，せめてあなた達の空想の中でだけでも実在の人間として認めて頂きたいのである．それと同時に，透明な存在であるボクを造り出した義務教育と，義務教育を生み出した社会への復讐も忘れてはいない」（朝日新聞大阪社会部, 1998, 232頁）

学校教育が普及した社会では，睡眠時間を除けば，学齢期の子どもは家庭よりも長く学校で過ごす．あらゆる者への教育をめざした義務制の中立的な教育の結果が「透明な存在」であるとしたら，学校の存在意義は根本的に否定されることになる．

さて，イリッチは学校が人間の生活を拘束しているのを批判したが，学校に代わる制度としてネットワークを提案した．たとえば，スペイン語を学びたい者がいたらリストに登録し，同じように作られた教えたい者のリストから紹介できるのではないかという．これはICTの普及した現在ではグローバルな規模で実現している．2008年，アメリカで提唱された大規模公開オンライン講座のMOOC（Massive open online course）は，一流大学の講義がウェブ上で無償提供され，受講生は試験で基準に達すれば修了証も入手できるもので，世界的に普及している．AIやモノのインターネット（IoT）の発展のもとで，学校教育の役割が改めて問われている．

8-2-2　社会的包摂

20世紀後半，日本においては憲法や教育基本法によって，国際的にも世界人権宣言，国際人権規約，児童の権利条約等によって教育の制度的保障は広く認められた．しかし，「あらゆる者」が等しく教育の恩恵を受けられるようになっているとはいえない．そこで，いわゆる社会的弱者の排除やそれによる孤立という問題と向き合い，あらゆる者の社会における尊厳に向けてとりくむ社会的包摂（social inclusion）が重要な政策課題になっている．国際連合も，設立70年の2015年に，「誰も置き去りにしない」を中核的な理念とする「持続可能な開発目標」（SDGs:

120　第Ⅰ部　「教育学の基礎」講義録

Sustainable Development Goals) を掲げた．これは環境保全や経済発展だけでなく，教育を含む生活全般を包括した取り組みである．社会的包摂の実現に向けて，学校教育においては，教育制度の多様化，多様性が相互承認できるようになるための教育実践，それらを可能にする財政支援が求められている．

　不登校は，2016（平成28）年の統計では，小中学校の児童生徒1000人当たり，年間の欠席日数が30日以上の人数は，調査が開始された1998（平成10）年以降で最多の13.5人となった（小学生は1000人当たり4.8人（3万1115人），中学生は30.1人（10万3247人））．こうした状況に対応するため，スクールカウンセラーの増員による教育相談体制の充実，不登校児童生徒が学校に復帰できるようにとりくむ教育支援センター（適応指導教室）の設置，不登校児童生徒やその保護者に対応するスクーリング・サポート・ネットワークの整備，適応指導教室・民間施設・ICT等による学習活動を出席扱いとする措置の導入，中学校卒業程度認定試験や高等学校卒業程度認定試験の弾力的運用，高等学校入学試験の配慮，不登校児童生徒に対応した教育課程の承認等の施策がとられている．日本では，不登校の児童生徒が通う施設はフリースクールと呼ばれている．

　特別支援教育の充実は，教育における社会的包摂の重要な課題である．19世紀末，日本でも聴覚障害，視覚障害，知的障害に対する学校教育が始まった．国民学校令では「心身に異常ある児童にして特別養護の必要ありと認むるものの為に学級又は学校を編制すること」が定められた．1947（昭和22）年に教育基本法と学校教育法が公布されると，盲学校や聾学校への就学が義務づけられた．この時代には，「教育上特別な取り扱いを要する児童・生徒」を別途に教育する分離教育の考え方があった．そこには，個々の障害に対応した専門的な教育を実施するという考え方もあったが，ハンセン病療養所などに見られるように，障害者を社会的に隔離する面もあった．この状況を打開するために重要な役割を果たしたのが，北欧で提唱されて広まったノーマライゼーションという理念である．それは，障害者も健常者と均等に生活できるような社会が通常（normal）な社会であるという考え方に立ち，バリアフリー化などによって，障害者が社会で直面する制約を軽減しようとするものである．

　特別支援教育で主として対象とされたのは，視覚や聴覚の障害だったが，1950年代末には吃音症を矯正するための「言葉の教室」などが設けられるようになる．2001（平成13）年，文部科学省は，それまでの特殊教育から特別支援教育に呼称を変更し，2007（平成19）年には盲・聾・養護学校が特別支援学校と呼ばれるようになった．この名称変更の背景には教育観の転換がある．視覚・聴覚・運動機

能・知的等の器質的な障害とともに，学習障害（LD），注意欠陥・多動性障害（ADHD），高機能自閉症等が大きな問題としてとらえられるようになり，特別支援教育の対象とされるようになった．また，研究の進展につれて，さまざまに分類されていた発達障害は連続体（スペクトラム）としてとらえられ，自閉症スペクトラム障害（ASD）と呼ばれるようになった．日本では，ASDと診断されると思われる総数は100万人以上になるといわれている．ASDではコミュニケーションが不得意で行動へのこだわりが強いなどの症状が現れるが，5感が非常に敏感で特定の分野で才能を発揮する場合もあるとされる．特別支援教育は，障害の矯正や障害への対処というよりも，障害児を「特別なニーズをもつ子ども（children with special needs）」としてとらえ，その主体性の尊重を基盤に援助すべきであるという理念に立脚している．

　グローバル化が進むなかで外国人児童生徒も増加している．2015（平成27）年までの10年間では，外国人児童生徒数は7万人台で推移しているが，日本語指導が必要な児童生徒数は10年間で1.6倍，いわゆる帰国子女の増加により日本語指導が必要な日本国籍児童生徒は2倍になっており，日本語指導者の配置や特別な教育課程の策定などが図られている．また，地理的にも文化的にもグローバル化に遅れをとっている日本においては，留学の促進と外国人留学生の受け入れも重要である．

　20世紀後半，性的志向にも多様性があることが認められ，女性の同性愛者レズビアンのL，男性の同性愛者ゲイのG，両性愛者バイセクシュアルのB，性同一性障害等のトランスジェンダーのTからLGBTという語が用いられている．高等学校等を対象にした調査では，一般的な性別規範と異なることからいじめを経験し，自傷行為等に及んだ事例がかなりの割合にのぼるという報告がある．

　以上のさまざまな背景のほかにも，新教育のニールやシュタイナーの理念に基づく学校，フリースクールや家庭を拠点に学習を行うホームスクーリングなど，通常の学校教育とは異なった教育ニーズがある．これらの教育はオルタナティブ教育と総称されている．アメリカでは，そうしたニーズに基づいた学校を設立しようとする民間人が設立の申請を行い，認可されると公的資金によって学校が設立され，運営は民間が行うというチャータースクールと呼ばれる学校が増えている．

　1人ひとりが多様性を承認できるようになることは重要な教育課題であり，人権教育や道徳教育の充実が求められる．その際，「誰も置き去りにしない」という理念を実現しようとするなら，単に承認しあうということでは十分ではない．

122 第 I 部 「教育学の基礎」講義録

それでは，弱者あるいは少数派と見なされる側は依然として保護されることで生きられる存在にとどまっているからである．ゆえに，大きな変化が続く21世紀社会を共に生きるための基礎的な知識やスキルの修得が課題となる．また，変化の大きな時代に生涯にわたって人生に意味を見出して生きるためには，単なる職業教育にとどまらないキャリア形成に向けた学習も必要となる．「違うことが強みになる社会」は社会目標として広く受け入れられる魅力がある．そのためには，社会の側の環境整備とともに，個人も違いを認めさせるだけの「強さ」を身につける努力が必要だろう．

8-2-3　学校への期待に応えるために

各種の小中高生を対象にした調査では，将来就きたい職業が明確なのは 4 ～ 6 割にとどまる一方で，保育士を含む教育職は常に上位にランキングされている．とくに産業構造の空洞化が進んでいる地方では，数少ない安定した職種である．しかし，新卒から数年で離職する小中高教員は少なくなく，定年前に早期退職する教員も多い．学校教員は，離職率が高い職種のトップ 3 に入っている．この背景には，学校教育への期待の高まりのなかで教員の仕事が増加する一方であるという実態がある．

学校教育の課題は複雑化・多様化している．教員個人のみならず学校単体では十分に対応できないことも少なくない．また，国際的な調査では，日本の教員が授業以外の業務に相当な時間を割いていることが明らかにされている．ゆえに，学校には，従来の教員や事務職員に加え，心理や福祉等の専門家と連携して諸課題に対応する体制づくりが求められるようになった．こうした学校の組織的な体制は「チームとしての学校」（チーム学校）と呼ばれている．学校がチームとして十分に機能するためには，専門性に基づいた体制づくり，校長のリーダーシップをはじめとしたマネジメント機能の強化，人材育成と業務改善が重要であるとされている．

チーム学校においては，従来の教員と事務職員のほか，スクールカウンセラー，スクールソーシャルワーカー，ICT支援員，学校司書，外国語指導助手等の役割がこれまで以上に重要になる．また，少子化による学校規模の縮小や教育課題の増大のなかで部活動の指導が教員の大きな負担になっているが，部活動を指導するスタッフの位置づけも検討されている．特別支援教育の充実に関しては看護師等の配置も進められている．過大で不当な要求を繰り返すモンスターペアレントやクレーマーが教員のメンタルヘルス上の問題にもなっているが，警察や弁護士

会等の連携も進められている．

　学校は，生涯学習社会という要請のなかで地域社会との連携を求められてきた．それは学校の閉鎖性にとりくむためには意味があったが，過疎や産業構造の空洞化のなかで衰退した地域社会の再生といった大きな課題までもが学校に期待されることにもなった．それは教員や学校にとって大きな負担となった．チーム学校の考え方においては，地域社会の人材を活用することで学校教育の充実や負担軽減も検討されている．

投稿日：6月16日（土）

8-3　過剰な期待も過剰な批判も……

　ケイです．私が中学校で中堅から管理職を務めた1980年代後半から21世紀の最初の10年間は，とにかく学校に次々と新しい課題が求められていました．そのなかで，多くの先輩や後輩の教員たちが病気になったり，そこまでいかなくてもやりがいを失って抜け殻のようになっていったりしたのはつらいことでした．

　私は，チームとしての学校という考え方がうまく機能するように願っています．ただ，連携というのはそう簡単ではありません．仕事が専門化すると，どうしても「自分のことだけしておけばよい」という雰囲気が生まれます．互いが「それは私の仕事じゃない」と言って譲り合っている間に，そこから滑り落ちる子どもが出ないか心配です．チームという言葉は意味があると思います．サッカーでも野球でも，強いチームのメンバーは，自分の責任を果たしながら全体として勝利できるために何が必要かを常に考えています．

　私は，何かというと「教育がよくない」と，何でも学校に押しつける社会の風潮を改めてほしいと思います．生涯学習を推進する人々は，学校と地域の連携を盛んに訴えてきました．しかし，そうした人々が，仕事がどんどん増えていく教員のことを十分に考えてくれたとは思えません．結果として，学校独自の役割は曖昧になったのではないでしょうか．

　教育において社会的な経験が重要であるのは当然です．しかし，ヘルバルトが言うとおりならば，経験を活かすことができるかどうかは，経験と結びつきながらも，それとは別個の学びによって可能になるはずです．そして，20世紀後半からの知識基盤社会の到来によって，思考力を鍛えることは昔よりも重要になっています．経験を活かすにも吟味と反省が必要です．現在の社会であって，そうした思考を組織的に提供できるのは，やはり学校でしょう．フランスの教育学者オリヴィエ・ルブール（1992-92）はこう書

いています.

> 「生活は決して学校ではないのである.『生活のなかの』学校を提唱するのは,何の準備もさせずに生徒をいきなり路上にほうりだすような自動車教習所があればよいと思うのと同様に,馬鹿げたことなのである.学校が存在するのは,まさしく生活が学校とは違うからである.」(ルブール, 1984, 12頁)

現実の生活が重要であるのは言うまでもないことです.しかし,これほど変化が激しく複雑な社会を生きるためには,そのための準備がますます必要になっています.学校がさまざまな社会の要請に応えて常に変化していなかなくてはならないというのはその通りですが,「学校はまず勉強をする所だ」という軸がぶれてはならないと思います.

投稿日: 6月17日（日）

✍️ 学習を深めるための課題
・19世紀末から新教育が登場した背景についてまとめてみよう.
・新教育の思想家としてあげられている人物を選んで,その思想と行動について調べてみよう.
・イリッチの脱学校論の論点についてまとめてみよう.
・公教育において,なぜ義務・無償・中立の原則が重要なのかを考えてみよう.
・教育における再生産は何が問題なのだろうか.
・社会的包摂のための教育上の課題は何だろうか.
・チーム学校が言われるようになった背景とその実現への課題について考えてみよう.

📖 引用文献
イリッチ,イヴァン『脱学校の社会』東洋・小澤周三訳,東京創元社,1977年.
クルプスカヤ,ナデジダ『国民教育と民主主義』勝田昌二訳,岩波書店〔岩波文庫〕,1982年.
コメニウス,ヨハネス『パンパイデイア』太田光一訳,東信堂,2015年.
コンドルセ,ニコラ・ド『世界教育学選集 公教育の原理』松島鈞訳,明治図書出版,1969年.
デューイ,ジョン『学校と社会』宮原誠一訳,岩波書店〔岩波文庫〕,1957年.
フレイレ,パウロ『被抑圧者の教育学』三砂ちづる訳,亜紀書房,2018年50周年記念版.
ルソー,ジャン・ジャック『政治経済論』河野健二訳,岩波書店〔岩波文庫〕,1951年.
ルブール,オリヴィエ『学ぶとは何か』石堂常世・梅本洋訳,勁草書房,1984年.
朝日新聞大阪社会部『暗い森』朝日新聞社,1998年.
日本戦没学生記念会編『きけわだつみのこえ』岩波書店〔岩波文庫〕,1982年.

📚 参考文献
無着成恭『山びこ学校』岩波書店〔岩波文庫〕,1995年.

中央教育審議会「特別支援教育を推進するための制度の在り方について（答申）」2005年.
中央教育審議会初等中等教育分科会「「チームとしての学校」の在り方」配布資料，2016年.

9 学習とその課題

9-1 さまざまな学習観

9-1-1 学習の伝統

学習には長い伝統がある．学の旧字体の「學」の冠の上には二つの「メ」がある．上のメは祖先の霊との交わり（言い換えれば歴史的な知識），下のメは身の回りの人々との交わり（社会的知識）を指すという．2つのメの左右は両手を表し，教え導くことを意味している．冠と子は子どもが入る建物を表し，學という字には伝承されてきた知識の体系を先行する世代の保護や導きのもとで習得するという意味が認められる．英語のlearnとstudyは，学習の受動的な面と能動的な面を表している．

祈りと労働によって共同生活を営むキリスト教の修道院は，ヨーロッパにおける学習の伝統のひとつの起源である．労働には身体の健康とともに，苦痛をともなう労働によって精神を謙虚にするという目的もあった．ベネディクト派の修道会では正しい祈りのためには神の研究が必要という観点から読書を課したが，それは怠惰に打ち勝つことが必要な労働であった．印刷術が発明される以前，書物は写本に頼っており，修道院での読書とは貴重な書物を写すことだった．

孔子（前552-前479）が創始した儒教は学習の哲学ともいえる．『論語』には「学びて思わざれば則ち罔し，思いて学ばざれば則ち殆し」（2009, 45頁）という言葉がある．ここで「学」に対立するのは「思」である．学が平静な心で知の体系を身につけることであるのに対して，思は自分の頭で考えることを意味する．いくら学んでも自分で考えることをしなければ本当に分かったことにはならないという教えは，learnとstudyの往復作業の必要性を言っている．また，個人の自由としての「思」に対して，「学」には素直な受容的態度が前提とされている．教育内容や方法にいちいちクレームをつけていては学習は進まない．儒教の古典の四書五経のひとつ『中庸』には，次のような一節がある．

> 「或いは生まれながらにしてこれを知り，或いは学んでこれを知り，或いは困しんでこれを知る．そのこれを知るに及んでは一なり．或いは安んじてこれを行い，或いは利してこれを行い，或いは勉強してこれを行う．その功を成すに及んでは一なり．……人一たびこれを能くすれば己これを百たびし，人十たびこれを能くすれば己これを千たびす．果してこの道を能くせば，愚と雖も必ず明らかに，柔と雖も必ず強なり．」（『中庸』，119，140頁）

　人間が権利において平等であるとしても，個人の能力には差がある．しかし，やり遂げれば結果は同じであり，ゆえに，繰り返し努力すれば道は開けるという．江戸時代，古典の原文を繰り返して読む「素読」が普及した．意味の理解を二の次にした学習法は批判されたが，反復学習は人間の平等を実現する道であると信じられていた．

9-1-2　表象主義的，行動主義的学習観

　長く認められてきた学習観のひとつに表象主義的学習観がある．表象とは，事物に対応して心的に形成される観念・言葉・イメージとその構造を指す．人間の精神には最初は白紙のように何も書き込まれておらず，外部からの刺激を経験することで観念が獲得されるという感覚論の立場は，基本的にこの学習観に属する．17世紀のロックは，外界からの刺激が精神のうちに観念を形成し，それらの連合によって知識が形成されると考えた．たとえば，白い，冷たい，丸いといった観念がなければ，雪玉を考えることはできないという．この考え方は，観念連合と呼ばれる心理学説として発展した．

　表象主義的学習観のもとでは，人間の精神は知識が収容される容器と見なされる．ゆえに学習は知識の量を増やす過程であり，教育の課題は，より妥当な知識を大量かつ効率的に伝達することであると考えられた．素読や暗誦といった学習は表象主義的学習観を前提にしているが，学習上の苦痛が大きい．そうしたなかで，コメニウスが著した挿絵を取り入れた教科書『世界図絵』は画期的な発明として普及した．ルネサンス期をとおして人文主義が普及したが，その結果，学習はテクストの暗記に偏った．17世紀に自然科学が発展すると，真理の源と見なされてきた聖書や古代の哲学をはじめとしたテクストの信頼性は揺らぎ始めた．コメニウスは，言語とそれが指す事物の乖離を問題にし，言語と事物を並行して学ぶことが重要であると考えた．『世界図絵』は，挿絵のなかに番号が振られ，それに対応した語や説明が複数の言語で学ばれるようになっていた．

　18世紀，ペスタロッチは，印刷術の普及のもとで人間は書物の人間になってし

コメニウス『世界図絵』「学校」の章 (1659年版)

まったとし,「直観をあらゆる認識の絶対的な基礎として認める」(ペスタロッチ, 1976, 260頁) ところから教育の方法 (メトーデ) を考察した. 彼の教育方法論が書簡の形で示された『ゲルトルート児童教育法』(ゲルトルートはその子をいかにして教えるか) には, 次のように書かれている.

「私は今や自分の術の指導を手がかりにして, 線から角へ, 角から図形へ, 図形から一定の事物へ, と進んでゆくのと同様にして, 言語技術の心理学によって, 音から単語へ, 単語から言語へとだんだんと教材を進めていくことを通して, 明瞭な概念へと道を開くことがどうしたらできるかがわかりました. ……術のどの分野においても, その教授を共通に数, 形, 語から出発させることが, どんなに大切なことかを悟りました.」(同, 81-82頁)

ペスタロッチは, 実物をとおして数・形・語を教授し, さらにそれらの特性や相互関係の教授をとおして認識を深めていくことができるとした. コメニウスやペスタロッチの方法は, 実物教授法あるいは直観教授法と呼ばれる. 直観 (intuition) とは,「見て分かる」といった直接的な認識であり, 推論を重ねることによって認識に至る思考とは異なる. また, まぶしさを感じて目を閉じるといった行為には経験を必要としないのに対して, 犬の写真を見てそれが犬であると分かるのには, やはりそれに先立つ経験が必要であり, 直観は本能とは異なる. いずれにしても, 複雑な過程を通さない認識である直観に働きかけるのは有効な教育方法である. ヘルバルトは家庭教師をしていた頃にペスタロッチを訪問して強い影響を受け, 直観の概念をさらに考察した.

19世紀前半にイギリスで普及したモニトリアルシステム, 近代学校制度の普及のもとで一般化した一斉授業などの児童生徒に受動的に学習させようというシステムは, 基本的に表象主義的な学習観をとっている. この世紀の後半に心理や認知過程の科学的研究が始まると行動主義が隆盛した. 行動主義的な学習観は, 一般的に外部からの観察が不可能な心的な観念を認めない点では表象主義とは異な

るが，精神を受動的にとらえる点は共通している．表象のような何かが存在するかどうかについては議論が続いているが，コンピュータをモデルとした研究によって，心的状態があると考えなければ説明しにくい現象も見出されている．

儒教の素読やキリスト教の教理問答書（カテキズム）のような聖典や古典の暗誦は批判されてきた．しかし，伝統的な哲学において身体が精神の従属物ととらえられてきたのが見直され，身体と精神の相関関係が重視されるようになると，朗読や暗誦を身体的活動として再評価する見解も現れている．

9-1-3　構成主義的学習観

表象主義的学習観が学習者を受動的にとらえるのに対して，構成主義的学習観は，知識は学習者が主体的に構築するのだと考える．この学習観に大きな影響を与えたのが心理学者ピアジェの発生的認識論である．ピアジェは，人間が何かを認知する際，それはシェマ（schema, 図式）という一種の枠組みによって可能になるとした．そして，シェマは，主体（自分）と環境との相互作用（interaction）をとおして変化すると主張した．彼によれば，人間は外界からの刺激を受けると，すでに自分が持っているシェマにあわせて認知する（同化, assimilation）．しかし，そのシェマが通用しないような場合に遭遇すると，今度はシェマの方を変化させて認知する（調節, accommodation）．そして，同化と調節を繰り返しながら，人間は外界との関係を築いていく（均衡化, equilibration）という．この学習観においては，学習者がシェマを発達させられるように働きかけることが教育の課題と見なされる．

ピアジェらがいうシェマが存在すると考えてよいかについては議論がある．しかし，この学習観に基づく研究は教育方法の改善に貢献した．2より3が大きいことが理解できるようになった子どもに，2分の1と3分の1はどちらが大きいかを尋ねると，最初は3が2より大きいという知識に引きずられて3分の1の方が大きいと答える．理解するということは，ピアジェのいうシェマの調節にあたる．何らかの学習課題につまづくのは，古いシェマを維持していることによる．算数の文章題などでは，同じ問題でも問う文章の違いによって正答率が異なることが報告された．そこにもシェマが介在しているとすれば，シェマを意識して問い方を改善すればよいのではないかと考えられ，実際に正答率が改善する結果が得られた．

構成主義的学習観は，学習者の主体性を重視する点で評価されている．こうした考え方はピアジェとともに初めて出てきたわけではない．たとえば，デカルト

130 第Ⅰ部 「教育学の基礎」講義録

やコメニウスは，人間の精神には生まれつき認知等の能力が備わっているという
生得観念説をとった．また，コメニウス，ルソー，ペスタロッチはともに人間に
内在する自然を重視した．こうした主張は感覚論や経験主義からは否定されたが，
子どもの個性的発達を擁護する論理でもある．とはいえ，認識の枠組みが人それ
ぞれだというのは，それぞれによって認識される異なった世界があるということ
になってしまう．哲学史においては，客観的で普遍的な世界などは存在せず，世
界を認識する意識が存在するだけだという独我論と呼ばれる考え方があるが，そ
れは多くの人間の素朴な認識とは隔たっているし，考えることは人それぞれだと
いうのでは真理の探究や社会生活上の合意も不可能になってしまう．

9-1-4　状況的学習観

　表象主義的学習観と構成主義的学習観は，学習を個人の内面における心理的な
変化としてとらえる．それに対して，社会心理学や社会学の立場から，そうした
見方は人間を生きた状況から切り離してとらえるものだという批判が寄せられた．
　学習が，単に意識内の現象ではなく他者との相互作用そのものだという見方が
導かれるうえで大きな役割を果たしたのがヴィゴツキーである．彼は，子どもの
発達を二つの水準からとらえた．ひとつは子どもが独力で問題を解決できる現在
の発達水準であり，いまひとつは子どもが教師の指導や仲間の援助によって問題
を解決できる可能的発達水準である．彼は，これら2つの水準の間の領域を発達
の最近接領域（ZPD：Zone of Proximal Development）と呼び，それは子どもをとり
まく集団の力学によって積極的に創造されると考えた．「教育は，それが発達の
前を進むときにのみよい教育である」（ヴィゴツキー, 1969, 95頁）という言葉は，彼
の教育観をよく表している．発達を待つとか発達に合わせるというのではなく，
発達の前を進むことによって発達を引き出そうというのである．たとえば，ある
授業で，1人の児童が見事な意見を言ったとする．すると，仲間の努力している
姿勢が刺激になり，学級全体が活気づく場合がある．彼の主張によれば，画一的
な教育の悪い例のようにいわれがちな一斉授業をいかすことも可能になる．
　また，伝統社会の徒弟制などの研究から，社会的関係の変化が学習の本質だと
いう見方が導かれた．いわゆる正統的周辺参加論（LPP：Legitimate Peripheral Parti-
cipation）では，学習は，個人がある目的をもった社会関係への参加を深めること
によって一定の地位を得ていく過程としてとらえられる．たとえば，落語家をめ
ざすとする．そこには師匠がおり，その一門には一定の「正統性」がある．入門
当初は，部屋の掃除や買い物など，芸とは直接関係のないようなことしかさせら

れない．入門者は最初はその共同体の「周辺」にいる．しかし，次第に稽古をつけられ，気がつくと落語の一門という共同体に十全に「参加」するようになる．さらに精進を続ければ真打に昇進し，共同体の中心的存在となる．

正統的周辺参加のイメージ

近代社会では教育機会が保証された一方で，学習の意義が曖昧になっているという問題があり，徒弟制や師弟関係の意義は再評価されている．義務教育と違って，お習い事で水泳を習うとき，その世界に入る時点で水泳をすることはすでに前提となっている．ゆえに，改めて学習する意味を説明して同意をとる必要などなく，学習の促進が容易である．ただし，そうした世界では学習者の自由が認められないことが多く，ハラスメントなどが容認される懸念もある．そうした反省に立って，伝統芸能やスポーツの世界では，外部からの批判や評価を受け入れた教育方法の改善が図られている．フィンランドの学習理論家ユーリア・エンゲストローム（1948-）は，ヴィゴツキー理論や正統的周辺参加論をもとに，共同体内部の矛盾によって共同体が再編される過程を学習ととらえる拡張的学習論を唱えた．

9-2 カリキュラムと学習の課題

9-2-1 カリキュラムとその歴史

教育の目的・内容等をまとめた課程をカリキュラム（教育課程）という．学校に代表される形式的教育はカリキュラムに則って実施され，それを経た者はある社会的認証を得る．カリキュラムは，先行する世代が人間形成の観点から重要であると考えた価値体系（教育的価値）に基づいて編成される．先行する世代が教育的価値であると考える内容は，それぞれの時代や社会の価値観の影響下にある．

カリキュラムの編成には大きくは2つの軸がある．ひとつは，さまざまな文化的な価値から選択された教育的価値の内容上の区分である．これをスコープという．教科はスコープに基づいて設けられるが，時代や社会のニーズによって，一般的な教科と並んで，教科を横断するテーマで教育が行われることもある．その例としては，人権教育，環境教育，国際理解教育，平和学習等がある．カリキュラム編成のもうひとつの軸は，教育内容を配列し，時間に配当する学習段階の区分である．これをシークェンスという．基礎的なものから発展的・応用的なもの

スコープとシーケンス

というように，児童生徒の発達段階が考慮された配列が工夫される．

カリキュラムは，その内容から見ると，一般的・基礎的な内容の普通教育と将来の職業に関連した専門教育に大別される．高等教育においては，前者は教養教育，後者は専門教育と呼ばれる．

歴史的にみると，教育機会が一部の階層に限られていた時代，教育の目的は支配階層にふさわしい幅広い教養を身につけることにあった．西洋における教養は，古代ギリシアやローマにおいて，人間性の調和を図るための知識体系として構想された．文法・修辞学・論理学（弁証法）の三学と幾何学・算術・天文学・音楽の四科からなる三学四科はリベラル・アーツ（自由学芸）と呼ばれ，西洋の教育的伝統となった．中国においては，儒教の古典である四書五経が官吏の登用試験（科挙）において必須とされていたため，これらの古典が教育内容の根本であった．

戦前の日本の大学は，文学なら文学，法学なら法学を学ぶという専門教育偏重であった．これに対して，戦後教育改革では，専門教育偏重が軍国主義への傾斜を許したという指摘から，大学では幅広い教養を身につけることが求められた．そこで設けられたのが，いわゆる一般教育（教養教育）であった．

しかし，教養主義にはいくつかの問題がある．教養はすぐには日常生活に応用できない．そして，教養は空疎な言葉の羅列に陥りやすい．ゆえに，国民教育が確立されていく過程で，教養主義は批判されるようになった．それに代わって台頭したのが実学主義である．実学主義とは，実際の生活に役立つ知識や技術を習得させようとする立場である．「被仰出書」に「学問は身を立るの財本」と記されたように，明治政府は国民教育の基本を実学においた．福澤諭吉も民の側から同様の主張を展開した（295頁参照）．

こうして，とくに初等教育の拡充が図られていくなかで，読み・書き・計算の3R's（読み（Reading）・書き（wRiting）・算（Reckoning））といった実学的内容が教育の基礎的課題として位置づけられた．実学主義は，戦後の経済至上主義のもとでさらに力を得た．高等教育においても1991（平成3）年に一般教育と専門教育の区分等が廃止された．

9-2-2 学習指導要領の変遷

第2次世界大戦後の日本の教育課程は学習指導要領によって示されてきた．これまで，ほぼ10年ごとに大規模な改定が行われてきた．

最初の学習指導要領は，1947（昭和22）年，占領政策のなかでアメリカのコース・オブ・スタディを参考に「試案」というかたちで作成された．新教育の考え方が反映された学習指導要領は経験主義カリキュラムと呼ばれた．戦前の学校教育で筆頭教科であった，道徳を教えるための修身は，その国家主義的内容から停止された．そして，地理・歴史・政治などに分かれていた教科は社会に統合された．しかし，この試みは「はい回る経験主義」とも呼ばれ，系統的な知識や技能の習得の軽視によって学力低下を招くという懸念が寄せられた．

そこで，1958（昭和33）年の改定では，教科内容の構造を重視した系統主義と呼ばれるカリキュラムが導入された．また，この改定では，多くの論議を呼ぶなか，各教科とは別に道徳が特設された．本格的な経済成長をめざすため，経済界は，経済発展をリードする人的能力としてのハイタレントの養成を教育界に求めた．1963（昭和38）年の経済審議会答申「経済発展における人的能力開発の課題と対策」には，「学校教育を含めて社会全体がハイタレントを尊重する意識をもつべきである」と記された．

1968（昭和43）年告示の学習指導要領は，そうした経済界の要求に応え，「教育内容の現代化」を図る内容となった．これは第2次世界大戦後のもっとも濃密なカリキュラムであり，とくに算数や理科は高度な内容が盛り込まれた．学習内容を増やせば，どうしても一方的・注入的な教育になってしまう．授業時間数も増やされたが，授業内容をこなすのには時間が足りず，「新幹線授業」などと言われ，授業についていけない多くの「落ちこぼれ」を生んだ．授業についていけるのは，小学校で7割，中学校で5割，高等学校で3割の「七五三」などとも言われた．

こうした反省に立って，1977（昭和52）年の改定では「ゆとりの重視」がうたわれた．そして，それまでの「知識・理解・技能」による評価では子どもの隠れた可能性を評価できないとして，新しい評価軸として「関心・意欲・態度」を採用した「新しい学力観」のもと，1989（平成元）年の改定が行われた．いわゆる「ゆとり教育」は，学習内容の一部削減や学校五日制の実施が図られた1998（平成10）年の改定で頂点に達した．この時の改定で小学校1，2年の教科として生活が設けられ，2000（平成12）年からは総合的な学習の時間が導入された．こうした動きには，系統主義から経験主義への回帰がうかがわれる．その一方，1994

（平成6）年から，高等学校では社会が地理歴史と公民に分割された．

　21世紀を迎える頃から，さらなるグローバル化のもとで，教育分野でも国際的な通用性が重視されるようになった．2003年のOECDによる国際学力調査（PISA）での日本の順位の急落（PISAショック）をきっかけに，ゆとり教育は再考を迫られることになった．2008（平成20）年の改定では，基礎・基本の重視が強調され，教育内容は再び増加に転じることになった．この改定で，小学校5年から外国語活動が実施されるようになった．

　そして，2017年（平成29年）の改定では，「何を教えるか」から「何ができるようになるか」（アウトカム）への視点の転換，そして「主体的・対話的で深い学び」がうたわれた．外国語活動は小学校3年開始に前倒しされ，5年からは教科に位置づけられた．道徳は特別の教科となった．また，情報社会化に対応して小学校ではプログラミング教育が必修となった．

9-2-3　学習の課題

　興味・関心から行う学習は，束縛がなく楽しいものである．『論語』に，「之を知るものは，之を好む物に如かず．之を好む者は，之を楽しむ者に如かず．」（2009, 135頁）とある．何かを知るにしても，それが好きである人にはかなわず，何かが好きでも，それを楽しんでできる人にはかなわない．たしかに，学習に没頭できる者にとっては，学習はほとんど遊びに近いだろう．しかし，学習が遊びのようにできればよいとしても，遊びと学習にはやはり違いがある．ドイツの神学者・哲学者のフリードリヒ・シュライエルマッハー（1768-1834）は，遊びが一時的な欲求の充足のために行われるのに対して，学習は未来を意識して行われ，その意識化のためには外的な働きかけが不可欠であると論じた．実際，私たちの多くは，学ぶことによって何を身につけ，どのような力を高めるべきかを考える．

　歴史的に見ると，学習の課題は，三学四科や四書五経のように具体的な学科やテクストとして示されたり，儒教の仁義礼智信（五常）のような徳目として示されたり，あるいはスポーツでいわれる心技体のように身につけるべき能力として掲げられたりした．

　16世紀のモンテーニュは，『随想録』（エセー）のなかで，ギリシア語やラテン語が教養の証しとされていた当時に国語や隣国語の学習を勧め，当時の教会の規制のもとにあったスコラ哲学を批判し，博識ではなく優れた判断力と独立心を養うべきだと論じ，実践哲学や旅行の教育的意義を論じた（242頁参照）．

　17世紀のコメニウスは，神の似姿としての人間というキリスト教的人間観から，

人間には，あらゆる事柄を知る者，さまざまな事柄と自分自身を支配する者，万物の源泉である神に帰する者という3つの課題があるとし，それに対応する学習の課題が，学識・徳性・敬虔であるとした．そして，それらを身につけるためには，人間に生得的に備わっている理性（ratio）・発話（oratio）・行動（operatio），言い換えれば，頭・舌・手にわたるバランスのとれた学習が必要であるとした．彼は，学習対象の事物を，頭で思考してとらえ，舌を使って言語に表現し，手を使う行動によって形にするという「知恵の三角形」を学習の理想として示した．

コメニウスの「知恵の三角形」

　知的学習の基礎は数・形・語であるとした18世紀のペスタロッチの見解は，初等教育のカリキュラム研究の原点となった．また，彼は，能力的課題を次のように論じた．

「子供は本来，わかちがたい全体として，心臓，精神，身体の多面的素質による本質的に有機的な統一体として存在している．自然はこの素質のうちどれかを未発達のままにしておくことを決して決意などしない．——自然が働くところ，子供が純粋にそして忠実に，自然によって導かれるところ，そこでは自然は子供の心臓と子供の精神と子供の身体との素質を同時に調和的統一的に発達させる．」
（ペスタロッチ, 1960, 325頁）

　ペスタロッチは，人間には精神力・心情力・技術力という3大根本力があるとし，それらを象徴的に頭・心・手と表現し，これらが一体となった教育が重要であるとした．これは，3項それぞれの英語が，heart, head, handであることから3Hなどと呼ばれる．
　18世紀の哲学者カントは，啓蒙主義が知性を過大に評価しているとして批判し，人間の理性とその限界について考察した．彼は，理性には，「私は何を知りうるか」という知的側面，「私は何をなすべきか」という意志的側面，「私は何を望んでよいか」という感情的側面があるとした．ここから，教育の課題として知・情・意のバランスが強調されるようになった．
　19世紀イギリスの思想家ハーバート・スペンサー（1820-1903）は，生物学的な進化論から着想を得て，進化は自然界にとどまらず，人間社会を貫く原理である

と考えた．適者生存（survival of the fittest）は彼の造語である．スペンサーは，「教育が果たすべき機能は完全な生活へわれわれを準備することである」（スペンサー，1969, 19頁）とし，いかなる知識に価値があるかを有用性で判断すれば，それは科学以外にはあり得ないと強調し，伝統的なカリキュラムを批判した．彼は，人間生活の主要な活動を，自己保存に直接的に対応する活動，生活に必要な資源を確保するための活動，社会の存続のために子どもを育てしつける活動，社会的政治的関係を適切に維持するための活動，趣味と感情を充足するための活動に分類し，そのために必要な学習課題を論じた．彼の思想は，森有礼をはじめ明治の近代化の指導者に影響を与えた．日本では，教育が語られる際によく知・徳・体の3つが強調されるが，それはスペンサーの『教育論』の知育・徳育・体育という区分に由来すると考えられる．

9-2-4　学習の学習へ

　1990年代，学校教育現場では「学びからの逃走」といわれる現象が指摘された．日本と韓国とアメリカの7歳から15歳の子どもを対象とした1993（平成5）年の調査では，日本の子どもは，韓国の3分の1，アメリカの2分の1しか勉強していないという結果が出た．1995年の国際教育到達度評価学会（IEA）の報告では，塾を含む中学2年生の校外学習時間は2.3時間で世界平均の3.0時間を下回り，比較可能な39か国中30番目だった．教育社会学者の苅谷剛彦（1955-）らの調査で自己能力感と校外学習時間の相関が1997（平成9）年に解消されたという報告は大きな意味をもっている．日本においては，勉強熱心であることが自分の有能さの根拠のひとつであったのが，ユーモアのセンスがあるなどのコミュニケーション能力などにとって代わられてしまったというのである．2000年代後半，ゆとり教育の見直しのなかで宿題の量が増やされたこともあり，小中高校生ともに学習時間は増加に転じた．しかし，勉強する子どもとしない子どもの格差は縮まっていないという報告もあり，とくに高校生にその傾向が顕著だという．

　高度経済成長期，過密なカリキュラムが詰め込み教育として批判された一方，豊かな生活を実現するという目標は社会に共有されており，学ぶことは社会的成功の条件であると信じられていた．1963（昭和38）年の流行語はハッスル，1965（昭和40）年の流行語はモーレツだった．しかし，次第に物質的豊かさから人間関係の豊かさや個性化・差異化への志向が強まった．1970（昭和45）年の流行語はモーレツからビューティフルへであり，1971（昭和46）年の流行語ガンバラナクッチャには社会から努力を促されることへの疲れも読みとれる．

1980年代以降，日本では官民にかかわらず，個性の重視がうたわれた．それは社会が成熟した現われでもあったが，もはや共通の社会的目標がなくなったことを意味してもいた．1989（平成元）年末にピークに達した株価が9カ月で半値ほどにも暴落するバブル経済の崩壊を経て，日本社会は「失われた20年」と呼ばれる低迷期を経験した．この間，少子化の進行の一方で，大学数は規制緩和によって1985（昭和60）年に比べて20年間で200以上も増えた．その結果，2007（平成19）年からは大学の募集定員が受験者数を上回る全入時代に入った．他方，生産部門の海外移転による産業構造の空洞化と国際競争に対応する人件費削減のために正規雇用は激減した．こうして，以前よりも楽に大学卒の資格を得る一方で，希望するキャリアに就けない若者が増加した．

社会が将来への希望を示せないにもかかわらず，学習の意味を見出すように若者に求めるのは酷だという意見もある．しかし，21世紀前半の世界の見通しは，ますます不透明である．19世紀後半以降，西洋の知識や技術を翻訳，消化，応用したことで，日本は大きな発展を遂げた．しかし，20世紀末からのグローバル化の進展のなかで英語の通用性がさらに増大し，英語で高等教育を受けた新興国の学生が優位に立っている．日本はユニークな進化を遂げた一方，ガラパゴス諸島の希少生物のように孤立した環境のなかで取り残され，淘汰される危険に陥っているという指摘がある（ガラパゴス化）．また，AIの進化は，狩猟社会，農耕社会，工業社会，情報社会に続く第5の社会の革新をもたらすといわれている（Society 5.0）．そこでは，地域，年齢，性別，言語等にかかわりなく高度なサービスが受けられる社会が到来するともいわれているが，従来の職業のかなりの部分がAIにとって代わられるという予測もある．こうした不透明な時代を生きるためには，学ぶということの意味を学び，社会の状況や人間関係に依存するのではなく，自分自身で学習の動機づけができるようになることが期待される．

学習は，たしかに「何かが得られるから」といった功利的な動機で行われることがある．しかし，そこで学習は商取引と同じようにとらえられている．学習は分からないことを分かろうとして始まる．学習に意味があったかなかったかは，分からない状態を通り抜けてから，その過程を振り返って初めて言うことができる．本来，学習を動機づけているのは謎なのである．ゆえに，学習を始める前に「意味ない」などと決めつけるのではなく，「よく分からないけど面白そう」といったオープンな構えをもつことが望まれる．

学習は，「皆がやっているから」といった関係的な動機で行われることがある．関心の方向が著しくヒトに焦点化されているため，こうした学習動機がとられる

ことが多い．人間関係はもちろん重要だが，しばしば関係を維持することだけが目的となってしまい，その結果，学習のパフォーマンスがあがらないで終わることも少なくない．

　児童生徒や学生との関係が重視されるなかで，授業の満足度が調査される．そこには「授業は分かりやすかったか」といった選択肢がある．しかし，学習とは問題の解決と新たな問題の発見の絶えざる過程である．ひとつの学習が終わった瞬間に次の疑問が生ずるような学習こそが本当の学習である．「分かった」と思ってしまえば，そこで学習は止まってしまう．学習において何より重要なのは興味の対象としてのコトである．学習者のニーズに合わせるのはよいことのように思われるが，結果として学習が深められないのでは，それはよい教育とはいえない．

　ヒトへの関心を優先すると，「ヒトとどうするか（関係持つか）」が問題となる．しかし，コトへの関心を高めると，「ヒトとなにゴトかする」ことが前面に出るようになり，コトにとりくむなかで結果としてヒトとの関係ができるという流れになる．これは教師と児童生徒の関係にもあてはまる．教師生徒関係は人と人とが向き合う相互人格的関係のように見えるが，実は関係を媒介する要素がある3者関係である．教育でヒトとヒトをつないでいるのは，学習で身につけるべき知識や技術（コト）である．児童生徒がコトへの関心を高め，学習が前面に出てくるような授業ができるかが教師の腕の見せどころである．

投稿日：6月23日（土）

9-3　やはり努力は大事

　ケイです．学習を学ぶことが重要な課題だというのは納得できます．歴史的にみると，学習が明るい将来を約束すると思われた時代など，そうはなかったと思います．日本の高度経済成長期は例外に属するでしょう．学習に希望があるかどうか分からないからといって，学ばないでいるわけにはいきません．そこで，古来，多くの人々が学習を勧めてきました．私は幸田露伴の『努力論』と木下竹次の『学習原論』を繰り返し読んできました．木下竹次は小学校で実践した人ですから，多くの人がどこで学習につまづくか，よく見ています．

　「学習はいかにしても努力という性質を具備するようにしなくてはならぬ．困難と面倒とに対して回避的態度をとることは学習には大禁物(きんもつ)である．人多く困難に打

ちかつ必要を知っているが面倒に対してはさほどに思わぬものが多い．しかし面倒が学習を妨げることはあえて困難に譲らない.」(木下, 1972, 72頁)

　たとえば，入学試験があれば，誰でもその困難さを意識します．でも，散らかった部屋を整理して勉強に集中しようという手間を面倒くさがり，なかなかスタートしないといったことがあるでしょう（整理整頓ができない人間が上に立つと，下で使われる人間は本当に迷惑なものです）．幸田も，努力にも直接の努力と間接の努力があり，直接の努力の基礎となり源泉となる準備の努力（間接の努力）が大事だと言います．カントは理性にも知・情・意の側面があると言いましたが，木下は学習の達人になる秘訣をこう書いています.

　　「人格修養の門戸としては知情意いずれの方面からはいってもよろしいが，結局は感情の始末に帰すると思う．…多くの人はその時その時の仕事に全精神を打ち込むことができないで，前に懸念し後に執着する．貧にいて富者の栄華を思い，遊んでいても勉強が気にかかる．この安心のない生活も要するに感情の支配ができないからだ.」(同, 38)

　たしかに，いつまでも学習にとりかかれないとき，私たちは感情の奴隷になっているようです．スポーツでも学問でも，大きな仕事ができる人は感情の始末が上手なようです．しかし，それができないから困るのです．幸田は大事なのは目的意識だといい，「人にして的とするものなければ，帰するところ造糞機たるに止まらんのみである」(幸田, 2001, 94)と書いています．思わず笑ってしまいます．

　管理人さんが毎週土曜日にアップしているので，私も翌日にはコメントをアップするようにしています．小さいですが，これも努力のつもりです．

投稿日：6月24日（日）

✍ 学習を深めるための課題
・表象主義的学習観，構成主義的学習観，状況的学習観の特質と相違点についてまとめてみよう.
・教養主義と実学主義の主張とそれぞれの問題点についてまとめてみよう.
・コメニウスが考えた学習課題とそれが提示された背景についてまとめてみよう.
・ペスタロッチが考えた学習課題とそれが提示された背景についてまとめてみよう.

📖 引用文献
ヴィゴツキー，レフ『世界教育学選集　思考と言語』下，柴田義松訳，明治図書出版，1969年.
スペンサー，ハーバート『世界教育学選集　知育・徳育・体育論』三笠乙彦訳，明治図書出

版，1969年.

ペスタロッチ，ヨハン『世界教育学選集　ゲルトルート児童教育法』長尾十三二・福田弘訳，
　　明治図書出版，1976年.

ペスタロッチ，ヨハン「体育論」吉本均訳，『ペスタロッチー全集』第11巻，平凡社，1960
　　年.

幸田露伴『努力論』岩波書店〔岩波文庫〕，2001年改版.

木下竹次『世界教育学選集　学習原論』中野光編，明治図書出版，1972年.

『中庸』宇野哲人注，講談社〔講談社学術文庫〕，1983年.

『論語』増補版，加地伸行全訳注，講談社〔講談社学術文庫〕，2009年.

📚 参考文献

エンゲストローム，ユーリア『拡張による学習——活動理論からのアプローチ』百合草禎
　　二・庄井良信・松下佳代・保坂裕子・手取義宏・高橋登・山住勝広訳，新曜社，1999年.

シュライエルマッハー，フリードリヒ『世界教育宝典　教育学講義』長井和雄・西村皓訳，
　　玉川大学出版部，1969年.

レイヴ，ジーン／ウェンガー，エティエンヌ『状況に埋め込まれた学習——正統的周辺参
　　加』佐伯胖訳，1993年.

苅谷剛彦『階層化日本と教育危機——不平等再生産から意欲格差社会（インセンティブ・
　　ディバイド）へ』有信堂高文社，2001年.

10 教育の目的と目標

10-1　教育目的をめぐる論点

10-1-1　行為と目的

　教育は他者との関わりによって生じる社会的行為である．ドイツの社会学者ウェーバーは，社会的行為を，目的合理的行為・価値合理的行為・感情的行為・伝統的行為の4つに分類している．目的合理的行為とは，たとえば，新幹線のチケットを購入して福岡に行くといったように，ある目標を設定し，それを達成するための手段を選択し，実行する行為である．価値合理的行為とは，たとえば，お寺の建築の見事さにほれぼれして手を合わせるといった，あることに価値を見出して行われる行為をいう．感情的行為は，仕返しをしたい，あの人が好きだといった感情を満たすためになされる行為である．伝統的行為は習慣的な行為で，靴を右足から履くなどのルーティーンがそれである．ウェーバーの分類は理念型といって思考の産物なのであり，実際の行為は4つの方向性が混じりあって現れる．

　授業中，教師の意図を理解したと思われる反応が返ってくれば，教師はその児童生徒に微笑みを返すだろう．これは感情的行為といえる．教師が，授業を始めるときに「目当て」と板書したとする．それがとくに意識せずに出たものなら，伝統的行為に近い．しかし，教育は，多くの場合，ある目標を意識し，手段を考えて行われる．ゆえに，基本的には目的合理的行為に近い．

　ウェーバーは，意図的に何かをしようとすれば目的と手段を考えないわけにはいかず，そこにはリスクがともなうが故に，責任のある行動をとるためには目的と結果のバランスを考えなければならないと論じた．たとえば，教師がクラスの団結を強めようとして大縄跳びを企画し

ウェーバーの行為分類

たとする．得意な児童は喜んでとりくむだろうが，苦手な児童はうまく跳べない
ことでいじめの対象になるかもしれない．ある目的を立てるとき，手段が妥当で
あるか，どのような結果をもたらすかを考えることは，たしかに重要だ．

　ところで，ウェーバーの行為論に対しては個人主義的だという批判がある．行
為が自己と他者というコミュニケーションの関係において捉えられていないとい
うのである．たしかに，教師が大縄跳びこそクラスの団結づくりの手段だと思い
ついたとき，苦手な児童を考慮しなかったとすれば，その行為は独断的といえる
かもしれない．そして，できるだけ多くの児童が受け入れることのできる手段が
示されなければ，クラスの団結という目標は達成できない．また，クラスの団結
ということを考えるあまり，児童の気持ちが汲みとられなかったならば，児童は
団結という目標の手段にされてしまったことになる．

　社会哲学者のハーバーマスは，孤立した個人の動機ではなく，理解し合おうと
する人間どうしの関係から社会的行為をとらえるべきだと論じる（311-312頁参照）．
彼は，ある行為に「参加している行為者の行為計画が，自己中心的な成果の計算
を経過してではなく，理解という行為を経て調整される」（ハーバーマス，1986，22
頁）ことが重要であるという．社会的行為が意味を持ち，できるだけ多くの人々
に受け入れられ，望ましい結果を生むためには，目的や目標を定める手続きを簡
単に考えてはいけない．とはいえ，話し合い自体が目的になり，いつまでも結論
が出せないのも問題だ．

10-1-2　現在と未来

　目的は英語ではend（終極）とも表現されるが，途中が良くても最後が決まら
ないと惨めなものである．先行する世代は子どもの行く末を思う．教育の目的を
考えるのもそのためだろう．宗教に強い影響力があった時代，人生の関心事は最
終的に救済されるかどうかだった．たとえば，17世紀のコメニウスはこのように
書いていた．

　　　「人間の究極の目的は，現世の外にある．……その目的とは，人間が，すべての
　　　完全性と栄光と幸福との頂点である神と結びあい，神の力によって，欠けること
　　　のない栄光と幸福とを永遠に手に入れることだ．……この世では，どんな欲望も，
　　　どんな努力も，絶対に終着点（finis）を見いだすことがないのです．」（コメニウス，
　　　1962，51，53頁）

　コメニウスは，現在の人生は次の生のための準備期間であると考えた．それは，

救済を信じない者にとっては無意味だろう．しかし，信じる者にとっては，自己の完成への絶え間ない努力の動機になっただろう．また，救済が世俗外のこととされると，利己的な目的が排除されるのに有利に働くとも考えられる．たとえば，他者を欺いても世俗的成功を収めればよいといった考え方はとられにくくなるだろう．救済を願う個人が，自身の良心という基準に照らして自律的に行動するなら，それは望ましいことだろう．

ジャン・ジャック・ルソー

しかし，未来に大きな目的が設定されるほど現在は未来のための手段にされてしまい，現在のかけがえのない一瞬が味気ないものになってしまうかもしれない．この問題を論じたのがルソーだった．『エミール』には次のように書かれている．

> 「わざわいなる先見の明．それは一人の人間をいつか幸せにしてやれるというおぼつかない希望に基づいて，現実にみじめなものにしているのだ．……先見の明．絶えず私たちを私たちの外に引っぱり出して，しばしば，私たちが到達することができないところにおく先見の明，これが私たちのあらゆる不幸の本当の源だ．人間のようなかりそめの存在が，めったにやってこない遠い未来にたえず目をやって，確実にある現在を無視するとは，何という妄想だろう．」（ルソー，1962, 102-103, 109頁）

人間の内的自然の発展に応じた消極教育を主張したルソーは，不確実な未来に目標を設定し，子どもをそこに駆り立てようとする教育を糾弾した．こんな話がある．あるビジネスマンが南太平洋の島に行った．少年たちが，砂浜で楽しそうに遊んでいた．ビジネスマンは「昼間から遊んでいないで，学校へ行って勉強しなさい」と言った．すると少年たちは「なんで学校へ行かないといけないの」と尋ねた．「勉強して，いい成績をとるんだ」と言うと，「いい成績をとると，どうなるの」と少年たちは聞く．「いい成績をとれば，いい大学に入れる」，「いい大学へ行けば，どうなるの」，「いい大学に入って卒業すれば，いい会社に入れる」，「いい会社に入れれば，どうなるの」，「いい会社に入れれば，いい給料をかせいで，いい結婚ができるかもしれない」．「それで」，「しっかり働いて，子どもも，いい学校に入れるんだ」，「それから」，「そのあとは，温かい南の島にでも移住して，のんびり暮らすんだ」．すると少年たちは，「そんなことなら，ぼくたちはもうやっているよ」と答えた．ビジネスマンが一本取られてしまったという話

だが，未来を考えることが大切であるとしても，かけがえのない今を生きること
を犠牲にすることはない．ルソーは，「理性の時期とともに社会による束縛が始
まるというのに，なぜその前に個人的な束縛を加える必要があるのか．自然が私
たちに与えていない束縛を，せめて生涯のある時期にはまぬがれさせてやろうで
はないか.」（同，122頁）と訴えた．

　ルソーの言葉は，学習への駆り立てに疲れている者の癒しになる．とはいえ，
ルソーが外的な目的に向かって子どもを駆り立てる教育を批判したのは，子ども
の固有性を保護するためだった．理性の年齢になっても将来を考えないというわ
けにはいかない．ところで，セールスマンの話は，「未来のため，未来のため」
と駆り立てられながら，実は「何のために」という目的を改まって考えることを
先送りした生き方への風刺となっている．学校教育法の第45条には「中学校は，
小学校における教育の基礎の上に，心身の発達に応じて，義務教育として行われ
る普通教育を施すことを目的とする」，第50条には「高等学校は，中学校におけ
る教育の基礎の上に，心身の発達及び進路に応じて，高度な普通教育及び専門教
育を施すことを目的とする」と定められている．小学校では中学校をめざしてと
言われ，中学校では高等学校をめざしてと言われ，高等学校では大学をめざして
と言われるように，学習の目的はあまりにナイーブな問題として先送りされてい
る．将来のんびり暮らすのが目的（end）なら，たしかにそれほどあくせく働く
必要はない．

10-1-3　個人と社会

　教育目的の必要性をめぐっては政治的背景がある．国家や社会が先なのか個人
が先なのかは堂々めぐりして結論が出ない問題だが，社会を優先する共同体主義
と個人を優先する自由主義の間の論争がある．

　世俗化の進展や国民国家の形成とともに，教育の目的は国民意識の涵養や経済
発展に向けられるようになった．そうした教育は，基本的に共同体主義を前提と
している．近代教育導入当時は，「被仰出書」の「学問は身を立るの財本」とい
う文言に見られるように，立身出世を促す功利主義的で個人主義的な教育観が見
られた．しかし，明治中期以降，日本の学校教育は教育勅語に立脚して行われ，
1941（昭和16）年の国民学校令では，「国民学校は皇国の道に則りて初等普通教育
を施し国民の基礎的錬成を為すを以て目的とす」（第1条）と定められた．戦後，
国家主義的な教育目的は否定された一方，高度経済成長をめざしたハイタレント
の養成が社会的な教育目標となった．

10 教育の目的と目標　　*145*

　ドイツのヘルバルトは，国民国家が形成された18世紀末から19世紀初頭にかけて教育学の体系化にとりくんだ．しかし，教育の目的をその時々の社会的要請から導くことには否定的だった．彼は，『一般教育学』で，教育の目的は多面的興味を喚起することによって堅固な道徳的性格（倫理的品性）を形成することであると論じた．子どもが親の仕事を継承するのが当然であった伝統社会では，興味が拡散することは必ずしも望ましいことではなかった．彼の時代，社会の産業化によってその状況は変わりつつあった．個人がさまざまな事柄に興味を持てるようになる一方で，安定した道徳的判断ができるようになるという教育目的は，価値が多様化し始めた時代を反映したものだった．

　自由主義は，教育目的を社会的に設定することに対して懐疑的である．デューイは『民主主義と教育』に次のように書いている．

> 　「教育はそれ自体としてはいかなる目的ももっていない，ということを思い出すがよい．人間，親や教師などだけが目的をもつものであって，教育というような抽象的観念が目的をもつわけではないのである．……外から目的を課すという悪弊の根は深い．教師たちはそれらの目的を上位の権威者から受け取る．権威者は，それらを，その社会に罷り通っているものから受け容れる．そして，教師たちは，それらを子どもたちに押しつけるのである．」（デューイ, 1975, 174, 176頁）

　デューイのような考え方をとると，教育目的は，上から無条件に与えられるものではなく，その妥当性をめぐって議論することによって共有されることになる（305頁参照）．彼の立場はプラグマティズムとも呼ばれるように，抽象的な目的を設定するのではなく，実際的な場面で教育を考えようとするものである．しかし，価値観の多様化のもとで，目的をめぐって合意に達するのは容易ではない．自由主義を建て前とする先進諸国では，議論が議論のための議論に陥って意思決定のコストが増大し，明らかに乱暴な手続きで意思決定している新興国に遅れをとるようになっている．教育の目的が社会的に定められることに対しては，個人の内面の自由を重視する立場からの懸念がある一方，一定の共通目的がないと教育を社会的に実施することは容易ではない．

10-2　教育の目的・目標と学力

10-2-1　**教育基本法における教育の目的・目標**
1947（昭和22）年，占領政策のなかで，戦後の教育の基本原則としての教育基

146 第Ⅰ部 「教育学の基礎」講義録

本法が制定された．第1条には教育の目的が明示された．

> 「教育は，人格の完成をめざし，平和的な国家及び社会の形成者として，真理と正義を愛し，個人の価値を尊び，勤労と責任を重んじ，自主的精神に充ちた身心ともに健康な国民の育成を期して行われなければならない．」

　ここには，教育の目的をめぐる論点が融合されているのが見てとれる．戦前の国民学校令と比べると，個人の価値が重視され，教育目的の国家主義的な色彩は大幅に薄まった．「人格の完成」の「人格」は，英語のpersonality，ドイツ語のPersönlichkeit（ペルゼーンリッヒカイト）の訳語である．カントは，道徳性に則って生きることができる点で人間は物と異なるとし，そうした人間の性質を人格性と呼んだ．たとえば，茶碗は食事の手段としての価値があるが，割れてしまったらその価値は失われる．会社に雇われるとき，人間が利潤を得る手段と見なされることがあるのは否定できない．しかし，手段と見なされるばかりでは働きがいを感じられない．もし会社から消耗品のように扱われるなら，誰しもそれを不当だと思うだろう．カントは，『実践理性批判』で，人間は目的自体であり道徳的法則の主体であるとし，自由による自律の故に崇高なのだと論じた．カントによれば，人間に崇高さが認められるとき，人間はそれに照らして自己を反省し，成長の糧にすることができる．

　ところで，「人格の完成」という場合の「完成」とはどのような状態を指すのだろうか．知識・道徳性・体力等で求められる客観的な要件があり，それらをクリアすれば完成なのだろうか．もしそうであるなら，完成したあとは何をすればよいのだろうか．大きな成功を収めた人は評価される．しかし，それでよしとせずに努力を続ける姿は，さらに多くの尊敬を集める．人格の崇高さは絶えざる努力に由来するのである．この意味では，完成は定められたゴールではない．「完成をめざし」とあるように，完成という何かをめざし続けるところに「人格の完成」の意味がある．ドイツの文豪ゲーテは「死して，成れ！」とうたっている．人間は，それ自体として「ある」存在ではなく，生成し続ける「なる」存在であり，死によって完成するのだという．完成は人生にわたる課題であるということになる．

　ルソーは，未来の目的のために現在を犠牲にするような教育を批判した．しかし，現在の連続が未来であることも否定できない．自転車で目的地に行こうとするとき，現在のペダルをこぐという因があって，目的地に到着するという未来の果は実を結ぶ．こぐのをやめてしまえば未来はない．そうしてみると，何かをな

す一瞬一瞬に完成があると見ることもできる.

　教育基本法における教育目的として掲げられた「人格の完成」には，深い哲学的意味がある.　しかし，総花的であり曖昧であるという批判もあった.　1966（昭和41）年の中央教育審議会答申（別記）「期待される人間像」は，戦後の経済復興の一方で，利己主義と享楽主義の傾向が現れ，「敗戦の悲惨な事実は，過去の日本及び日本人のあり方がことごとく誤ったものであったかのような錯覚を起こさせ，日本の歴史及び日本人の国民性は無視されがちであった」と指摘した.

　第2次世界大戦後の約半世紀，国際的にはアメリカを中心とした資本主義陣営と旧ソヴィエト連邦を中心とした社会主義陣営が対立した冷戦時代であった.　国内政治もそれを反映して，保守政党と革新政党が対立する55年体制が続いた.　そうしたなかで，教育目的の議論は愛国心を掲げることの是非に偏る傾向があった.　国際化や価値観の多様化に対応して国民としての一体性を重視する主張と，愛国心等を教育目的として定めるのは個人の内面の自由を侵害するものだという主張の対立が平行線をたどった.

　2006（平成18）年，教育基本法が改定され，教育目的についての規定を基本的に維持しながら，教育目的をさらに具体化した教育目標が第2条に定められた.

　　「第一条　教育は，人格の完成を目指し，平和で民主的な国家及び社会の形成者として必要な資質を備えた心身ともに健康な国民の育成を期して行われなければならない.
　　第二条　教育は，その目的を実現するため，学問の自由を尊重しつつ，次に掲げる目標を達成するよう行われるものとする.
　　一　幅広い知識と教養を身に付け，真理を求める態度を養い，豊かな情操と道徳心を培うとともに，健やかな身体を養うこと.
　　二　個人の価値を尊重して，その能力を伸ばし，創造性を培い，自主及び自律の精神を養うとともに，職業及び生活との関連を重視し，勤労を重んずる態度を養うこと.
　　三　正義と責任，男女の平等，自他の敬愛と協力を重んずるとともに，公共の精神に基づき，主体的に社会の形成に参画し，その発展に寄与する態度を養うこと.
　　四　生命を尊び，自然を大切にし，環境の保全に寄与する態度を養うこと.
　　五　伝統と文化を尊重し，それらをはぐくんできた我が国と郷土を愛するとともに，他国を尊重し，国際社会の平和と発展に寄与する態度を養うこと.」

　教育基本法の改定においては，これまでどおり「個人の尊厳」が宣言される一方，新たに「公共の精神」の尊重や「伝統の継承」が盛り込まれ，さらに環境の

10-2-2 生きる力

何を教育するかに関しては，教養か実学かという議論があり，実学が優位に立っている．しかし，実学主義は万能ではない．そもそも実学主義は，万能であることをめざさない教育なのである．銀行員，公務員，教師，エンジニア等として必要な知識と技術を教えるのが実学である．こうした職業や職能と直結した教育をいち早く批判したのがルソーだった．

> 「社会秩序のもとでは，すべての地位ははっきりと決められ，人はみなその地位のために教育されなければならない．その地位にむくようにつくられた個人は，その地位を離れるともうなんの役にもたたない人間になる．」(ルソー, 1962, 30-31頁)

企業戦士として何十年も働いたサラリーマンが，退職と同時に「ただの人」となってしまい，何をしてよいかも分からなくなるという話がある．公務員の仕事はよく「お役所仕事」と揶揄される．公務員は，私的な感情をはさまず，法律にしたがって公平に仕事を進めることが求められる．しかし，感情を抑圧し，あまりに規則主義で動くことが習慣になると，融通がきかず人情に乏しい人間と見なされてしまう．教師も「先生」と呼ばれているうちに，つい権威的になってしまい，腰が重く頭が高い人間になってしまう．

ルソーは，彼の生きた時代のうちに自然人と社会人の分裂を見てとった．彼は，自然人が絶対的な整数であるのに対して，社会人は分母によって価値が決まる分子にすぎないという．社会状態に完全に適応できるのなら，それでもよいのかもしれない．しかし，人間はそう自然な感情を抑圧しては生きられない．

> 「社会状態にあって自然の感情の優越性をもちつづけようとする人は，なにを望んでいいかわからない．たえず矛盾した気持ちをいだいて，いつも自分の好みと義務とのあいだを動揺して，けっして人間にも市民にもなれない．」(同, 28頁)

とはいえ，社会から隠遁するわけにはいかない．そこでルソーは，社会のなかで自然人として生きることができるにはどうすればよいのかを考え，個別的な身分や職業に先立つ人間としての教育の必要性を訴えた．

> 「自然の秩序のもとでは，人間はみな平等であって，その共通の天職は人間であることだ．だから，そのために十分に教育された人は，人間に関係のあることな

らできないはずはない．……両親の身分にふさわしいことをするまえに，人間と
しての生活をするように自然は命じている．生きること，それがわたしの生徒に
教えたいと思っている職業だ．」（同，31頁）

　ルソーに大きな影響を受けたペスタロッチも，社会的身分を越えた人間性の探
求から教育の考察を開始した．『隠者の夕暮』の冒頭には次の言葉がある．

　　　「人間，玉座に坐っている人も，あばら家に住んでいる人も，同じであるといわ
　　　れるときの人間，つまり人間の本質，それはいったい何であろうか．」（ペスタロッ
　　　チ，1969，11頁）

　そして，ペスタロッチは，身近な生活に基づき，実生活に必須の知恵を得るこ
とが重要であるとし，当時の学校教育が家庭のような基礎的な生活を忘れ，人間
を矮小化していると批判した．彼が遺言として著した『白鳥の歌』には，「生活
が陶冶する（Das Leben bildet）」（ペスタロッチ，1959，40頁）という言葉がある．「いっ
たい何が人間を形成するのか」という問いに対して，ペスタロッチは「生活だ」
と答えたのだった．

　しかし，国民教育においては，生活の重要性は十分に顧みられなかった．その
思想が学校教育に大きく反映されたヘルバルトは，ルソーの主張に対して，「文
明人のまん中で自然人を育てるとなると骨が折れるにちがいないし，そうして育
てられた自然人が，彼らとはちがった人々とのあいだで生きていくことだって，
それに劣らず骨のおれることにちがいない」と指摘し，「一体ただ単にいきるこ
とがそんなにむずかしいことだろうか」書いた（ヘルバルト，1960，12頁）．

　新教育の指導者デューイは，19世紀に普及した学校教育を批判して，再び生活
の重要性を強調し，生活経験を学校教育にとりいれ，学校と社会の断絶を克服し
ようとした．

　　　「学校においてこそ，子どもの生活がすべてを支配する目的となるのである．子
　　　どもの成長を促進するあらゆる手段がそこに集中される．学習？　たしかに学習
　　　は行われる．しかし，生活することが第一である．学習は生活することをとおし
　　　て，また生活することとの関連において行われる．」（デューイ，1957，46-47頁）

　1996（平成8）年，中央教育審議会が「二一世紀を展望した我が国の教育の在
り方について」という諮問に対する第1次答申の中で示した「生きる力」という
考え方には，個別の職業能力に先立って身につけるべき教育の必要性がうたわれ
ている．

150　第Ⅰ部 「教育学の基礎」講義録

　「我々はこれからの子供たちに必要となるのは，いかに社会が変化しようと，自
　分で課題を見つけ，自ら学び，自ら考え，主体的に判断し，行動し，よりよく問
　題を解決する資質や能力であり，また，自らを律しつつ，他人とともに協調し，
　他人を思いやる心や感動する心など，豊かな人間性であると考えた．たくましく
　生きるための健康や体力が不可欠であることは言うまでもない．我々は，こうし
　た資質や能力を，変化の激しいこれからの社会を［生きる力］と称することとし，
　これらをバランスよくはぐくんでいくことが重要であると考えた.」

　2002（平成14）年実施の学習指導要領では，ゆとりの中で生きる力を育むとい
う方針が打ち出された．その後，ゆとり教育は見直されたが，ゆとりか詰め込み
かにかかわらず，生きる力をよりいっそう育むことが必要であるという方針は一
貫している．

10-2-3　学力とその評価

　教育と学習をとおして獲得すべき能力の目安としての学力は，時代や社会の変
化のなかでさまざまに論議されてきたが，学問的コンセンサスは形成されていな
い．

　学力とその評価の試みは，19世紀フランスの心理学者アルフレッド・ビネー
（1857-1911）らにさかのぼられる．ビネーは，子どもの知能は年齢とともに発達
し，それぞれの年齢段階で獲得する知的能力には共通性があるという仮説に基づ
いた調査を行い，各年齢段階の知能を測定するテストを開発した．そして，ある
子どもがある年齢の問題まで解答できたら，それをその子どもの精神年齢である
とした．その後，知的発達の度合いは，テストを受ける子どもの年齢と精神年齢
との百分比で示されるようになった．これが知能指数（IQ: Intelligence Quotient）で
ある．ビネーが知能検査を考案した意図のひとつは，精神発達の遅れた子どもを
早期に識別し，個人差に応じた教育の可能性を探ることであった．

　しかし，知能検査は，知的障害者の選別と社会的隔離（優性政策），移民制限と
民族的同一性の維持（人種政策），軍隊内での人材の適正配置といった社会的選別
のために用いられた．また，知能検査は，事前に練習を重ねたり，規則正しい生
活習慣で育てられたりすると高得点がとれるとされ，知能検査が測定しているの
は知能そのものというより勤勉さではないかという指摘もある．

　1960年代前半，高度経済成長を支える人材養成という社会的要請のなかで，文
部省は全国で学力テストを実施した．教育現場では大きな混乱が生じたが，これ
を契機に学力についての議論が活発になされるようになった．偏差値が活用され

始めたのもこの時期だった．人口が急増した東京では学校増設が追いつかず，進学校の競争倍率が高かったため，学業成績が優秀な中学生が高校受験に失敗して浪人することが少なくなかった．当時の進路指導の問題点は，試験による難易度差や学校間格差のために生徒の学力がつかめないことにあった．ある中学校の理科教諭は統計学や心理学で用いられていた偏差値を導入することを考え，学校の枠を越えた業者テストが実施されるようになり，受験指導の確実性は向上した．しかし，戦後のベビーブームのなかで誕生した団塊の世代は，過密なカリキュラムの習得を求められた一方で，高等教育の限られた機会をめぐって，激しい受験競争に直面しなければならなかった．ゆとり教育が導入されると学力観の見直しが図られ，1989（平成元）年の学習指導要領の改訂で，関心・意欲・態度を評価軸とする「新しい学力観」が提示された．

　学力をめぐる論議は続いているが，その方向性が曖昧なままでは学校教育の計画的な実施は困難である．2007（平成19）年に改正された学校教育法には，「生涯にわたり学習する基盤が培われるよう，基礎的な知識及び技能を習得させるとともに，これらを活用して課題を解決するために必要な思考力，判断力，表現力その他の能力をはぐくみ，主体的に学習に取り組む態度を養うことに，特に意を用いなければならない」との文言が盛り込まれた．ここに示されたのが，① 基礎的な知識・技能，② 思考力・判断力・表現力等の能力，③ 主体的に学習に取り組む態度の，いわゆる学力の 3 要素である．

　20世紀後半から，教育の目標やその評価に関して，世界でさまざまな研究が行われている．知能に偏った評価に対する批判がある一方で，人間の卓越性がいかに形成されるのかを探求しようという動きもある．前者としては，知的操作能力が人間の脳の働きの一部でしかないという認識から，自己と他者の感情を知覚し，感情をコントロールし，他者とコミュニケーションできる能力の指標として心の知能指数（EI: emotional intelligence）の研究が行われている．後者としては，OECDによるコンピテンシーの定義と選択に関するプロジェクトDeSeCo（Definition and Selectionof Compitencies）に見られるように，人間がすぐれた業績をあげるための知識・技術等の行動特性としてのコンピテンシー（competency）についての研究が進められ，人事採用や人事評価で広く用いられている．しかし，たとえば，傾聴力といった評価基準は評価者の主観によって差が出るのであり，客観的な評価が可能なのかという指摘もある．

　アメリカの心理学者ベンジャミン・ブルーム（1913-99）は，教育目標と評価を関連づけた研究と実践で知られる．彼は，教育目標を，認知的領域・情意的領

域・精神運動的領域に区分し，診断的評価によって子どもの現状を把握したうえで指導を進め，指導の過程でその有効性を判断するための評価（形成的評価）を行い，多岐にわたる学習内容を完全に習得させることができるとした（完全習得学習）．

　また，グローバル化のなかで，国際的な学力評価の議論が大きな影響力を持つようになっている．IEAは，1995年から小中学生を対象に国際数学・理科教育動向調査（TIMSS; Trends in International Mathematics and Science Study）を行っている．対象は小学校4年生と中学校2年生で，算数・数学，理科のテストが実施され，児童生徒・教師・学校へのアンケートとあわせ，教育の過程と結果の関連の把握に基づいて指導方法の改善に反映されている．OECDが3年ごとに行うPISAは2000年から始まり，15歳の生徒に，読解力・数学知識・科学知識・問題解決の能力を調査するもので，生徒の学習習慣・学習動機・家族の特性・学校の特性などもあわせて調査される．

　教育評価も，さまざまな方法が試みられてきた．かつては，学習集団全体での位置で評価する相対評価が主流だった．相対評価は，統計学の正規分布に準拠して，5段階評価の場合，児童生徒集団の上位7％に5，次の24%に4，次の38%に3，次の24%の2，最後の7％を1と評定する．しかし，試験の難易度や集団の数によっては成績分布が正規分布にならないことがある．また，集団を差異化する相対評価では，児童生徒は互いに競争相手として位置づけられることになる．1998（平成10）年の学習指導要領の改定をうけ，2002（平成14）年からは絶対評価が導入された．絶対評価は，他の児童生徒との比較ではなく，観点や内容などの基準による評価である．絶対評価は，到達度を明確に示せれば，児童生徒に有効なフィードバックができるが，基準の設定や判断のためには工夫が必要である．

　PISA等の結果は，日本の子どもには学んだ知識の活用に課題があることが示されている．しかし，ペーパーテストの結果だけでは，児童生徒の活用力をうかがうのは容易ではない．そこで導入されるようになったのが，パフォーマンス評価である．これは，フィギュアスケートの評価などに見られるように，実際の演技（パフォーマンス）の過程を一定の基準から評価するものである．評価の対象になるのは，あるパフォーマンスの課題や学習の過程で生み出された成果物である．それらの成果物には，レポート，試験の解答，さまざまな活動を記録した動画や写真などがある．それらをファイルに入れたものはポートフォリオと呼ばれ，ペーパーテストのような量的評価では測れない個人の総合的な能力をとらえるのに有効であるとされる．パフォーマンス評価の基準としてはルーブリックが用い

られる．ルーブリックとは，パフォーマンスを評価するための表で，評価の観点と達成のレベルによって構成される．AIの進歩のもとで，従来のソフトウェアではあつかえなかったビッグデータの処理が可能になっているが，多くの児童生徒のポートフォリオの膨大なデータがオンライン化され，データの多様な分析が行われている．

投稿日：6月30日（土）

10-3 力をつけるのは大事ですが……

　ケイです．アップされた内容を読んで，やはり現職時代を思い出しました．受験戦争を勝ち抜くための偏差値競争，その後のゆとり教育における絶対評価，そしてパフォーマンス評価と，この変化についていくのは大変でした．ただ，知能に偏った評価や一度のテストでの評価には多くの教師が疑問を持っていましたから，新たな試みが児童生徒のためになるのなら，という思いで研修を受けたり，本を読んだりして試行錯誤したものです．

　学力という言葉は英語に訳すのが難しいのだと聞いたことがあります．knowledge, academic skills, achievementなどと訳されていますが，「力」（power）という言葉は入っていません．物理学でいう力とは，物体の状態を変化させる原因となる作用であり，方向と大きさがあり，計測できる量です．人間に関わるものでも，視力・聴力・握力・免疫力・生産力は測れそうですし，記憶力・持久力・瞬発力なども条件と基準を決めれば測れそうです．気力・威力・活力・精神力・想像力・洞察力・決断力・指導力・実行力・説得力などは以前から使われていますが，明確な基準というのは言いにくいと思います．

　ペスタロッチが，精神力・心情力・技術力といったとき，ドイツ語で力を表すKraft^{クラフト}を用いたそうなので，人間の能力を「〜力」と表現するのは日本特有のことではないのかもしれません．しかし，「〜力」と言われると，何となくわかったような気になるせいか，とくに20世紀末頃から，やたらといろいろな力が登場しました．教育関連では，中央教育審議会が，生きる力のほかにも大学生が身につけるべき力として学士力を提示しました．経済産業省は社会人基礎力を提示しましたが，学士力とは対応しておらず，大学がキャリア教育を行う際，どちらの枠組みを重視するかで悩んだという話を聞きました．

　社会人基礎力は，前に踏み出す力・考え抜く力・チームで働く力の3つの能力に区分され，さらに主体性・働きかけ力・実行力・課題発見力・計画力・創造力・発信力・傾聴力・柔軟性・状況把握力・規律性・ストレスコントロール力という12の要素に細分化

されています．2008年のリーマンショック後の不況で，大学生の就職が非常に厳しい時期が数年続きましたが，社会人基礎力の要素を身につけていないと就職できないといわれ，就職できない学生は「就業力がない」などと言われ，非常に気の毒に思ったものです．

　それぞれの力に関する説明を読むと，何となく分かったような気にはなるのですが，「要するに何が大事なのか」と尋ねると，コミュニケーション力，人間力という言葉が返ってきて，そういえば何でも収まってしまうではないかと思ってしまいます．そして，こうした能力は，従来の学力に比べて，どのようにして高めることができるかが曖昧だという問題があります．努力すれば身につくのかもはっきりしません．融通が利かないと思われる児童生徒が，コミュニケーション能力を高めようとして努力すればするほど浮いてしまい，「コミュ障」などというひどいレッテルを貼られている現実があります．こうした能力は育った家庭環境と相関があるという調査報告があります．それが本当なら，将来的によい仕事に就けるかは生まれた家で決まってしまうことになります．それでは，社会は努力次第でチャンスが得られる場ではなくなり，再生産の問題はさらに深刻になります．

　私が若かった頃を振り返ると，若者も自分の社会的成功が関心事でコミュニケーション能力など改まって考えたことなどなかったと思います．失敗こそは学習の母でした．授業でも生徒指導でも，トラブルに直面したとき，先輩のアドバイスでも本でもその内容をリアルに理解でき，自分の血肉になったと感じます．

　ところで，どんな力でも肝心な時に出せないと意味がありません．「転ばぬ先の杖」で事前に力をつけておこうというのは間違いではないでしょう．しかし，あまりにも大人が先回りして保護してしまっては，いつまでたっても「肝心な時」を経験できません．現職時代の経験では，学歴の高い者ほど肝心な時にビビッて一歩踏み出せなかったり，問題が起きると，なぜかその場から急にいなくなったり，後からコソコソ戻ってきてからの言い訳ばかりが実に上手だったことが多かったです．

　私は，教育目標に関しては，努力して達成できることを絞って示してほしいと思います．そして，ある程度は測れる目標であった方がよいと思います．その点，私が，一番大事な力だと考えるのは「粘り強さ」です．精神医学では不利な状況から立ち直る力としてレジリエンスが注目されていますが，失敗や挫折から立ち直るには粘り強さが必要です．粘りさえあれば，何かを学び，その他の力をつけることもできるのではないでしょうか．

投稿日：7月1日（日）

学習を深めるための課題

・ルソーはなぜ生きることを学ぶことが第1だとしたのか考えてみよう.
・デューイはなぜ教育目的を外的に設定することに反対したのか考えてみよう.
・日本の教育政策において「生きる力」が言われるようになった背景をまとめてみよう.
・教育において「〜力」という語が氾濫している状況はどこから来ているのかを考えてみよう.

引用文献

コメニウス, ヨハネス『世界教育学選集　大教授学』1, 鈴木秀勇訳, 明治図書出版, 1962年.
デューイ, ジョン『学校と社会』宮原誠一訳, 岩波書店〔岩波文庫〕, 1957年.
デューイ, ジョン『民主主義と教育』上, 松野安男訳, 岩波書店〔岩波文庫〕, 1975年.
ハーバーマス, ユルゲン『コミュニケイション的行為の理論』中, 岩倉正博・藤沢賢一郎訳, 未來社, 1986年.
ペスタロッチ, ヨハン『隠者の夕暮れ』梅根悟訳, 『世界教育学選集　政治と教育』明治図書出版, 1969年.
ペスタロッチ, ヨハン『白鳥の歌』佐藤正夫訳, 『ペスタロッチー全集』第12巻, 平凡社, 1959年.
ヘルバルト, ヨハン『世界教育学選集　一般教育学』三枝孝弘訳, 明治図書出版, 1960年.
ルソー, ジャン・ジャック『エミール』上, 今野一雄訳, 岩波書店〔岩波文庫〕, 1962年.

参考文献

ウェーバー, マックス『社会学の根本概念』清水幾太郎訳, 岩波書店〔岩波文庫〕, 1972年.
ウェーバー, マックス『社会科学と社会政策にかかわる認識の「客観性」』富永祐治・折原浩・立野保男訳, 岩波書店〔岩波文庫〕, 1998年.
カント, イマヌエル『実践理性批判』波多野精一・宮本和吉・篠田英雄訳, 岩波書店〔岩波文庫〕, 1979年.
ゲーテ, ヨハン・ヴォルフガンク・フォン『世界名詩集　ゲーテ　西東詩集』井上正蔵訳, 平凡社, 1969年.

11 教育の方法と技術

11-1 教育方法の発展

11-1-1 コメニウスの教育方法論

　教育の方法は17世紀ヨーロッパに現れた教授学者と呼ばれる人々によって本格的に考察され始めた．その代表者がコメニウスである．彼は，その方法論を『大教授学』，『言語の最新の方法』，『パンパイデイア』（汎教育）などに示したが，とくに3つの原則が重要であるとした．第1は全体観にたって教えることである．断片的な知識の寄せ集めでは，肝心な時に活用できない．教育内容の整理と関連づけが重要である．第2は着実に教えることである．段階を踏まなければ，知識も技術も身につかない．第3は愉快に教えることである．強制的では長続きしないからである．ただ，時間と労力をかければ教育の質は高められるが，際限なく手間をかけることはできない．コメニウスは，敏速も重要な原則だとした．

　教育の手段としては，コメニウスはとくに教科書の改善によって評価された．挿絵を取り入れた教科書『世界図絵』は，言語と事柄を関連づけ，着実で愉快な学習を実現しようとしたものである．また，初心者向けや上級者向けの教科書を求められたのに応えて，易から難へと段階化した教科書を著した．教授の実際における，「少ないものを多いものより先に」，「短いものを長いものより先に」，「複雑なものより単純なものを先に」，「個別的なものより全般的なものを先に」，「疎遠なものより身近なものを先に」，「不規則なものより規則的なものを先に」といった規則は，着実に教えようと思えば現在でも意識すべきポイントだろう．

　『大教授学』には，教師が教壇に立って全員を同時に一斉に教えるように書かれている．ここから，コメニウスは一斉授業一辺倒であったと思われがちである．しかし，彼は，同時代のイエズス会学校にも見られたように，生徒を10人組に分け，教師による授業の後に，生徒が集団内で発表しあって誤りを正し，批評し合うように勧めている．また，コメニウスは頭・舌・手にわたる教育のために演劇を重視し，自ら台本を著して上演した．

11-1-2　ヘルバルトの教育方法論

　ヘルバルトの学説は，新教育からは旧教育の典型として批判された．しかし，学校での授業を実際に成り立たせるという観点からはよく考えられている．彼は，教育実践を管理・教授・訓育という3つの側面からとらえた．

　管理（Regierung）とは，教育に必要な秩序のために有害と思われる原因を除去する行為をいう．具体的な措置として，彼はおどかし・監視・権威・愛をあげたが，人間関係，学習環境の整備，学習課題の共有なども，広い意味での管理に属する．学校保健安全法には教室の環境整備の基準が定められているが，そこに書かれているような換気，採光，照明，保温，清潔，静粛等は学習環境の確保のための大切なポイントだろう．

　ヘルバルトが，教育的行為の本質と見なしたのが教授（Unterricht）と訓育（Zucht）である．教授とは，文字通り教育内容を教えることだが，彼は，教授の目的は児童生徒の興味を広め深めること（多面的興味）であり，そのために豊富な対象やそれに関する作業を適切に提示することが必要であると論じた．そして，道徳的性格の実現のために彼が必要であると考えたのが，児童生徒の心情に働きかける行為としての訓育（Zucht）であった．そして彼は，知育と徳育が両立した理想的な教授を教育的教授と呼んだ（286頁も参照）．

11-1-3　カリキュラムの改善

　新教育では，複数の科目を統合する合科教授や合科学習，生活上の問題を中心に据えたコアカリキュラムなど，さまざまにカリキュラムの改善が試みられた．

　合科という考え方は，すでにヘルバルト派のツィラーらに見られ，地理・理科・歴史の内容を統合した「郷土科」などが構想された．それをうけてドイツ新教育運動の指導者ベルトルト・オットー（1859-1933）は，1913年にライプツィヒ市で合科教授を導入した．また，デューイに先駆けて児童中心主義のカリキュラムや教育法の変革を主張し，アメリカ新教育の父と称されるパーカーは，地理を中心として他の教科を内容的に関連づける中心統合法を実践した．マサチューセッツ州クインシー市教育長時代の活動は「クインシー運動」と呼ばれた．日本では，棚橋源太郎（1869-1961）や牧口常三郎（1871-1944）らが郷土科を中心とした合科教授を実践した．また，木下竹次は，子どもたちが家庭において自律的に学習している事実に注目し，生活経験に即した合科学習を実践した．

　デューイは，知性的な行動能力や仲間と協同する能力を育てるためには，仕事によって学校を縮図社会あるいは萌芽的社会とすることが必要であると考え，カ

リキュラムの中心に「オキュペイション」(仕事, occupation) を位置づけた. 彼が
いうオキュペイションとは, 子どもが一生懸命にとりくめ, 協同活動の意義がわ
かり, 協同活動を体験できるような活動であり, たとえば, 羊毛や綿花から服を
作る活動などが行われた. 彼は, こうした協同的な活動を中心に据えることで,
科学的および歴史的知識の習得とともに民主主義社会の一員としての能力が育て
られると考えた (304-305頁も参照).

　デューイの弟子である教育学者のキルパトリックは, プロジェクトメソッドと
呼ばれる方法を考案し, 社会的環境の中で行われる目的をもった活動を中心に据
え, 子どもたちに目的の設定から計画, 遂行, 評価にわたる実践を行わせた.

　やはりデューイの影響を受けたカールトン・ウォッシュバーン (1889-1968) は,
イリノイ州で「ウィネトカプラン」を呼ばれる実践を進めた. すべての児童生徒
が習得すべき一般共通科目とそれぞれの関心でとりくめる創造的集団活動とにカ
リキュラムを分けた点に特徴があり, カリキュラム改善の動きに影響を与えた.

　ドイツの教育学者ペーター・ペーターゼン (1884-1952) は, イエナ大学の実験
校で「イエナプラン」と呼ばれる実践を行った. それは, 子どもたちを異年齢の
グループにして低中高の３学年制とし, 教科間の連携を重視しつつ, 会話・遊
び・仕事・催しという４つの活動を循環的に行うものだった.

　第２次世界大戦後の教育改革で, 歴史や地理等の科目を統合した社会が新設さ
れた. これは, ヴァージニアプランの影響を受けたものである. このプランは,
1934年にアメリカのヴァージニア州で作成されたもので, カリキュラムの中心に
社会的課題の学習をおき, 各教科を周辺に位置づけたものだった.

　1989 (平成元) 年の学習指導要領の改定をうけ, 理科と社会を統合した体験的
活動中心の教科として設けられた小学校の生活, 2000 (平成12) 年から教科の枠
を越えた横断的学習として導入された総合的な学習の時間も, 合科学習やコアカ
リキュラムの試みと見なされる. 総合的な学習の時間では, 国際理解・情報・環
境・福祉・健康などのテーマを学校・家庭・地域の連携のもとで体験的活動をと
おして学ぶことが求められ, 問題解決能力の育成がめざされた.

11-1-4　指導方法の改善

　カリキュラムの改善には一学校を超えた社会的なコンセンサスが必要であるの
に対して, 指導方法の改善は, 学校や教師の裁量で行える余地がある. 新教育で
は, これに属する取り組みも多く行われた.

　シカゴ大学のヘンリー・モリソン (1871-1945) が提唱した学習指導法「モリソ

ンプラン」は，ヘルバルト派の段階説を改善したものである．これは，教科の内に学習単元を設け，探究・提示・同化・組織化・反復という段階で習熟を図るものであり，学力の向上に有効であると評価され，第2次世界大戦後の日本の中学校教育でも参考とされた．

マサチューセッツ州の小学校教師パーカーストによる「ダルトンプラン」はよく知られている．彼女は，モンテッソーリやデューイの実践をもとに，自由と協同を原理とした学習指導法を考案した．児童生徒は，1カ月間の各教科の学習計画を教師と話し合って立案し，教師と契約（Contract）を交わす．そして，児童生徒は各教科の箱から課題が書いてあるカードを取り出して自習し，提出したものが認められるとクレジットが与えられる．そして，教室に掲示された学習進度表（Room Graph）にそれを記録していく．この方法では，児童生徒は個に応じた興味や能力に基づいて学習を計画でき，教師も児童生徒の進度を把握できるとして評価され，大正期の日本でも成城小学校などで実践された．

日本における実践としては，明石女子師範学校附属小学校で主事を務めた及川平治による分団式動的教育法がある．彼は，子どもの多様性を前提に教育を動的にとらえ，学習法を訓練するという目的に立つべきだと主張した．そして，一斉授業を進めるなかで，教材や児童の状況に応じて，学習形態を，全体，グループ（分団），個別に使い分け，自学自習する力を育もうとした．グループの編成は固定的ではなく，柔軟に変更された．班に分かれての話し合い学習は，日本の学校で広く行われている．

また，やや規模の大きな取り組みとしてはオープンスクールがある．これは，間仕切りのないオープンスペースを設け，児童生徒の個別学習やグループ学習が柔軟にできるようにした学校であり，学年・学級・時間割よりも児童生徒の興味や動機を重視した学習活動に適している．日本でも，学校の多目的スペースに補助金が交付されるようになり，さまざまなタイプの教室が設けられた公立学校が増えている．

11-1-5　教育の技術とメディア

学校教育は，教師が話し生徒が書き取るという時代が長く続いた．印刷術が発明されると教科書が普及した．コメニウスの『世界図絵』は，図画を取り入れた画期的な創案だった．その後，対面座席による一斉授業が一般化すると黒板が用いられるようになった．日本では，黒板は学校制度の成立と同時にアメリカからもたらされた．教科書は正式には「教科用図書」という．明治の近代化当初，教

160　第Ⅰ部　「教育学の基礎」講義録

科書は自由に採択されていたが，国家の統制が強まるにつれて，申告制，許可制になり，検定制となった．しかし，大規模な贈収賄事件をきっかけに，第2次世界大戦の終戦まで国定制となった．戦後は検定制に戻ったが，とくに歴史教科書に関しては，学問・思想の自由をめぐって訴訟が起こされたり，アジア諸国との対立が生じたりした（308頁参照）．

　視聴覚教材は，第2次世界大戦後，大きく変容した．当初は，ラジオ，写真，レコード，映画が使われる程度であったのが，1960年代からテレビが用いられるようになり，オーバーヘッドプロジェクター（OHP）なども活用されるようになった．1980年代になるとビデオレコーダーの普及によってコンテンツの蓄積が可能になり，1990年代からはコンピュータが用いられ始め，21世紀に入ると教室はインターネットと接続されるようになった．さらに，2010年代からは電子黒板とモバイル端末が普及し，デジタル教科書の提供も始まった．

　こうした流れのなかで，行動科学や情報工学等の研究成果を教育に応用しようとする教育工学は急成長した．心理学者のスキナーは，プログラム学習の提示・診断・評価・制御を行うためにティーチング・マシンを考案したが，コンピュータ技術が発達すると，当時の学力観ともあいまって，コンピュータを導入した教育（CAI, Computer Assisted Instruction）が盛んに行われた．現在，インターネットの普及によって，Webラーニングやeラーニングが一般化している．インターネット環境は調べ学習に有効であり，教育現場におけるコンピュータの活用はさらに盛んになっている．

11-1-6　アクティブラーニングをめぐって

　教育方法に関して注目されているのがアクティブラーニングである．文部科学省は，アクティブラーニングを「教員による一方向的な講義形式の教育とは異なり，学修者の能動的な学修への参加を取り入れた教授・学習法の総称」と定義している．アクティブラーニングは，当初，大学教育の改革に関連して強調された．日本の大学は，大人数の一斉授業が多く知識の伝達が中心で，学生の主体性を引き出せていないのではないかという懸念から能動的学修への転換が訴えられたのである．学力の要素に盛り込まれた主体的に学習に取り組む態度を育てるため，発見学習・問題解決学習・体験学習・調査学習といったプロジェクト型の学習や，グループディスカッション・ディベート・グループワーク等の方法が有効であるとされた．

　アクティブラーニングは，新たに登場した方法というわけではない．プロジェ

クト型の学習はデューイらの新教育の実践に見られる．また，学習者の協同や相互作用という視点はヴィゴツキーにも見られる．日本の初等中等教育の現場には，これらの実践が応用された話し合い学習や調べ学習の蓄積があり，アクティブラーニングという言葉が独り歩きすると，話し合いが重視されるあまり内容の理解が疎かになるのではないかという懸念も寄せられた．そこで，2017（平成29）年の学習指導要領の改訂では，アクティブラーニングという語に代えて「主体的・対話的で深い学びの実現に向けた授業改善」が課題として掲げられた．また，これまでの授業改善の成果を継承し，「指導法を一定の型にはめ，教育の質の改善のための取組が，狭い意味での授業の方法や技術の改善に終始する」ことがないように留意すべきことが強調された．

　アクティブラーニングには，いくつかの課題がある．児童生徒の学び合いは，教室内の学力格差に対処できるという主張もあるが，学力に課題のある児童に割ける時間がなくなるという懸念もある．また，児童生徒間の関係に新たな問題を生じさせるのではないかという意見もある．たしかに，話し合い学習のウェイトが高まると，いわゆるコミュニケーション能力が高い児童生徒が優位になる可能性が高い．また，関係志向やピアプレッシャーのもとで，結論が見えたような予定調和的な話し合いで終わることも考えられる．コトよりもヒトへの関心がさらに強まり，話し合うことが自己目的化し，学習の質が深まらない恐れもある．とくに，コミュニケーションの方法に注目がおかれることによって，内容の理解や教材のもつ力が見過ごされるという指摘がある．そして，グループ活動では手間のかかる作業を他者に上手に押しつけるフリーライダーが現れがちであるという問題もある．こうした問題に対処するには，教師は合意形成や相互理解を促進するためのファシリテーションの能力を高めなければならない．また，何を対象にどのように評価するか十分な検討が必要になる．

11-2　方法や技術を活かすために

11-2-1　教育的行為とその可能性
　授業では，教育的価値と見なされた知識や技術が教えられる．それは，多くの場合，意味や答えがわかってしまっていることである．そして，知識や技術は選択される際に，教育にふさわしいように強調されたり簡略化されたりする．たとえば，文学や芸術を教える場合，学習者の発達段階を考慮して，理解しやすく再構成された内容が提示される．この結果，教育という世界は，世界の現実からや

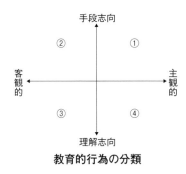

教育的行為の分類

や離れたもうひとつの人為的世界となる．芸術家や文学者や科学者からすると，創作や真理の探究という仕事に比べ，教育は，その成果の要約を伝えるにすぎないリアリティの欠如した世界と見なされてしまう．教師もそれを感じてコンプレックスを抱き，マンネリズムに陥りがちになる．

　ここで教育的行為の特質を考えてみよう．左右に客観性と主観性，上下に手段志向と理解志向という軸をとると4つの行為を区別できる．

　主観性と手段志向の強い行為（①）としては，たとえば科学の研究などがある．ある仮説を思いついたとき，それはまだ客観的には認められていない．また，研究のために実験動物が使われるように，科学的研究は研究対象を手段と見なしている．客観性と手段志向が強い行為（②）としては，警察官が法律という客観的な基準に基づいて個人の事情を二の次にして取り締まる政治的行為などがあげられるだろう．客観性と理解志向の強い行為（③）には，道徳的な説得などがあげられるだろう．たとえば，教師が遅刻をした学生を注意するとき，「遅刻は時間どおりに来ている他の学生に迷惑であり，他の学生の学習権を侵害していることになる」と説明する．これは，法律には定められていないが，客観的に受け入れられる規範や知識である．そして，遅刻してきた学生でも，モノ扱いすべきではないので，相手が理解して行動を改めるように促す．主観性と理解志向の強い行為（④）としては，たとえば芸術の鑑賞があげられよう．芸術作品には創作者の価値観が表現されている．創作者と鑑賞者は他者であり，鑑賞者の数だけ解釈が生まれる．しかし，解釈は鑑賞者の主観的な価値判断であるとともに，創作者の意図の理解に向けられている．

　教育という行為が，この座標のどこに位置づけられるかだが，特定の位置はない．たとえば，親が子どもをピアニストにしようとしてレッスンを受けさせる場合，子どもが納得していれば④，親の強制であれば①だろう．これに対して，客観性を確保しなければならない学校教育は，おおよそ③に位置することになる．この行為は，理解を重視すれば非効率的になり，客観性を確保しようとすれば没個性的になってしまう．ここに学校教育という仕事の難しさがある．

　理解と客観性を意識した行為としては，教育のほかにも，たとえば演劇がある．ここでは，能の大家・世阿弥による『風姿花伝』を参照しながら，教育的行為の

可能性を考えてみよう．『風姿花伝』は，世阿弥が記した能の理論書であり，父・観阿弥（1333-84）の教えをもとに，世阿弥自身の実践や考察からの解釈が加えられたものといわれる．

　授業は児童生徒，演劇は観客といった一定の理解を求めるべき対象がいるという点では，ともに理解志向的な行為である．役者が観衆を，教師が児童生徒を無視しては成り立たない．世阿弥は，「人の好みも色々」であるゆえに，「時の人の好みの品によりて，その風体を取り出だす」ことが重要であるという（世阿弥，1958, 93頁）．

　演劇等のパフォーマンスでは台本・演目・曲目，授業では教材という一定の客観的な素材が与えられている．この素材を無造作に扱うだけでは魅力はない．そこで，役者や教師の主観的な関わりが意味を持つ．この関わりとは素材の研究と解釈である．世阿弥は，「能を尽くし，工夫を窮めて後，花の失せぬところをば知るべし」（同，59頁）と記し，練習・準備・研究を怠ってはならないという．「能を尽くす」というのはレパートリーを増やすということだろう．それによって多様な知識や技術が身につく．一発勝負やアドリブで成功することもあるが，「もう一度出してみろ」と言われても，まずうまくいくことはない．アマチュアなら一発屋でもよいが，プロにはそれは許されない．

　学校教育の内容や順序は学習指導要領で示されており，個々の教師が自由にできるわけではない．では，個性を発揮できる余地はないのかといえば，決してそうではない．「教科書を教えるのではなく，教科書で教える」と言われるように，教えるのはやはり生きた人間である教師である．実際，指導案作りは，学問の研究や芸術的な創作活動に匹敵する独創性が必要な作業である．

　教師に無条件に教育する権利を与えればよいかというと，教材の選択から構成まで責任を持つのは困難だ．かりに1人の教師が超人的な努力で成し遂げても，他の教師と効果的に連携をとるのは難しい．また，人口移動の大きな社会で転校する児童生徒は相当数にのぼっており，教育機会を確保するためには内容や進度には一定の共通性が必要である．

　演劇にしても授業にしても，一定の時間のなかで順序立てを考えなければならない．能をはじめ，日本の伝統芸能には序破急という区分がある．序は導入部，破は展開部，急は加速し終結に至る部分をいうが，世阿弥はこの順序を重視した．授業もあまり厳格になる必要はないが，導入・展開・概括・応用といった一応の順序を踏むほうが効果的である．

　さらに，世阿弥は，自己満足に終わらず，できるだけ広く受け入れられる普遍

性をめざすべきだと考え，「工夫あらん為手ならば，また目利かずの眼にも面白しと見るやうに能をすべし」という（同，73頁）．理解力がない者にも面白さが感じられるような演技ができてこそ名手だという．

このように，教育的行為と演劇的行為には共通点があるが，いくつかの相違点がある．

第1に，演劇的行為では，演じるのは役者で観客は基本的に受動的でよいのに対して，授業では児童生徒が主体的に参加することが望まれる．本当に活発な授業では，教師と児童生徒は，授業のテーマをめぐって，ともに演技者となる．

このため，第2の問題が生ずる．それは，授業が偶然性に左右されるということである．演劇も授業も，ともにやり直しのきかない一回きりの行為であり，想定外の事態があり得るが，偶然性は授業の方がはるかに高い．

第3に，演劇の鑑賞は特別な非日常的経験であるのに対し，授業は日常的な出来事である．演劇やコンサートは，チケットを買い，わざわざ出かけていく特別な機会である．もちろん，生涯忘れられない印象を与えられたらすばらしいが，一過性の感動でもまずは許される．しかし，授業は日常的な出来事であり，ひとつの授業で与えられた印象が次の学習につながることが必要である．

第4に，演劇での役者と観客の関係と授業での教師と児童生徒の関係とは違う．観客は演劇がよければ評価し，満足がいかなければ批判する．児童生徒にも授業を評価する権利はあるが，評論家のように批評しているだけではすまない．児童生徒に知識・技術の習得が求められるという点では，教師と児童生徒の間には信頼関係が必要である．

授業は，演劇的な行為に比べて，児童生徒に持続的な影響を与えなければならない．役者は観客の人生に責任をもつ義務はないが，教師の関わりは児童生徒に大きな影響を与える．だからといって，教師は思いどおりに授業ができるわけではない．授業では児童生徒を積極的に巻き込んでいくことが望まれるが，児童生徒の参加を促せば促すほど，授業は児童生徒に左右される．こうして，授業とは，本来，演劇などに比べても，人間の総合的な力量が問われるスリリングな実践であることが分かる．

11-2-2　教育的タクト

アクティブラーニングが導入される教育現場では，ヘルバルトの教育方法論はいかにも古めかしく見える．しかし，彼はどうすれば授業を生き生きとしたものにできるかを考えていた．ヘルバルトが，「教育技術の最高の宝」とまで呼んで

重視したのが,「タクト」(Takt) である．彼はこう記している．

> 「理論と実践との間に一つの中間項，すなわち，確かなタクトが割り込んでくる．
> タクトはすばやい判断と決定であるが，それは慣行のようにいつでも変わること
> なく一様に行われるものではない．」(ヘルバルト, 1990, 98頁)

ヘルバルトは,「今日の授業はこうしよう」という計画と実践の間に介在する
のがタクトであるという．タクトとは，すばやい判断と決定ができる才能 (機敏
の才) をいう．クラシック音楽の指揮者のもつ棒はタクトと呼ばれているが，ま
さにタクトのさばき方ひとつで，音楽は生きも死にもする．授業を効果的に成立
させるためにも，教師の臨機応変の働きや知恵が重要であることは言うまでもな
い．教育学では，こうしたタクトを教育的タクトと呼んでいる．

教育的タクトは，教育的行為のなかでの危機的瞬間において意味をもつ．たと
えば，授業中に児童生徒の集中力が切れそうなったとき，一瞬にして雰囲気を変
えて，場を展開するのが教育的タクトである．一般的には，教師と児童生徒との
適度な距離感覚や即興的能力が重要であるとされる．たしかに，教師と児童生徒
の関係が近すぎると，教師が児童生徒の発言に対応するあまり，授業が本筋に返
れず，脱線で終わってしまうことがある．そこで児童生徒を巻き込みながらも，
教師としての立ち位置 (スタンス) を維持することが必要になる．即興的能力に
ついては，多くを記す必要はないだろう．誰でも，教師のアドリブやユーモアや
児童生徒への巧みな切り返しに授業が楽しくなり，教師に親近感を抱いた経験が
あるだろう．

教育的タクトについては，教育方法学を中心にさまざまな研究がなされている．
ここでは，再び『風姿花伝』を引く．世阿弥のいう花はタクトといってよい．人
は，何かを「珍しい」とか「面白い」と感じたとき，もう心が引きつけられてい
る．たしかに，花というのはそのような存在だ．桜が1年中咲いていたら，いく
ら美しくても，それほど喜ばないだろう．1年に1度だけ咲く．そこで「花見は
いつがよいか」と心配し，すばらしい咲きぶりを見て感動する．花は,「住する
ところなき」こと，つまり変化してやまない意外性や非日常性のゆえに魅力があ
る．授業にも花がなければならない．さて，花を演出するためにはどうしたよい
のだろうか．ここでは，4点から見ておこう．

第1は，時を知ることである．世阿弥は,「よき時あれば，必ず，また，わろ
き事あるべし」という (同, 106頁)．妥協のない練習を重ねた名手の言葉として
は意外な感じがする．しかし，どんなに研究と努力を重ねても，うまくいく時と

いかない時というのはある．また，授業などでも，単一の授業としてはうまく
いっても，それ以前にもっとうまくいった授業があり，児童生徒にその印象があ
れば，それと比較して，「あの時のほうがよかった」と思われてしまう．世阿弥
は，時の流れのなかで花を咲かせることを具体的に考えていた．

> 「大事の申楽（さるがく）の日，手立てを変へて，得手（えて）の能をして，精励を出だせば，これま
> た，見る人の思ひの外なる心出で来れば，肝要の立合，大事の勝負に，定めて勝
> つ事あり．」（同，106頁）

演劇でも授業でも，一連の活動には勝負どころがある．もちろん，ひとつひと
つ手を抜かずに行うべきだが，クライマックスを作らないと，せっかく全力を出
した割りには平板な感じになり，印象に残らない．「ここ一番」というときに，
得意なテーマを持ってきて力を入れるのである．

第2は，環境に配慮することである．世阿弥は，「座敷をかねて見る」という
（同，42頁）．観客の様子をしっかり見ることが重要だという．

> 「おそしと楽屋を見るところに，時を得て出でて，一声をも上ぐれば，やがて座
> 敷も時の調子に移りて，万人の心，為手のふるまひに和合す」（同，39頁）

すぐに舞台に出るよりも，観客が「まだ出てこないのか」と思った頃に現れる
と，観客は鑑賞する心の準備ができているので，役者と観客が一体になるという．
もっとも，学校の授業で教師が遅れて行っては，学級崩壊を招いてしまうかもし
れない．ただ，ちょっとした間をとることは，児童生徒の集中を高める効果はあ
る．また，世阿弥はこんなことも書き残している．

> 「日ごろより，色々とふりをも繕ひ，声をも強々とつかひ，足踏みをも少し高く
> 踏み，立ちふるまふ風情をも，人の目に立つやうに，生き生きとすべし．」（同，40
> 頁）

観客が疲れていたり飽きてくると，どうしても騒々しくなる．そういうときは，
身振り手振りを大きくし，声も足踏みも強くするとよいという．授業でもまった
く同じであろう．

第3は，意外性の演出である．世阿弥は，花とは「人の心に思ひも寄らぬ感を
催す手だて」であるという（同，104頁）．そのためには，「秘すること」，つまり普
段は隠しておいて，いざというときに出すことが大事だという．「秘すれば花な
り，秘せずは花なるべからず」（同，103頁）である．これは，そのまま授業にもあ
てはまるだろう．

第4に，世阿弥は意外性をいう一方で，過剰な作為を戒めた．彼は，「珍しきといへばとて，世になき風体を為出だすにてはあるべからず」という（同，92頁）．珍しい様子を見せれば観客の関心を引くだろうということで，この世のものとは思えないような大げさな演技はするなという．たしかに，授業でも，あまりに大げさな態度や誇張的な話は，最初は興味を引いても，繰り返されると次第に飽きてくるものだ．

世阿弥は，こうしたコツと見なされるようなことを書き残している．しかし，彼は，「自力より出づるふるまひあれば，語にも及びがたし．その風を得て，心より心に伝ふる花」という（同，69頁）．花とは言葉では表現できず，心から心に伝わるのだという．ゆえに，『風姿花伝』は秘伝書であり，誰もが安易に読むことは許されなかった．たしかに，知識として覚えて，「ここと，ここと，ここをおさえておけば大丈夫」というような態度で演技をして，それが感動を呼ぶかといえば疑わしい．芸の真髄は，形式的に教えられて伝わるものではないのだろう．授業の技術にも大枠はあるが，言葉で教えられて身につくものではない．世阿弥は，タクトの教育困難性をも見抜いていた．

11-2-3　リアリティへの冒険

教育という世界が世界のなかに作られたもうひとつ世界であるという事実に直面すると，教師や学校はともすれば両極端に走ってしまう．一方は，授業は現実社会の事象をダウンサイジングしたものであるから，学習者にリアルに受けとめられなくても仕方がないと断念する．他方は，教育という世界の宿命に挑もうとする．世界と教育との壁を突破しようとする．「座学にはあまり意味はない」から，「社会のなかで学ぼう」ということになる．そこで大学でも，インターンシップやボランティアがカリキュラムにとりいれられている．しかし，何でも社会のなかで学べばよいというのなら，学校は不要になってしまう．

いずれの極端にも問題がある．その問題とは，教育におけるリアリティが見据えられていないということだ．前者は，教育という世界にリアリティはないと最初から断念してしまっている．後者は，学問や芸術，そして労働への劣等感から，教育という世界の独自性を否定している．教育には，教育という世界に特有のリアリティがある．リアリティとは，事実や実体とともに，迫真性を意味する．教育的なリアリティとは，この迫真性にほかならない．事実や実態に迫っていく探求的な運動が，教育という世界におけるリアリティなのである．

教育に，実社会での体験や活動をとり入れるのは構わないし，望ましいことで

もある．しかし，現実には多くのネガティブな問題を抱えた社会に学習者を投げ込めばよいということにはならない．教育には，学習者を社会から保護するとともに，未来の実社会で遭遇する経験を教訓化できる姿勢を身につけるように支援するという課題がある．インターンシップ，ボランティア礼賛論の背景には，しばしば反知性主義がある．「考えていても分からない」，「まずは動くこと」というわけだ．たしかに，行動してみることは重要だ．しかし，体験的な活動の魅力の虜になると，ともすれば学習が色あせて映るようになる．そうなると，知性の尺度にかけて行動の結果を見つめ改善することにはつながらない．

　実際の社会には多くの虚偽がある．定められた検査を怠って製品を市場に出す企業，不都合な情報を隠蔽する行政，ニュースソースを秘匿する権利をたてに曖昧な情報を垂れ流すマスメディア，十分な検証を経ないままに学説を発表して撤回する学者．社会からも「リアリティへの接近」という姿勢は失われている．こうした事態に対処するには，本物を感じるという感性や本物を尊重するという道徳性を高めることも重要だが，真偽を見抜くという知性が欠如していては始まらない．リテラシー（読解力）は，情報社会におけるもっとも重要な教育課題だろう．ただし，リテラシーを高めても，嘘が多い社会のなかで疑心暗鬼になり，猜疑心ばかり強くなっても仕方がない．一見すると，真実がないような社会に目を凝らし，真偽・善悪・美醜・利害を読みとり，たとえ暫定的であっても，それを選び取る価値判断力が必要だ．

　リアリティに接近したいという欲求は決して特別なものではない．たとえば，物まねの人気は衰えない．芸人がいくら「なりきっても」本物ではない．しかし，ライブは大変な盛況だ．これは，観客が芸人の「なりきる」努力を認めるからなのだろうが，この場合に重要なのは，観客たちがオリジナルを「知って」おり，その価値を「本物だ」と認めていることである．誰も知らないような人間のマネをされても，観客は似ているかどうかすら分からない．そして，いくらマネがうまくても，オリジナルが「本物」でなければ盛りあがらない．マネする芸人にしても，マネをしようという気にならないだろう．オリジナルが本物だと思うから，芸人も「なりきる」気にもなれるし，観客も「なりきろう」という努力にリアリティを感じるのだろう．ニセものにモノマネはつかない．本物であるからこそ，モノマネが成り立つ．モノマネのリアリティは，本物への敬愛の表れだ．「似せよう」「こうすればウケるだろう」などといった作為性を超えている．世阿弥は，こう書き残している．

「物まねに，似せぬ位あるべし．物まねを窮（きわ）めて，その物にまことになり入りぬれば，似せんと思ふ心なし．」（同, 97頁）

11-2-4　失敗からの学習

さて，教育におけるリアリティを直視して，ある授業を計画したとする．指導案どおりに実施できれば，それに越したことはない．しかし，完全に計画どおりにいくことはない．教育は一種の賭けであり，否応なく冒険的性格を帯びる．教育を冒険的にする要因のひとつは学習者にある．このことを，ボルノーはこう述べている．

> 「冒険という性格は，教育そのものの最も内なる本質に属するのである．というのは，教え子は，計り知れない理由によって，教える者の意図から遠ざかり，これに刃向かいさえし，意図を挫折させる可能性を常に有しているからである．」
> （ボルノー, 1966, 217-218頁）

教育において出会うのは互いに他者であり，いかに努力しても相手の意図に達することはできない．むしろ，コミュニケーションとは，常に当事者間のズレを創造していく現象なのだともいえる．しかし，教育者は他者性の前で断念するわけにはいかない．志のある教育者は，何とかマンネリを打破しようとする．こうして，よい授業を創造しようとすれば，教育は一種の冒険になり，危険が冒されるリスクがともなうことになる．しかし，「避けられるはずの危険を冒すことは軽率であり，しかもこのような軽率が，外的な運・不運の状況によるのではなく，根ざすところがもっと深いのであれば，許しがたいものとなる」（同, 225頁）と，ボルノーが記しているように，印象を与えれば何でもよいということにはならない．しかし，安全運転だけでは，誰が行っても変わりのない味気のない授業に逆戻りである．

学習は，教育者と学習者の相互理解に基づいて明快な手順で進められて効果を生むこともある．しかし，ほとんどの場合，知識や技術は失敗をとおして学ばれる．イギリスの哲学者カール・ポパー（1902-94）は，知識は合理的な仮説の提起とその反証（批判）を通じて試行錯誤的に成長すると論じた．彼は，こう書いている．

> 「われわれが失敗から学ぶとき，たとえ知ることが——つまり，確実に知ることが——できないとしても，われわれの知識は成長している．われわれの知識は成長しうるがゆえに，ここでは理性が絶望する理由などありえない．」（ポパー, 1980,

xii頁）

　誰でも失敗は避けたい．しかし，科学や芸術のような創造的行為においては，失敗はつきものである．私たちに共有されている知識や技術は，失敗の繰り返しにもかかわらず，試行錯誤を諦めない結果として得られたものである．教育は，世界のなかに人為的に設けられた世界であるため，すでに得られた知識や技術を伝達すれば，いちおうの責任は果たしたことになる．そこに教育という世界の甘さがあり，マンネリに陥るリスクがある．ゆえに，十分な検討や配慮のうえで，冒険は試みられてよいのである．

　学力観の転換のなかで，正解のないような問題が授業で扱われるようになっている．だからといって，教師は，「なるようにしかならない」，「落ちるところに落ちればよい」という態度で授業に臨むわけにはいかない．むしろ，授業の問題点を明確化し，教育的意義を考え徹底的に筋書きを作るべきである．それでもなお，筋書きがまったく通用しない事態に陥る．教育は1回の授業で完結するものではなく，流れのなかで解決することもできるが，ある時点では明らかに失敗と言わざるを得ない事態になるかもしれない．しかし，このことで教師と児童生徒は，人間どうしとして承認しあうきっかけを得る．ボルノーはこのように書いている．

　　「教師が詫びた過誤の方が，過誤のまったくない教育——そのような教育がありうるとして——によって達成されるであろう感化よりも，比較にならないほど大きな感化を与える．」（ボルノー，1966，248頁）

　教育の冒険がたとえ一時的に失敗したとしても，教師がその失敗を隠蔽しなければ，「教師は，このような承認によって生徒の目から格下げされるかというとそうではなく，かえって彼は高められる」のだと，ボルノーは言う（同，248頁）．失敗の経験は，教師にも児童生徒にも学習になるのだ．

投稿日：7月7日（土）

11-3　本物への愛を……

　ケイです．教育はリアリティに接近しようとする運動なのだ．賛成です．賛成ですが，それを実践するのは容易なことではありません．

　私が勤めていた中学校は伝統行事として合唱祭をしていました．明るく前向きな新採

用の教員がいました．その教員はクラスで話し合い，オリジナル曲を作り，それを歌おうと決めました．生き生きと勉強にも頑張ろうということで，曲名は何と「アクティブラーニング」になりました．私は大いに期待しました．しかし，合唱祭の本番は，感動的な成功とまではいきませんでした．

　そのクラスにはバンドをしている生徒がいて，彼女が曲を作りました．しかし，クラスで練習しようというのに楽譜が作られなかったのです．個人や身内で活動するなら，それでもよいでしょう．しかし，クラスの皆で歌うのなら，楽譜があるほうがよいに決まっています．ところが，楽譜を起こそうという声は上がらず，さらに，教師も何も言わなかったのです．そのクラスを支配していた空気は，「楽しく歌う」でした．音楽は音を楽しむと書くので，楽しいのは構わないでしょう．しかし，「美しく」，「正しく」，「見事に」歌うといった気持ちが共有されてはいませんでした．

　そのクラスは，団結のために皆で話し合い，お揃いのTシャツをデザインしてステージに上がりました．ところが，ロゴが間違っていました．Active Learningとすべきところが，Active Leaningとなっていました．Leanは「寄りかかる」，「もたれる」という意味ですので，文字通りに訳せば「能動的に頼る」というTシャツになっていました．苦笑する以外ありませんでした．クラスには30人の生徒と教師がいます．皆，英語を学習（learn）しているはずです．誰もチェックせず，とくに気にもせずに舞台に上がったのを見て，その無邪気さが哀れに思えました．いろいろな活動が盛んに行われても，リアリティということをないがしろにしたお粗末な実践で終わっては，学習にはなりません．

　その教師にどう接しようか，私は考えました．校長をしている友人から，嫌になるような愚痴を聞いていたからです．彼が勤める学校に，何をするにも詰めが甘く，それなのに自分は人間性あふれるよい教師だと思って疑わない若手教師がいて，未来を心配して注意したのですが，その教師の親が教育委員会に「娘が校長からパワハラを受けた」と訴えたというのです．

　「あまり直球はだめだな」と思った私は一計を案じました．若手教員と読書会をしていたのですが，そこで『風姿花伝』を選びました．ただ読むのではなく，実際にひとつの能の舞台ができるまでにどれほどの手間がかかり，そこに世阿弥の書いていることがどのように生きていると考えられるか，議論をしながら1年をかけて読み，最後は皆で能を観に行きました．『風姿花伝』は本物の古典でした．読書会に参加していた教員は，皆，中堅として頑張っています．活動的な学習も大事ですが，読書だって能動的な学習です．問題意識をもって読めば，学べることは無限にあると思います．

投稿日：7月8日（日）

172 第Ⅰ部 「教育学の基礎」講義録

学習を深めるための課題
・コメニウスの教育方法論についてまとめてみよう.
・ヘルバルトの教育方法論についてまとめてみよう.
・新教育における教育方法の改革について具体的にとりあげて調べてみよう.
・ヘルバルトが教育的タクトを重視したのはなぜか考えてみよう.
・アクティブラーニングを実践するための課題について調べ，まとめてみよう.

引用文献
コメニウス，ヨハネス『世界教育学選集　大教授学』1，鈴木秀勇訳，明治図書出版，1962年.

ヘルバルト，ヨハン『世界教育学選集　世界の美的表現』高久清吉訳，明治図書出版，1990年.

ポパー，カール『推測と反駁』藤本隆志・石垣壽郎・森博訳，法政大学出版会，1980年

ボルノー，オットー『実存哲学と教育学』峰島旭雄訳，理想社，1966年.

世阿弥『風姿花伝』岩波書店〔岩波文庫〕，1958年.

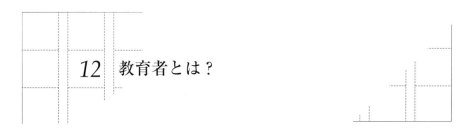

12 教育者とは？

12-1 贈与としての教育

12-1-1 教育の原型

チェコの哲学者ヤン・パトチカ（1907-77）は，コメニウスの子ども観についてこう記した．

> 「子どもは，教育者が上から形成する対象などではない．その反対に子どもは，教育者を刺激して指導という任務に向かわせ，教育にとりくむ責任をもたせることによって，教育者を教育者にするのである．また子どもは教育者に，教育者としての自らの現存在がもつ真の根本可能性をはじめて与える．したがって教育においては，子どもは決して純粋に受容する極ではない．それは，教育者が純粋に与える者（Gebende），贈る者（Schenkende）ではないのと同様である．」（パトチカ，2014, 192頁）

難解な表現だが，「子どもが教育者を教育者にする」というのは重要な指摘である．夕食を終えた父親が本でも読もうと思っているところに，子どもが来て何か話をするように頼んだとする．父親は，「早く寝てくれないかな」などと思いながらも子どもに接する．この際，子どもの性格が積極的であるとか消極的であるということは問題ではない．子どもという存在自体が父に呼びかけている．その呼びかけに応えるとき，父は自己の外部に出る．呼びかけに応えまいとしても，少なくとも自己の外部を感じさせられる．こう理解するとき，子どもは，教育者を教育者にする贈与（贈り物＝プレゼント）である．子どもには，人間を自己中心的なままではいられなくする何かがある．子どもを「授かり物」と言ったりするのは，このことを指しているだろう．

子どもからの呼びかけは，最初は何を意味しているのか分からない．この意味で，子どもの発するメッセージはノイズである．児童虐待をしたりネグレクトしたりする親は，子どものメッセージをノイズとして聞き流しているのだろう．しかし，子どもが何を求めているのかを理解しようとするとき，子どものメッセー

174　第Ⅰ部　「教育学の基礎」講義録

ジは，理解できるか否かは別としてシグナルとしてとらえられている．そして，私たちはシグナルに応答（response）してみようとする．その応答の繰り返しのなかで，ある能力（ability）が育まれる．気がつくと，十分かどうかは別として，私たちは子どもへの責任（responsibility）を担っている．責任とは応答の能力なのであり，子どもという存在がこの能力を育んでくれるのだ．

　私たちは，子どもからの呼びかけに応え，子どもに呼びかける．そして，私たちが呼びかける存在として子どもに受け入れられると，子どもと私たちの出会いが成立する．この意味で，教育は，教育に関わる当事者が自己の外部に出て互いに与え合う営みなのである．

　フランスの人類学者マルセル・モース（1872-1950）は，貨幣経済を中心とした交換の原則によらない与える行為を贈与とよび，贈与が人間生活を組織する力を強調した．商取引のような行為は交換と呼ばれるが，贈与は，多くの場合，無償で行われる．授乳する際に，子どもに代金を要求し，その見返りに授乳する親はいないように，贈与する際，何か返ってくればという思いがあったとしても，それが前提とはされていない．教育の原型は互いを与え合う贈与にある．

　もっとも，経済社会においては，教育は交換として行われている．本には値段が付いており，大学には授業料を払わなければならない．にもかかわらず，支払っただけの利益が得られないと感じることがある．先生と呼ばれていても，その授業には研究も準備も誠実さも微塵も感じられないこともある．ゆえに，教育とは贈与であるというのはきれいごとだと思われたとしても無理もない．しかし，教育も所詮は知識の売買にすぎないとドライに言い切れるだろうか．言い切ってしまってすっきりしない何かが残るのなら，教育の原型について考えるのは無駄ではない．

　教育の原型は，親子関係以外にも見出される．『論語』の「学びて時に之を習ふ　亦　説ばしからずや，朋有り　遠方より来たる　亦　楽しからずや」（2009，17頁）という一節は，学習の原型も贈与にあることを示している．「学びて時に之を習う　亦　説ばしからずや」とは，よく分からないことでも繰り返し学ぶと新鮮な意味が見出されて「説」が沸くという意味であろう．「説」とは「悦」と同じで心の内に沸く喜びをいう．プレゼント（贈与）された本を興味のあるジャンルではないと思ってしばらく放置していたのが，何かのきっかけで繙いてその虜になってしまうといった例を想像すれば，リアリティが沸くだろう．プレゼントをもらっても開封しなければ中身は分からない．贈与は贈与されただけでは，まだ意味を持たない．学習とは，贈与を受領することで起動する．

学習の喜びが高まると，ついには自己からあふれ出すようになり，その喜びを周囲に伝えないではいられなくなる．気がつくと，「朋有り　遠方より来たる」，つまり，学ぶ喜びを抱く者どうしの出会いが生まれている．そこには，独学にはない喜びがある．孔子は，それを「楽しい」という．「楽」は，「悦」が内面的な喜びであるのに対して，喜びが心の外に現れる様をいう．学んだ喜びは，学びあうことで現実化するともいえる．

12-1-2　教育者の孤独

世界からの贈与を受領して，それを他者に伝えずにはいられなくなったのは孔子だけではない．イエス，ブッダ，ソクラテスのような宗教や哲学の祖たちは教育者のモデルといえる．しかし，教育者にはある運命が待ち受けている．プラトンが『国家』で論じた「洞窟の比喩」はそれを示唆している．洞窟の中で光の影を実像だと信じていた囚人は，拘束から解放されて外に連れ出され，世界が光に満ちていることを知る．そして，あえて洞窟に戻り，一緒に過ごしていた仲間たちに真実を教えようとする．教師の誕生である．しかし，仲間は返ってきた囚人を信じようとせず，迫害すら加えようとする．光を見た者としての教育者は，往々にして孤高の存在となる．ドイツの哲学者フリードリヒ・ニーチェ(1844-1900)は，『ツァラトゥストラはこう語った』で自らの思索を小説風の文体で著した．そこには，主人公のツァラトゥストラが自身の思索を理解する人々を求めるが得られず，諦めて山に隠遁するものの，最後には再び山を降りるという軌跡が綴られている．

ブッダは，王族の家に生まれたが，安逸な生活に満足できず，人生の無常や苦を受けとめて29歳で出家し，6年に及ぶ修行ののちに悟りを得た（成道）．しかし，悟りを人々に伝えるべきかを28日間にわたって考え，仏法の教えは既存の社会秩序と大きく異なり，人々に説いても理解は得られないとの結論に至り，一度は断念したと伝えられる．

『新約聖書』にも，「わたしの兄弟たちよ，あなたがたのうち多くの者は，教師にならないがよい．わたしたち教師が，他の人たちよりも，もっときびしいさばきを受けることが，よくわかっているからである．」（「ヤコブの手紙」）という記述がある．

先覚者の迫害は，さまざまな宗教・思想・学問・芸術に見られる．そのなかで精神の継承がなされるのは一種の奇跡といえる．ソクラテスは，青年を扇動した嫌疑をかけられて有罪判決を受けたが，悪法でも国法に従うとして死を受けいれ

た．弟子のプラトンは政治家への道を断念し，著述を進めるかたわら学園アカデメイアを開いて教育活動を展開した．プラトンは，こう記している．

> 「プラトンの著作なるものは何ひとつ存在しないわけだし，また将来も存在しないでしょう．そして今日プラトンの作と呼ばれているものは，理想化され若返らされたソクラテスのものに，ほかなりません．」（プラトン, 1975, 82頁）

プラトンの著作のほとんどはソクラテスを主人公あるいは語り手とする対話編で，どこまでがソクラテスの考えで，どこからがプラトンの考えなのか分からないほどに融合している．ソクラテスの周囲にはプラトンしかいなかったわけではない．林竹二は，プラトンのソクラテス像が後世に大きな影響を残したのは，プラトンには，ソクラテスの存在の深みに迫ろうという強い動機とそれに必要な能力があったからではないかと論じている．

> 「ソクラテスは死にました．が，死ぬことによってプラトンという魂を捉えて，その中に種子を蒔きつける結果を生んだ．この種子が発芽し，成長して，そこから多くの実が生じた．こうして生じたものは，プラトンのものである．と同時に，いったん死に，そして甦ったソクラテスのものでもあるわけでしょう．」（林, 1983, 15頁）

ソクラテスとプラトンの関係は，師弟関係の理想として語られてきた．しかし，それは弟子の自由な選択で成立したものである．ところで，ソクラテスがプラトンに贈与したのは何だったのだろうか．それは命の犠牲であり，死の贈与だった．これは究極の贈与だろうが，あまりにも重い．この重さを負担に感じて遠ざかった者もいたに違いない．

孔子がいう朋の存在も，常に楽しいことばかりではない．遠方から来る朋は他者であり，同じコトを学んだからといって，理解を共有できる保証はない．朋との関係にも何の葛藤もないわけではないだろう．自分が学習から得た喜びを贈与する．しかし，その贈与が相手に贈与として受けとられるかどうかは分からない．受けとるように指示することもできない．ここに贈与の限界がある．そして，教育という世界は常に外部世界との緊張関係におかれる．多くの場合，その緊張は学習者に理解されるわけではない．教育者は，みずからが抱える緊張を胸にしまっておかなくてはならない．

ここで，孔子が学習の喜びを語った直後に，「人知らずして慍みず　赤君子ならずや」と記しているのが目を引く．学習の喜びを朋と実現するべく努力しても，それが周囲に理解されるとは限らない．しかし，そうした無理解を恐れてい

ては何もできない．それを恐れぬ者こそ君子だという．ここには，学習の喜びを
贈与することに徹するという透き通った諦観が現れている．

こうした偉大な教師が抱えるような悩みは，世俗の教師には関係のないことだ
と思われるかもしれない．しかし，愛情を込めて育てたつもりの子どもが思わぬ
方向にいき，悩む親は数えきれない．研究と準備を重ねても児童生徒の反応が思
いのほか冷たく，自信を失う教師もいる．そして，ひとたび家庭や学校で問題が
起きれば，親や教師には厳しい視線が注がれる．

ここには，贈与がもつ二重の意味が関わっている．贈り物を英語でギフト
（gift）といい，ドイツ語ではジフト（Gift）というが，ジフトには「毒」という意
味がある．贈与は薬にも毒にもなるということだろうか．乳児は最初からステー
キを与えても食べられない．この意味では，いくらおいしいステーキでも，乳児
には毒である．しかし，生涯，お乳を飲んでいるわけにはいかない．消化する力
を高め，好き嫌いをなくしていくなかで，健康な身体は作られる．

贈与とは，受ける側が望むように与えられるとは限らない．むしろ，受けとめ
られないような贈与が到来することが少なくない．しかし，選り好みばかりして
いては，周囲から「任せられない」と思われ，チャンスを与えられることはなく
なってしまう．キャッチボールで球がきつすぎるのに腹を立ててやめてしまえば，
プレーは続かない．拾ってきて返球することでプレーは再開する．自分も速球を
投げられるようになり，速球をキャッチできるようになれば，キャッチボールの
醍醐味を自分のものにできる．そこに達するには，その時には自分の能力（abil-
ity）を超えていると思っても，応答（response）をやめないことしかない．もちろ
ん，毒でもなんでも受けとめろというのは乱暴な話である．しかし，責任を担え
るようになろうと思うなら，時として毒と思われるような贈与でも逃げるわけに
はいかないことがある．

12-1-3 ヤスパースの教師論

教師とはどのような存在なのかについては，さまざまな見解がある．ドイツの
哲学者カール・ヤスパース（1883-1969）は，教育をスコラ的教育，マイスター的
教育，ソクラテス的教育に分類した．

> 「スコラ的教育（scholatische Erziehung）．教師はただ再生するだけであって，自
> ら創造する研究者ではない．教材は体系づけられたものであり，権威ある著者と
> 書物とがあって，教師は個性的でなく他の誰かによっても代替のできる仲介者に

178　第Ⅰ部　「教育学の基礎」講義録

すぎない.」(ヤスパース, 1983, 18頁)

　ここで想定されているのは, 教会の強い影響力のもとにあった, いわゆるスコラ哲学者である. 中世の大学は, 教師が口述・注釈し, 学生はそれを筆記するという形式をとっていた. ヤスパースは, 神の代理人のような教師を没個性的であると批判している. しかし, 教会の父(教父)と称されるアウレリウス・アウグスティヌス(354-430)が言うように, 人間に知識を教える教師は神のほかにはいないのであるならば(230頁参照), 世俗的教師は個性的ではない方がよいということになる. 教師たちがそれぞれに勝手なことを言い出すと, 善悪の基準が曖昧になり, 「船頭多くして船山に上る」ようなことにもなりかねない. スコラ的教育は, 既存の知識の伝達が正確に行われるという点では優位性が認められる.

> 「マイスター的教育(Meistererziehung). 決定的となるのは没個性的な伝統ではなくて, 卓越した人物とみなされる一個人である. この人物に払われる尊敬と愛とは隷従的な性質のものである. 主従の隔たりを決定するのは程度の差異や世代の相違だけではなく, 質的差異でもある.」(同, 19頁)

　マイスターとは親方のことである. 親方には長い経験で培った独創性がある. 弟子はその芸や技術を見て学ぶ. ヤスパースは, この師弟関係が従属的であることを批判している. たしかに, 弟子が師匠に異議申し立てをするのは難しく, 非合理な措置がまかりとおる危険もある. とはいえ, 状況的学習論が示すように, この師弟関係が, その道に入った新参者に実際に技術を授けて自立させる力があることは否定できない.

> 「ソクラテス的教育(sokratische Erziehung). 教師と生徒はその精神からみれば同等の水準に立っている. 両者は理念上は自由であって, そこには固定的な教説は存せず, 限りない問いと絶対者は知られないという無知(Nichtwissen)とが支配する. ……教育は「助産婦的」(Maeeutische)である. すなわち, 生徒のうちにある諸力が生まれ出るように助け, 生徒のうちにある諸可能性が目ざまされるが, それも外から押しつけられてそうなるのではないのである.」(同, 同頁)

　ヤスパースは, ソクラテスとプラトンとの関係に教育の理想を見ている. 師匠と弟子は, ともに真理を探求する上では対等である. ただし, 師匠には弟子の探求を助力する術が備わっている. 弟子はそうした師匠に権威を認めて尊敬しようという思いをもつが, それはこの独特の師弟関係を壊してしまう. ゆえに, 「ソクラテス的教師は, 生徒を自分から突き放して彼自身に立ち帰らせ, 自らはパラドックスのうちに身を隠して, 生徒を自分に近よれなくする」(同, 21頁)という.

たしかに，ソクラテスは弟子たちに謎めいた問いを与え，自分で考えるように仕向けている（233頁参照）．こうした振る舞いは，禅師などにも見られる．

学校教師は，ヤスパースのあげた類型のいずれに属するだろうか．スコラ的教師になりやすい傾向があることは事実だろう．しかし，スコラ的教育にも知識や技術の形式的伝達において意義がある．スポーツや芸術の部活動などで，すぐれた指導力を発揮する教師は，マイスター的教師としての側面を表しているだろう．未来や生き方に悩みを抱えた児童生徒に接し，自分自身で何かを選び取らせるように働きかけることができた時，その教師はソクラテス的役割の何かを担ったといえるかもしれない．

12-2　学び続けるために

12-2-1　教師像の変遷

教職の位置づけは，聖職者，労働者，専門職の3つの側面から語られることが多い．

1881（明治14）年の「小学校教員心得」は，教師に「尊王愛国の志気」を持つように求め，教師を養成する師範学校の目的は「順良・信愛・威重」という気質を育むこととされた．学費が無料で全寮制の師範学校で育成される小学校教師は，貧しい家庭の子どもが就ける安定した職業だった．国家からの恩恵によって社会的安定を得た教師たちは忠誠と奉仕を求められ，教師の殉職は美談として語られた．

ドイツ語で天職を意味するBerufは「吹き込まれた」を意味する．仕事とは，神から与えられた（吹き込まれた）使命だった．こうした職業観にはたしかに非合理的な側面がある．しかし，そこで職業は，個人が自由にできることではなく，公的，さらには神聖な意味を帯び，高い職業倫理が導かれることにもなった．

前近代の日本には僧侶や儒学者のようなモデル的教師像があり，私塾や寺子屋の教師の活躍があった．そして，明治以降，多くの教師が献身的に働いたことで，聖職的教師像が一般化した．しかし，戦後になると，師範学校で形式的で一方的な教育が行われるなかで，権力に迎合しつつ自らは権威的になる面従腹背的なメンタリティー（師範タイプ）が育成されたのではないかという批判が高まった．

第2次世界大戦後には，労働者としての教師という主張が現れた．民主化の過程で教師に労働者としての権利が認められるようになり，それとともに労働に人間としての価値を見出す社会主義が一定の支持を集めた．1960年代には教員組合

運動が高まり，教師の労働条件の充実が訴えられた．戦後の人口増にともなって教員採用は大幅に増加した．教員養成制度も改革され，大学で教職課程を履修すれば教員免許を取得できるようになった．当時，経済発展のなかで労働需要は高く，まだ処遇が恵まれなかった教師は，「先生にでもなるか」，「先生にしかなれない」などと言われ，必ずしも人気のある職業ではなかった．その結果，たしかな動機もなく教師になる「でも・しか教師」が増えたとされた．

　ただ，労働者的教師像においては，労働条件の改善ばかりが訴えられたわけではない．朝鮮戦争の危機に直面した1951（昭和26）年，戦時中，教師が戦争に加担して多くの教え子を死に追いやったという反省から，日本教職員組合（日教組）は，「教え子を再び戦場に送るな」とのスローガンをかかげ，翌年，「教師の倫理綱領」を発表するなど，平和教育運動を進めた．

　1966年，国際労働機関（ILO）とユネスコが「教師の地位に関する勧告」を発表し，「教育職は専門職としての職務の遂行にあたって学問上の自由を享受すべきである」とされた．これ以降，教師は，高い教養と能力を備えた専門職と見なされるようになった．専門職といえば，医師・薬剤師・弁護士・公認会計士・税理士等があげられるが，ILOの勧告以降，教育問題が多様化・複雑化するなかで，教師には専門職としてどのような資質や能力が求められるかが問題となった．教育学者の佐藤学（1951-）は，アメリカの哲学者ドナルド・ショーン（1930-97）の見解を参照し，複雑で不確実な状況への臨機応変な対応が求められる教師は，行為の中で省察することで熟練される反省的実践家（reflective practitioner）としてとらえられるべきであると論じた．

　文部科学省の教育職員養成審議会（教養審）は，1999（平成11）年の答申で，教員に求められる資質能力を，いつの時代にも求められる資質能力，今後に求められる資質能力，ライフステージに応じて求められる資質能力に区分して示し，教員の養成・採用・研修の改革が進められた．2006（平成18）年に改定された教育基本法には，教員について次のように定められた．

　　「法律に定める学校の教員は，自己の崇高な使命を深く自覚し，絶えず研究と修養に励み，その職責の遂行に努めなければならない．
　　2　前項の教員については，その使命と職責の重要性にかんがみ，その身分は尊重され，待遇の適正が期せられるとともに，養成と研修の充実が図られなければならない．」

　2015（平成27）年の中央教育審議会答申「これからの学校教育を担う教員の資

質能力の向上について～学び合い，高め合う教員育成コミュニティの構築に向けて～」では，「使命感や責任感，教育的愛情，教科や教職に関する専門的知識，実践的指導力，総合的人間力，コミュニケーション能力等」が「教員として不易の資質能力」として求められるとともに，「自律的に学ぶ姿勢を持ち，時代の変化や自らのキャリアステージに応じて求められる資質能力を，生涯にわたって高めていくことのできる」「学び続ける教員像の確立」を重視している．

　教員に求められる責任と役割は大きい．法令を遵守（コンプライアンス）し，公私を峻別できなければならない．また，仕事が増大するなか，事務作業を効率的に進めるスキルなども従来以上に求められるようになっている．他方，「教職はブラックだ」という風評が高まって教職の魅力が低下すれば，意欲の高い志望者を確保できなくなるのではないかと懸念されている．第3期教育振興基本計画でも，「献身的教師像を前提とした学校の組織体制」を見直す必要が示されている．

12-2-2　責任としての仕事

　将来が見通せない不確実な時代，キャリア教育が重視されるようになった．そこでは，将来への目標を掲げ，高い意欲をもって困難を乗り越えたサクセスストーリーが語られている．ピアジェ的に言えば，「やりたいことを見つけて，それを実現できれば幸せだ」というシェマの形成が図られている．しかし，仕事は「やりたい」というだけで「やれる」ものだろうか．

　第1に，どんな仕事も心から「やりたい」と思える部分は限られている．多くの場合，やりがいのある仕事を任せてもらえるまでには相当な下積み期間が必要だ．それを過ぎても，1つひとつの仕事を成し遂げるには入念な準備が欠かせない．とくに，人間関係の調整に相当の労力を割かなければならない．「やりたい」仕事に就けても，「やりたい」ことはその仕事のごく一部にすぎない．

　第2に，「やりたい」という場合，その気持ちが本物なのかという問題がある．たしかに，1度立てた目標を貫き，苦労や犠牲を厭わない者もいる．そうしたタイプを「強い個人」（resilient individual）というが，そのような人間は実はそう多くない．「強い個人」をモデルにしてよいものか，考える必要がある．実際，キャリア教育では，「やりたいことが見つからない」という声が多く出る．

　しかし，「やりたい」ことが見つからないからといって，何もしないわけにはいかない．そこで自分には何が「やれる」かを考える．どんな仕事でも，「やれる」のでなければしょうがない．かりに「やりたい」仕事に就けても，「やれる」のでなければ話にならない．「やりたい」ばかりにその職に就いても，能力が伴

わないとみじめなものである．適性があるかどうかは，たしかに進路を決める際の大切な基準だろう．とはいえ，今の自分がその仕事において「やれる」ことは限られている．だから，ここでいう適性というのは，現在の時点での見通しや可能性のことである．しかし，自分の適性を見定めるのは容易ではない．まず，その仕事をよく知ることは欠かせない．しかし，どんなに調べても，その仕事の長所短所について，仕事に就く前にすべて分かるわけがない．「分かったらやる」という学生がいるが，いつまでも最初の一歩が踏み出せない典型的なタイプである．「分かりませんけど，教えてもらいながらやってみます」というのが正しい．もし，「分からないから面白そう」と思えたら大したものである．

こう考えると，「やりたい」という動機や「やれる」という能力だけからキャリアを考えるのは妥当ではないということになる．実際に仕事に就いたとして，「やりたくない」から「やらない」，「やれない」と思ったら「やらない」ということで通じるだろうか．多くの仕事は他者と協力して行われるが，そのときの気分で休んだり手を抜いたりするようでは，仕事に穴をあけ周囲に迷惑をかける．そんな人間が，まともな仕事を任せてもらえるわけはない．仕事とは，やりたくなかろうが，できなさそうだろうが，いったん引き受けた以上は「やらなきゃならない」ことなのである．仕事とは責任を果たすことである．灰谷健次郎は『天の瞳』で，主人公の少年・倫太郎の祖父に，こう語らせている．

> 「仕事というもんは，これまで，いろいろなことを学ばせてもらったお礼であるから，いつも人の役に立っているという心棒がなかったら，その仕事は仕事とはいわん．ただの金儲けと仕事は区別せんといかん．……仕事は深ければ深いほど，いい仕事であればあるほど，人の心に満足と豊かさを与える．人を愛するのと同じことじゃ．ひとりの人間が愛する相手は限りがあるが，仕事を通して人を愛すると，その愛は無限に広がる．」（灰谷, 1999, 120頁）

人を好きになると，相手の関心をひこうとして，私たちは，どんな言葉をかけようかとか，相手の好みは何とか，いろいろ考える．頭を使う．しかし，それが苦労＝労働だとは思わない．「仕事は恋愛のようにはいかない」という声もあるかもしれない．しかし，そこには想像力の貧困がある．灰谷は，「仕事を通じて人を愛する」と記しているが，言い換えれば，仕事の向こうに人の生活があるということだ．仕事と恋愛は違うというのは，このことが想像できないのである．

もっとも，あらゆる仕事の向こうに人の生活があるとはいえない．いくら想像力をたくましくしても，その仕事をとおして人の喜んでいる顔が浮かんでこない

ような仕事もある．そんな仕事は，どんなに楽で収入が多くても，就くべきではない．しかし，自分がその仕事に身を入れてとりくんだ結果が，いつかどこかの誰かが喜んでくれる姿を想像できるなら，その仕事から逃げるべきではない．世の中にはさまざまな仕事があるが，教育的な仕事は眼前に生きた人間がいる．結果が出るまで時間がかかることもあるが，反応はリアルタイムで返ってくる．没入するのに悔いのない仕事ではないだろうか．

12-2-3　能動的な受動性

教育が与える行為であるというのは当たり前のことである．しかし，私たちが，その意味を受けとめられるかどうかは考えてみる必要がある．というのは，消費社会化が私たちに大きな影響を与えているからである．ほぼ1950年代まで，日本の子どもにとって家の仕事を手伝うことは義務といってよかった．「子どもの社会的活動への参加は，まず労働主体として自分を立ち上げるというかたちで進められた」のだった（内田, 2009, 45頁）．しかし，その状況は，1960年代末頃から変化した．教育関心が高まり，親は子どもに家事手伝いよりも塾に通うことを求めた．そして，少子高齢化の進行によって，子どもは物心がつくかつかないうちから父母と両親の祖父母の6人の大人から，下手をすれば本人が望んでいなくても物を与えられるようになった．シックスポケッツと言われる状況である．与えられる物も，ゲーム機のように受動的に遊ぶことのできる代物になった．

歴史的に見て，消費というのは，特権階級をのぞけば，生産に対する報酬を得てはじめて可能であった．しかし，現在の子どもたちは，無条件に消費することが許されている．子どもたちは，王子様，王女様として大きくなってきたといえる．王子，王女の仕事は生産ではない．消費である．そうして大きくなるにつれて，消費者としての構えが身体化されていく．心地よく受動的に消費できない物事は苦痛であると見なされるようになる．消費的な構えが浸透すると，苦痛（骨折り）は無条件に悪である．骨折り（labor）としての労働は，「できればしないで済ませたいが，やらざるを得ないこと」ととらえられる．学習はさらに低く位置づけられているかもしれない．義務教育段階では学校に行かなくてはならず，学歴社会では，とくに学

シックスポケッツ

習の動機がなくても高校や大学に進学するように仕向けられる．しかし，学校ではアルバイトのように報酬が与えられるわけではない．学習が労働以下の苦痛と見なされてしまうと，教師がどれほど工夫しても，教室には不機嫌なオーラが漂うことになる．そこで学ばれているのは学習内容ではなく，苦痛な時間をやり過ごす術なのかもしれない．

教育や労働の現場では，できるだけ少ない努力で一定の成果を得ようという雰囲気が蔓延し，望まれる結果に対して常にそれを下回るパフォーマンスしか出せないアンダーアチーバーの増加が問題になっている．ギリギリになるまで手をつけず，ギリギリの結果でクリアするという行動パターンが一般化している．これは個人の問題にとどまらない．アルバイト先で「自分は時給ギリギリしか働きません」という者が1人いるだけで，雰囲気は悪くなり，モチベーションは下がり，生産性は急落する．教育的な役回りを果たそうとするなら，アンダーアチーバー的な傾向は少しでも克服する必要がある．というのは，教育では急遽の対応が迫られる事態が常に起こるからである．その際に余力がなかったら十分な対応はできない．

家で育てているプチトマトが豊作になれば周囲におすそわけができるように，贈与とは余力があってできることだ．ゆとりがないのに自己犠牲的に与えることもできなくはない．それは美しい行為かもしれないが，長くは続かない．また，ゆとりがないのに与え続けると，燃料を使い果たすように燃え尽きることにもなりかねない．教師の仕事に限らず，労働現場では「バーンアウト」（燃え尽き）が問題になっている．贈与は，剰余を生み出す達成があってこそ継続できる．

アンダーアチーバーの対極にあるのは，直面する課題を常に高めにクリアできるオーバーアチーバーである．オーバーアチーバーなら，教育的な役回りを継続的に喜びをもって果たし続けることができそうだ．オーバーアチーバーは2つのグループに分けられそうである．ひとつは，努力して課題にとりくむタイプである．真摯な姿は美しいが，やや疲れているように見えることがある．他方，それほど苦しそうに見えずに課題を果たすタイプがいる．両者の違いはどこにあるだろうか．幸田露伴は，『努力論』にこう記している．

> 「努力して居る，もしくは努力せんとして居る，ということを忘れて居て，そして我が為せることがおのずからなる努力であって欲しい．そうあったらそれは努力の真諦であり，醍醐味である．」（幸田, 2001, 25頁）

後者のオーバーアチーバーでは努力が習慣化されているのだろう．しかし，一

挙にその段階には到達できない．あらゆる習慣は繰り返さないと身につかないからである．ゆえに，後者のオーバーアチーバーに至るには，失敗や自己嫌悪を繰り返しながら前者の段階を経なければならない．その過程では，仕事をとらえるシェマの転換が生じるに違いない．

　仕事は，英語では，work，job，labor，business，service などと表現される．labor には，できればしないで済ませたい苦行という意味がある．Business はbusy「忙しい」の名詞形である．「忙」には，仕事に追いまくられて心を失っているイメージがある．私たちは，ややもすれば仕事を labor や business ととらえてしまう．これらに対して，service は，サーブ（serve）という動詞からできている．サーブとは，テニスなどのサーブだが，本来は，仕える，奉仕する，尽くすという意味だ．字義的にいえば，テニスのプレーヤーは，サーブをするとき，テニスという競技に「仕えている」．仕える人を意味するサーバント（servant）は召使と訳される．しかし，選手のことを誰も召使だとは思わないだろう．召使どころかスターである．というよりも，その試合に召使のように仕える姿がプレーヤーをスターにしているだろう．サービスは自分が直面している「事」に「仕える」という仕事という言葉の意味に一致している．

　サービスは能動的な行為だが，目前の課題に素直に対処する受動的な行為でもある．この受動性は，教育的な責任において本質的である．教育者は時として不測の事態に巻き込まれ，その際の応答能力（責任）を問われる．児童生徒がいつどこで危機に遭遇するかは予想できない．そもそも予想できるようでは，それは危機とはいわない．教育者にできることは，危機に備えることである．危機へのレディネスといってもよい．子どもが危機に遭遇したとき，駆けつけて寄り添い，真摯に関わることができたら，大きな力になるに違いない．とはいえ，危機に備えることは容易ではない．他者の危機に備えるには，常にスケジュールを変更する用意と余裕がなければならない．教育者には医師や看護師のような受動性が求められる．医師や看護師は，常に危機に対してスタンバイ状態である．それは受動的であるための能動的な努力である．スタンバイするためには，日常的な努力がいる．たとえば，健康管理が欠かせない．いくら駆けつける気持があっても，体調不良では困難だ．家族の人間関係も重要だ．教師の家が家庭不和では，児童生徒の危機に備える心構えは持ちにくい．

　能動的な受動性は，知識や経験を積んで得られるとは限らない．知識や経験が豊富でも，それらに依存するあまり，自己と周囲を大きく変えるかもしれないチャンスを，「意味がない」，「自分には関係ない」と判断してとり逃してしまう

こともある．何かを学び始めたとき，私たちは知識や経験がないために失敗する．しかし，それによって何かを得ている．能動的な受動性は，自己への過信にも不信にも陥ることなく，学び始めた時のような素直さに自身をリセットできることで得られるのではないだろうか．

投稿日：7月14日（土）

12-3 変毒為薬

　ケイです．講義録のアップ，お疲れさまでした．これで終わりかと思うと寂しいです．
　教育とは贈与であるというのは，教育者が自己責任で引き受ける限りで意味があると思います．国や社会が親や教師に贈与を要求するなら，それはかつての聖職的教師像そのものです．教師の働き方改革や献身的教師像の見直しが進むのを期待しています．
　しかし，私は，教育者が個人の内面の問題としてどういう構えを持つかを考えることは不可欠だと思います．とくに，時には毒としてもたらされる贈与にどのように向き合うべきかというのは，教育者がその責任を果たし続けるための重要なポイントでしょう．心理学者の市川伸一（1953-）は次のように書いています．

　　「世の中には，いったいなぜこんなたいへんなことをやっているのかと思えるようなことでも耐えられる人がいます．『あの粘り，がんばりはどこから来るんだろう』と感心することがあります．私はそういう人たちを見ていると，二つのことを感じることがあります．一つは，『これは自分たちに与えられた試練なんだ』と考える人たちがいるようです．……もう一つ，鉄のような意志をもった人に感じるのは，『使命感』というのか，『自分がここでがんばることが他の人の気持ちに報いることになっている』『みんなのためにも，自分がこれを成し遂げなくては』という考え方です．」（市川, 2001, 222-223頁）

　ここで言われている大変なことというのは毒としての贈与と読み替えてよいでしょう．困難を避けたいのは人情ですが，それらの困難をあえて引き受けるタイプの人がいます．そうした人々は，困難を試練と受けとめたり，困難を克服することを使命と見なしたりしているというのでしょう．しかし，それは周囲から見れば困難や不運にしか見えないわけです．困難が試練であり，乗り越えるのが使命だというのは，見方によってはやせ我慢のようにも思えます．いずれにしても，試練だとか使命だとかいうのは，客観的な事実ではなく，事実に対する主観的な解釈です．それは非合理な信念といってもよいでしょう．
　しかし，非合理だから無意味だとはいえません．社会学者のロバート・マートン

（1910-2003）は，根拠のない思い込みであっても，信じて行動することでその通りになってしまう「予言の自己成就」という現象を研究しました．キリスト教には，被抑圧者には彼らが直面している苦難を除去するための使命が与えられているという「苦難の神義論」という教えがあります．また，仏教にも「変毒為薬（毒を変じて薬と為す）」という教えがあります．一見すると毒としか思えないような出来事を薬として活かすという意味ですが，やせ我慢ではなく困難をそのように受けとめられるなら，それは能動的な受動性といえるでしょう．

　そして，こうした心持ちは特別な才能に恵まれた人だけのものではありません．2011（平成23）年の東日本大震災に遭われた方が，「得難い経験をさせてもらった」と語っていました．震災は明らかに毒としての贈与です．しかし，それによって人間どうしの絆や地域社会の大切さを再認識され，震災を贈与として「もらった」と言われているのです．人間は，ホモ・サピエンス（知恵のある人），ホモ・ファーベル（工作する人）などと定義されますが，ホモ・パティエンス（苦しむ人）という定義もあります．「得難い経験をさせてもらった」という言葉は，苦を受けとめる感受性から出てくるのでしょう．この感受性は誰にでもあるはずです．

投稿日：7月15日（日）

✒ 学習を深めるための課題

・教師論の変遷についてまとめてみよう．
・教師像の変遷について，教師が登場する小説・テレビドラマ・アニメなどをとりあげて考えてみよう．
・教育が贈与であるとはどういう意味であるか考えてみよう．

📖 引用文献

パトチカ，ヤン『ヤン・パトチカのコメニウス研究　世界を教育の相のもとに』相馬伸一編訳，九州大学出版会，2014年．
プラトン「第二書簡」，長坂公一訳『プラトン全集』14，岩波書店，1975年．
ヤスパース，カール『教育の哲学的省察』増淵幸男訳，以文社，1983年．
市川伸一『学ぶ意欲の心理学』PHP研究所〔PHP新書〕，2001年．
内田樹『下流志向　学ばない子どもたち　働かない若者たち』講談社〔講談社文庫〕，2009年．
灰谷健次郎『天の瞳』幼年編①，角川書店〔角川文庫〕，1999年．
林竹二『若く美しくなったソクラテス』田畑書店，1983年．
『論語』増補版，加地伸行全訳注，講談社〔講談社学術文庫〕，2009年．

📚 参考文献

ニーチェ，フリードリヒ『ツァラトゥストラはこう語った』上下，氷上英廣訳，岩波書店〔岩波文庫〕，1967年．

モース，マルセル『贈与論 他二篇』森山工訳，岩波書店〔岩波文庫〕，2014年.
ショーン，ドナルド『専門家の知恵——反省的実践家は行為しながら考える』佐藤学・秋田
　　喜代美訳，ゆみる出版，2001年.
佐藤学『教師というアポリア——反省的実践へ』世織書房，1998年.

13 意表を突く展開

「教育学の基礎」の講義も終わりに近づき，後半 5 回分の範囲で試験が行われ，解説のあとに全体の講評と振り返りがあって終わった．ブログまでアップしたし，かなりできたと思うし，Ｓを出してもらえるだろう．

春学期の試験期間が始まるが，1 日くらいはいいだろうと思い，週末，数カ月ぶりに祖父を訪ねることにした．そこで，……．

はめられていたのか？──7 月 21 日（土）17時30分．

祖父の家に着くと，玄関に男物の革靴があった．来客が「教育学の基礎」の教授なのは，少し高めの声ですぐにわかった．一瞬，帰ろうかとも思ったが，父からの差し入れもあったので，そうもいかない．居間の障子を開けると，教授が振り返り，少し悪戯っぽい表情を浮かべて言った．

「いらっしゃい．いや，黙っておく気はなかったんだけどね．君のおじいさんとはご縁があってね．春学期が終わるので，連絡をとったら，会いましょうってことになってね．」

テーブルをはさんだ祖父はニタニタ笑っている．

「開は人見知りするタイプじゃないから，ちょっとサプライズってことになったんだ．まあ，座りなさい．」

あいさつをして座ると，祖父が言う．

「若い頃に日本人学校に勤めてたことは，たまに話してるだろう．その時，研究のためにあとから来られたのが先生だったんだ．もう30年以上になりますねえ．」

祖父は，1980年代の終わりに日本人学校の教師を経験した．赴任先はチェコスロヴァキアの首都のプラハだった．祖父からは，「自分は歴史の転換点に立ち会えた」と耳にタコができるほど聞かされていたが，祖父が赴任して間もなく大きな政治の激動が起き，チェコスロヴァキアでは1989年の11月に40年以上続いた社会主義政権が崩壊した．父は，祖父の勤めた日本人学校の小学部に通っていた．よく思い出話をしてくれて，高校に合格した時に家族で旅行した．

冷戦の終結は，ルーマニアでは大統領が殺害されたりしたように，すべて平和に進んだわけではない．ただ，チェコスロヴァキアではほとんど流血騒ぎはないままに体制が変わったというので「ビロード革命」と呼ばれている．チェコスロヴァキアはチェコとスロヴァキアの連邦だったが，革命の3年ほど後に分離した．それもあまり激しく対立しなかったので，「ビロード離婚」と呼ばれた．現在のチェコは人口約1000万で，ヨーロッパの旧社会主義国のなかでは経済は好調で，観光資源にも恵まれているので一番発展している部類に入る．

「ケイ（啓）先生には本当にお世話になったんだよ．日本人学校の赴任は3年で，先生は先に行かれていて，いろいろ知っておられた．奥様のキノコ鍋はおいしかったですねえ．」

「留学で来られた先生が1年で帰国されて，その1年後に私も日本に戻りましたが，年賀状のやり取りくらいで，すっかりご無沙汰してしまいました．こちらに移ってこられたと知って，びっくりしました．」

「いや，いろいろ考えまして……．しかし，こういうご縁があって，先生とお会いできたんですから，これもひとつの意味なんだと思いますね．」

「開．おまえのブログのこと，先生はほめておられたぞ．先生と再会できたのも，おまえの仕事のおかげだし，なんか嬉しいよな．まだ一緒に酒は飲めないが，今日はつき合ってくれよ．」

祖父はもうできあがっている．教授はあまり酒が強くないようで，もう顔が赤い．なんだこの空気は……．

理論と実践──同日19時．

2人はプラハの思い出を話したいのだろうに，僕に気を遣っているのか，「教育学の基礎」の復習をしている．教授が研究室で言っていたことを繰り返す．

「ケイ先生からの書き込みは，なかなかきつかったですよ．ただ，教育現場にいた人は，私のような教育の思想や歴史の研究を専門にしている人間の考えていることを頭から抽象的・理念的・無意味と切り捨てる傾向があるんで，先生の書き込みはありがたかったです．」

「私は，学部が文学部で哲学や文学が好きでしたから，教師になっても，実践一辺倒の教師からは敬遠されていましたからね．メンタリティーは先生に近いと思いますよ．」

「ケイ先生が，伝統的な学習の大切さや学校はその学習の場であると力説して下さったのは我が意を得たりで，先生の書き込みを読んだ夜は，ついつい晩酌が進

みました.」

「あの内容を盛り込まれるのは大変だったと思います. 最初のアップに書きましたが, 教育学の基礎分野の研究がずいぶん拡散しているのは私も知っていました. 先生は, 教育哲学のあり方に懸念をお持ちなんですよね.」

　酒が強くない教授は, テンションがもう高い.

「批判して覆せるほどの意欲も力もありません. 17世紀のコメニウスに魅せられてしまって, フィールドも外国な上に, アメリカ, イギリス, ドイツのような大国でもないですしね. ただ, こういうことは謙遜で言っているのに, 理解者であるべき大学関係者が, 嵩にかかって「そんな昔の外国のことを調べて何の意味があるんですか」, 「研究に逃げられていいですねえ」なんて平気で言ってくるんで, もう謙譲の美徳は捨てることにしました.」

「先生, 今日はどうか, お好きなように盛り上がってください. 開への教育的配慮は無用ですので. こいつの父親, まあ私の息子ですが, 教育現場におりまして, 家ではけっこう愚痴ってるようで, 免疫はできていますので.」

「物事を見るには自分がよって立つポイントを決めないとユニークな見方はできないですが, それには距離感が必要だと思うんです.「木を見て森を見ず」って言いますが, 自分たちが直面している状況に距離をとれるようになるには, 過去とか遠く離れた環境に支点をおくのが有効だと思うんです.」

「先生のおっしゃることはよくわかります. 先生が言っておられるのは, 先生が研究されているコメニウス自身にもあてはまるのではありませんか.」

「そのとおりです. コメニウスの時代は, 教育の技術がそれほど発達していなかったこともありますが, 彼は, 過去に参照することをとおして彼の時代をいかに生きるべきか考えたわけです. 彼は, 自分の抱えた問題を心理学的でもなく社会学的でもなく, いわば歴史学的に乗り越えようとしたわけです.」

「コメニウスが過去のさまざまな知識を振り返ったのは, 理論的な関心もなかったわけじゃないけれど, 実践的な関心がしっかりあったということですよね.」

「そのとおりです. ですから, 別にコメニウスに義理立てするわけじゃないんですが, 思想や歴史の研究は理論的に進めながらも, 実践に対して何が言えるかについても無関心じゃいけないと思っています.」

「しかし, そういうスタンスってなかなか理解が得られないでしょう.」

「アカデミックなことにこだわる学者は実践的なことを発言するのを軽蔑しますし, 逆に実践に奉仕するのが仕事だっていう学者も増えていて, そちらは思想や歴史の研究なんて意味がないと思っている人もいますからね.」

実践と応用──同日20時.

「開, いい歳の男が勝手に盛り上がってすまんな. 割り込んでいいんだぞ. 先生,
こいつは意外に話し相手になるんですよ.」

「ええ, 逸材だと思いますよ. 開君のブログは周りの学生たちの刺激になったと
思いますよ.」

　黙って聴いていてもいいのだが, 役割を取得してやろうなどと思ってしまう僕.

「理論と実践の両方が大切っていうのは, よく聞く話ですよね. 理論を実践に適
用して, 実践で生じた反省に基づいて理論を補強する. このサイクルを繰り返せ
ば, 実践が確実になるっていうことですか.」

　祖父が言う.

「講義でも触れられていたPDCAのスパイラルアップなんかは, そういう流れだ
よな. しかし, 実際にはなかなかそうならないことが多いんだよな.」

「コメニウスは, まさにそこに関わることを考えていたんですよ. 彼は, 理論を
実践に適用するのでは, まだ完成ではないと言っています. 理論と実践のあとに,
「応用」という段階に行けば理想だと言っています.」

「実践って理論を応用することじゃないんですか.」

「いい質問だね, 開くん. コメニウスがいう応用っていうのは, 理論を実践に適
用した結果をもとに, それをさらに関係ないと思われるようなことにまで適用す
ることをいうんだ.」

「ちょっとピンとこないですね.」

　祖父が口を挟む.

「私に言わせてください. 世の中にはいろんな仕事をしている人がいますね. そ
こでは理論が実践に移されているわけです. それをうまく繰り返していれば, そ
れぞれの仕事はそれなりに発展していくでしょう. でも, 悪く言えばそこで終
わってしまいます. そこで, ある仕事で得たノウハウを異業種に適用しようとし
ます. それはうまくいかないこともあるかもしれません. でも, うまくいけば大
きな革新が起こるはずです. コメニウスのいう応用というのは, こんな意味でと
らえられるんじゃないですか.」

　祖父に先を越されて悔しいが, とりあえず一言だけ割り込む.

「コラボですね.」

　グラスをあけた教授が返す.

「応用を人間関係や社会関係でとらえれば, コラボはそのひとつのかたちといえ
ますね. ただ, コメニウスのいう応用は個人の内面でも起こると思います. 仕事

で得たノウハウを家庭に適用するとか，一見すると関係ないと見えることどうしを関連づけようというのが応用だといえます.」

「イノベーションなんかは応用ってことですか.」

　速攻で渋い顔になった教授がすぐに返してきた.

「講義でも話したけど，ピアプレッシャーや消費社会化のなかで，日本人はデフォルトが極端な受け身になっています. そこを問題にしないで，お互いを尊重すれば何か今までにないアイディアが出てくるっていう話には，私は懐疑的なんですよ.」

　祖父がうなづきながら言う.

「先生がおっしゃることは，私も教育委員会にいた頃に嫌というほど経験しました. コラボって簡単に言うのはやめてもらいたいですよね. 開，だいたいコラボってどういう意味だ.」

　いつもの祖父の振りだ.

「コラボレーションの略でしょ.」

「語源は.」

　教授が口を挟む.

「まあ，先生，授業じゃないですから.」

　ここで力を見せないと意味がない. 僕は英語はできる方なんだし.

「コ（co）は一緒に，ラボ（labor）は苦労するっていう意味だよね.」

「ってことは.」

　僕が黙っていると祖父が言った.

「コラボっていうのは，「共に苦しむ」ってことだ. つまり，ある課題をめぐってぶつかりあったりすれちがったりしながら，何とか一緒にやるってことだ. ニコニコ笑って答えが出てくるような安っぽいもんじゃない.」

　今度は祖父の声がきつい. また，現職時代の嫌な思い出が蘇ったんだろう.

それって応用？──同日21時.

　祖父が言った.

「開が先生の講義をブログにアップしたおかげで，先生と私は再会できて，他の受講生の勉強にもなったっていうのも，いえば応用のかたちですよね.」

「ええ，そうだなと思って，私は嬉しいんです. 今日はそのお礼もあって伺ったんです.」

「でも，これで終わってしまうって，暇な私にはちょっと寂しいんですよ. もう

ひとひねり何か応用できませんか. いや, ご迷惑になってはいけないんですが.」

　こういう時は, ふつう沈黙が支配するものだろう. ところが, 教授はちょっとだけ間をおくと, まるで提案を用意してきたかのように話しだした.

「ケイ先生がとてもお元気そうなんで, ダメ元で言ってしまいますが, この夏, ヨーロッパに出かけて教育思想史関係のスポットを回るんですが, 何でしたらご一緒されませんか.」

　こういう時は, ふつうは沈黙がしばらくあるものだろう. しかし, 祖父の返事は早かった.

「ぜひご一緒させてください. 私がプラハに赴任していたときは, チェコスロヴァキアは社会主義国で, 入国が楽じゃなかったですが出国も大変で, 3年の間, あまり動くことができませんでした. 学生時代に学んだ教育思想史のスポットを訪れて, 専門家の解説つきで復習するなんて, こんな贅沢なことはないですよ.」

「ケイ先生の決断が速いのはプラハでお会いした時から知っていましたが, お歳を召されてさらにスピードアップですね. いや, 嫌味じゃありません.」

　祖父はプラハ時代を思い出したのか大声で笑った. そして, 茶目っ気たっぷりの表情で言った.

「先生, では決まりました. 行きましょう. 日程はお任せします. よろしくお願いします. 今日はお泊りいただいてもと思ったのですが, ここでお開きでよろしいですか. 旅行中はどうせずっと一緒になるわけですし, 何しろ早速準備を始めなければなりません.」

＊＊＊

　30分後, 教授と僕は終バスに乗っていた. 教授は, モバイルを開いて旅行の計画を祖父に送信し, 同じホテルが取れないか英語でメールを書いている. 教授は, 僕より4つ手前の停留所で降りた. 降り際に教授は言った.

「開くん, 遊びに行くんじゃないよ. この旅行はコラボなんだ. ニコニコした予定調和的な旅じゃないよ. その成果は秋学期に還元するよ. 「入門ゼミ2」も私のクラスだったね.」

＊＊＊

　それから2週間ほどして, 2人は, イタリアのローマに降り立ち, スイス, ドイツ, フランス, イギリスを3週間で縦断する弾丸ツアーを敢行した.

ヨーロッパの教育思想史関係地図

○イギリス
ウィンチェスター（パブリックスクール）
オックスフォード，ケンブリッジ（中世大学）
ヒッチン（モニトリアルシステム）
ニューラナーク（オウエンの性格形成学院）

○イタリア
フィレンツェ（ルネサンス中心地）
ボローニャ（中世大学）
ローマ（キケロ，セネカ，モンテッソーリ等）

○オランダ
ナールデン（コメニウス埋葬地）

○ギリシア
アテネ（ソクラテス，イソクラテス，プラトン，アリストテレス）

○スイス
イヴェルドン（ペスタロッチの学校）
ザンクト・ガレン（修道院）
チューリッヒ（ペスタロッチ生誕地）

○チェコ
南モラヴァ（コメニウス生誕地）

○ドイツ
アーヘン（カロリング・ルネサンス）
カイルハウ（フレーベル）
ハレ（敬虔派中心地）
フランクフルト（ゲーテ生誕地）
ベルリン（フィヒテ，フンボルト，ベルリン大学）
マインツ（グーテンベルク生誕地）
マウルブロン（ヘッセが通った神学校）

○フランス
シュノンソー（ルソー）
パリ（中世大学，啓蒙主義，ルソー）
モンモランシー（ルソー）
モン・サン＝ミッシェル（修道院）

○ロシア領
カリーニングラード（ケーニヒスベルク）（カント，ヘルバルト）

教職課程コアカリキュラム対応表

　ここでは，本書第1部「教育学の基礎」と文部科学省「教職課程コアカリキュラム」（2017（平成29）年11月）との対応関係を示しています．学習の参考にしてください．

（1）1）教育学の諸概念並びに教育の本質及び目標を理解している．
○教育の基本的な定義：*2-2-1, 2-1-3*
・教育の語源・字義：教育の語義，educere（連れ出す・外に導き出す），助産術（ソクラテス），パイデイア，pedagogy
・教育の定義：プラトン，アリストテレス

○教育観の分類：*2-1-2, 5-1-1, 5-1-2*
・年齢段階：幼児教育，初等教育，中等教育，高等教育，生涯学習（生涯教育）
・教育の場：家庭教育，学校教育，社会教育
・教育機会：性，階層，民族，宗教，思想信条・障害の有無を超えたあらゆる者への教育，世界人権宣言
・教育の実施主体：公教育と私教育，旧教育と新教育，児童中心主義
・教育内容：普通教育，一般教育，専門教育，教科
・教育目的：人間形成，社会発展，国家主義（共同体主義），自由主義
・教育方法：個人指導，集団主義，一斉授業，アクティブラーニング，消極教育（ルソー，『エミール』）
・形式的教育と非形式的教育：デューイ，隠れたカリキュラム（潜在的カリキュラム）

○教育学の流れ：*1, 2-2*
・コメニウス：近代教育学の祖，『世界図絵』，『大教授学』
・カント：『教育学講義』
・ヘルバルト：教育学の規範的性格，教育的教授，多面的興味，専心と致思
・ヘルバルト派：ツィラー，ライン，5段階教授法
・ナトルプ：社会的教育学
・精神科学派：ディルタイ，ノール，シュプランガー，リット，フリットナー，ボルノー，ランゲフェルト
・フランス，アメリカ：デュルケーム（社会化），デューイ（経験主義，問題解決学習）
・心理学の影響：ピアジェ，ブルーナー，スキナー，ヴィゴツキー
・教育への批判：イリッチ

○教育の目的・目標：*10-1, 10-2, 11-2-1*
・行為との関係：ウェーバー，ハーバーマス
・時間との関係：未来主義（コメニウス），現在主義（ルソー）
・社会との関係：個人主義・功利主義（被仰出書），国家主義（教育勅語，国民学校令，期待される人間像）
・人間形成との関係：堅固な道徳的性格（ヘルバルト），成長（デューイ），人格の完成（教育基本法）
・教育基本法：知識・教養，真理を求める態度，豊かな情操，道徳心，健やかな身体，自主及び自律の精神，勤労を重んずる態度，正義と責任，男女の平等，自他の敬愛と協力，公共の精神，生命の尊重，自然・環境の保護，伝統と文化の尊重，国と郷土を愛する態度，他国を尊重する態度

・生きる力：生きること（ルソー），生活が陶冶する（ペスタロッチ），生活すること（デューイ），生きる力（1996年中教審答申）

○教育の必要性と可能性：*3-1, 3-2, 3-3*
・教育史上の言及：コメニウス，ロック，カント
・世界開放性：2足歩行，生理的早産
・教育必要性：アヴェロンの野生児，カスパー・ハウザー，アマラとカマラ，臨界期，ホモ・エドゥカンドゥス（ランゲフェルト）
・教育的楽観主義：啓蒙主義，近代教育学，行動主義，ワトソン，ブルーナー
・遺伝と環境：シュテルンの輻輳説，ジェンセンの環境閾値説
・人間の自然：コメニウス，ルソー（3つの教育），ペスタロッチ，
・他者性の承認：役割呼称，教育の権威性，敬愛，まごまご（林竹二）
・発達・生成：アスナロのジレンマ，個性尊重，「自分なりに」言説

○人間の発達・生成：*4-1, 4-2-4, 4-3*
・発達の諸相：発達の基本的定義
・代表的な発達段階論：コメニウス，ルソー，ピアジェ，エリクソン，コールバーグ，ハヴィガースト
・第2の誕生：通過儀礼，モラトリアム，疾風怒濤，マージナルマン，若者文化の変容
・2つの教育形式：連続と非連続（ボルノー）
・自我の構築：アイデンティティ（エリクソン），ミード

○子どもの尊厳・権利：*6-2-2, 8-2-2*
・子どもの権利：児童の権利に関する条約，親権
・社会的包摂：SDGs，不登校への対応，特別支援教育の充実，ノーマライゼーション，インクルージョン，グローバル化への対応，性的多様性への対応，オルタナティブ教育

（1）2）子供・教員・家庭・学校など教育を成り立たせる要素とそれらの相互関係を理解している．
○教育と人間関係：*4-2, 6-1-2, 6-2-2, 6-2-3, 12-1, 12-2*
・我一汝，我一それ：ブーバー
・遊びと仲間関係：ホイジンガ，カイヨワ，ギャンググループ，チャムグループ，ピアグループ，遊びの変容
・人間関係と教育課題：いじめ，児童虐待，ネグレクト，ピアプレッシャー，スクールカースト，他人指向（リースマン），三間の減少，ジェンダー
・自己開示と人間形成：ヤマアラシのジレンマ，ジョハリの窓，自我の構築（ミード）
・意味ある他者との関係：教育的関係（ノール），母の目と父の力・親心（ペスタロッチ），庇護性（ボルノー），愛着関係（ボウルビー），ケアリング
・教師生徒関係：歴史的教師，贈与の二重性
・教師・教職：学級王国，ヤスパースの教師論，聖職・労働者・専門職，反省的実践，オーバーアチーブ

○社会における教育：*5-2-1*
・社会教育施設：図書館，博物館，公民館
・私的教育団体：塾，予備校，お習い事，ボーイスカウト，ガールスカウト

○学校の意義と課題：*8-3*
・実生活に向けた準備の場：ルブール

○教材：*11-1-5*
・教科書：検定制，教科書裁判，歴史教科書問題

・教育メディアの発展：『世界図絵』，電子黒板，モバイル端末

○教育政策：*0, 1, 9-2-2*
・学習指導要領の変遷
・教育振興基本計画

（2）1）家族と社会による教育の歴史を理解している.
○家族と子どもの歴史：*6-1-1, 6-1-2*
・前近代：小さな大人，捨て子，子殺し，間引き，矯正的子育て観，家父長制（儒教的伝統，家政），
　　　　　全き家，スウォドリング，三従
・近代家族：子どもの誕生（アリエス），ペスタロッチの親子観，家族国家論，母性の賛美，出産の
　　　　　　奨励，家族団欒

○社会における教育の歩み：*1, 5-1-3, 5-2*
・生涯学習論：コメニウス，ラングラン，学習権宣言
・地域社会の教育：若者組，丁稚制度，寺子屋，私塾，咸宜園（広瀬淡窓），適塾（緒方洪庵），松
　　　　　　　　　下村塾（吉田松陰）
・社会教育・教化の歴史：「道」の思想，貝原益軒，石田梅岩，二宮尊徳，上杉鷹山，国民精神総動
　　　　　　　　　　　　員運動，社会教育法，公民館
・経済成長：三種の神器，3C
・生涯学習政策：社会教育審議会答申，臨時教育審議会答申，教育基本法改正

（2）2）近代教育制度の成立と展開を理解している.
○学校の歴史：*5-1-2*
・学校の成立：アカデメイア，リュケイオン，修道院，大学，大学寮，国学，綜芸種智院，金沢文
　　　　　　　庫，足利学校，昌平坂学問所，藩校，閑谷学校

○近代教育制度の成立：*8-1-1, 8-1-2, 8-1-3*
・前史：ユートピア論（モア），宗教改革，あらゆる者に（コメニウス）
・公教育の理念：親代わり，義務・無償・中立（コンドルセ），国民教育（フィヒテ）
・大衆教育の普及：モニトリアルシステム（ベル=ランカスター方式），性格形成学院（オウエン）
・義務教育制度：プロイセン一般地方学事通則（1717年），アメリカ・マサチューセッツ州（1852年，
　　　　　　　　ホーレス・マン），イギリス（初等教育法，1870年），フランス（1881-2年，フェ
　　　　　　　　リー，義務・無償・中立），学制・被仰出書（1872年），教育の国家主義化（教育
　　　　　　　　勅語，1890年），教育の民主化（教育基本法，1947年），単線型と複線型

（2）3）現代社会における教育課題を歴史的な視点から理解している.
○発達と学習をめぐって：*0, 1, 4-2-3, 8-2-2, 9-2-4, 10-3, 12-2-3*
・学びからの逃避：学習意欲の低下，読書離れ，消費社会化，内向き志向
・人間形成：キャリア形成，規範意識，学力論の再検討
・教育と人間関係：社会の心理主義化
・学習課題：感性，自然体験，学力と体力の二極化

○家庭をめぐる課題：*1, 6-2-1, 6-2-2*
・家族の変容：家族の縮小化，親子関係の長期化，労働形態の多様化，性的分業の見直し，学校化，
　　　　　　　教育力の向上
・子どもの保護：ドメスティックバイオレンス，児童虐待，ネグレクト

○学校をめぐる課題：*1, 4-2-3, 8-2-2, 8-2-3, 11-1-6, 11-2-3*
・社会的包摂：いじめ，不登校，特別支援教育の充実，教育の無償化，ジェンダー，性的少数者，
　　　　　　　オルタナティブ教育

- ・学校改革：チーム学校
- ・教育方法の改善：アクティブラーニング，思考と経験

○教員のあり方・役割をめぐって：*12-2-1*
- ・資質・能力の向上：コンプライアンス，学び続ける教師
- ・働き方改革：待遇の保証，教師像の見直し

○社会の変化への対応：*0, 1, 5-2-2, 5-3, 6-2-1, 6-2-2, 8-2-1, 8-2-2, 9-2-4*
- ・少子高齢化：出生率の低下，晩婚化，生涯未婚率の上昇，女性の労働力化，フェミニズム
- ・生涯学習社会：リカレント教育，インターンシップ
- ・知識基盤社会・情報社会化：メディアによる教育問題の構成，ユビキタス，MOOC，超スマート社会，Society 5.0
- ・経済格差：子どもの貧困，再生産（ブルデュー），奨学金制度
- ・都市化・過疎化：新しい公共
- ・グローバル化：外国籍児童の増加，多文化化
- ・持続可能な社会：環境変化への対応，SDGs

（3）1）家庭や子供に関わる教育の思想を理解している．
○家庭と子育ての思想：*6-1, 6-2-3, 12-1-1*
- ・教育の原型：贈与，母の目と父の力（ペスタロッチ），
- ・伝統的家族の思想：儒教的家族観（林羅山）
- ・習慣形成：しつけ（ロック）
- ・保護と愛着：庇護性・教育的雰囲気（ボルノー），愛着理論（ボウルビー）
- ・幼児教育論：コメニウス，フレーベル（幼稚園，恩物），エレン・ケイ（児童の世紀），モンテッソーリ，倉橋惣三

（3）2）学校や学習に関わる教育の思想を理解している．
○学習の思想と理論：*2-1-2, 2-2-2, 3-1-4, 9-1, 10-1-2, 11-1-2*
- ・学習の思想：儒教，キリスト教的伝統
- ・主要な学習観：表象主義的学習観，構成主義的学習観，状況的学習観
- ・学習の基本概念：実物教授（直観教授，コメニウス『世界図絵』，ペスタロッチ（数・形・語）），消極教育（ルソー），教育的教授（ヘルバルト），レディネス（待つ，創る），指導と放任（リット），シェマ（ピアジェ），発達の最近接領域（ヴィゴツキー），正統的周辺参加，拡張的学習

○学習方法・教育方法：*8-1-3, 8-1-4, 9-1-2, 11-1-1, 11-1-2, 11-1-3, 11-1-4, 11-1-6, 11-2, 12-1-1*
- ・教育的行為の基礎：行為論的特質，教育的タクト（ヘルバルト），教育とリアリティ，冒険的性格（ボルノー），贈与，責任
- ・古典的な教育方法論：素読，カテキズム，10人組，モニトリアルシステム，一斉授業，全体観・愉快・着実・敏速（コメニウス），言葉と事物の並行（コメニウス），管理・教授・訓育（ヘルバルト），5段階教授法（ライン）
- ・欧米の新教育：デューイ（経験主義，問題解決学習，オキュペイション），モンテッソーリ，パーカー，キルパトリック（プロジェクトメソッド），ウォッシュバーン（ウィネトカプラン），ペーターゼン（イエナプラン），パーカースト（ダルトンプラン），モリソン，オルセン，ケルシェンシュタイナー（労作学校），シュタイナー（ヴァルドルフ教育），フレネ
- ・現代の教育方法改革：プログラム学習，発見学習，オープンスクール，アクティブラーニング
- ・大正自由教育：芸術運動（鈴木三重吉，芥川龍之介，北原白秋，野口雨情，山田耕筰），私立学校

（澤柳政太郎の成城小学校，羽仁もと子の自由学園），教育改革実践者（小原國芳，手塚岸衛，及川平治，木下竹次，倉橋惣三，芦田恵之助），生活綴方教育（小砂丘忠義，野村芳兵衛）
- ・集団主義教育：クルプスカヤ（総合技術教育），マカレンコ

〇**教育課程（カリキュラム）**：*9-2, 9-3, 10-2-3, 11-1-1, 11-1-3*
- ・教育課程の基礎概念：スコープとシークェンス，教養主義，実学主義，経験主義，系統主義
- ・カリキュラムの歴史：自由学芸（三学四科），四書五経，3R's，知育・徳育・体育（スペンサー），学習指導要領の変遷
- ・合科教育・学習，コアカリキュラム：ツィラー，オットー，パーカー，棚橋源太郎，牧口常三郎，木下竹次，ヴァージニアプラン，人権教育，環境教育，国際理解教育，総合的な学習の時間
- ・学力：学習意欲，IQ（ビネー），偏差値，学力の三要素（学びに向かう力），EI，コンピテンシー，新しい学力観（関心・意欲・態度），TIMSS，PISA，レジリエンス
- ・教育評価：相対評価，絶対評価，パフォーマンス評価，ポートフォリオ，ルーブリック
- ・能力課題：知恵の三角形（頭・舌・手，学校劇，コメニウス），頭・心・手（ペスタロッチ），知・情・意（カント），知・徳・体（スペンサー），感情の始末（木下竹次）

〇学校改革，学校批判の思想：*8-1-4, 8-2-1*
- ・新教育：萌芽的な社会（デューイ），コミュニティスクール（オルセン），田園教育舎等（セシル・レディ，ドモラン，リーツ，ニール）
- ・学校批判の思想：脱学校論（イリッチ），規律訓練（フーコー），銀行型教育（フレイレ），再生産（ブルデュー）

（3）3）代表的な教育家の思想を理解している．

〇古代・中世：*2-1-1, 12-1-2*
- ・ソクラテス，プラトン，アリストテレス，アウグスティヌス

〇ルネサンス・宗教改革期：*2-2-1, 3-1-1, 3-2-2, 4-1-2, 10-1-2, 11-1-1*
- ・ルター，コメニウス

〇近代：*2-2-2, 3-1-1, 3-1-2, 3-2-1, 3-2-2, 4-1-2, 9-1-2, 10-1-2, 10-1-3, 10-2-2, 11-1-2*
- ・デカルト，ロック，コンドルセ，ルソー，ペスタロッチ，フレーベル，カント，ヘルバルト，ツィラー，ライン，ベル，オーエン，スペンサー

〇新教育：*2-1-2, 10-1-3, 10-2-2*
- ・エレン・ケイ，デューイ，モンテッソーリ，キルパトリック，パーカースト，シュタイナー

〇教育学（論）：*2-2, 4-3, 5-2-2*
- ・デュルケーム，ナトルプ，シュプランガー，ランゲフェルト，ボルノー，スキナー，ブルーナー，ラングラン，ハヴィガースト

〇心理学：*4-1-1, 4-1-2, 9-1-3*
- ・ヴィゴツキー，ピアジェ，エリクソン，コールバーグ

〇教育批判：*8-2-1*
- ・フレイレ，イリッチ，ブルデュー，フーコー

〇日本・東洋：*1, 3-1-4, 3-3, 9-1, 5-1-3, 8-1-4, 9-3, 11-2-1, 11-2-2, 12-1-2*
- ・儒教の伝統，芸道（世阿弥），貝原益軒，私塾の伝統，福澤諭吉，大正自由教育，木下竹次，林竹二

第Ⅱ部　入門ゼミ2「教育思想史へのアプローチ」記録

営業再開──9月26日（水）

今日から秋学期だ．大学まではバスで30分．まだ暑い．この夏は２度も台風が上陸して大変だった．空港が浸水して閉鎖になり，祖父と教授は帰国便を変更しなければならなかった．

先週，祖父を訪ねたが，長旅で時差が戻っていないかと思ったら，出発前よりもパワーアップしていた．まったく手に負えない．それだけじゃなく，撮ってきた膨大な数の写真を見せられて話が尽きず，結局泊まる破目になった．帰り際，秋学期の「入門ゼミ２」の内容をアップするように頼んできた．

教授も祖父から言われていたみたいで，授業が終わるとちょっと残るように言われた．

「開くん，ケイ先生からこの授業をブログにアップしてほしいと言われたかい．」

「はい，何かまた書き込んでくるつもりみたいです．」

「それはいいんだが，ゼミ生の発表をそのままアップっていうのはちょっと不安もあるので，私がチェックするよ．発表のあとの話し合いは面白くなったらいいなと思うんだけど，そのままアップして無批判に活用されるのはどうかと思うんだ．」

「たしかにそうですね．それに全部まとめるのはちょっときついですね．やめときます．」

「だとありがたいね．それから，この授業は２回で１セットで進めていくんで２週間に一度のアップにしてはどうだろう．」

そんな細かいリクエストをするなら教授が自分でアップすればいいのにとも思ったが，２週に一度なら楽だなと思ってしまい，うっかりOKしてしまった．

　　登録記事一覧
　　　14　教育思想史をどのように学ぶか？
　　　15　読むとはどういうことか？
　　　16　古代から中世
　　　17　ルネサンスと宗教改革
　　　18　自然と社会
　　　19　国家と教育
　　　20　近代化の波
　　　21　教育的世界とその現実
　　　22　教育思想史から何を学ぶか？

14 教育思想史をどのように学ぶか？

価値相対主義──同日9時.

「夏休みはどうだったかな.

　シラバスに書いてるように，この授業では教育思想史をひと通り勉強してもらうんだけど，次のように進めます．時代はいろいろ考えたけど，便宜的に6つに区切ります．15回どころか何百回でも発表してもらう題材はあるわけだ．知識の量が増えるのはいいことのようだけど，それが進めば進むほど，歴史の流れ全体については簡単にいえなくなっちゃう．ここには，「通史」が書かれにくくなっているという問題がある．

　個別の研究っていうのは，それまでに言われている「通説」に対して，できればそれを覆すようなことを言った方が評価されるから，個別研究が進むと通説が傷だらけになっちゃう．すると，「要するにどうなんですか」と聞かれても，「いやあ，いろいろありまして」と言うしかなくなる．

　この点は，研究者と研究者が所属する学会にも責任がある．自然科学だったら，ひとつの学説が確立されると，それに従ったひとつの枠組みが有力になる．科学哲学者のトーマス・クーン (1922-96) はそれをパラダイムと呼んだんだ．たとえば，アイザック・ニュートン (1643-1727) やアルバート・アインシュタイン (1879-1955) は物理学のパラダイムを書き換えた存在というわけ．そこまでいかなくても，医学なんかは人命に関わるんで，ある発見に基づいて通説の書き換えが行われる．しかし，いわゆる文科系だと，同じ用語でも研究者によって意味が違って平気だったりする．人名の表記すら統一されてない．学閥のせいだと思うけど，教育学者にはペスタロッチと書く人とペスタロッチーと書く人が半々ぐらいいる．

　パラダイムのような枠組みは文系の学問にもあるにはある．歴史が学問的に研究され始めたのは19世紀からだけど，それは近代的な国民国家が形成された時代で，それで各国の歴史が通史として本格的に書かれるようになった．国家の歴史はその国の存在意義をまったく否定するようなことを書くわけにはいかないから，

多かれ少なかれ国家主義的になる．そうして書かれた通史が普及した．また，ドイツの思想家カール・マルクス（1818-83）に始まる唯物史観（歴史的唯物論）という考え方は，ロシア革命の実現と社会主義の普及にもつながって，20世紀後半まではかなりの影響力があった．それで，この考え方に基づいた通史がたくさん書かれた．

　ところがだ．とくに20世紀の後半の哲学の議論が，通史みたいなものを書きにくくしちゃった．それは言語論的転回という考え方だ．人間が何かを知るとき，それはあらかじめ言語によって条件づけられているというんだ．この考え方だと，唯一の見方は存在しないということになる．物事は見方によって異なるというわけだ．ある見方が有力だと思われたとしても，多くのことを説得できる合理性があると評価されて受け入れられる場合もあるけど，社会的な要請や学問上の流行によって有力視されることもあるわけだ．自然科学では，物事が見方次第だという主張に異論もあるけど，歴史や思想の研究では，絶対的な価値は存在しないという価値相対主義の見方が，皮肉なことに絶対的といってよいくらいの前提になってしまったんだ.」

眺望固定病を防ぐ──同日 9 時25分.

「とはいっても，歴史や思想の見方はそれぞれだというんじゃ，とくにこれから勉強しようという場合，何から手をつけていいかわからなくなっちゃう．そこで参考になるのが，フランスの歴史家フェルナン・ブローデル（1902-85）の言葉だ．彼は既成の歴史記述を厳しく批判したんだけど，「私がリセの第一学年までの歴史教育の責任者だとすれば，私は伝統的な歴史学，つまり歴史物語を教えることでしょう」（ブローデル他，1987, 281頁）と言った．リセはフランスの国立高等学校だけど，歴史を学ぶ最初は，ある筋書きに沿って書かれた物語的な歴史から始めなさいというんだ．しかし，価値相対主義の立場からすれば，ひとつのフィクションでしかない歴史にどういう学ぶ意義があるのかっていうことになる．

　そこで，ちょっと難しいけど「否定的媒介」という言葉を覚えてもらいたい．だいたいの意味は，見方が一面的だったり細かくなかったりするといった限界があるために，いずれは否定されてしまう運命にあるけれども，より高い段階の認識や目標に達するために役立つ手段とかってことだ．たとえば，小学校の理科で太陽の運動を習い始める時，最初は天動説的な前提で習う．それは正しくないけど，学び始めるきっかけとしては意味があるわけだ．

　日本では，明治時代から教育思想史の本がたくさん出版されてきた．今も出版

され続けている．しかし，それを読めばOKってことにはならない．そこで得られるひとつの見通しを次の学習につなげていくことにこそ意味がある．そういう意味で，否定的媒介としての読書にも意味はあるんだ．比較的入手しやすくてバランスがとれていると思われる通史を紹介しておこう.」

教授が紹介したのは，

- 今井康雄編『教育思想史』有斐閣〔有斐閣アルマ〕，2009年.
- 新井保幸・上野耕三郎編『教育の思想と歴史』協同出版，2012年.
- レーブレ，アルベルト『教育学の歴史』広岡義之・津田徹訳，青土社，2015年.
- 藤井千春編『時代背景から読み解く　西洋教育思想』ミネルヴァ書房，2016年.
- 鈴木晶子・山名淳・駒込武『教職教養講座第2巻　教育思想・教育史』協同出版，2018年.

の5冊だった．
「この授業では私がわたす資料に基づいて報告してもらうけど，ここにあげた本なんかも参考にして準備してね．単位が出なきゃ困るだろうけど，「単位さえ取れればいい」，「そのための最低限のことしかしません」というのは学習じゃない．そういう学習は，実は手を抜くことを学んでいることになるんだよ．もちろん，要領よく勉強することは大事だけど，要領と手抜きとは違うよ．

この大学は通信教育部があって，夏にスクーリングを担当したんだけど，とっても感動した．通信教育って基本的には入試もないから始めるのは楽だ．でも，続けるのは大変だ．仕事や家庭があったり，親や連れ合いさんの介護をされていたり，自分が病気の人もいる．そういうふうにして学んでいる人も大勢いるんだよ．

話が脱線したけど，この授業は時代をざっくり6つに分けて，授業2回で1ユニットにします．それぞれのユニットの前半では，ひとつの時代の代表的な思想家の主張や時代背景について私がアップした内容をもとに報告してもらいます．そして，その時代をとらえ直すのに役立つ課題図書を指定するんで，ユニットの後半では，それを読んできてもらって議論することにします．

さっき話したように，研究が進展する一方でその総合化が難しい時代を私たちは生きているわけだ．でも，「面倒な時代に生まれてきちゃったな」って思うのは違う．ある山を征服するのに登山家がひとつのルートを開いたとする．皆，そ

のルートをたどるようになると，そのルートが定番になる．でも，ほかにもルートはあるかもしれないっていうか，ルートは無限にあるわけだ．で，違うルートをとれば，定番のルートをとったのでは見えなかった山の姿を自分のものにできる．

　人間はどうしても自分に都合のよい価値が普遍的で客観的であるように考えてしまう傾向がある．ドイツの哲学者ニーチェは，それは自分の視点に縛られているからだと指摘して，そういう状態を眺望固定病（パースペクティヴィズム）と呼んだ．眺望が複数あることがわかれば，狭い見方にとらわれないですむようになる．でも，「いろんな見方があります」，「真実の見方なんて存在しない」というのが正しいとしても，それじゃあ何の判断も選択もできなくなってしまう．その点，ニーチェは意地悪な思想家だったかもしれない．いろいろな見方を知ったうえで，「さしあたり自分はこう理解しておく」という選択ができないと実際には困るし，優柔不断なやつだと見られてしまう．ということで，間違ってたと思えば変えればいいわけだから，暫定的でいいから意見を持てるようになってほしい．」

自分に引き寄せて考える──同日 9 時40分．

「ユニットの後半のことを先に言ってしまったけど，「入門ゼミ 2」では，各時代の特徴について確認したあと，毎回モデレーターを決めて，現在の教育に関連していると考えたトピックをあげてもらう．そして，それをめぐって皆で話し合ってもらおうと思う．

　文学・哲学・歴史のような教養的な学問に意味がないかのように言う人がいるけれど，そういう見方こそ眺望固定病だ．だけど，研究者にも，そう言われてしまう責任がある．たとえば，誰かがある文学作品を「座右の 1 冊」だと思う時，その人はその作品の作者がもう死んでしまっていたとしても，まるでまだ生きていて自分に話しかけているように受けとったりするんだろう．しかし，そういう感じ方は文学の研究者はとらない．歴史もそう．意味が見出されるという場合，それは人生の教訓を引き出そうとして読まれた．しかし，歴史の研究では，そういう読み方はむしろ有害だとされる．学問のレベルではそれでいいし，そうでないと困る．でも，そういう見方ばかりが支配的になってしまうと，自分にとっての意味を考えるなどというのは，あまりにもアマチュア的だと見られてしまう．その結果，個人の興味で読まれる文学や歴史は意味があるのに，それが学習の対象になるとまったくリアリティがなくなるということになる．これは教育学にとっての大問題だ．

私は，文学や歴史の研究者がとる方法とは別個に，そこから人間形成について考えたり，人間形成に活かしたりする読み方はあると思う．どういう方法がより良いかは私自身も考えていきたいけど，まず，この授業では，非常に素朴なようだけれども「自分に引き寄せて考える」ということをやってみてほしい．

　モデレーターの順番になった回では資料をよく読んで，そこに登場する思想家が考えたことで，今の時代や教育と関係があると思われる論点をいくつかあげてほしい．歴史上の出来事や個々の人物の発言の細かいところに引きずられると，「何の関係があるんだ」と思ってしまう．だから，この授業は歴史研究だと思わないで，想像力のトレーニングだと思ってほしい．これは〈マリ〉に頼んでもやってくれないだろう．」

　教授は皮肉っぽい笑顔を浮かべた．

「日本では9年間の義務教育がある．ほとんどの人はそれ以上の学校教育を受けている．だから，誰でも教育について何かを考えていて，何か意見を言える．それは自分の経験に基づいている点では個性的かもしれないけれども，自分の経験から遠いことが排除されちゃうと狭い意見で終わってしまう．思想家には極論を吐く人も大勢いるけど，いろいろなところに目配りをした考えは社会や後世に影響を与えてきた．

　そういうことで資料は思想家のテクストからの引用を多くしておいた．思想家と呼ばれる人は一般人よりは頭を使っているから，そのテクストを学ぶことで教育について考えるトレーニングになるのは間違いない．私が大学院生だった頃は，常に原典に当たるように言われていた．翻訳っていうのはひとつの解釈で，たとえば，「教育」っていう日本語に対応する原語はひとつじゃない．原典に当たれば，細かいニュアンスまで考えることができるわけだ．

　そうそう．思想家のテクストの翻訳を紹介するってことで，ひとつ断っておかなきゃならない．教育は人間の生活に密着しているので，人によってひとつの言葉でも微妙にニュアンスが違う．言語によっても違う．時代によっても変わる．それを日本語に訳すとなると，問題はもっと複雑になる．たとえば，フランスのルソーとドイツのカントでは，時代はだいたい同じだけど，考えている言語は違うし，それぞれのとらえ方も異なる．カントのテクストを日本語に直そうという時も，研究者によって見方が違うから訳語が変わってくることも起きる．

　できることなら，訳語を調整して統一できたらいいわけなんだけど，この授業みたいにあつかう範囲が長いと無理だ．それに翻訳する人がひとつの訳語を選ぶのにもそれなりのこだわりがある．そういうのをあまり勝手に変えちゃうのも失

礼だ．なので，この授業で紹介する思想家のテクストからの引用は，一部を除いては翻訳書からのままにしておくのでね．それから，強調の傍点や字体にもいろんなバリエーションがあってね．そこまで忠実にというのも大変なんで，それらは統一します．それから，ちょっと古い訳や明治時代の文章なんかは読みにくいだろうから，必要に応じてルビを入れます．旧字体も大変だと思うので新字体に直しておきます．

　余計なことを言ったけど，わたす資料をよく読んで，参考文献なんかにも当たりながら，自分には関係ないとか思わないで，自分として引き受けてどう考えるかを恥ずかしがらないで言ってみてほしい．お願いしたいんだけど，仮に変だなというような発言が出ても，笑ったりはしないでね．まあ，君たちはコミュニケーション能力を言われて大きくなっているから，声を出して笑ったり大声で否定したりはしないけど，妙にシラケた空気を作るでしょ．あれ，よくないよね．あれが議論を生まれにくくするんだよ．それで，ゼミが静かになっちゃうわけ．逆に，意見を言うときは，ちょっと妙な空気になったくらいで引っ込まないでほしい．日本人は，本当にそういうところがダメだ．アジアでもヨーロッパでも，皆，言いたいことを言って，分からなければ分かるまできいているよ．」

何をあつかうか――同日 9 時 55 分．
「それで何をとりあげるかなんだけど，これも悩んだ．教育思想と一言でいっても幅広い．最初に教育思想史が書かれた頃は，教育について考えた思想家をとりあげるスタイルが一般的だった．それはテクストとして伝わっているから，フィクションじゃあない．でも，ひとつのアイディアであって，すべてが社会的には受け入れられたわけじゃない．そして，とくに社会制度が発達してくると，教育は政治や経済との関係で動いていく．すると，思想家の書いたものからだけで歴史を見るということでいいのかという議論が起きてくる．それで，教育についての事実をあつかう教育史と教育の理想や理念についてあつかう教育思想史が，だんだん分かれていった．さらに，思想家に注目した研究に対する批判も出てきた．教育について考えたのは偉い思想家だけじゃないだろうっていう批判だ．たしかに思想家のように本を書いたりはしていなくても，立派な子育てをする親は過去にいくらでもいただろう．社会史って分野がそれにとりくんでいる．

　じゃあ，この授業でどうするかなんだけど，結論からいうと，いわゆる思想家をとりあげます．どうしてかっていうと，代表的な思想家はやはりその時代を象徴しているといえるからです．たとえば，京都といって何を連想するかときかれ

たとき，自分が通ってるラーメン屋という人もいるかもしれないけど，それはハ
ズした答えだろう．普通は清水寺とか金閣寺とか京都タワーとかという答えが
返ってくるだろう．それは，それらの建物が京都を代表するモニュメントだと見
なされているからだ．ということで，ちょっとオーソドックスだけれども，いわ
ゆる思想家をあつかうことにする．

　それで，どういう人物をあつかうかだけど，この選択が大変だ．「みんなち
がってみんないい」って言い出したら，世界中のクラウドを使えばひょっとする
と収まるかもしれないけど，そんなボリューミーなデータのすべてに目を通すこ
とはできないし，そんな物好きもいないだろう．なので，何のために何をどう
やって教えるか，その関連でどうやって学ぶかという，教育の目的・内容・方法
について考えた人物を中心にとりあげることにしたい．あまり進路のことばかり
考えるのも考えものなんだけど，君たちは教員免許を取得しようとしている人が
多いでしょ．採用試験に合格して教壇に立てば，待ったなしで教えないとならな
い．教え方や教材については，いろんな教職科目で勉強するだろうけど，そうい
うことも昔の思想家たちが提起した議論からできてきているわけだから，代表的
といえる教育思想家の考えたことを知るのは無駄じゃない．

　ただね，教員採用試験に出るような代表的な思想家，たとえば，ルソー，ペス
タロッチ，デューイなんかの考えについては，春学期の「教育学の基礎」でも詳
しめに紹介したからね．それをまた繰り返すっていうんじゃ意味がない．だから，
そこでは十分にとりあげられなかった面に焦点を当てて資料を作っておくから，
「教育学の基礎」で話した部分もよく復習しておいてね．」

西洋を中心にとりあげるのは——同日10時 7 分．
「この授業でベースにするのは西洋の教育思想史だ．なぜ日本の教育思想史をと
りあげないんだという人もいるだろうから，いちおうの理由を言っておこう．

　まず，現在の日本の教育，学校教育はもちろん，社会教育も，そして家庭教育
だって，ヨーロッパやアメリカの教育から大きな影響を受けている．日本には長
い文化的伝統があるけれど，江戸時代の末期に西洋の学問と技術を導入して近代
化する道を選んだ．そこで受容された西洋の教育がどのように成り立ったのかを
知っておくのは無駄じゃない．

　次に言いたいのは，西洋の教育思想の歴史は，現在の教育にちょっと距離を
とって見つめようとするときに，よい止まり木になるということだ．西洋の教育
思想は，時代によっても地域によっても，場合によっては同一人物でも多様にと

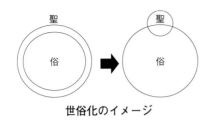

世俗化のイメージ

らえられる．自分がその時代に行けるわけじゃないし，その人物になれはしないけれども，想像力をたくましくしてそこを足場にすると，今の教育を考えるときに，ちょっと違った見方ができるかもしれない．

そして，ほとんどの国や地域で受け入れられている近代的な社会制度が早く成立したのは西洋だった．一般的には，伝統的社会では宗教の影響力が大きくて，教育のとくに道徳的な部分はそこに取り込まれていた．宗教的世界を聖，世俗的世界を俗と呼んだりするが，伝統的社会では，俗は聖にほとんど包摂されていたわけ．しかし，現在の日本をはじめ政治や経済のシステムが発達した社会では，宗教の影響力が感じられることは少ない．宗教の社会的影響力が低下することを世俗化というけど，西洋では，世俗化が段階的に進んで，そのなかで教育が独自の領域としてとらえられるようになっていった歴史がある．これは，教育の社会的成り立ちを考えるうえで参考になると思うんだ．

明治時代に西洋の教育を取り入れたとき，日本にも教育思想があったということを言わなきゃと考えた学者がいてね．それで貝原益軒なんかが注目された時期がある．「教育学の基礎」でも紹介したけど，たしかに貝原にもすぐれた考察はあるんだけど，同じ時代のコメニウスと匹敵するかというと，そうは言えないと思うよ．

さて，6つのユニットについてざっと流れをおさえておくよ．最初は，時代的な幅が長いけれども，古代ギリシアや古代ローマに見られる「古典古代」といわれる時代と中世をまとめて報告してもらいます．次はルネサンスと宗教改革から17世紀前半くらいまでです．この時代は「近世」と呼ばれることが多いね．次は17世紀の後半から19世紀くらいだけど，この時代は現代に与えた影響が大きいので，3つの側面に区切ります．まず，教育の力で人間社会を進歩させようという啓蒙主義の時代です．これは，ルソー，コンドルセ，ペスタロッチといった人々の時代だけれど，さっきも言ったように，教育思想のエッセンスについては「教育学の基礎」の授業で扱ったので，それは繰り返しません．そうした思想が出てきた背景を考えるのを中心にします．次に，政治や経済の制度が発展して国民国家が成立しつつあった時代の教育の議論をとりあげます．そして3つ目が，教育学っていう学問が成立して，教育の近代化が本格化する段階です．この時代で外せない人物としてはヘルバルトがいるけど，「教育学の基礎」であつかった内容

をよく復習して報告してね．ここでは，明治期の日本がそれをどう引き受けたかもあつかいます．最後は，19世紀末から20世紀だけれども，新教育と第2次世界大戦後にわけてみていきます．新教育の実践はいろいろあるし，「教育学の基礎」でも紹介したので，やはりその背景にある思想的な問題を中心にあつかいます．

　最後の回は，教育思想史から何を学べるかっていうテーマで全体の復習をしようと思う．このクラスは9人だから，ちょっと分担を決めるのが難しいけど，そこは話し合ってやってください．」

　教授はニヤッと笑ったが，皆，けっこうげんなりしている．

「各ユニットの資料と参考文献は授業のサイトにアップしておくので，よく読んでね．で，ゼミではまず概要について自分の言葉にかみ砕いて説明してください．そのあと「自分に引き寄せて考える」コーナーにするので，ちゃんとトピックを考えてきてください．

　まず，ゼミの4日前までに発表レジュメを私に送ってください．それを見て打ち合わせをして修正の指示を出すんで，修正版をゼミの前日までにサイトにアップするように．発表が当たらない人も，そのレジュメをちゃんと読んでくること．いいね．

　それから，いきなり来週から発表だとちょっとしんどいだろうと思うんで，来週は私が資料を準備して，少し読書について話します．君たちはほかに面白いものもあったと思うから仕方ないけど，本当に本を読んでいない．一冊どころか一章でもちゃんと読み通した経験がないなんていう学生もいるらしい．そんなことじゃ困るんで，読書ということについて考えてもらおうと思う．」

投稿日：9月29日（土）

✍ 学習を深めるための課題
・今日，いわゆる通史や通説が成り立ちにくいのはなぜだろうか．

📚 参考文献
クーン，トーマス『科学革命の構造』中山茂訳，みすず書房，1971年．
ニーチェ，フリードリヒ『権力への意志』上・下，原佑訳，筑摩書房〔ちくま学芸文庫〕，
　　1993年．
ブローデル，フェルナン他『ブローデル　歴史を語る』福井憲彦訳，新曜社，1987年．

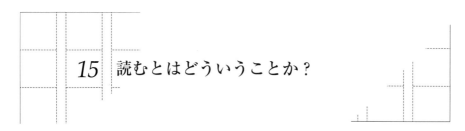

15 読むとはどういうことか？

改めて読むことを考えよう——10月3日（水）9時．

「今日は，先週言ったように，読むということについて考えよう．そこにある本を普通に読めばいいじゃないかって思うかもしれないけど，これがそう簡単じゃない．授業のサイトにあげておいたけど，4つの本をちょっとずつ読んでみよう．」

教授がサイトにあげていたのは次の4冊だった．

- ガダマー，ハンス＝ゲオルク『真理と方法』II，轡田收・巻田悦郎訳，法政大学出版局，2008年．
- ショウーペンハウアー，アルトゥール『読書について』斉藤忍随訳，岩波書店〔岩波文庫〕，1960年．
- 内田樹『下流志向　学ばない子どもたち　働かない若者たち』講談社〔講談社文庫〕，2009年．
- 内田義彦『読書と社会科学』岩波書店〔岩波新書〕，1985年．

世界の穴を埋めなければ——同日9時5分．

最初は哲学者の内田樹さんの『下流志向』だ．もう10年以上前に書かれた本なんだけど，授業を見ている限り，内田さんが書いていることは結構当てはまるように思う．ヒロムくん読んでくれる？

「大学入学者の学力低下は，実際に教育の現場に立っていると，しみじみ実感されます．……ある程度はロジカルであったりとか，ある程度知識があったり，あるいは教師の言うことに対して，「私はそれとは意見が違う」と反論を向けるといった「骨のある」ペーパーというのは百枚ほどのうちにわずか二，三枚という感じです．……大学生の学力低下のわかりやすい指標としては誤字があります．今から七，八年前のことですけれども，うちの大学のレポートに「精心」という誤字があって，これを見たときにかなりショックを受けました．……もうすこし最近のことですけれど，「無純」という文字に出会ったことがありました．……こ

こで僕は考え込んでしまいました．「どうしてこの学生は『矛盾』という文字をこれまでの二十年間の人生，読まずに済ませてきたのか？」ということです．当然でしょう．新聞にも小説にも，「矛盾」という文字はどんどん出てきますから，彼女だって，これまでおそらく数百回，数千回この文字には出合っているはずです．にもかかわらず，「矛盾」という文字を読まずに済ませてきた．

　その理由は何でしょうか？　それを「本を読まないからだよ」と単純にくくってしまっては話がわからなくなってしまうと思います．だって，彼女たちは文章はたくさん読んでいるからです．……それにもかかわらず，「矛盾」が書けない．なぜか？　……おそらく彼女たちはその文字を読み飛ばしているからだと思うんです．」（内田，2009，23-26頁）

「はい，ありがとう．私はここを読んだとき，思わず笑ったけど，考え込まされたね．だって似たような経験をしたからね．」

　教授は，教育学を学ぶ学生が「親身」って書けないのに大ショックを受けたそうだ．

　「親」は小学校2年生，「身」は3年生で習うが，心身，真身，真味とかの間違いが結構あったんだそうだ．教授は，とくに「親」の字が出てこなかったのは，親から心配された実感が希薄だったからかって考えて落ち込んだそうだけど，「真味」はひどいよな．これを書いた学生はグルメだったんだろうか．

「あまりこういうミスをあげつらって，君たちがレポートとか書きにくくなると困るんだけどね．じゃあ，次をユマ君．」

　　「わからない情報を「わからない情報」として維持し，それを時間をかけて噛み砕くという，「先送り」の能力が人間知性の際立った特徴なわけです．ところが，この「無純」と書く学生の誤字のありようを見ていると，どうやらその「わからないもの」を「わからないまま」に維持して，それによって知性を活性化するという人間的な機能が低下しているのではないかという印象を受けます．「わからないもの」があっても，どうやらそれが気にならないらしい．…彼ら彼女らにとっては，わからない言葉やわからない概念がそこらじゅうに散らばっている．「矛盾」が読めないくらいですから，新聞の外交面とか経済面では，たぶん全体の三分の一くらいが意味不明の文字で埋め尽くされているのだろうと思います．…もし自分がそうだったら，目に見える風景の中にあちこち「虫喰い」の穴が開いていたら，これはかなり不愉快です．僕だったら我慢できない．でも，今の若い人たちはどうやら世界が「虫喰い」状態に見えることが我慢できないほどに不快ではないらしい．女子学生たちが一番熱心に読んでいる活字媒体はファッション誌です．何年か前，僕のゼミの学生が現代人の言語能力の低下を統計的に調べようと思って，『JJ』か何か，学生によく読まれているファッション雑誌の任意の一

ページをコピーして学生に配布して,「このページの中に知らない言葉があったら,マーカーでしるしをつけてください」というアンケートをとったことがあります.結果を見せてもらって驚いた.すごいんです.そこらじゅうマーカーだらけで.」
(同, 28-30頁)

「はい,そこまで.なんでこの部分を読んでもらったか,その意図はわかるよね.」
　教授の問いにコウタが言う.
「僕は「シンミ」が書けなかったですからね.」
　コウタはやや空気が読めない方だ.ワンフレーズなので,いつもハルヒに突っ込まれる.
「今はその話じゃなくて,私らが平気で読み飛ばしができるのはどうしてなんだっていうことよ.それはその通りですう.何ページか読むんだけど,何書いてあったかって考えると,頭のなかに何も残っていなかったりしますう.」
　ハルヒは飾らないのはいいが,何でも平気で言う.教授は苦笑いしてる.
「この授業では,君たちの目の前の「世界の穴」を少しでも埋められるようになってもらいたいんだよね.」

読書に悩もう──同日9時15分.
「私が学生の頃は,なかなか読書量が増えないってことがコンプレックスだった.だから,速読とか多読の方法を書いた本とか,もっと広く読書論みたいな本を読んだりしたもんだよ.面白いんだけど,ちょっと「ふざけるな」っていうのがショーペンハウアーの読書論だね.テツタ君読んでみて.」

　　「いかに多量にかき集めても,自分で考えぬいた知識でなければその価値は疑問で,量では断然見劣りしても,いくども考えぬいた知識であればその価値ははるかに高い.……多読は精神から弾力性をことごとく奪い去る.……読書は思索の代用品にすぎない.……読書は,他人にものを考えてもらうことである.本を読む我々は,他人の考えた過程を反復的にたどるにすぎない.習字の練習をする生徒が,先生の鉛筆書きの線をペンでたどるようなものである.……悪書は精神の毒薬であり,精神に破滅をもたらす.良書を読むための条件は,悪書を読まぬことである.人生は短く,時間と力には限りがあるからである.」(ショーペンハウアー, 1960, 5, 7, 8, 127-128, 134頁)

「はい,ありがとう.どう?　読書について書いているのに読書を否定しているように読めるよね.ショーペンハウアーって,相手を煙に巻くようなところがあ

るんだけど，自分の頭で考えないといけない，量を読めばいいってものじゃないってのはアドバイスだよね．でも，君たちはもっと読んで，世界の穴を埋めなきゃね.

　ところで，読書する時，「本に読まれるな」とか「書いてあることを鵜呑みにするな」って言われることがあるよね．それはどう思う？」
「社会学の先生が授業で力説してましたよ．「何でも疑ってかかれ」って.」
　僕が言うと，教授はちょっと渋い顔をして言った.
「私が学生の時も，そういうことを言っている教授がいた．それはその通りで，疑うことは主体的な学習の第一歩なんだけど，疑ってばかりじゃ読めないでしょ．そんなことを考えていた時，経済史学者の内田義彦（1913-89）の本が出てね．マヤくん読んでくれる.」

　　「本をではなくて，本で「モノ」を読む．これが肝心で，つまり，真のねらいは本ではなくてモノです．まして，本に読まれてモノが読めなくなるような読み方では困りますね．……新しい情報を得るという意味では役に立たないかもしれないが，情報を見る眼の構造を変え，情報の受けとり方，何がそもそも有益な情報か，有益なるものの考え方，求め方を──生き方をも含めて──変える．変えるといって悪ければ新しくする．新奇な情報は得られなくても，古くから知っていたはずのことがにわかに新鮮な風景として身を囲み，せまってくる，というような「読み」があるわけです．……新聞は，……読者に必要な新しい外部情報を迅速正確にとどけることを第一の任務として，それに適当な文体をえらんでいます．読者の眼の構造を変えるなどということは直接の狙いではない．そういう狙いからすると一読明快が理想となりましょう．……古典は，第一に，一読明快じゃない．二度読めば変わる．むしろ，一年後に読んで，あの時はこう読んだけれど浅はかだった．本当はこう書いてあったんだなあというふうにして読めてくるような内容をもっていなければ，古典とはいえないでしょう．……念のために申しあげておきますが，書く方は，あくまで一読明快を念として，死力をかたむける．避けうる晦渋に無神経であるような，いわんや難解をこととしているような本は，書かれた中身からいってもとうてい古典としての内実をそなえ得ない．ということを作者は知悉し，意識して，一読明快な文章への結実に骨身をけずるのだが，それにもかかわらず，あるいはむしろその努力によって，一読明快からはみ出すものが，結果として含まれている．それが古典でしょう.」（内田, 1985, 4, 12-13, 18-19, 20-21, 22頁）

「どうかな，内田先生の言っていることがわかるかな.」
　教授の問いにマヤが答える．マヤはこのクラスのまとめ役と見なされている.
「作者は真剣に考えて伝わるように書こうとしているけど，ちょっと読んだだけ

じゃわからない意味があるってことですよね.」

「そうだね. そこでね, 簡単に「わからない」とか決めつけないで読みなさいということで内田先生が言われている. アユ君, 読んでくれる.」

> 「本を読むからには「信じてかかれ」ということを申し上げたい. 仮説的に信じて読むということです. よく, 学問は疑いから始まるといいます. だから万事疑うことが重要だと. その通りです. 決して間違っていません. だが正しいことが間違って受けとられて大違いのもとになることもある. 学問的発見の創造現場に立ってみると, 疑いの前にというか疑いの底に信ずるという行為があって, その信の念が「疑い」を創造に生かしている. ……「本を読む」という当面の実際問題としても, いったい, 本は, 最初から疑いの眼で接して読めるんでしょうか. ……古典は一読明快ではない. 深く, 踏みこんで読まねばと, さきほど申しあげました. 古典の真髄, 古典の古典たるゆえんは, 踏みこんで, 深読みして——本文との格闘をくりかえして——初めてわかる. それは御了解いただいたと思いますが, しかし, 信じてかからなきゃ踏みこめないじゃないですか. 「適当に」しか読めない. 疑い深く白眼視しながら踏みこんで本文と格闘するなんてことはできない. それ自体矛盾しています. いわんや, 分からぬところを二度三度, 時間をかけて根掘り葉掘り深読みの労を払うなど, 馬鹿馬鹿しくってできるわけないですね. 何か期して待つところがなきゃ. 信ずるところがあって初めて, 読み深めの労苦が払える.」(同, 35-37頁)

「はい, ちょっと声が小さかったね. 別に悪いことしているんじゃないんだからもっと自信もってね.

　私はこれを読んだとき, 目から鱗だったんだよ. 「まずは信じて読む」,「何か意味があるだろうと思って読む」. それがないと読めないじゃないかってことだね.「教育学の基礎」で話したけど, 学習って世界からの贈与を受けとることだからね. プレゼントもらっても開封しなきゃ受け取れないでしょ. しかしね, ちゃんと読んでいても疑問が湧いてくる. じゃあ, イクマ君.」

> 「一つには, ここにはたしかに私にこう読めることが書いてあるけれど, それはどうしても変だという, 自分の読みに対する信の念が. そしていま一つ. Aさんほどの人が出たらめを書くはずがないというかたちでの, 著者に対する, これまた信の念が. ……自分の読み——あるいは読むときの自分の感じ——に対する信念だけあって, はずという, 著者らしい著者としてのA氏に対する信の心が無ければ, 本文の字句に対する具体的な疑問がかりに起こったとしても, その疑問は, ミスプリか思いちがいだろう, といったかたちで, 本文に勝手な改訂を加えて安直に読むことで, 解消してしまうでしょう. ……しかし, これとは反対に, 著者への

信だけあって，自分の読みに対する信念がおよそ無ければ，あるいは，本を信じて自分を放棄してしまっては，これまた精読はできない.」（同, 38-40頁）

「はい，本のなかに書かれている思想と読者である自分の思考が出会うような読み方ができないだろうかって言われているけど，これは本当に難しい．この授業でそれを体験できないとダメとは，あえて言いません．もちろん，そうなって欲しいけど，そのためには最低1冊の内容のある本をガッチリ読まないとだめだと思う．とにかく，こういう読み方があることを，ここでは知っておいてほしい.」

地平の融合──同日 9 時35分.

「さて，ちょっと難しいけど，ドイツの哲学者で解釈学者のハンス・ゲオルク・ガダマー（1900-2002）が言っている「地平の融合」って言葉を，今日は何となくでもいいので押さえて帰ってほしい．ハルヒ君，読んでみて.」

「実際には，歴史がわれわれに属するのではなく，われわれが歴史に属するのである．われわれが自省して自らを理解するずっと以前に，われわれは自明な仕方で，自分がそのなかに生きている家族や社会や国家において，自己を理解している.」（ガダマー, 2008, 437頁）

「ちょっと止めよう．うんと簡単にいえば，私たちは歴史的存在で歴史的世界に生きているということだけど，これはいいよね．じゃあ，続けて.」

「理解しようとする者は，伝承によって語りだす事柄に拘束され，伝承がそのなかから語る伝統に結びつけられているか，結びつけられるようになる．……時間はもはや，まずもって，分け隔てるがゆえに架橋されるべき深淵なのではない．それは本当は，現在にあるものが根を下ろしている，出来事の基底なのである．それゆえ，時代の隔たりは克服されるべきものではない．……本当に重要なのは，時代の隔たりを積極的で生産的な理解の可能性をもつものとして認めることである.」（同, 463, 466頁）

「どうだろう．あまり簡単に言い換えちゃうと，ガダマー研究者から怒られるけどね.」
「過去っていうのは私たちと関係ないように思われるけど，実はつながっていて……って感じですか.」

ユマが言うと，教授は喜んだ．ユマは無口だが，しっかり者というポジションだ.
「一部の引用から，それだけニュアンスが読みとれれば大したもんだ．じゃあ，

ハルヒ君，続けて.」

　　「時代の隔たりには，濾過という消極的な側面と同時に，この隔たりが理解に対
　　してもつ積極的な側面もある.」（同, 468頁）

「はい，短いけど，これはどんな感じ？　ハルヒ君.」
「時間がたつと，ある人のことを知ってる人も死んでしまったりして，分からな
くなることも増えてくるけど，それにはプラス面もあるってことですかあ.」
「いや，いい線いってると思うよ. 古代ギリシアのことなんか，だいぶ調べられ
ているけど，もうわかんないってことも多い. でも，残った文献を必死なって読
んでくれる人がいるおかげで，新しく見えてくることって今でもあるわけだ.
そこで地平という概念が出てくるんだけど. じゃあ開君.」

　　「自分がいる場所はすべて限界をもつ. 状況概念は，まさに，見ることの可能性
　　を制限する立地点として規定される. それゆえ，状況の概念には，本質的に地平
　　の概念が属している.」（同, 473頁）

「はい，これはイメージするとどんな感じ？　イクマ君，眠いか？（ピキピキ）」
「たとえば，京都にいると視界が限られていて琵琶湖は見えませんよね. そんな
感じですか.」
「いいね，開君. さて，やっと本題だ. 次を読んで.」

　　「わが身を置き換えることは，ある個性が他の個性に感情移入することではない
　　し，他人を自分の尺度に従属させることでもない. それはつねに，自分の個別性
　　ばかりでなく，他の人の個別性をも克服して，自分をより高次の普遍性へと高め
　　ることを意味する. ここで「地平」の概念がうってつけなのは，それが，理解す
　　る者が当然もっている卓越した展望を表現しているからである. 地平を獲得する
　　とは，つねに，身近なものやあまりに近くのものを越えて見ることを学ぶという
　　ことである.」（同, 477-478頁）

「ここはさっきのイメージでいくと，どんなふうにいえるかな？」
「「高次の普遍性へと高める」っていうのを山に登るような感じでとらえれば，比
叡山に登れば琵琶湖が見えるような感じで，新しい地平線が広がるってことです
か.」
「いいだろうね. そして，やっと最後だ. はい，読んで.」

　　「現在の地平は過去なしでは形成されない. 獲得しなければならないような歴史
　　的地平が存在しないように，現在の地平もそれ自体で存在しない. むしろ，理解

15 読むとはどういうことか？　219

とはいつも，そのようにそれ自体で存在しているように思われる地平の融合の過程である.」(同, 479頁)

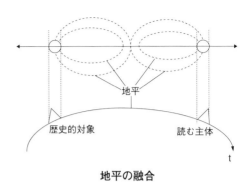

地平の融合

「地平の融合ってどんな感じだろう？」

　教授が「わかってほしいなあ」っていう表情で皆を見回したが，誰もピンとした顔をしない.
「開君がいいとこまでイメージ化してくれたと思うけどね.」

　教授は，「あくまでひとつのイメージだからね」と断りながら，ホワイトボードに図を描いた.
「富士山って高いけど，ここからは見えないでしょ. 地球は丸いから地平線の向こうになって見えないわけだ. でも，こっちが高く登れば地平線が広がるので富士山が見えるようになるでしょ. 関西だと，和歌山県の熊野古道から見えるらしいよね. こっちから富士山が見えるとき，富士山の山頂にいる人の地平線にはこっちも入っているでしょ. それを地平の融合って理解しておいて，まずはいいんじゃないかな.

で，このことと読書がどう関係するかってことなんだけど…….」
「「意味ない」とか，「関係ない」とか決めつけないで，わからなければ調べたり，人に聞いたり，まず自分でよく考えて読むと，その本のもってる世界のどこかに触れられるってことですね.」
「マヤ君，ありがとう. そういう努力が，言えば富士山を見るために山に登るようなもんだよね. 皆，途中でレム睡眠に入るかと思ったけど，よかった，よかった. いろいろ苦労して，「ああ，そういうこと言ってるのかな」っていう瞬間って，ずっと国語をやってきたと思うけど味わえてこなかったと思うんだよね. それはたぶん，細切れにしか読まないからだ. それに難しい本を除外しちゃうでしょ.

　まあ，この授業では，教育思想史の流れとその背景を考えてもらうのが主旨なんで，どうしても抜粋になるけど，わからないところは最低限調べてね. 余力があったらその文献を借りたり手に入れたりして，紹介しているところの前後，できれば全体を読んでみるのを勧めるね.」

解釈の多様性──同日10時.

「山に登るみたいな努力をすれば，地平線の向こうにあるようなことも見えてきて何か意味がつかめるっていうのは，先生の書かれた図で何か分かったような気がしますけど，私らが山に登ろうとするのっていろんな可能性がありますよね．比叡山もあるし伊吹山もあるし……．そこから見える景色って同じものを見ても違いますよね．」

寝落ちが常連のハルヒがぽそっと言った．

「ちょっと頭使ってもらったんで，今日はもういいかなって思ったんだけど嬉しいじゃないか．それを読書に当てはめると？」

「うわあ，きかなきゃよかって，ウソです．同じ本を読んでも人それぞれに違う読みになるってことですよね．でも，それって当たり前ですよね．」

「いや，当たり前のことなんだけど，とても大事なことなんだ．前回，言語論的転回の話をしたよね．言語は透明な媒体じゃないから，見え方は人によって異なるわけだ．」

「でも，先生，「みんな違ってみんないい」じゃあいけないって，いつも言われていますよね．」

姿勢のよいユマが参戦してきた．

「お，きたね．いろんな解釈があるのは当然なわけだ．でも，皆，小学生の頃から読書感想文を書いて，コンクールに出される子もいれば，「血の海かっ！」っていうくらい直される子もいるわけだ．その違いはあるんじゃないかな？」

教授が言うと，ヒロムが入ってきた．

「でも，物事が見方次第で変わるってことは，唯一の解釈はないわけだから，いい解釈と悪い解釈っていう言い方はよくないですよね．」

「ありがとう．いいとか悪いってことはいえないな．ただ，まずい解釈っていうのはあるよね．」

「私，小さい頃からピアノ習ってますけど，先生から「解釈になってない」って言われたことがあります．」

マヤが言うと，教授が食いついた．

「もう少し聞かせてくれる．」

「あるパッセージがあって，そこが作曲家の主張したいところだと思って，そこを引き立つように弾いたんです．そしたら，そのパッセージはもっと前から伏線があってそこに出てきているんだから，全体の流れのなかでどんな風に弾いたら引き立つのか考えてやらないとダメって言われました．」

15 読むとはどういうことか？ *221*

「いい話だね．マヤ君の話は読書にも当てはまるよね．読んでいると，「オッ，これは」というひらめきが来ることがある．それを進めていくとひとつの解釈になるかなあって思うことがある．だけど，そこで簡単に結論にもっていっちゃいけない．作品全体の流れからして無理がない解釈かどうかを見る必要がある．それから，他の人の解釈も参考にするとか，いろんな努力ができる．そこで何らかの「汗をかいた」解釈は，非常に独創的だということで評価されたり，バランスが取れているということで受け入れられたりするようになるわけだ．マヤ君がピアノの話をしてくれたけど，読書って一種の芸術だと考えればいいんだろうね．

　この授業は大学院じゃないので，芸術的な解釈をしろっていうつもりはないよ．ただ，そういうふうに対象を解釈する努力っていうのは決して無駄じゃないってことは分かってほしい．ちょっとそういう努力をするだけで，かなりリテラシーが向上するよ．それって〈マリ〉にはできないと思う．」

　ゼミ生の食いつきが思ったよりもよかったのか，教授は機嫌がよい．
「あとは調べ学習の時間にしよう．図書館に行って本を借りたりしてください．来週に発表するのは誰かな．打合せするから残ってね．」

　　お断り：この記録に登場する学生からはブログにアップする許可を得て，すべて仮名で示しています．内容は要約や修正を加えています（以下同じ）．

投稿日：10月6日（土）

✍️ 学習を深めるための課題
・ガダマーのいう「地平の融合」とはどういうことか，自分の言葉でまとめてみよう．

16 古代から中世

16-1 古典古代のギリシアとローマ

16-1-1 都市国家（ポリス）とソフィスト

紀元前8世紀，ギリシアでは，集落が連合してポリス（都市国家）が形成された．20ほどのポリスのうち，とくに有力だったのがアテネ（アテナイとも）とスパルタである．ポリスの住民は市民と奴隷からなり，市民にも貴族と平民の区別があった．スパルタでは，虚弱な新生児は殺され，健康と見なされた男子が都市国家によって厳しく鍛錬され，兵士に育てられた．ここから，鍛錬主義の教育が「スパルタ式」と呼ばれるようになった．貴族主義をとったスパルタに対して，アテネでは，紀元前5世紀半ばには，男性市民の全体集会である民会が設けられて民主政が確立した．ポリスのアゴラ（広場）は市民が談論する場でもあり，そこで優位を占めるのに求められたのが雄弁さだった．

雄弁さを身につけたいという欲求に応えて現れたのが，プロタゴラス（前490頃-前420頃）らに代表されるソフィストと呼ばれる人々だった．プロタゴラスによるという人間は万物の尺度であるという言葉は，絶対的な真理は存在しないという価値相対主義の立場を示している．この主張によれば，問題なのは，誰もが納得する理論を探求することではなく，ある判断が適切であることを周囲に説得できるかどうかということになる．このドライで柔軟な教育観は市民に受け入れられ，ソフィストたちは説得の術としてのレトリック（修辞学）を教えて社会的にも成功した．

ソフィストの教育の継承者として知られるのが，ソクラテスやプラトンと同時代のイソクラテス（前436-前338）である．年に2人しか生徒をとらず，授業料も高額だったにもかかわらず，彼が開いた学校は大きな成功を収めた．彼は「教養人」をこう定義した．

「第一に，それは日ごとに生起する問題をてぎわよく処理し，時機を的確に判断

し，ほとんどの場合において有益な結果を過たずに推測することのできる人である．第二に，周囲の人びとに礼儀正しく信義にもとることなく交際し，他人の不躾や無礼は穏やかに機嫌よく迎え，自分自身はできるだけ柔和に節度を保って相手に接する人である．さらに第三に，つねに快楽に克ち不運にひしがれることなく，逆境にあっても雄々しく人間性にふさわしく振舞う人である．そして第四に最も大事な点であるが，成功に溺れて有頂天になったり傲岸に走ったりすることもなく，思慮にすぐれた人の隊列にとどまり，生来のおのれの素質と知恵が生みだす成果を喜ぶ以上に，僥倖を歓迎することのない人である．」（イソクラテス，2002, 73頁）

ソフィストは日本語では詭弁家と訳される．詭弁には「白を黒と言いくるめる」ような信用のおけない言論というネガティブな意味がある．実際，詭弁が横行して社会が停滞する歴史的実例は数多い．アテネでもレトリックを操るソフィストの評価が問題となった．

16-1-2 ソクラテス

ソクラテスは，ポリスの神々を否定し青年を扇動したとされて死刑を宣告され，それを受け入れた．それは，スパルタとの対立から起こったペロポネソス戦争でアテネが敗れた混乱の最中だった．ソクラテスが死に追いやられたのは，彼に問答を挑まれたアテネの市民がまったく反駁できず，それを恨んだことが大きいといわれる．彼自身は何の著作も残しておらず，その思想は弟子のプラトンが著した対話編からうかがうことができる．

たとえば，『ラケス』には，ソクラテスが有名な将軍のラケス（?-前418）と「勇気とは何か」をめぐって対話した模様が記されている．ソクラテスが勇気とは何かを問うと，ラケスは敵を防いで逃げないような人間には勇気があると答える．ソクラテスは個々の行為ではなく，それらに共通する勇気とは何かを尋ねる．ラケスは〈心の何らかの忍耐強さ〉だと答える．それをうけて，ソクラテスは〈思慮を伴った忍耐強さ〉と〈無思慮を伴った忍耐強さ〉を対置して，思慮のない忍耐強さが有害であることを認めさせる．そのうえで，戦乱のなかで思慮深く戦って踏みとどまる者となりふりかまわず踏みとどまる者のいずれに勇気があるかを尋ねる．ソクラテスは，後者だと答えるラケスの発言が矛盾していると指摘する．ラケスは，「勇気について，それが何であるのか僕にはわかっていると思えるのだが」，「たった今僕の手から逃げ出してしまい，その結果，勇気が何であるのかを言葉で一まとめにすることが僕にはできないのだ」と答え，ラケスはソ

クラテスとの対話をとおして勇気について明らかには知っていなかったことを認めさせられ，ソクラテスはラケスをさらなる探求へと誘った（プラトン，1997，59頁）．

この対話編では「勇気とは何か」は明らかにならずに終わる．それは，ソクラテスの対話の目的が自身について考えることをとおして「無知の知」の確認に至ることだったからである．しかし，あらゆる状況にあてはまる解を見出そうとするソクラテスの対話は，変転する状況のなかでその都度通用する判断を導ければよいというソフィストの立場と真っ向から対立するものだった．

16-1-3　プラトン

プラトンは，師ソクラテスの死を契機に政治家の道を断念して哲学を志し，十数年の遍歴ののちアテネに戻ると，学園アカデメイアを開いて教育にあたるとともに多くの著作を残した．彼が『国家』の第7巻に記した「洞窟の比喩」は，その哲学説と教育観を示している．私たちは，「美」ときくと，美しい絵や美しい景色や美しい動作などを連想する．しかし，プラトンによれば，それらは，洞窟の囚人が見ている壁に映った物体の影と同じように，美の影にすぎないという．彼は，時間や空間の束縛を超え，あらゆる物体や現象に共通する実体が世界のかなたに存在するとし，それをイデアと名づけた．そして，この比喩は教育をテーマとしている．プラトンは，イデアを知らない無知を克服するためには，実体を照らしている火の光を見るように「強制」しなければならないが，囚人は強い先入見があり，洞窟から引きずり出して太陽の光が照る外部に連れ出しても，外界のまぶしさのために何も見ることができず，かえって実体の影に執着する結果になる．ゆえに，光としてのイデアに段階的に慣らすことが必要になるという．

> 「学び知るところの器官とは，はじめから魂のなかに内在しているのであって，ただそれを——あたかも目を暗闇から光明へ転向させるには，身体の全体といっしょに転向させるのでなければ不可能であったように——魂の全体といっしょに生成流転する世界から一転させて，実在および実在のうちに最も光り輝くものを観ることに堪えうるようになるまで，導いて行かなければならないのだ．……教育とは，まさにその器官を転向させることがどうすればいちばんやさしく，いちばん効果的に達成されるかを考える，向け変えの技術にほかならないということになるだろう．」（プラトン，2008下，115-116頁）

教育とは魂をイデアへと向け変える技術である，とプラトンは考えた．彼は，「学び知るところの器官」が「はじめから魂のなかに内在」しているとし，「魂のなかに知識がないから，自分たちが知識をなかに入れてやるのだ」（同，115頁）と

いう教育観を批判した．プラトンにとって精神は，知識が詰め込まれる受動的な器ではなかった．また，人間が永遠であるイデアを知ることができるということは，人間の魂が永遠不滅であることによっていると考えた．さらに，プラトンは，ここから学習についてのユニークな見解を提示した．彼は，奴隷の少年がソクラテスの手助けを受けながら数学の公理を自ら導きだしていった過程を記し，学習とは想起であるとした．

> 「われわれが生まれる以前に知識を獲得しながら，生まれるや否やそれを失ったとするならば，そして後にその知識の対象について感覚を用いながら以前に持っていたかの知識を再び把握するのだとするならば，われわれが「学ぶこと」と呼んでいる事柄は，もともと自分のものであった知識を再把握することではなかろうか．そして，これが想起することである．」（プラトン，1998，64頁）

　プラトンがイデアという永遠の世界を想定する限り，現世は来世の，肉体は魂の下位におかれることになる．彼は肉体を魂の牢獄ととらえ，「魂を引き取って穏やかに励まし，その魂を解放しようと努力する」のが哲学であるとした（同，85頁）．こうしたプラトンの精神優位の考え方から，肉体的な欲求を離れた精神的恋愛のことがプラトニックラブと呼ばれるようになった（今はほとんど死語）．

　具体的に何を学ぶべきかについても，プラトンは人間についての洞察から導いた．彼は，魂が理知的部分・気概的部分・欲望的部分からなるとし，教育の目標は，それぞれの魂の区分に対応して，知恵・勇気・節制を育成することであると考えた．これらの3つの徳は知恵を中心に調和することで正義となり，正義をあわせて四元徳と呼ばれる．プラトンは，知恵のためには音楽，勇気のためには体育が重要であるとした．

　他方，プラトンは誰にも等しく四元徳を育成するような教育が必要であるとは考えなかった．知恵・勇気・節制という魂の三分説は，支配者・防衛者・生産者という社会階層の区分から導かれており，彼が四元徳の育成が必要と考えたのは支配者だった．ゆえに，彼の教育観にはエリート主義的色彩がある．

> 「哲学者たちが国々において王となって統治するのでないかぎり，……あるいは，現在王と呼ばれ，権力者と呼ばれている人たちが，真実にかつじゅうぶんに哲学するのでないかぎり，すなわち，政治的権力と哲学的精神とが一体化されて，多くの人々の素質が，現在のようにこの二つのどちらかの方向へ別々に進むのを強制的に禁止されるのでないかぎり，……国々にとっても不幸のやむときはないし，また人類にとっても同様だとぼくは思う．」（プラトン，2008上，452頁）

哲人王という政治的理想は，民主政が建て前のはずのアテネで師のソクラテスが死に追いやられた経験に由来すると思われる．プラトンは，指導的な人間の育成のために，数学の諸分野や天文学，そして哲学の学習をとおしてイデアの領域に迫るカリキュラムを考えた．プラトンが開いたアカデメイアの門に「幾何学を学ばざる者，入るべからず」と記されてあったという言い伝えは，とくに数学が重視されていたことを示している．

16-1-4 アリストテレス

アリストテレスはプラトンの開いたアカデメイアで学び，プラトンの死後の遍歴中にヘレニズム時代を開いたアレクサンドロス大王の家庭教師となった．アテネに戻るとリュケイオンに学園を開き，「万学の祖」と呼ばれるように，多くの学問分野の基礎を築いた．アリストテレスの著作は，中世のキリスト教会と大学の基準的な教科書となった．散歩をしながら教育をしたことから，彼の学派はギリシア語で散歩を意味するペリパトス派と呼ばれた．

アリストテレスは，幸福に生きるための能力を徳であるとし，それを知性的な徳と倫理的な徳に区分した．知性的な徳は正しく認識する知恵（ソフィア）や善く判断する思慮（フロネーシス）などに分かれ，倫理的徳には，感情や欲望のコントロールに関する勇気・節制・温和・機知などがあり，いずれも反復と習慣づけによって得られるとした．ただ，勇気は度が過ぎれば無謀になり不足すれば臆病になるように，アリストテレスは徳を身につける際には中庸（メソテース）が重要だとした．

師のプラトンが理想主義的・観念論的であるのに対して，アリストテレスはきわめて現実的である．それは，「人間は自然に国（ポリス）的動物である」（アリストテレス，1961，35頁）という言葉に示されている．

> 「国が自然にあるということも，また〔自然には〕各個人よりも先にあるということも明らかである．……共同することの出来ない者か，或は自足しているので共同することを少しも必要としない者は決して国の部分ではない，従って野獣であるか，さもなければ神である．」（同，36頁）

人間が生まれてくるとき，すでにそこにはポリスがあり，ゆえに人間は本性的にポリス的動物（ゾーン・ポリティコン）なのだ，とアリストテレスは言う．この見方は国家主義や共同体主義の源にもなった．『政治学』第7巻の終わりから子どもの養育と教育が論じられているが，そこでは7歳から10歳までは音楽と学問，

10歳から21歳ではそれらに体育を加えるように勧められている．アリストテレスは，師のプラトンほどには数学を重視しなかった．

プラトンに比べてアリストテレスの主張が現実的であるとはいっても，実践的であったといえるかについては議論がある．ポリスは多数の奴隷に依存して成り立つ社会であり，市民の生活とは労働ではなく閑暇（スコレー）であった．ここでいう閑暇とは，単なる余暇ではなく，学問や

ラファエロ作《アテネの学堂》
中央に描かれているのがプラトンとアリストテレス

芸術を自由に享受して幸福を実現することを意味した．そして閑暇のもっともすぐれた過ごし方は哲学することであった．哲学的な思索（観想）は理論（theory）の語源のテオリアであり，それに対立するのが実践（practice）の語源のプラクシスだが，実践は理論に奉仕するものとされた．

16-1-5　古代ローマ

紀元前1000年頃にラテン人が築いた都市国家ローマは，大きな勢力を誇る帝国となり，その言語であるラテン語は長くヨーロッパ的教養の基盤であり続けた．ローマは紀元前6世紀に共和政となり，次第に平民と貴族の政治的権利も対等化された．しかし，元老院が権力を維持し，非常時には独裁官が権力を集中できたように，ローマの共和政とアテネの民主政には違いがある．しかし，社会的な優位を得るために雄弁さが重要であったことは共通していた．歴代の皇帝のなかにはマルクス・アウレリウス（121 -180）のように，すぐれた学識を有し教育の振興を図った者もいた．

キケロ（前106-前43）は，ギリシアで学んだ修辞学を活かして弁護士として名をあげ，ローマの執政官にまでのぼりつめた．しかし，彼の『弁論家について』には，単なる雄弁さではなく道徳の重要性も説かれていた．古代ギリシアにおいては分岐していたかに思われるレトリックと哲学とを，キケロは統合しようとした．

「すべてにまさるものを一つだけ挙げよと求められるのなら，勝利の棕櫚の栄冠は，学識ある弁論家にこそ与えられるべきだとわたしは思うのである．その同じ

学識ある弁論家が哲学者でもあることを許されるなら，論争は解決されたことになる.」（キケロ, 2005, 200頁）

ローマの第5代皇帝ネロ（37-68）の家庭教師を務めた政治家・文人のルキウス・アンナエウス・セネカ（前1?-65）は，自然と一致する意志を重視するストア派の哲学者であり，教え子のネロから自死を命じられるが，それを受け入れ，不幸に動じない知者の生き方を示した．第1に学ぶべきことは生きることだという洞察は，18世紀のルソーに影響を与えた．

> 「生きることの智慧ほど難しいものもないのである．他の技芸の教師なら，ざらにおり，数も多い．……生きる術は生涯をかけて学び取らねばならないものであり，また，こう言えばさらに怪訝に思うかもしれないが，死ぬ術は生涯をかけて学び取らねばならないものなのである.」（セネカ, 2010, 26頁）

マルクス・ファビウス・クインティリアヌス（35?-100?）は，修辞学の学校を開いて弟子を育て，全12巻からなる『弁論家の教育』を残した．ここには，① 発想，② 配置，③ 修辞，④ 記憶，⑤ 発表という修辞学の5つの要素が詳しく述べられている．ネロ以降，皇帝による政治が残忍で非道なものになるなかで，弁論家の社会的役割は限られていた．しかし，クィンティリアヌスは，この大著のなかで理想的な弁論家像を説き，雄弁さと道徳性の両立を強調し，家庭教育・幼児教育・道徳教育の重要性も論じた『弁論家の教育』は長い間見失われていたが，15世紀，スイス北東部のザンクト・ガレンの修道院でその完全な写本が発見されると，ルネサンスの人文主義に大きな影響を与えた．

文法・修辞学・論理学（弁証法）と幾何学・算術・天文学・音楽は，古代ギリシア以来，カリキュラムに取り入れられていたが，古代ローマに至って自由学芸の三学四科として基本的な教養と見なされるようになった．

16-2 キリスト教と中世

16-2-1 ヘブライズム

古代ギリシアに芽生え，アレクサンドロス大王の遠征によって広まった人間中心的な思想は，ヘレニズムと呼ばれる．それとともにヨーロッパ文化の基盤と見なされるのが，ユダヤ教とそれを基盤にしたキリスト教に代表されるヘブライズムと呼ばれる思想である．その特徴は『旧約聖書』創世記の楽園追放とバベルの塔をめぐる記述によく示されている．

神はその姿に似せて男のアダムを作った．彼がおかれたエデンの園には命の木と善悪の知識の木があり，神は善悪の知識の木の実を食べないように命じた．アダムのあとに創造された女のエバ（イヴ）は，蛇にそそのかされて禁断の木の実を食べ，アダムも勧められて食べてしまう．神は2人を楽園から追放し，2人とその子孫である人間は大地で生活し，男には労働，女には出産という苦痛がつきまとうことになった．ここから，人間は生まれながらに罪（原罪）を負った存在とされた．

その後，大地に広がった人間が再び悪を為すと，神は大洪水を起こし，信心深いノアと彼が方舟に載せた人間と動植物のみが生き残った．その後，神の命によって人間は再び地に広がる．しかし，人々が協力して天に届くほどの高い塔（バベルの塔）を建設し始めると，神は，その不敬な企ては人間が同じ言語を話しているせいだとして，言語を乱して通じないようにさせた．そのため人々は混乱し，塔の建設をやめて各地に離散していった．

ヘレニズムは多神教であり，その神々も人間と同じように嫉妬などに身を焼く不完全な存在だった．それとは対照的に，ヘブライズムにおいては，唯一絶対の神と罪深い存在としての人間という対比がある．天と地という2つの世界が設定されるなかで，人間はその罪深さを自覚し，神の世界を求めることが課題となる．バベルの塔の比喩も，価値観が多様であるのは神の罰による混乱状態であり，人間には価値の統一という使命が与えられていることを示唆している．

16-2-2　アウグスティヌス

修辞学の教師であったアウグスティヌスは，ペルシアから広がった二元論的なマニ教を信じていたが，キケロをとおして哲学を知り，新プラトン主義にも影響を受けた．その後，激しい内面的葛藤の末にキリスト教に改宗し，教父の1人とされた．

アウグスティヌスは，被造物の頂点として創造されながら原罪を負った人間は，「神の像」を再生することで神に応えることができるとした．彼は，人間には精神・知・愛，もしくは記憶・知性・意志が備わっていると考えるが，とくに意志が人間存在の本質であり，そこから感情も生じるという．感情は人間を翻弄するが，アウグスティヌスは，意志には神を希求する愛があり，それが神によって高められることで人間は神の像に近づいていくことができるという．こうして，人生は神の像に向かう絶え間ない形成の過程とされる．

アウグスティヌスの著作に『教師論』がある．それは，「すべてのものの教師

はただひとり，天に在す者のみ」という『新約聖書』の「マタイによる福音書」
の言葉を考察したものである．この言葉を額面どおりに受けとれば，人間として
の教師にどのような存在意義があるのかということになる．彼は，教育の実際が
記号としての言葉のやり取りであることを前提として，では言葉とは何である
のかを吟味することによって，教師ができることは何かを問おうとする．教師が三
角形と言って生徒がそれを理解するとき，生徒がすでに三角形を体験として知っ
ているのでなければ，教師の言うのを理解することはできない．生徒は教師に教
えられているようでありながら，実は教師の言葉によってすでに事物そのものか
ら学んでいることを想起しているにすぎない．アウグスティヌスは，プラトンと
同じく学習とは想起であるという見方をとるが，ただし想起が可能なのは人間の
内で教える教師がいるからだとした．彼においては，それはイエス・キリストに
ほかならない．

　ところで，生徒はすべてのことを想起できない．ここに人間としての教師の役
割がある．教師がさまざまな質問をすると，生徒は内なる教師の教えを想起する
ことができる．ここで教師には，生徒が内なる教師に教えを求めるように勧める
という助力的な役割が求められることになる．ところで，アウグスティヌスは，
教師が外部から発する言葉が理解されるとき，生徒にはその理解を可能にする内
的言葉があると考えた．三角形は英語ではトライアングルだが，内的言葉とは国
語の違いを超えた普遍的な言語であるという．

　学習を想起と見なす主張や内的言語という見方は，アウグスティヌスがプラト
ンの影響を受けていることを示している．彼は，事物とイデアの関係を問題にし
たが，それは中世において普遍論争として展開された．個々の事物が存在するこ
とは疑いないとして，普遍的な概念が存在するのかどうかは，神の存在を論証す
るために避けて通れない問題と考えられた．実念論と呼ばれる立場は個々の事物
に先立つ普遍的な概念が実在すると主張し，唯名論と呼ばれる立場は普遍概念と
いうのは名前なのであって存在するのは個々の事物であるとした．自由学芸を修
めたアウグスティヌスがキリスト教の教義の体系化にとりくんだことで，自由学
芸はキリスト教が国教化された西ヨーロッパにおける市民権を得た．それと同時
に，キリスト教もラテン化されることになった．

16-2-3　修道院と大学

　他の多くの宗教と同様に，キリスト教にも禁欲主義の伝統がある．『新約聖書』
の福音書には，イエス・キリストが弟子たちに語った「山上の垂訓」が記されて

いるが，そこには「貧しき者は幸いである」との言葉がある．ここで説かれた清貧(せいひん)を実践する修道生活が4世紀頃から行われるようになり，ローマ・カトリックの最初の修道院はベネディクト会によって6世紀前半に創建された．その戒律は，服従・清貧・童貞（純潔）であった．以後，女子修道院が開設され，修道院が広大な領地を得て世俗化すると，それに対する改革運動が

モン・サン＝ミシェル

起き，シトー会，フランシスコ会，ドミニコ会等の修道会が生まれた．フランシスコ会は貧民救済，ドミニコ会は高等教育の取り組みで知られる．16世紀にプロテスタント宗教改革が起きると，その地域の修道院の多くは解体された．

　修道院は，僧侶の修行の場であったが，いずれ僧侶になろうという5〜7歳の子どもを預かり，15歳くらいまで訓練した．ここから，修道院は附属の学校をもつようになり，それは僧侶をめざす子ども向けの修道院内校と一般の子ども向けの修道院外校に分かれた．ここでは，自由学芸が課せられ，大修道院の附属学校では神学も教えられた．

　8世紀に成立したフランク王国では，カール大帝（742-814）が，キリスト教会との協調のもとで統治を進め，文化の振興を図った．この動きはカロリング・ルネサンスと呼ばれる．カールはイングランドから神学者のアルクィン（735?-804）を招き，アーヘンの宮廷は宮廷学校と呼ばれた．中流や下層階級の子どもも学ぶことができた宮廷学校は，世俗的な教育の拡大のきっかけになった．また，各都市で司教のいる教会（司教座聖堂，カテドラル）にも学校が設けられた（司教座聖堂附属学校）．

　大学の起源には諸説があるが，イタリアのボローニャ大学は1088年の創設とされる．英語で大学を意味するuniversityは，教師と学生の自律的な団体（組合）であるウニヴェルシタス（universitas）に由来する．その後，世俗君主が勅許を与えて設立される大学が増加し，学生たちはそれらの大学を遍歴しつつ学んだ．1987年にスタートしたエラスムス計画はヨーロッパ連合（EU）域内の学生の交流を促進しようとするもので，ヨーロッパの多くの学生は一定期間を他大学で学んでいる．

　9世紀末から13世紀は十字軍遠征の時代でもあった．そのなかで，イスラムの図書館に保存されていたギリシアの古典が西ヨーロッパ人の知るところとなる．

232　第Ⅱ部　入門ゼミ2「教育思想史へのアプローチ」記録

アリストテレスの著作も13世紀半ばまでにはラテン語訳され，大学で盛んに学ばれるようになった．

16-2-4　トマス・アクィナス

　修道士としての生活を経てパリ大学神学部教授となったトマス・アクィナスは(1225?-74)は，諸説が入り乱れていた当時の宗教界において神学説の総合を図り，それはローマ・カトリック教会の正統教義とされた．当時，理性と合致し経験とも矛盾しないアリストテレスの思想が広く受け入れられており，それとどのように向き合うかは避けて通れない課題だった．

　トマス・アクィナスは，アウグスティヌスがプラトンに依拠したのに対して，アリストテレスの哲学を取り入れた．アリストテレスは万物をある現実態へと向かう可能態としてとらえたが，トマス・アクィナスもそれをうけて，人間を含めたあらゆる事物は内なる可能性の現れとして変化するのであり，とくに人間は「神を受け入れるもの」であるとした．これは，アウグスティヌスが人間の罪性を強調したのに対して可能性に光を当てた人間観であるといえる．また，人間の意志は幸福をめざすという方向は定まっていたとしても，手段の選択は自由に行うとして自由意志を認めた．ただしトマス・アクィナスは，人間が神の似姿に向かう可能性はやはり神からの恩恵によって現実化されると見た．そこで人間の側の課題として，可能態と現実態をつなぐ習慣の形成を重視した．教師の役割については，アウグスティヌスの見解を引き継ぎ，人間の内的可能性の開化を助力することであるとした．

　トマス・アクィナスはまた，古代ギリシアにおける思慮・勇気・節制・正義の四元徳に加え，信仰・希望・慈愛の対神徳を重視した．対神徳に類するような徳はプラトンの考察にも見られるが，トマス・アクィナスは，これらは人間の努力からだけではむずかしく，神の恩恵によって得られるとした．このうちとくに重視されたのが，無償の愛としての慈愛（ギリシア語ではアガペー）だった．英語で慈愛を意味するcharityは，アガペーのラテン語訳のカリタスからきている．

＊＊＊

　教授から各時代の教育論の特徴と現在の教育とを関連づけて話し合うように言われたが，これはなかなか大変だった．しかし，クラスにハルヒがいたおかげで，昔の思想を学ぶだけだと思っていたゼミが意外にリアリティのある時間になった．彼女は，一般入試で入ってきて地頭は悪くないとささやかれていた．しかし，と

にかく時間にルーズで遅刻が多い．違う路線のバスに乗ってしまって遅れたとか平気で言う．ところが，たまに皆が「オッ」と思う発言をする．人間は見かけで決めちゃいけないなと思った次第．

16-3　眺望固定病予防のために

眺望固定病を防ぐためということで，教授がこのユニットで出した課題図書は，

- ・納富信留『ソフィストとは誰か』筑摩書房〔ちくま学芸文庫〕，2015年（鷲田清一による解説付）．
- ・ハスキンズ，チャールズ『十二世紀ルネサンス』別宮貞徳・朝倉文市訳，講談社〔講談社学術文庫〕，2017年．

の 2 冊だった．全部を読むのは大変なので，教授はいくつかのポイントを指定してくれたが，それでも大変だった．教授がゼミのまとめで話した内容を要約しておこう．

＊＊＊

ソフィストは詭弁家と訳され，「言葉を巧みに操る狡猾な人間」と思われてきた．それに対して，ソクラテスは「無知の知」を探求する哲学者の原型とされ，彼が死をもって主張を貫いたことで，真理を探求する哲学者とソフィストという構図ができたとされた．ところが，ソフィストと対立したはずのソクラテスはソフィストとして処刑された．このことは，当時のアテネにおいて，真理を探求する哲学と言葉を操る修辞学が必ずしも別個のものとしてはとらえられていなかったことを示唆する．

では，なぜ哲学者＞ソフィストという構図ができたのだろうか．それは，哲学史において繰り返しそう書かれ，この構図が受け入れられたからだ．そのきっかけを作ったのはプラトンだという．プラトンの開いた学園アカデメイアは529年に閉鎖されるまで続き，ソクラテスの発言を伝えるとされるプラトンの著した対話編は哲学の古典と見なされた．それに対して，当時の社会で大きな成功を収めたとされるソフィストのテクストはほとんど残っていない．

現在，哲学者の多くは大学教員として金銭を得て教え，一般人には理解できないような抽象的な議論を専門家の狭いサークルのなかで繰り返し，そのことで権威を維持しているように見える．もしそうなら，哲学者という存在こそが実はソ

フィストだったのではないかという見方も出てくる．また，この構図が哲学者による正当化と教育によって普及したことで，修辞学の価値が過剰に貶められたことも無視できない．価値がますます多様化している世界では，唯一の価値を求めて議論しても，なかなか結論には至らず，対立ばかりが鮮明になる．そうしたなかで，機知を働かせて発想を転換させる修辞学には，再評価される価値がある．そうしてみると，修辞学こそ哲学の可能性を開くという見方もできるかもしれない．

＊　＊　＊

　歴史とは時間の流れだ．相対性理論を考慮しても，どんな時代でも１秒の長さはそう違わなかっただろう．しかし，歴史のなかでは短期間に多くのことがあり，歴史上の転換点になったと思われる時期がある．歴史家は膨大な史料を読み，さまざまな視点から検討して，ある時代がエポック（新紀元）であったと主張する．時代を区切ってみせ，それが受け入れられたら，歴史家にとってそれ以上に名誉なことはない．そういうわけで，多くの歴史家が時代区分にとりくんできた．

　たとえば，そのひとつに「再生」を意味する「ルネサンス」という区分がある．これは，14世紀にイタリアで興り，西ヨーロッパに広がった古代のギリシアやローマの文化を復興しようとした運動を指す．この時代の思想家のなかにも，自分たちはそれ以前とは違うことにとりくんでいるという意識はあったようだ．しかし，自分たちの時代をルネサンスと呼んだわけではない．この語を最初に学問的な意味で用いたのは19世紀フランスの歴史家ジュール・ミシュレ（1798-1874）で，さらにスイスの歴史家ヤーコプ・ブルクハルト（1818-97）もそれに続き，ルネサンスという時代区分は広く受け入れられるようになった．この時代がルネサンス（再生）であると強調されると，それ以前の時代の価値は押し下げられる．中世はそれ以前から「暗黒時代」と呼ばれていたが，その相対的な暗さは強まり，キリスト教的世界観のもとで学問や芸術が停滞した時代という否定的な評価が一般化してしまった．

　しかし，ルネサンスは14世紀になって急に実現されたわけではない．歴史研究が進むなかで，ルネサンスと呼ばれる現象は，他にも見られると主張されるようになった．カール大帝下のフランク王国での文化の発展はカロリング・ルネサンスと呼ばれている．また，古代ギリシアの科学や技術の復興が進んだ10世紀の東ローマ帝国（ビザンツ帝国）での動きはマケドニア・ルネサンスと呼ばれている．そして，12世紀，古代ギリシアの文化がイスラムやビザンツを経由してヨーロッ

パに伝えられ，大きな影響を与えた．この時代，ギリシア語やアラビア語の大量の文献が翻訳され，ボローニャ，パリ，オックスフォード，ケンブリッジに大学が創設され，ロマネスクと呼ばれる建築様式が成立した．アメリカの歴史家チャールズ・ハスキンズ（1870-1937）は，この時代の文化の高まりを12世紀ルネサンスと呼んだ．彼の主張は，中世とルネサンスの間を断絶ととらえる見方を相対化するものだった．断絶を強調すると，歴史はドラマティックに描かれる．しかし，それ以前の時代の重要だったかもしれない営みが無視される恐れもある．12世紀ルネサンス論は，歴史の連続性を強調し，それによって暗黒というレッテルを貼られていた中世の再評価がなされるようになった．

こうした時代区分の見直しによって，新たに注目される思想家も出てくる．中世の哲学はスコラ哲学と呼ばれているが，とくにトマス・アクィナス以降，哲学は神学に対して従属的な位置におかれたので，精神の自由が訴えられたルネサンス以降，スコラ哲学はずいぶん批判された．スコラ哲学はアリストテレスを基盤にしていたので，アリストテレスも批判された．ここにはルネサンス期にプラトンが評価されたことも影響している．教育思想史の世界では，プラトンに比べてアリストテレスは十分にとりあげられているとはいえない．そこには，ルネサンス＞中世という古い構図の影響があるのかもしれない．

アリストテレスのほかでは，ドイツの哲学者・数学者で枢機卿でもあったニコラウス・クザーヌス（1401-64）も，教育思想史でもっととりあげられてよい思想家の1人だろう．彼は従来の時代区分では中世末期の思想家とされる．しかし，歴史の連続面を重視すれば，中世からルネサンスの橋渡し役と見られる．彼が『学識ある無知』に記した「自らを無知なる者として知ることが篤ければ篤いほど，人はいよいよ学識ある者となるだろう」（クザーヌス, 1994, 18頁）という言葉には，ソクラテス以来の学習への問いが示されている．

投稿日：10月20日（土）

16-4　教育思想史紀行1

ケイです．この夏，西洋教育の歴史に詳しい方とヨーロッパを旅しました．暇人が好きなことを書いていると思われると困るので，授業のアシストになりそうなことに絞って書き込みます．

歴史は理解の対象だと見てもらえないことが多いです．他国の歴史だとますますそう

です．でも，歴史的スポットに行ってみると，「歴史が生きている」ことを実感します．とくにイタリアの首都ローマではそのことを実感しました．現代のローマを歩くだけで，古代，ルネサンス，近代を体感できるのですから．

　ローマには世界で一番小さい国であり，カトリック教会の中心地であるヴァチカンがありますね．ヴァチカン宮殿の署名の間には，ルネサンス時代の大芸術家ラファエロ・サンティ（1483-1520）が制作した《アテネの学堂》という有名な壁画（フレスコ画）があります．今回，初めて見ることができて感激しました．中央に描かれたプラトンが指を天に向けているのに対し，アリストテレスは手のひらを地上に向けています．この構図は，現実を超えたイデアの世界を考えたプラトンと現実的な見解をとったアリストテレスとの間の思想的な立場の差を見事に表現していると言われていますね．

　ただ，この画のメッセージが明快すぎるので，この画が描かれてから，2つの哲学的立場が必要以上に対立的にとらえられるようになってしまったなんてことはなかっただろうかと思いました．中世のスコラ哲学では，プラトンとアリストテレスの考え方を何とか調和させようという努力が行われたのですよね．この画の前にトマス・アクィナスが立ったら，手を横に出すんじゃないかと思いました．

＊＊＊

　旅行のスケジュール上はちょっとあとに訪れたのですが，時代順に書き込みましょう．修道院は，ヨーロッパだけでもたくさんありますが，フランス西岸の小島にそびえるモン・サン＝ミシェルを訪ねました．女子大生が略して「モンさん」って言ってるのを私と同年代のガイドさんが注意して煙たがられていました．モンは山，サンは聖，ミシェルが天使の名前ですから，たしかに「モンさん」じゃいかんわけですね．19世紀後半に地続きの橋ができて潮の流れがせきとめられるようになって環境が大きく変わったそうですが，ここは潮の干満の大きい場所で，巡礼に来るのも命がけだったそうです．現在は，環境の回復のために道路に代わって橋が架かっています．

　ここに限らず修道院や人里離れた寺院を訪れると思うのですが，俗世を離れて人間界を超越した何かを求めようという志はすごいものだと思います．食事も互いに背を向けてしゃべらないでとっていたそうです．ここでは巡礼者のためにオムレツが出されるようになって，それが名物です．よく泡立てて調理するせいでフワフワなのですが，少し物足りなさそうにしていたら，ガイドさんがチーズとか入れて出しているところがあるけどオリジナルじゃないと言っていました．修道士さんには申し訳ないような世俗的な会話です．

＊＊＊

　ローマのあと，鉄道でフィレンツェに行き，そのあとに訪れたのがイタリア北部のボ

ローニャでした．白河上皇が院政を始めた頃，ここに大学ができたと言われています．最初は法律が中心だったそうですが，今は23の学部があり，学生数は10万人にもなるそうです．医学部は世界で最初に解剖学の講座が開設されたそうで，その教室という建物は印象的でした．同行の士（古風な言い方）は，大学が学び教える者の人的つながりからできたことに感じ入っておられました．「建物がないと授業も研究もできないですが，箱モノをいくら自慢しても学生がスマホで遊んでちゃ意味ないですよ」って言われてました．イタリアといえばピサの斜塔が有名ですが，この街にも双子の斜塔があって笑ってしまいました．齢を考えて，登るのはやめておきました．

ボローニャ大学の解剖台

投稿日：10月21日（日）

📝 学習を深めるための課題
- 真理の探求とコミュニケーションの関係について教育思想史を素材に考えてみよう．
- プラトンの教育思想についてまとめてみよう．
- アリストテレスの教育思想についてまとめてみよう．
- アウグスティヌスの教師論の教育的意義について考えてみよう．

📖 引用文献

アリストテレス『政治学』山本光雄訳，岩波書店〔岩波文庫〕，1961年．
イソクラテス「パンアテナイア祭演説」，小池澄夫訳『イソクラテス弁論集』2，京都大学学術出版会，2002年．
キケロ『弁論家について』下，大西英文訳，岩波書店〔岩波文庫〕，2005年．
クザーヌス，ニコラウス『学識ある無知について』山田桂三訳，平凡社〔平凡社ライブラリー〕，1994年．
セネカ，ルキウス・アンナエウス『生の短さについて』大西英文訳，岩波書店〔岩波文庫〕，2010年．
プラトン『ラケス』三嶋輝夫訳，講談社〔講談社学術文庫〕，1997年．
プラトン『パイドン』岩田靖夫訳，岩波書店〔岩波文庫〕，1998年．
プラトン『国家』上下，藤沢令夫訳，岩波書店〔岩波文庫〕，2008年改訂版．

📚 参考文献

アウグスティヌス『世界教育学選集　アウグスティヌス教師論』石井次郎・三上茂訳，明治図書出版，1981年．
マルー，アンリ・イレネ『アウグスティヌスと古代教養の終焉』岩村清太訳，知泉書館，

238　第Ⅱ部　入門ゼミ2「教育思想史へのアプローチ」記録

　　2008年（原著，1938 年）．
リシェ，ピエール『ヨーロッパ成立期の学校教育と教養』岩村清太訳，知泉書館，2002年．
岩村清太『アウグスティヌスにおける教育』創文社，2001年．
岩村清太『ヨーロッパ中世の自由学芸と教育』知泉書館，2007年
廣川洋一『イソクラテスの修辞学校』講談社〔講談社学術文庫〕，2005年．

17 ルネサンスと宗教改革

17-1 人間の拡張としてのルネサンス

17-1-1 人間の拡張

イギリスの哲学者・政治家のベーコンは，17世紀の時点から歴史を振り返ってこう記した．

> 「発見されたものの力と効能と結果を考えてみることは，有益である．これらは，古人に知られていず，その起源が，新しいのに，不明ではなばなしくない三つの発見，すなわち，印刷術と火薬と羅針盤との発見にもっともあきらかにあらわれている．すなわち，第一のものは学問において，第二のものは戦争において，第三のものは航海において，全世界の事物と様相と状態をすっかりかえてしまって，そこから無数の変化がおこったのである．そしてどんな帝国も，どんな宗派も，どんな星も，うえの三つの機械的発明以上に，人間の状態に大きな力をふるい，深い影響を及ぼしたものはないように思われるのである．」（ベーコン, 1966, 294頁）

印刷術，火薬，羅針盤は，ヨーロッパで独自に発明されたわけではない．しかし，ヨーロッパに伝わったこれらの発明を活用したことで，ルネサンスから近世にかけて，ヨーロッパは大きな変貌を遂げた．それは，今日に至る「人間の拡張」が本格的に開始された時代だった．このうちの印刷術の普及は，それまで修道院と大学に占有されていた知識の伝播を可能にした．ギリシアやローマの古典が出版されると人々は過去と対話できるようになり，意見が活字としてとどめられたことで議論の質も変わった．

ルネサンス時代は，決して平和な時代だったわけではない．14世紀，アジアから伝染したペストはヨーロッパで猛威を振るい，世界で8500万人，ヨーロッパでも2000～3000万人が死亡したと推定される．自然の脅威を前に「死すべき者」(mortal) としての人間は無力だった．それにもかかわらず，人々が強い欲求を抱くようになったのは，技術やメディアの発展が一種の全能感をもたらしたからであろう．ここで生じた拡大する欲望とどのように向き合うかというテーマは，教

育問題にほかならない.

17-1-2 普遍人への教育

ルネサンスにおける人間の理想は，学問はもちろんスポーツから遊戯に至るまでのあらゆる学芸に熟達した「普遍人」（uomo universale）だった．そこには歴史や社会の制約から人間を解放しようという理想があり，それは現代の自由主義の起源にもなっている．ジョヴァンニ・ピコ・デラ・ミランドラ（1463-94）の『人間の尊厳について』には，次のように書かれている．

> 「われわれは，凡庸なものに満足せずに，至高なるものを熱心に求め，そして，（われわれは欲すればできるのですから）到達すべき至高なるものへと全力を尽くして突き進むように，精神に『ある聖なる野心』を吹き込もうではありませんか.」
> （ピコ・デラ・ミランドラ, 1985, 21頁）

ただし，こうした普遍人の理想は社会の上層に限られており，この時代の教育論は上層の子弟の教育のために書かれた．普遍人の理想を体現した存在ともいわれるレオン・バティスタ・アルベルティ（1404-72）は次のように記している．

> 「世の父親たるもの，すべからく，子どもたちが熱心に文学にたずさわるようにしむけ，ひじょうに正しく読み書きができるように教育してやるべきです．……それから算術を教え，必要なかぎり幾何学も教えてやるべきです．……それからふたたび詩人や弁論家や哲学者を学ばせるべきでしょう．とくに注意してほしいのは，熱意のある教師たちに受けもたせ，この教師たちから文学的教養にもまして，りっぱな品行を学びとらせるということです．……若者たちにはたびたび，しかも充分に……気晴らしをさせるとよいでしょう．……子どもたちは，一朝事あるときは敵に当たり祖国の役にたちうるよう，騎馬の練習をし，武具の扱いかたを習い，馬を走らせたり馬首をめぐらせたり制御したりすることにも慣れてほしいものです.」（ガレン, 2002, 148-149頁より重引）

ここでは世俗的成功が積極的に肯定されている．これが極端に展開されると，世俗的成功のために権謀術数の限りを尽くすという思想になる．イタリア・フィレンツェのニッコロ・マキァヴェリ（1469-1527）が著した『君主論』は，その怜悧な人間分析の魅力のために現在まで読み継がれている．

ルネサンスの自由の精神は，当時の社会に鋭い批判を向けた．とはいえ，宗教や政治の権力は絶対的であり，言論の自由は確立されていなかった．ゆえに，そうした批判はフィクションというかたちで表現された．その代表例にあげられるのが，イギリスのモアによる『ユートピア』とフランスのフランソワ・ラブレー

（1494-1553）による『パンタグリュエル物語』である．そこには奇想天外なストーリーを生み出す創造力や現実を痛快に笑い飛ばす風刺の精神が脈打っている．

17-1-3　克己への教育

　普遍人の理想は魅惑的である．しかし，人間に神に迫ることもできるような可能性が与えられているのかの保証はない．また，際限のない欲望の解放で社会が成り立つのかという問題もある．そこで，徳と学問の修得によって，自己を制御できる人間の形成をめざす思想が提示された．

　この時代の人文主義者には豊かな人的交流があった．モアとオランダの思想家デシデリウス・エラスムス（1467?-1536），エラスムスとスペイン生まれのファン・ルイス・ビベス（1492-1540）は親交があった．ビベスはイングランドに招かれ，王女の教育を託された．当時のイングランドでは，パブリックスクールの改革が進んでいた．ビベスの『学問論』は，当時の教育内容や方法を批判するもので大きな影響を与えた．

　エラスムスはギリシア語版の新約聖書の初の校訂本を出版した学者だったが，当時の宗教界の堕落を批判し，宗教改革にも影響を与えた．彼は人間に自由意志を認めたが，それゆえに人間が神の意志から反れないために教育の役割を重視した．彼が著した『礼儀作法論』は，この時代に礼儀正しさ（civility）が人々の関心事になり始めたことを示しているが，その細かさは笑いを誘わずにはおかない．

> 「眉毛は物柔らかいようにするべきでしょう．眉を寄せたりしてはいけません．眉を寄せることは陰険さの標です．……頭巾や衣服で鼻水を拭くことは粗野な行為と言えます．腕や肘に鼻水をなすりつけることは，塩魚商人のようです．……高位の方がいる前では，少し身体を背けて鼻水をかむことです．二本の指で鼻水をかんだら，その鼻水を地面に投げ落として，すぐさま足で踏みにじるべきでしょう．」（エラスムス, 1994, 150頁）

　ルネサンスの基本的な教育内容としての古典は，本来，歴史意識や批判的精神を身につけるためのものであるはずだった．しかし，古典の学習は，ともすれば単なる語学や知識のひけらかし（衒学）になってしまう．ここに，学習の本来の意義に立ち返ろうという主張が現れる．40歳で官職を引退したフランスのモンテーニュが，執筆と思索の生活のなかで著した『随想録』（エセー）には次のように記されている．

> 「お子様には，彼自身をより賢く，より良くするものを教えてから，そのあとで，

論理学，自然学，幾何学，修辞学とは何であるかを教えてください．そうすれば彼がどの学問を選ぶにしても，すでに判断力ができているのですから，すぐにそれを会得することができましょう．……精神を鍛えるのでもなく，肉体を鍛えるのでもなく，人間を鍛えるのです．二つを別々にしてはいけません．……なおまた，この教育は優しさの中に厳しさをこめておこなわれるべきであります．普通，学校でおこなわれているようではいけません．……うまく話すことはうるわしいことでも，よいことでもないというわけではありませんが，人が思っているほどよいものではないという意味であります．」（モンテーニュ，1965, 302, 303, 312, 326頁）

　このほかモンテーニュは，さまざまな社会の特質や風習を知り，経験を拡大することを強調した．そして，こうした主張の背景には，人間は死すべき者であり，死を学ぶことで自己を鍛えることができるという克己の思想があった．

17-2　宗教改革と教育

17-2-1　ルターとその周辺

　1517年，ヴィッテンベルク大学教授のルターは，カトリック教会の退廃を真っ向から批判する「95カ条の論題」を発表した．カトリック教会が罪の償いを軽減することを証明するという贖宥状（免罪符）を大々的に販売したのに対して，ルターは神の救済を金で買えるのかと問うた．ルターはカトリック教会から破門され，こうして中世以来，危うい均衡を保ってきた西ヨーロッパの宗教界は根本的に分裂していった．

　ルターは，ドイツの諸侯の支持を得て，エラスムスがギリシア語から訳した新約聖書をもとにそのドイツ語訳を出版した．それまで，聖書はラテン語で説教されていたために，民衆は深く理解することができなかった．それがドイツ語で出版されたことには，単にドイツ語の発展をもたらした以上の意味があった．読むという行為が社会に浸透し，書かれた言葉（テクスト）が人々の精神生活を変革していったのである．

　ルターは，修道院や教会附属の学校で宗教教育に用いられていた教理問答書（カテキズム）を簡易な内容に編纂し，ドイツ語で著した．これは，家庭や学校での教育に長く用いられた．万人司祭説をとるルターは，家庭の父と母にとって，子どもを善良に教育することは，神とキリスト教世界と子ども自身のためにもっとも重要な義務であるとした．プロテスタントにおける家庭教育の重視は，家庭における躾を発展させていった．

これとともにルターの貢献として重要なのは，学校教育の重視である．宗教改革によって，修道院や教会附属の学校が解体された結果，社会の教育力は低下し，都市の荒廃が懸念された．彼は，学校教育の内容として聖書を重視するとともに，「子どもを就学させるべきことについての説教」において，政府による学校設置の義務を説いた．政府は暴力ではなく知恵によって統治すべき任務を負っている．しかし，知恵は自然には与えられず，教育によって形成される．ゆえに，政府は人々を強制して子どもを学校に就学させる責任がある，と．

しかし，ルターにおいては，キリスト教の伝統への回帰という理想の半面，社会の安定という意図が濃厚だった．彼は教会の堕落に抗議し，信仰の自由を訴えた．しかし，際限のない自由は社会の混迷状態を深めることになる．農民が領主に仕えるべきことが聖書に書かれていないことをたてに領主への反抗を激化させると，彼は領主側につくことになった．教育における自由を強調した宗教改革論者としては，イギリスの詩人ジョン・ミルトン（1608-74）がいる．

ルターは，人間に神の似姿に近づく可能性があるというトマス・アクィナスに見られる主張を否定し，原罪以降の人間は徹底的に堕落していることを強調し，理性的な努力，すなわち学習は救済の条件ではないとした．神にすべてを委ねて自己を放棄する信仰のみが人間の再生を可能にするというルターは，人間に自由意志があることも認めなかった．ルターが宗教原理への回帰を重視するあまり，その主張がやや極端であったのを和らげ，教育内容の充実を図ったのは，「ドイツの教師」と称されるフィリップ・メランヒトン（1497-1560）だった．彼は，ルターの理想を踏まえながらも，人文学の古典の学習を教育内容に位置づけた．

ルターとともにプロテスタント宗教改革を担ったフランス生まれのジャン・カルヴァン（1509-64）は，スイス・ジュネーブで1541年から30年ほどにわたって神権政治をしき，市民の日常生活の細部にまで厳しい規律を課した．その根幹には，唯一全能なる神がすべての運命を定めており，人間はそれに従って生きるほかないという厳しい教えがあった．自身が救済されるか否か，人間には分からない．しかし，善き生き方をとるしか人間には道は残されていない．そこで尊重されたのが勤勉と倹約である．カルヴァンの思想は，オランダの改革派，イングランドやスコットランドのピューリタン等にも共有され，その禁欲的な生き方はこれらの地域での資本主義の発展に効果的に働いたとされた．

このほか，人間の罪深さを強調し，禁欲的な生活を重視するジャンセニスムが，とくにフランスの貴族階級に広がった．ジャンセニスムの代表的な思想家で数学者としても著名なブレーズ・パスカル（1623-62）は，『パンセ』に「人間は自然

のうちで最も弱いひとくきの葦にすぎない」,「だがそれは考える葦である」(パスカル, 1973, 225頁)と書き記した. パスカルと親交のあったアントワーヌ・アルノー (1612-94) らが経営したポール・ロワイヤルの小さな学校では, 母国語による理性を重視した教育が行われた.

17-2-2 イエズス会

プロテスタント宗教改革が民衆の精神生活にまで影響を与えたことは, カトリック教会にとって大きな脅威であった. カトリック側には, エラスムスに見られるように, 人文学の学習とキリスト教的人間形成は矛盾しないという見解があった. しかし, 自由な人間の形成という理想がそのまま民衆に広まっていけば, 社会の混迷が予想される. ここで大きな役割を果たしたのがイエズス会の創設者イグナチオ・デ・ロヨラ (1491-1556) らである.

イエズス会は, それまでの修道会が世俗を離れて活動していたのに対して, 社会を活動の場とし, ザビエルの布教活動に見られるように, 強い信念をもって行動した. そして, 当初はその関心を高等教育に限定していたが, 次第に中等教育にも関与するようになった. 1586年と1599年に認可採択された『学事規程』には, 学級・教科・教材・授業時間割などの詳細が定められ, 無償なうえに教師が熱心に教えるイエズス会学校は, 短期間の間に数多く設立されていった. イエズス会の『学事規程』は, 今日の学校経営に基本的な骨格を与えているともいわれる.

ただし, カトリック教会への忠誠を何よりも重んじるイエズス会の姿勢は,「私が白と見るものでも, 教会が黒であると決定するなら, 黒であると信じる」(ロヨラ, 1995, 292頁) という言葉に示されるように, 信念を最優先するものだった. このため, 人文学の著作が教えられる際も, キリスト教の教義にそぐわない部分はテクストから削除されたり改変されたりした.

プロテスタント側の宗教改革, カトリック側の対抗宗教改革をきっかけにして学校教育が拡大したが, そこにはフランスの歴史家アリエスが言う教育意識の変容も介在していたと考えられる.

17-2-3 コメニウス

ルネサンス以降, 印刷術の普及によって, 教育の内容が拡張したのに対して, 教育の方法は暗記中心の旧態然たるものだった.

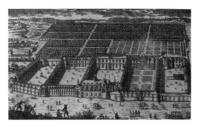

デカルトが学んだイエズス会学院

ここに大きな革新をもたらしたのが，ドイツのヴォルフガンク・ラトケ（1571-1653）やチェコのコメニウスらに代表される教授学者と呼ばれる人々である．ここでいう教授学は，現在の教育方法学にとどまらず，教育の目的や制度についての考察を含んだものだった．

ルターに先立って教会改革を訴えたヤン・フス（1369-1415）の流れを汲むチェコ兄弟教団の最後の指導者であったコメニウスは，チェコでの宗教対立をきっかけに勃発した三十年戦争のために，生涯を流浪のうちに送ることになった．彼は，人間の不幸の原因をあらゆることを自己に従属させようとする「自己中心性」にあると見なし，信仰心の回復を訴えた．そして，戦争で荒廃した社会の再建は教育によらざるを得ないと考え，教育研究を始めた．ラテン語と母国語の対訳教科書『開かれた言語の扉』の成功によって，コメニウスは語学教育の改革者として知られるようになったが，その背景にはルネサンス末期の百科全書主義を広く学んだ教養があった．彼はあらゆる学問の基礎となる独自の哲学的体系としてのパンソフィア（汎知学）を構想したが，彼の教授学もそれに基づいて考察されたものだった．

コメニウスの教育思想は「あらゆる者に，あらゆることを，あらゆる側面から教授する」（コメニウス, 2015, 7頁）という言葉に要約されるが，それは教育の内容と教育の対象の拡張という流れのクライマックスに彼が位置づけられることを示している．以下，彼の掲げる3つの原則の意味するところを見ておこう．

「あらゆる者に」の原則は，人間に学習と教育の可能性を認め，それを具体的に保証する教育制度を確立しようとするものである．コメニウスは社会階層・民族・地域・性別・年齢，さらには障害の有無を超えて，あらゆる人間が学ぶべきであるとした．

「あらゆることを」の原則は，教育内容の普遍性を指している．とはいえ，いかに広く深く学ぶことがよいこととしても，実際にあらゆることを学ぶことはできない．コメニウスは，物事を成り立たせている原理や規則に基づいて教育内容を配列しようとした．彼は，神が世界・精神・聖書という3つの書物（神の三書）を人間に与え，人間にはそれぞれの書物を受け入れる感覚・理性・啓示（意志）があると考えた．彼にとって，学習とは世界と人間との間に本来あるはずの調和を回復させるための営みであった．また，彼は，感覚と理性と意志の3者に対等の価値を認めた．当時，ルネサンス人文主義のもとで言語が過剰に強調された反動で，感覚による知覚をとおした経験が重視されていた．他方，錯覚に見られるように，感覚知覚が常に正しいとは限らない．コメニウスは，頭を使う理性の活

コメニウスによる学校劇の上演
（想像図）

動ばかりではなく，舌を用いたコミュニケーションや手を用いて物を生み出す活動を等しく重視した（知恵の三角形）．コメニウスは，知識の獲得に偏った主知主義を批判する立場をとった（135頁の図参照）．

「あらゆる側面から」の原則は，多様な教育方法を用いるということである．感覚・理性・意志や頭・舌・手といったように，人間に多面的な能力を認めるコメニウスは，それまで言語の暗記が中心であった教育方法を大きく改革した．彼が編纂した『世界図絵』では，挿絵のなかの個々のアイテムに番号が付けられ，その番号に対応して複数の言語からなる説明がついている．これによって，子どもは教師との関係に依存することなく，感覚をとおして学ぶことができる．また，コメニウスは教育に演劇を取り入れた．トランシルヴァニア（現在のハンガリー東部）に招かれた際には，学校劇作品『遊戯学校』を著して上演している．それは，頭と舌と手をとおしてこそ真に学ぶことができるというコメニウスの主張の結実だった．

コメニウスは，ルネサンスから近世にかけての歴史を新しい技術が伝播した過程と見なした．印刷術・火薬・羅針盤の普及によって論争と殺戮と搾取がもたらされたことからすれば，この過程を否定して過去に回帰するという選択肢も考えられる．しかし，彼は人間の拡張という方向性をむしろ積極的に肯定し，そのための教育の考察にとりくんだ．彼にあっては，自己中心性は抑制するのではなく開放することによって克服されると考えられていた．

17-3　眺望固定病予防のために

教授がこのユニットで出した課題図書は，

- オング，ウォルター『声の文化と文字の文化』林正寛・糟谷啓介訳，藤原書店，1991年．
- マクルーハン，マーシャル『グーテンベルクの銀河系——活字人間の形成』森常治訳，みすず書房，1986年．
- マクルーハン，マーシャル『メディア論』栗原裕・河本仲聖訳，みすず書房，1987年．

の3冊だった．教授がゼミのまとめで話した内容を要約しておこう．

＊＊＊

　ベーコンやコメニウスが気づいていたように，活版印刷術の発明は歴史の大きな転換点だった．この視点は現在では広く受け入れられており，それほど眺望の固定を解除するインパクトはないが，やはりおさえておくことにしよう．アメリカの哲学者で文化史家のウォルター・オング（1912-2003）は，「声の文化」としてのオラリティと「文字の文化」としてのリテラシーの関係を論じた．カナダの英文学者マーシャル・マクルーハン（1911-80）は，活版印刷術の発明に歴史のエポックを見ている．

　文字が誕生する以前，理解と発話と行動は同時に行われていたと思われる．そこで世界は「話し言葉」に占められていた．話し言葉はたちどころに消えていく．ゆえに，印象を与え記憶に残る工夫が込められた．文字が発明されても，それは音読するものだった．現在でも日本人が漢字を読む際には音読みや訓読みを学んでいなければ正しく読めないが，セム語などでも文字をそのまま読んでも意味が伝わるようにはなっていなかった．しかし，ギリシア語のアルファベットは画期的な発明で，見たとおりに読めばよくなり，特別な学習は必要なくなった．

　言葉が視覚化されると，音声として流れていた情報は分節化される．事実，単語の間にスペースが入れられ，文の区切りに句読点が書かれるようになった．また，情報が視覚で確認されるようになると，話し言葉ではさまざまな名称に分かれていたのに統一が図られ，意味も限定されるようになっていく．文体も韻文ばかりではなく散文が書かれるようになった．

　それでも，中世末期までは音読の文化があった．たとえば，修道院などで写本が行われる際，修道士は音読しながら書き写していたという．すると写本室は意外にうるさかったことになる．また，本の流通が限られている限り，識字率は上昇しない．ゆえに，詩を作って各地をめぐった吟遊詩人が大きな文化的役割を果たした．また，教会の説教に集う人々の多くも文字が読めず，肉声が非常に重要だった．

マインツの聖堂とグーテンベルク像

しかし，印刷術，とくにヨハネス・グーテンベルク（1398?-1468）が15世紀半ばに活版印刷術を発明したことで，状況は大きく変わった．書物が印刷されるようになると，知識が散逸するリスクは低下して広く伝播するようになった．カトリック教会が行う禁書のような情報統制は困難になり，思想の自由が主張されるようになった．教育が教師の口述によって行われていた時代，生徒は教師の権威に従わざるを得なかった．印刷術の普及は，教師と生徒の関係を変化させた．書物が安価で普及すると，学習機会は拡大し識字率は向上した．

一方で印刷術の普及は問題ももたらした．出版が産業になることで知識は金銭で売買されるモノとなった．宗教改革においては文書を介した激しい論争が行われ，憎悪や批判の応酬も激しくなった．印刷されたパンフレットによる扇動は大きな影響力をもった．マクルーハンは，書物が普及するなかで音読が廃れて黙読が一般化したことで，人間は活字の受動的な消費者となったという．そして，印刷文化の普及は人間の経験を解体し，知性と感性を分断したのではないかという．彼は，無意識という世界が生じたのも，音声から文字への移行によって人間の感情や情緒が抑圧されるようになったからではないかとさえいう．

ここで言われていることには証明できないこともあり，そのまま受け入れるわけにはいかない．しかし，メディアが人間の身体の拡張をもたらしたというマクルーハンの指摘は重要だ．「明日の朝，6時に来られる？」と尋ねて，「行きたいんだけど，その時間だと足がないんだよなあ」と返されるとき，私たちは「足」がバスや鉄道などの交通手段を指していることを何の問題もなく理解する．しかし，そうした交通手段が発明され普及する以前は，「足」とは文字通り足を指していたに違いない．私たちは，現在，お金さえ出せば飛行機で地球の裏側を訪ねることができる．そして，インターネットの普及によって，はるかに安価に地球の裏側の出来事をほぼ同時に知ることができるようになった．

メディアは，操作を熟練すれば，ある程度は操作可能だ．しかし，拡張したメディアは個々の人間の思惑を離れた力もつようにもなる．この時代，印刷術の普及によって，人間の思考の世界は大きく広がった．とはいえ，それは人間の思考が人間の外に対象化された時代でもあった．マクルーハンはそれが現代にまで続いていると言う．

　　「機械の時代に，われわれはその身体を空間に拡張していた．現在，一世紀以上にわたる電気技術を経たあと，われわれはその中枢神経組織自体を地球的な規模で拡張してしまっていて，わが地球にかんするかぎり，空間も時間もなくなってし

まった. ……地球は電気のために縮小して, もはや村以外のなにものでもなくなってしまった. ……いまやメディアはそれを使う人間にとって壁のない牢獄となっている.」(マクルーハン, 1987, 3, 5, 21頁)

＊＊＊

この時代に限ったことではないが, ある地域や思想が強調されると, それによって背後に退いてしまう思想家が出たり, ある思想家の位置づけが変わったりする. イギリス, フランス, ドイツ, アメリカといった大国は日本の近代化のモデルと見なされ, ゆえに教育思想史においても, それらの国々に関連する思想家が多くあつかわれてきた. また, 日本の教育学はドイツから大きな影響を受けたため, ドイツに関連したプロテスタント系の思想家が多くとりあげられる傾向があった.

しかし, ルネサンスから宗教改革の時代に関しても, より注目を払われるべき人物や教育実践がある. この時代の強国であったスペインでは文化や教育の振興が図られた. ビベスは, コメニウスももっとも大きな影響を受けた哲学者の一人にあげている. また, フランスの哲学者・論理学者のピエール・ド・ラ・ラメー(ラテン語名ラムス, 1515-72) には教育的な著作もあり, 彼の主張はラミズムとして後代にかなりの影響を与えた. しかし, 教育思想史のテクストではほとんどとりあげられない状態が続いている. イエズス会の教育活動も, 後代に与えた影響からすると, もっととりあげられてよい.

ところで, コメニウスが「近代教育学 (教授学) の祖」と呼ばれていることからすれば, 彼は次の時代に位置づけるべきではないかという意見があるかもしれない. ベーコンをはじめ, ガリレオ・ガリレイ (1564-1642), ヨハネス・ケプラー (1571-1630), そしてデカルトが現れた17世紀は, 「科学革命」の世紀とされてきた. 科学の客観性が評価されてきた20世紀後半に至るまで, 17世紀は中世的世界観を覆した明るい時代として描かれる傾向があった. そこで, コメニウスをはじめとした教授学者の活動も科学革命と関連づけて説明されてきた. たしかに, コメニウスは同時代の科学者とも活発に交流したが, ルネサンスに復興した新プラトン主義や宗教改革をとおした神学論争なくして彼の思想が形成されたとは思われない. ゆえに, ここでは17世紀の教授学者の活動をルネサンスと宗教改革の流れに位置づけた. 思想家の位置づけは, その時代に対する評価や他の思想家の評価が見直されることで変容する. それによって, それまでは十分に気づかれなかった思想家の一面が浮かび上がる.

投稿日：11月2日（金）

17-4 教育思想史紀行 2

　ケイです．ルネサンスといえば，北イタリアのフィレンツェをはずすことはできません．ルネサンスは，常に自由を求め続けたこの街の精神そのものといえるでしょう．美術史に興味のある人なら，ここのウフィツィ美術館を訪れないわけにはいかないでしょう．

　1439年，この街でカトリック教会とギリシア正教が同じキリスト教会として合同できないかを話し合う公会議が行われました．東西の教会の長が相互に破門しあった1度目の大シスマ（教会大分裂）から4世紀がたっていました．この会議でギリシアからの知識人が訪れたことでプラトンの文献が伝わり，それはルネサンスの文化に大きな影響を与えました．ドイツの文化史家のグスタフ・ホッケ（1908-85）によれば，フィレンツェでプラトンが再評価された結果，人間こそが絶対の記号を把握できる唯一の存在だという自意識が生じたといいます．もしそうなら，フィレンツェは，人間が世界をとらえ直し世界に働きかけていく存在としてとらえられたランドマークということになるでしょう．

　フィレンツェからはガリレイが活躍したピサもそう遠くありません．歴史の教科書では，ルネサンスと17世紀の科学革命ははっきり区別して書かれていますが，思ったほど離れていないんじゃないかと感じます．同行された方は，ウフィツィ美術館にコメニウスの肖像と推定される画があるのを見たいばかりで，《ヴィーナスの誕生》の前をそそくさと通り過ぎていかれました（苦笑）．

***

フィレンツェの栄華を伝えるベッキオ宮

　フィレンツェを訪れたあと，スイスに立ち寄ってドイツに入ったのですが，ヨーロッパの金融の中心のフランクフルトからほど近いマインツを訪れました．中世から近代まで，現在のドイツ地域は神聖ローマ帝国に属していました．その皇帝はある時期から選挙によって選ばれるようになりましたが，その選挙権をもっていたのが選帝侯ですね．そのうちの1人がマインツの大司教でした．マインツ大司教はドイツの宗教界のトップでしたから，この街は非常に重要でした．この街で生まれ，出版事業を始めたのがグーテンベルクです．1455年に出版され，世

界に48部しか確認されていない『四十二行聖書』はあまりにも有名です．でも，グーテンベルクが一番稼いだのは贖宥状の印刷だったそうです．それが16世紀の宗教改革の原因になったと思うと，印刷術の力を改めて感じます．しかし，大司教のお膝元で宗教改革の火種が発生したというのは皮肉ですね．

投稿日：11月4日（日）

🔍 学習を深めるための課題
・ルネサンスは教育史上どのような意味があったか，考えてみよう．
・宗教改革は教育史上どのような意味があったか，考えてみよう．
・イエズス会は教育史上どのような意味があったか，考えてみよう．
・コメニウスは教育思想の歴史においてどのように位置づけられるだろうか．
・コメニウスの教育思想を「3つの普遍」という側面からまとめてみよう．
・コメニウスのいう「知恵の三角形」の教育的意味についてまとめてみよう．

📖 引用文献
エラスムス，デシデリウス『エラスムス教育論』中城進訳，二瓶社，1994年．
ガレン，エウジェーニオ『ルネサンスの教育——人間と学芸との革新』近藤恒一訳，知泉書館，2002年．
コメニウス，ヨハネス『パンパイデイア』太田光一訳，東信堂，2015年．
パスカル，ブレーズ『パンセ』前田陽一・由木康訳，中央公論社〔中公文庫〕，1973年．
ベーコン，フランシス『ノヴム・オルガヌム』服部英次郎訳，〈世界の大思想6〉『ベーコン』河出書房，1966年．
ミランドラ，ピコ・デラ『人間の尊厳について』大出哲他訳，国文社，1985年．
モンテーニュ，ミシェル・ド『エセー』第1巻，原二郎訳，岩波書店〔岩波文庫〕，1965年．
ロヨラ，イグナチオ・デ『霊操』門脇佳吉訳，岩波書店〔岩波文庫〕，1995年．

📚 参考文献
ウェーバー，マックス『プロテスタンティズムの倫理と資本主義の精神』大塚久雄訳，岩波書店〔岩波文庫〕，1989年．
トゥールミン，スティーヴン『近代とは何か』藤村龍雄・新井浩子訳，法政大学出版局，2001年．
ホッケ，グスタフ『迷宮としての世界——マニエリスム美術』上，種村季弘・矢川澄子訳，岩波書店〔岩波文庫〕，2010年．

18 自然と社会

18-1 啓蒙主義的教育思想

18-1-1 啓蒙主義の多様性

18世紀は，思想史のなかで「啓蒙時代」と呼ばれる．啓蒙は光を当てて闇を照らすという意味だが，ここでいう光とは理性であり，闇とはとくに宗教に見られる超自然的な見解を指した．

啓蒙主義が成立した背景として，17世紀の科学革命の影響は無視できない．ただ，この時代の科学者の意図は啓蒙主義の思想家の意図とはやや隔たっていた．聖書のテクストをめぐる解釈論争は宗教対立の激化の要因だった．解釈論争が起きる原因は人間によって記されたテクストの不完全さか読む側の誤読によると考えられた．自然も神の創造によるのならば，自然は聖書とともに神の意図を理解するためのテクストと見なされる．第2の書ともいうべき自然の読解をやりとげれば，宗教対立を解決する決定的な解釈が得られ，平和をもたらすことができるかもしれない．科学者たちの意図はむしろ宗教的なものだった．

しかし，科学研究の発展によって，アリストテレスをはじめとする古来の学説や聖書に基づいた世界観では説明がつかない事象が見出された．たとえば，アリストテレスは，重い物体はそれより軽い物体に比べて速く落下するとし，それが信じられていた．イタリアのガリレイは，実験によって，それが誤りであることを証明した．地動説を主張したガリレイがローマ教皇庁による異端審問を受けて軟禁されたのは，宗教と科学の対立の象徴的事例とされる．ガリレイは「宇宙は数学の言語で書かれている」（ガリレイ，1973, 308頁）と述べ，観察と実験をとおして真理を導こうとした．フランスのデカルトも，人間の精神を「考えるもの」，身体と世界を「広がったもの」ととらえ，世界は数学，とくに幾何学によって把握することで，因習的だったり非合理的だったりしたそれまでの自然理解を克服し，人間精神を正しく導くことができるとした．

啓蒙主義の直接の起源は17世紀イギリスのロックなどに求められるが，啓蒙主

義はとくにフランスで花開いた．そして，知識人の運動にとどまらない政治的意味をもった．たとえば，ヴォルテール（本名フランソワ＝マリー・アルエ，1694-1778）は，当時の宗教的不寛容による冤罪を暴露したのをはじめ，封建社会の非合理性を糾弾した．こうした思想家たちの活動によってブルボン王朝の専制政治の矛盾が社会的に自覚され，フランス革命につながったとされる．

　啓蒙主義には，観察や実験に基づいて論証する科学的態度，それと表裏一体の宗教に対する懐疑的態度，感覚経験を重視した認識論，共和主義的な政治思想，自由や平等を擁護する文芸などが見られる．とはいえ，そこにはひと括りにできない多様性がある．同じイギリスのトマス・ホッブズ（1588-1679）とロックの政治思想は正反対といってよいほど異なる．理性を重視して無神論や人間機械論をとる主張があった一方で，理性と神の啓示は矛盾しないという見解もあった．啓蒙主義において一般に感覚経験が重視されたことで倫理をどう考えるかが問題になり，さまざまな見解が生じた．ただ，啓蒙主義者が自由や平等を主張したとはいっても，それらは絶対主義君主が設けたアカデミー（科学協会）や貴族のサロンを母体としていた．フランス革命の影響が自国に及ぶことを恐れた周辺諸国では，専制君主による啓蒙主義的な改革が積極的に進められた．プロイセン国王フリードリヒ2世（1712-86）の言葉とされる「国王は国家第1の下僕」は有名である．ルソーも社会契約という考え方を打ち出した点では啓蒙主義の本流に位置づけられるように見えながら，理性一辺倒でないところなどはむしろ反啓蒙主義的にも見える．

18-1-2　教育の世俗化

　啓蒙時代初期の政治体制は，フランスのブルボン王朝に代表される絶対主義であった．フランスには諸侯・聖職者・都市の代表からなる身分制議会としての三部会があった．しかし，諸侯や教会の権力が低下し，「朕は国家なり」という言葉で知られるルイ14世（1638-1715）らが君臨するなか，三部会は170年以上も召集されなかった．他方，この時代をとおして近代的な国家主義が芽生え始めた．その際，弾圧の対象になったのがイエズス会だった．フランスとローマ教皇がいるイタリアとの間にはアルプスがある．国王ではなくアルプス山脈の向こうにいる教皇に忠誠を誓うイエズス会の姿勢はウルトラモンタニスムと呼ばれた（ウルトラは向こう，モンターニュは山を意味する）．絶対主義が強まるなかでイエズス会は敵視され，18世紀後半からポルトガルを皮切りにイエズス会員の国外追放が始まり，多くのカトリック教国がそれにならった．

254 第Ⅱ部 入門ゼミ2「教育思想史へのアプローチ」記録

宗教対立は教育に大きな影響を与えた．イエズス会は16世紀末から多くの大学や中等教育機関を経営していたからである．イエズス会員の追放によって関係する教育機関は閉鎖され，教育の空白が生じた．フランスの法律家キャラドゥク・ド・ラ・シャロッテ（1701-85）は，『国民教育論』に「国家の元首よりも宗教上の元首を，祖国よりも自分たちの〔宗教〕団体を，法律よりも自分たちの宗教団体の会則や組織原則をいつも重視しているような人びとが，王国の青少年を育成し教育することができるなどというようなことはどうしたら考えられるだろうか」（ラ・シャロッテ,1973, 19-20頁）と記し，国家主導の中等教育樹立を主張した．

> 「教育は，国家のために市民を準備しなければならないのであるから，それが国家の政体や法律に関係しなければならないことははっきりしている．もしも教育がこのことと矛盾しているなら，その教育は本質的に悪い教育である．……私は国民のために，国家のみに依存する教育をとりもどすことを要求するつもりである．なぜなら教育は本質的に国家に属するからであり，全国民はその構成員を教育するという譲渡しえないまた時効にもかかわらない権利を持っているからであり，最後に，国家の子どもは国家の構成員によって育成されるべきだからである．」（同, 19, 22-23頁）

「教育の世俗化」という考え方は，教会が有していた教育の監督権を国家に移すということにとどまらない．ラ・シャロッテは，「教育を世俗化しないならば，われらは永久に衒学の奴隷となって生きることになろう」（同, 21頁）として，教育内容の改革を提言した．そこでは，博物学・数学・物理学等の自然科学系の学問が重視され，歴史についても史料批判に基づいて教えることが主張されている．ここには，理性に対する信頼や科学的発見への期待がうかがわれる．世俗（ライシテ）は，とくにフランスにおいて教育のみならず，国家体制の原則となっていく．

18-1-3　教育可能性への信頼

ロックの『教育に関する考察』には，教育を習慣の形成と見なす見解が示されていた．これは18世紀のフランスで受け入れられ，教育万能論の主張になっていく．イエズス会の学校で学んだエティエンヌ・ボノ・ド・コンディヤック（1714-80）は，聖職者でありながらも知識人のサロンに出入りし，ルソーらとも交流した．彼はパルマ公国の王子の教育を任され，そのために彼が考えたカリキュラムが伝わっている．そのなかにある次の言葉は，人間に高い教育可能性を認めた啓蒙主義の特質をよく示している．

「私たちは，子どもには理性能力がないと不満を言う．しかし彼らが無能だというのは，まったく私たちの無知によるものにすぎない．……世界の体系を展開したニュートンにしろ，触れること，見ること，話すことを覚えたニュートンと異なった別の推論をしたわけではない．」(Condillac, 1775, pp.53-54, 訳は筆者による)

コンディヤックの主張に従えば，何事も教育次第ということになる．それを妨げているのは，過去から伝承されてきた散乱し矛盾した知識であった．人間や教育の可能性が主張されるときには，それ以前の時代への批判と自身と過去とを切り離そうという意識が働く．彼が，考える技術を身につけるための学習書として著した『論理学』には，次のように書かれている．

「我々は，自分が下した判断について理解しないまま，性急に判断する．中身のない言葉を言葉だけ覚えて，知識を獲得したと信じ込む．幼児期には他人に従って考えるから，他人が持っている先入見をすべて取り入れるのである．そして，ある程度の年齢に達しても，自分自身で考えるようになったと信じながら，我々は相変わらず他人に従って考え続けている．……精神が進歩したと思われれば思われるほど精神は道に迷い，世代から世代へと誤りが重ねられていくのである．ことここに至ると，考える機能に秩序を取り戻すための手段は一つしかない．すなわち，我々が学んだことをすべて忘れ，我々の持つ観念を起源に置きなおしてその発生をたどり，ベーコンが言うように，人間知性を作り直すことである．」(コンディヤック, 2016, 127頁)

人間に理性があったとしても，誤りが歴史的に蓄積されるなかでは正しい習慣は形成されず，ゆえに正しく推論する可能性を発揮することは期待できない．コンディヤックは，伝統的な学問に親しんでいる者ほど，思考の習慣を正すのは難しいという．そこで彼は，「いかなる学問における言語も話していない」無学な人に期待した（同, 205頁）．人類の歴史の進歩は教育による習慣の改善とそれを受ける子どもたちにあると考えられた．

18-1-4　進歩としての歴史

自分たちの生きている時代が上昇傾向にあるのか衰退傾向にあるのかは，個人によっても時代によってもさまざまな見方があるだろう．しかし，西ヨーロッパに関してみると，中世にも文化や教育の振興は見られたが，飢饉・疫病・戦争にさらされた多くの人々に希望はなかった．ルネサンス期にはギリシアやローマの古典が復興したが，そのもとで知識人の多くは自分たちの時代と社会が古代よりはるかに遅れていると考えた．そうした見方に対して進歩の観念が主張され，そ

パリのコンコルド広場

れが広がりを見せたのが啓蒙時代であった．なかでも，フランス革命期に公教育を提案したコンドルセが著した『人間精神進歩の歴史』は進歩主義的な歴史観の古典とされている．コンドルセは，「自然は人間の能力の完成に対してはなんらの限界も附していない」として，人間の無限の可能性を強調した（コンドルセ, 1949, 6頁）．そして，「個々人における能力の発展の中にみられるのと同一の一般的法則」（同, 5頁）が人間集団にも適用されるはずであり，ゆえに人間の歴史は進歩の歴史であるとした．ここで興味深いのは，歴史の進歩という構図が人間の発達をモデルに導かれているということである．

「人間精神の未来の状態についてわれわれの希望は次の三つの重要な点に簡約することが出来る．即ち，各国民間の不平等の破壊，同一民族中での平等の進歩，最後に人間の実質的な完成である．」（同, 268頁）

ただ，進歩の実現には障害があり，コンドルセはそれを克服するのは教育であると考えた．

「すべての国，すべての時代には，職業に応じてと同じくいろいろな人間の階級の教育の程度に応じて相異なる偏見がある．哲学者の偏見は真理の新しい進歩を阻げるし，啓蒙されていない階級の人々の偏見は，既に知られている真理の伝播を遅らせるし，信頼され，或いは有力なある種の職業の人々の偏見は真理の伝播にいろいろな障害を設ける．これら三者は理性が不断に戦わなければならない，そして長い苦しい戦の後に初めて勝利をえることが出来る三種類の敵である．」（同, 16頁）

こうした歴史の見方は，現在からすれば，あまりにも楽観主義的に見られるだろう．この世紀の前半，ドイツの哲学者ゴットフリート・ライプニッツ (1646-1716) は，「神は至高の理由に従うことなしには何ものをもなさない」がゆえに「神はその可能的世界の中から最善なる世界を選択したはずである」（ライプニッツ, 1990, 127頁）と主張した．オプティミズムという言葉はここに由来するが，ライプニッツにおいては，全能なる神が世界を創造したのならば世界は最善であるはずだという期待にとどまっていた．この世紀の後半には，その期待は確信に変わり，オプティミズムは人生に明るい見通しをもつ生き方（楽観主義）をさす

ようになっていく．理性への信頼に基づいて教育の内容と方法を改善すれば人間
と社会は無限に進歩するという主張には，強いインパクトがある．事実，この主
張は日本を含め遅れて近代化が始まった諸国で広く受け入れられた．

18-2　問題としてのルソー

18-2-1　『エミール』のインパクト
　ルソーが教育をテーマに著した小説『エミール』の影響は大きなものだった．
キリスト教会は一部の内容を問題として禁書とし，パリ高等法院も有罪判決を下
してルソーの逮捕令を発し，ルソーはスイスに逃亡することになる．しかし，フ
ランス語で出版された1762年にはドイツ語版，翌年には英語版が出たほか，
『新・エミール』や『反・エミール』のような『エミール』に刺激を受けた作品
も現れた．
　ペスタロッチは『エミール』を念頭に子どもの養育を日記に記した．『エミー
ル』をめぐるカントのエピソードはよく引かれる．カントは規則正しい生活習慣
で知られ，彼の散歩道に面した家は彼の散歩に合わせて時計を調整したといわれ
る．しかし，カントが散歩を忘れて家を出てこないことがあった．それは，『エ
ミール』の魅力の虜になってしまったからだった．カントは，『エミール』をと
おして，階層や教養の有無にかかわらず人間を尊敬することを学んだと記した．

18-2-2　人間と市民との分裂
　ルソーは，17世紀以来の自然状態の評価をめぐる論争を引き受けて，独自の社
会思想を確立した．社会状態に移行する以前の状態を考えるのは思考実験にすぎ
ないとも思われる．しかし，そこに視点をおくことで，現実の社会の分析や社会
のあるべき姿が考察されたことには意味がある．ホッブズは，『リヴァイアサン』
で自然状態は戦争状態にほかならないと論じた．

　　　「われわれは，人間の本性のなかに，三つの主要な，あらそいの原因を見いだす．
　　第一は競争，第二は不信，第三は誇りである．第一は，人びとに，利得を求めて
　　侵入をおこなわせ，第二は安全をもとめて，第三は評判をもとめて，そうさせる．
　　……これによってあきらかなのは，人びとが，かれらすべてを威圧しておく共通
　　の権力なしに，生活しているときには，かれらは戦争とよばれる状態にあり，そ
　　ういう戦争は，各人の各人に対する戦争である．」（ホッブズ, 1992, 210頁）

人間を自由放任すれば社会は「万人に対する万人の戦争」に陥る．ゆえに，戦争状態を回避するためには共通権力が必要であり，ゆえに王権を認めざるをえない．これに対して，ロックは自然状態において人間は自由で平等な平和状態にあり，それを維持するために合意によって社会を形成するとした．

> 「人間はすべて，生来的に自由で平等で独立した存在であるから，誰も，自分自身の同意なしに，この状態を脱して，他者のもつ政治権力に服することはできない．従って，人々が，自分の自然の自由を放棄して，政治社会の拘束の下に身を置く唯一の方法は，他人と合意して，自分の固有権と，共同体に属さない人に対するより大きな保障とを安全に享受することを通じて互いに快適で安全で平和な生活を送るために，一つの共同体に加入し結合することに求められる．」（ロック, 2010, 406頁）

　社会契約あるいは原始契約と呼ばれるロックの見解は，不当で専制的な支配を批判して革命の正当性を認めるものだった．彼は権力の分立による均衡についても考察し，それは18世紀のフランス革命やアメリカ独立革命にも影響を与えた．
　ルソーは基本的にロックの主張を受け入れながら，自然状態をさらに理想化した．『人間不平等起源論』で人間社会の不平等を土地の私有に求めた彼は，その克服のためには，万人が一般意志に従うという社会契約が必要であると考えた．一般意志とは，万人に共通する利害やそれを考慮した意見をいう．彼はそれが可能な政治体制は古代ギリシアの直接民主制以外にはないとした．しかし，そのような社会状態は実際には存在しない．自然状態を理想化し社会状態を否定するルソーのもとで，人間と市民は分裂する．

> 「社会状態にあって自然の感情の優越性をもちつづけようとする人は，なにを望んでいいかわからない．たえず矛盾した気持ちをいだいて，いつも自分の好みと義務とのあいだを動揺して，けっして人間にも市民にもなれない．」（ルソー, 1962, 28頁）

18-2-3　『エミール』の評価と内実

　『エミール』は，1人の少年を教育する家庭教師が語る小説である．小説である限り，それはフィクションにとどまるが，むしろそのために現実の教育の批判と理想的な教育が自由に論じられることになる．ルソーの考える自然人としての人間を育てるため，少年エミールはあらゆる社会関係から切断された孤児として描かれている．作品は5編からなる．第1編では乳児期の身体にかかわる養護，第2編では幼児期から児童期前半の感覚の訓練があつかわれ，ルソーが消極教育

と呼んだのはここまでである. 第3編では児童期後半の知育, 第4では思春期の徳育・宗教が論じられ, 第5編では青年期の課題として政治とととともに結婚がとりあげられる. エミールは理想の女性として育てられたソフィーと出会う.

『エミール』が評価されてきた一般的な論点は, ① 子どもを大人とは別個な存在と見なしたこと, ② 教育は子どもの善なる本性の開化を助成する営みだという消極教育論, ③ 思春期を第2の誕生としてとらえる発達の視点, ④ 教育の目的を「生きること」とした生活原理などにくくられるだろう. とくに, 序文の一節によってルソーは「子どもの発見者」と見なされるようになった.

> 「人は子どもというものを知らない. ……このうえなく賢明な人びとでさえ, 大人が知らなければならないことに熱中して, 子どもにはなにが学べるかを考えない. 彼らは子どものうちに大人を求め, 大人になるまえに子どもがどういうものであるかを考えない.」(同, 18頁)

しかし, 自然状態と社会状態の分裂を深刻に受けとめたルソーが考えた「生きること」の内実は, 消極教育という言葉から抱かれるイメージとはかなり隔たっている. 彼が育てようとしたのは,「人の住まないところに追いやられる未開人ではなく, 都市に住むようにつくられた未開人」(同, 369頁)であった. そうした人間は何よりも頑健でなければならず, 周囲に迷惑をかけないで独立独歩で生きる術を身につけていなければならない. 現実の社会関係への単なる適応や依存は厳しく排除される. 古典古代のストア派の哲学に共感するルソーは, 克己や鍛錬を重視した.

> 「すべてが一世代ごとにひっくりかえってしまう現代の不安動揺を考えると, けっして部屋の外に出る必要のない人間, たえず召使いにとりかこまれている人間として子どもを育てること以上に, 無分別なやりかたを考えることができるだろうか. そういうあわれな人間は, 一歩でも大地にふれると, 一段でも階段をおりると, もう破滅である. ……人は子どもの身をまもることばかり考えているが, それでは十分でない. 大人になったとき, 自分の身をまもることを, 運命の打撃に耐え, 富も貧困も意にかいせず, 必要とあればアイスランドの氷のなかでも, マルタ島のやけつく岩のうえでも生活することを学ばせなければならない.」(同, 32-33頁)

自然人として社会で生きるためには, 社会について知らなければならない. しかし, 早期から社会状態の害悪に子どもを接触させると, 自然性が失われる. 消極教育は, 教育の初期において社会的影響を可能な限り排除するための措置だっ

た.『エミール』の発行禁止処分に対して，ルソーは書簡に次のように記した.

> 「もし人間が生まれつき善良であるとすれば，その結果として，人間は外部から
> 来るなにものかが人間を変えない限り善良なままとどまることになります. また，
> ……もし人々が現に邪悪であるならば，その結果として彼らの邪悪な性質はよそ
> から来ているということになるでしょう. それゆえ悪徳の入る入り口を閉ざして
> ください. そうすれば人間の心はつねに善良です. 私はこの原理にもとづいて，
> 消極的な教育こそが，最良の，あるいは唯一のよき教育であることを明らかにし
> ています. 私は，現在行われているようなすべての積極的な教育が，いかにして
> その目標とは反対の道をたどっているかを示しました.」（ルソー, 1982, 462頁）

　消極教育は，自然人として社会で生きる人間を育てるために不可欠である. し
かし，それはルソーの教育構想の前段階にすぎない. 22歳になりソフィーと出
会ったエミールは，早く結婚したいと望む. しかし，家庭教師は旅に出て現実の
社会を学ぶことを勧める.

> 「夫となり父となることを願っているあなたは，その義務を十分に考えてみたこ
> とがあるのか. 一家の主人となることによって，あなたは国家を構成する者にな
> ろうとしている. だが，国家を構成する者であるとはどういうことか. あなたに
> それがわかっているのか. あなたは人間としての義務を研究してきた. しかし，
> 市民の義務というものを，あなたは知っているのか. 政府，法律，祖国〔国家〕と
> はどういうものかわかっているのか. どんな代償をはらって生きていくことを許
> されるのか，また，だれのために死ななければならないのか，それがわかってい
> るのか. あなたはなにもかも学んだつもりでいるが，じつはまだなにもわかって
> いないのだ.」（ルソー, 1964, 206-207頁）

　ルソーが政治論や統治論で述べた市民教育は『エミール』の前半に示された教
育観とは大きく隔たっている. しかし，『エミール』の教育構想が市民としての
教育に接続することで完結していることからすれば，両者を一体としてとらえる
のがルソーの意図にかなっているだろう. それにもかかわらず，消極教育論のイ
ンパクトは大きく，それのみが切り離されて教育学の固有の課題とされていった
感がある.

　また，人間教育と市民教育を接続してとらえるにしても，『エミール』で描か
れる自律的で自由な人間にどのようなリアリティが求められるかという問題があ
る.「自由はどんな統治形態のうちにもない」，「それは自由な人間の心のなかに
ある」（同, 257頁）という言葉はあまりにも有名だが，ルソーが自由な人間として
念頭に置いたのは，職人や農夫のような独立した小生産者だった.

「あらゆる身分のなかで，運命と人間とからもっとも独立しているのは職人の身分だ．職人は自分の労働だけに依存している．職人は自由だ．……農業は人間のいちばん基本的な職業だ．それは人間がいとなみうる職業のなかで，いちばんりっぱな，いちばん有用な，したがってまたいちばん高貴な職業だ．」（ルソー，1962, 348-349頁）

エミールとソフィーは，田園での素朴な生活を勧められる．もちろん，そうした生活を模範として選ぶ者がいることに何の問題もない．しかし，市民革命を経て，社会の産業化，軍国主義化，官僚制化が進むなかで，『エミール』で描かれた人間像が一般性を持ち続けられたとはいえない．ルソーは，人間らしく生きることとそのための教育をめぐる問題を『エミール』という書として未来に残した．

18-2-4 ペスタロッチ

ルソーが小説において語った問題を教育的課題として引き受けた代表者がペスタロッチだったといえる．教育実践にとりくんでは挫折するという経験を繰り返しながら，彼は思索を深めていった．最初にとりくんだ農民の救済に失敗すると『隠者の夕暮れ』を著した．スイス政府からの依頼で孤児を引き受け教育にあたるが，それも中途で閉鎖となる．『シュタンツ便り』にはその実践の試行錯誤が赤裸々につづられている．その後，ブルクドルフで教師を務めた実績が認められて独自の学校を開設し，自らが編み出した教育方法「メトーデ」を『ゲルトルート児童教育法』で論じ，多くの訪問者を得るようになった．しかし，その学校も閉鎖となったため，イヴェルドン・レ・バンに学校を開き，教員養成や執筆にとりくんだ．ここで彼は自身の教育方法を基礎陶冶（教育）と呼ぶようになった．この学校の実践も注目を浴び，幼稚園の父とされるフレーベルもここで2年学んだが，教員間の対立等でペスタロッチは学校を去ることになった．しかし，生涯にわたる献身的な実践ぶりから，ペスタロッチは「教育の父」，「教聖」などと呼ばれるようになった．

ペスタロッチは，子どもの自然が保護される場として，親心と子心が交流する家庭の役割を重視した．他方，彼はルソーが理想とした小生産者がもはや自律的に生きていくのが難しくなる産業化の兆しを読みとっていた．そこで考えたのが学校教育，なかでも初等教

チューリッヒ市街のペスタロッチ像

育の改善だった．ルソーに共鳴し，「生活が陶冶する」という言葉を残したペスタロッチが機械的ともいえる数・形・語の教育に固執したのは，そうした基礎的な知識・技術の修得こそが，あいまいな直観を明晰な概念に高め，それが生活能力になると考えたからだった．

ペスタロッチや彼に学んだフレーベルの思想には宗教的・ロマン主義的傾向が濃い．フランスの啓蒙主義が宗教的思考に対抗して多様な知識の教育を重視したのに対して，ドイツには宗教改革の精神を再生しようという敬虔主義の伝統があり，道徳性の完成が重視される傾向があった．ドイツの教育学は，道徳的な人間形成の思想を繰り返し解釈してきたが，社会の世俗化や価値観の多様化が進んだ20世紀末，擁護してきた伝統的思想がもはや無効なのではないかという問いが提起された．

18-3　眺望固定病予防のために

教授がこのユニットで出した課題図書は，

- ・ヴォルテール『カンディード，他五篇』植田祐次訳，岩波書店〔岩波文庫〕，2005年．
- ・ユゴー，ヴィクトル『九十三年』辻昶訳，潮出版社，2000年．

の2冊だった．小説好きが担当したおかげで面白そうに報告してくれ，ゼミは退屈ではなかった．教授がゼミのまとめで話した内容を要約しておこう．

＊＊＊

人間の可能性を強調してきた啓蒙主義は，20世紀後半以降，現代の環境破壊等の諸問題の主犯のように言われている．しかし，それも眺望固定病の1例ではないだろうか．そこで啓蒙主義の代表者であるヴォルテールの小説『カンディード』をあげてみる．

ざっとしたあらすじは，楽観主義を説く師の教えを信じる青年カンディードが，色恋沙汰で城から追い出されたあと，世界の残酷で矛盾した出来事を次々と経験しながら旅をするというものだ．カンディードは黄金郷にたどり着くが，無目的に人生を過ごすことはできずにヨーロッパに戻る．恋心を抱いていたキュネゴンドはすでに老いていたが，自らの畑を耕し幸福に暮らす老人を見て，労働に人生の意味を見出し，「われわれの庭を耕さねばならない」と悟る，というところで

話が終わる．この作品のテーマは，根拠のない楽観主義を斥け，楽観にも悲観にも偏らない現実主義を訴えるところにあった．

第2次世界大戦後の冷戦初期，アメリカではマッカーシズムと呼ばれる思想統制のもとで不寛容が社会を覆った．それは民主主義社会であるはずのアメリカの危機だった．このとき，20世紀を代表する指揮者のレナード・バーンスタイン (1918-90) が，『カンディード』にヒントを得てミュージカルを創作した．フィナーレの合唱曲「僕らの庭をつくろう」は，原作を大幅に盛ったものになっている．しかしそれは，安易な楽観主義を戒めた啓蒙の現実主義が20世紀後半にも意味を持って受けとめられたことを示しているだろう．

> 「愚かなことをしてきたね，君も僕も／でも，僕の妻になってくれないか／そして，生きているうちにやってみよう／人生になにか意味のあることを／僕らは純粋でも賢明でも善良でもない／できることを精いっぱいやるだけ／家を建て，薪を割り／僕らの庭をつくろう／僕らの庭をつくろう」
> 「世の中は砂糖菓子のようなものだと思っていたわ／だって，先生がそう教えたんですもの／でも，今は自分の手でパンを焼く／一日に必要なだけのパンを」
> 「僕らは純粋でも賢明でも善良でもない／できることを精いっぱいやるだけ／家を建て，薪を割り／僕らの庭をつくろう／僕らの庭をつくろう」
> 「夢みる人には好みの夢を見せておけばよい／エデンの園などあるわけがない／美しい花々やみごとな木々は／しっかりした大地に育つ／僕らは純粋でも賢明でも善良でもない／できることを精いっぱいやるだけ／家を建て，薪を割り／僕らの庭をつくろう／僕らの庭をつくろう」(Bernstein, 1991, pp.171-173. 訳は筆者による)

＊ ＊ ＊

18世紀フランスの作家ヴィクトル・ユゴー (1802-85) が革命の渦中のフランスを題材にした『九十三年』は，「自然と社会」という啓蒙時代のテーマを考えさせてくれる名作だ．

この作品の主な登場人物は，非情な侯爵のラントナック，その甥ゴーヴァン，人間味ある聖職者のシムールダンの3人だ．革命で共和国側に志願したゴーヴァンは，叔父のラントナックと戦うことになる．シムールダンはゴーヴァンの監視役として派遣される．敗れたラントナックは人質としていた子どもを救おうして捕らわれる．ゴーヴァンがラントナックを逃したため，シムールダンはゴーヴァンを処刑せざるを得なくなり，その葛藤に苦しんで命を絶つ．

矛盾した社会のなかで人間的に生きるとは何かというテーマはユゴーの他の作品にも見られる．処刑を前にして，シムールダンの問いかけにゴーヴァンは答え

る．

　「自然よりも偉大な社会か．いいかね，そんなものはとうてい可能ではないのだ．夢物語なのだ．」
　「それが目標です．もしそうでなかったら，社会はいったい何の役に立つのでしょう？　お望みなら，自然の中にとどまっていらっしゃい．タヒチ島は楽園です．ただこの楽園では，人間は考えるということをしません．愚かしい楽園より，知的な地獄の方がまだしもでしょう．いや，違います．地獄なんてまっぴらごめんです．人間の社会でありたいものです，自然よりも偉大な．そうです．もし，自然に何ひとつ手を加える気がないのなら，自然から抜けだして人間になった甲斐がないではありませんか？　……社会とは自然を昇華したものなのです．わたしは，ミツバチの巣箱やアリ塚には見いだされない一切のもの，つまり記念建造物や，芸術や，詩や，英雄や，天才などを望んでいるのです．永遠の重荷を担うことは人間の掟ではありません．いやです，断じていやです．賤民や，奴隷や，徒刑囚や，永遠の罰を受けた人間，こういうものをもう社会に存在させてはなりません！　わたしは人間の属性ひとつひとつが文明の象徴であり，進歩の雛形であってほしいと思うのです．わたしは精神には自由を，心には平等を，魂には友愛を望みます．いやです！　くびきはもうたくさんです！　人間は鎖をひきずって歩くためにではなく，翼をひろげて天翔（あまか）けるためにつくられているのです．」
（ユゴー，2000，370-371頁）

　ユゴーは，自然性を失った社会も社会から自然への逃避も否定し，自然が昇華された社会という理想を記した．ユゴーのタヒチ評価を揶揄したり，歴史の推移が彼の理想どおりになっていないのを指摘するのは簡単だ．しかし，彼の言説がフランス革命後の混乱した社会に希望を与えたことは否定できない．

投稿日：11月17日（土）

18-4　教育思想史紀行3

　ケイです．私は大学の第2外国語がドイツ語で，フランス語ってカッコいいなとあこがれていましたが，あの発音が難しそうで何か気後れし，フランスを訪ねたことがありませんでした．ドイツを駆け抜けたあと，初めてフランスを訪れることができました．
　パリの中心部には「調和」を意味するコンコルド広場がありますが，この広場の血塗られた歴史はよく知られています．フランス革命の時には革命広場と呼ばれ，ここでルイ16世（1754-93）やその王妃のマリー・アントワネット（1755-93）のギロチン刑が行われたのですね．ギロチン以前は絞首刑や車裂きの刑が行われており，ギロチンは苦痛

を伴わない人道的な処刑法として開発されたといいますが、とても人道的とは思えません．革命後も混乱は続き、テロリズムの語源になっているテロール（恐怖政治）を行ったマクシミリアン・ロベスピエール（1758-94）も1794年にここで処刑されています．この広場がコンコルド広場と呼ばれるようになったのは、忌まわしい歴史を繰り返さないためだったのでしょうか．

しかし、理性というのが何かの拍子で狂気に変わってしまうということを何度も体験しながら、それでも理性にこだわり続けた啓蒙主義の背景には何があったのかと思いました．

＊＊＊

同行の士は、ルソーが多くの名作を手がけたパリの北にあるモンモランシーを訪ねたいと言われたのですが、フランスが初めての私は、パリから南東にバスで3時間ほどのロワール渓谷に古城めぐりに行くことにしたのですが、そこにもルソーゆかりの地がありました．

啓蒙主義時代の知の交流の場として重要だったのがサロンでした．そこでは女性が重要な役割を果たしました．ロワールには300にも及ぶ古城がありますが、なかでも人気のあるシュノンソー城にルソーが滞在していたことがあります．この城には、ルイーズ・デュパン（1706-99）という貴婦人がいて、彼女の主催するサロンには、ヴォルテールをはじめ多くの知識人が出入りしました．まだ無名だったルソーはデュパン家の家庭教師に雇われ、ルソーはデュパン婦人の執筆の手伝いなどをしました．

ロワールのシュノンソー城

聡明なデュパン婦人に惹かれてしまったルソーは告白し、拒否された上に婦人の夫に知られ、城を去ることになります．ルソーは、その後、懸賞論文に当選し、知識人として本格的に認められるようになります．『エミール』とほぼ同じ時期に書かれた小説『新エロイーズ』は大ベストセラーとなりましたが、それは貴婦人と家庭教師の恋物語でした．ちょっと、未練がましいですね．

ルソーの女性遍歴は褒められたものとはいえず、『エミール』の教育思想とのギャップがよく指摘されます．それはともかく、啓蒙の理想はデュパン婦人のような

デュパン婦人

女性が存在したからこそ生まれたといえるかもしれません．それは，男性的という啓蒙のイメージを見直させてくれます．啓蒙主義者の男たちのなかには，サロンのマダムに認められたくて精進した者もいたんじゃないでしょうか？

＊＊＊

　ローマからフィレンツェに行ったあとスイスに入り，中央部のチューリッヒに着きました．ここはペスタロッチが生まれた街で，公園にはよく紹介される像があります．16世紀，この街ではフルドリッヒ・ツヴィングリ（1484-1531）が宗教改革を始め，三十年戦争が終わった1648年，この街は皇帝から認められる自由都市の権利を放棄して共和国を宣言しました．スイスは1815年のウィーン会議のあとに永世中立国となりましたが，そうした独立精神には長い伝統があるわけですね．そういえば，ルソーも同じスイスの個性ある街であるジュネーブの出身でした．

　私が学生の頃は，教育学の基礎の授業ではペスタロッチは外せない人物でした．年配の教授がペスタロッチの献身的な教育活動を熱心に語っているのは，正直少し違和感がありましたが，それはそれとして聞いていました．長い歴史のある小学校などでは校長室にペスタロッチが子どもを慈しんでいる絵が掛けられているのを結構目にしたものです．ところが，近年，ルソーやコメニウスに比べるとペスタロッチの研究はドイツ語圏や日本でも低調で，翻訳書も手に入りにくかったり訳文が古いままになったりしています．何か寂しい気がします．

投稿日：11月18日（日）

✍ 学習を深めるための課題
・啓蒙主義の多様性についてまとめてみよう．
・教育の世俗化の過程について，まとめてみよう．
・18世紀において教育可能性が強調されるようになった背景をまとめてみよう．
・ルソーにおける自然状態の特質についてまとめてみよう．
・ルソーの『エミール』が後世の教育に与えた影響についてまとめてみよう．

📖 引用文献
ガリレイ，ガリレオ『偽金鑑識官』山田慶児・谷泰訳，『世界の名著　ガリレオ』中央公論社，1973年．
コンディヤック，エティエンヌ・ボノ・ド『論理学　考える技術の初歩』山口裕之訳，講談社〔講談社学術文庫〕，2016年．
コンドルセ，ニコラ・ド『人間精神進歩の歴史』前川貞次郎訳，創元社，1949年．
ホッブズ，トマス『リヴァイアサン』第1巻，水田洋訳，岩波書店〔岩波文庫〕，1992年．
ライプニッツ，ゴットフリート『弁神論』第1部，佐々木能章訳『ライプニッツ著作集』第6巻，工作舎，1990年．

ラ・シャロッテ，キャラドゥク・ド『世界教育学選集　国家主義国民教育論』古沢常雄訳，
　　明治図書出版，1973年.

ルソー，ジャン・ジャック『エミール』上，今野一雄訳，岩波書店〔岩波文庫〕，1962年.

ルソー，ジャン・ジャック『エミール』下，今野一雄訳，岩波書店〔岩波文庫〕，1964年.

ルソー，ジャン・ジャック「クリストフ・ド・ボーモンへの手紙」，西川長夫訳『ルソー全
　　集』第7巻，白水社，1982年.

ロック，ジョン『統治二論』加藤節訳，岩波書店〔岩波文庫〕，2010年.

Bernstein, Leonard, *Candide,* Hamburg, 1991.

Condillac, Étienne Bonnot de, *Cours d'etudes pour l'instruction du Prince de Parme,* Parme,
　　1775.

参考文献

村上陽一郎『近代科学と聖俗革命』〈新版〉，新曜社，2002年.

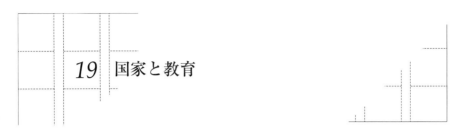

19 国家と教育

19-1 人間形成の思想

19-1-1 カントと教育学

18世紀後半,陽の沈まない帝国に向かうイギリスと市民革命を成し遂げたフランスに比して,ドイツ地域は多くの領邦に分かれた神聖ローマ帝国に属し,ドイツの知識人は自分たちの後進性に劣等感を抱いていたと言われる.このためドイツでは,宗教改革以来の道徳的伝統とあいまって,国家的・社会的な方向よりも文化的・内面的な方向の啓蒙が進められた.とはいえ,そうした思想運動も啓蒙専制君主の庇護と統制のもとにあった.

代表的な啓蒙専制君主とされるプロイセンのフリードリヒ2世はヴォルテールと親しく交際し,拷問の廃止や宗教寛容令の布告などの啓蒙主義的改革を進めた一方で,軍事強国化による領土の拡大を進め,七年戦争を経てベルリンを中心としたブランデンブルクとケーニヒスベルク(現在はロシア領カリーニングラード)を中心とした東プロイセンは地続きになった.カントが大学における最初の教育学講義を行ったのはそうしたさなかだった.

「人間は教育されなければならない唯一の被造物である」との有名な言葉で始まるカントの『教育学講義』はのちに編集されたもので,どこまでカントの意図を伝えているかについては議論がある.しかし,『エミール』に大きな刺激を受けた一方,敬虔主義者であったカントにとって,教育が人格の完成のための不可避のテーマであったことは疑いない.

カントの教育学講義では,冒頭の一節の直後に,「教育(Erziehung)という言葉を,私たちは養育(Wartung)(養護(Verpflegung),保育(Unterhaltung)),訓練(Disziplin)(訓育(Zucht)),および陶冶(Bildung)をも含めた指導(Unterweisung)という意味に理解している」(カント,1971, 12頁)とあり,以下,教育に関する基礎的な概念が考察されている.ここにあげられている概念は相互に関係しあっており,さらにそれらを日本語に訳すのは容易ではない.

おおまかに見ると，カントは，まず教育を養育と訓練と陶冶に分けている．養育とは，「子どもがその持っている能力を上手に使えるように両親があらかじめ配慮」することである．訓練は「動物性を人間性に変える」作用である．それは「人間が粗暴に無思慮に危険を冒すことがないように抑制」する限り消極的であるにすぎないが，時期を逸するとあとからの修正が困難であるゆえに不可欠の措置であるという（同, 13頁）．そして，こうした基礎の上に陶冶には３つの側面があるという．

> 「人間は教養化（kultivieren）されなければなりません．教養という概念は，教示と指導を包含しています．教養とは技量の獲得です．技量とは，あらゆる任意の目的を遂げるのに十分な能力の所有であります．……人間がまた賢明になり，人間社会の中で適応して行くべきであること，快い存在となり，他人に影響を持つようになるべきであることも，理解されねばなりません．このためには，市民化（Zivilisierung）と呼ばれる一種の教養が必要です．……最後に注目されねばならないのは道徳化（Moralisierung）です．人間は単にさまざまな目的に対して技量を持つというだけでなく，真に優れた目的だけを選択する心的傾向を獲得すべきです．」（同, 22-23頁）

　ここで教養と訳したドイツ語のKultur^{クルトゥル}は英語のcultureと同義で文化を意味するほか，動詞には耕すという意味もある．Zivilisierung^{ツィヴィリジールンク}は英語の文明を意味するcivilizationと同義だが，市民にまで形成するという意味にとらえてよいだろう．カントは教養には，学校教育の課題となるような知識や技術の修得と社会性の獲得という２つの面があると見ている．そして，道徳性の獲得は，これら２つからは独立した陶冶の課題と見なされた．カント以降，ドイツでは教育の哲学的考察が本格的に展開されていく．カントは，この講義の冒頭で次のように述べていた．

> 「教育の理論をうち立てようという構想はすばらしい理想でありまして，たとえわれわれが今すぐにそれを実現できないとしても，一向に差支えのないことです．この構想の実現の過程でたとえ数々の障害が起こって来ても，すぐにこの理念を幻想的なものにすぎないと片付けてしまってはいけませんし，美しい夢にすぎないと誹謗^{ひぼう}してしまってもいけません．」（同, 16頁）

　これは，膨大な教育的言説にさらされ，それにもかかわらず教育の困難に直面している現在からすると，カントの啓蒙主義者としての楽観主義の表現と受けとめられるかもしれない．しかし，裏返せば，カントは教育理論の構築がいかに困難であるかを予見し，ニヒリズムやアイロニーを戒めていたようにも読める．

19-1-2　国民教育

　フランス革命後の混乱を収拾して独裁体制を築いたナポレオン・ボナパルト（1769-1821）は，1805年のトラファルガー海戦ではイギリスに完敗したものの，大陸では依然として優位であり，オーストリアとプロイセン以外のドイツの諸邦はナポレオンに屈服し，1806年，神聖ローマ帝国の解体が宣言された．プロイセンはフランスに宣戦布告するが敗北し，ナポレオンはベルリンに進駐した．プロイセンとロシアは対仏大同盟を結ぶが戦況を打開できず，プロイセンは拡張した領土の半分近くを失った．カントの推薦で若くして大学教授となっていたフィヒテは，ナポレオン支配下のベルリンに戻り，1807年から翌年にかけて14回にのぼる講演を行った．

> 　「自分の独立を失った者は，同時に，時間の流れに関与してその内容を自由に規定する能力をも，失ったのである．もしその者がこうした喪失状態にいつまでも留まるとすれば，その者の運命を意のままに操る外国の権力が，その者の時間に，そして，それと共にその者自身にも，〔思うままに〕決着をつけることになる．そうなると，独立を失った者は，自分固有の時間を最早まったくもたず，自分の歳を数えるにも，他所の民族や他所の国の出来事や区分に従うことになる．」（フィヒテ，2014，11頁）

　「ドイツ国民に告ぐ」というタイトルからすると政治的な内容かと思われるが，この講演の主題は教育の抜本的な変革の提案だった．

> 　「自分の独立を失うと共に，公衆の恐怖や希望に及ぼす影響をことごとく失った国民が，蒙った破滅から再生しようとする時，そして，没落以来人も神も顧なくなった国民的諸問題を，新しく生まれてきた高次の感情に託そうとする時，確実で唯一の手段となるのは，〔国民が〕自分を精神的な眼の持ち主へ育てることであろう．かくして，私が公示を約束しておいた救済手段とは次のようなものであることが明らかとなる．すなわち，旧来は個人の場合におそらくは例外としては存在はしても，普遍的で国民的な自己として存在したことが一度もなかった，まったく新しい自己を育てること，換言すれば，従来の生活が消失して外国流の生活の添え物となった国民を教育して全く新しい生活を得させること，これが，その救済手段である．」（同，21-22頁）

　フィヒテの提案は，①学校は子どもにとっての小社会であるべきだ，②男女ともに同じ方法で教育を行うべきだ，③学習と労働と身体の統一を図る教育が幼年期からなされるべきだ，④学校は経済国家のモデルであるべきだ，⑤宗教教育の充実を図るべきだ，⑥強国を作るためには体育の充実が必要だ，⑦教育

は共通のドイツ語で行われるべきだ，といったポイントにわたっているが，彼がとくに重視したのは，「ドイツ人である者すべてに，例外無く，新しい教育を施す」（同, 24頁）ことであった．「庶民教育ではなく国民教育」という論点は，階層間対立の緩和と国民としての一体性の醸成が課題であった形成途上の国民国家に影響を与えることになる．フィヒテはドイツ中心主義者であるとされることが多い．しかし，彼が「ドイツ的」という言葉に込めた意味は，伝統の継承というよりは未来志向的であり普遍的であった．

> 「創造的に，すなわち，新しいものを生み出しながら生きている人間，あるいは，そうした事に与らずとも，少なくとも，空無なものを決然と捨て去り，根源的生命の流れがどこかで自分を捉えるのではないかと注意を払っている人間，あるいは，そこまで行かなくても，少なくとも自由を予感し，自由を憎んだり怖れたりせずに自由を愛する人間，こうした人間はすべて根源的人間である．彼等を一つの民族とみなすとすれば，彼等は原民族，民族そのものであり，ドイツ人である．」（同, 134頁）

カントにおいては控えめに言われていた教育の可能性が，民族の危機という事態を受けとめたフィヒテにおいては情熱的かつ饒舌に語られるようになっている．これは，教育がその時々の問題を機縁にして時論として語られるという実例といえる．こうした誇大妄想とも思える主張は，あらゆる理想を冷めた目でとらえる者には強い違和感があるだろう．しかし，それでもフィヒテは個人に焦点を当てた教育による国家の改革をめざすというドイツ的啓蒙の枠内にいた．

> 「理性に適った国家は，〈既存の素材をどれでもよいから巧く準備すれば作り上げることができるようなもの〉などではない．〔むしろ，〕国民が先ず理性的国家にむけて教育され引き上げられなければならない．〔すなわち，〕何よりも先に，完全な人間への教育という課題を，実際に〔教育を〕実施することで解決しえた国民のみが，しかる後に，完全な国家〔の建設〕という課題をも解決しうるのである．」（同, 110-111頁）

こう述べるフィヒテが注目し，研究もしていたのがペスタロッチの教育実践だった．ペスタロッチの教育法はプロイセンに広く導入され，それはアメリカを経て明治初期の日本にも伝わった．

19-1-3　ドイツ古典主義
カントが教養によって身につけるべき技量を「あらゆる任意の目的を遂げるの

フランクフルト市街のシラー像

に十分な能力の所有」としていたように，ドイツ啓蒙主義には，知識や技術の教授は特定の目的のためにあるのではないという教養主義的傾向があった．

ゲーテとともにドイツ古典主義の代表者とされ，その詩がルートヴィッヒ・ヴァン・ベートーヴェン（1770-1827）の第9交響曲に用いられたことでも知られるシラーは，フランスが革命後の混乱に陥りつつあった1793年，支援者のデンマーク王子と書簡を交わし始め，それは『人間の美的教育について』としてまとめられた．シラーも，フィヒテと同様に，政治は個人の変革によって可能になると考えた．ただし，彼がそこで重視したのは芸術だった．

「政治的なものの中におけるいっさいの改善は，性格の高貴化から出発すべきでしょうが，——しかし，どうしたら野蛮な憲法の勢力下で性格を高貴化できるでしょうか？　要するに，この目的を達するためには，国家が手渡してくれないある道具を捜しださなければなりませんし，またいっさいの政治的腐敗のもとにあっても，つねに純粋で澄み切っている泉をひらかなければなりません．……その道具とは美の芸術です．その泉は，美の芸術の不滅な典型の中にひらかれているのです．」（同, 61-62頁）

シラーは，「美によって，感性的な人間は形式に導かれ，そして思索にみちびかれる」（同, 108頁）と述べ，社会の分業化のもとで特殊な目的に従属させられ，理性と感性の分裂に苦しむ人間は，芸術によってそれを克服できると考えた．芸術は一見すると実用的でないため，政治的な利害対立から距離をとることのできる領域でもあった．そして，シラーにとって芸術は，一部の階層のみが享受するものではなく万人の課題であった．「遊んでいるところでだけ彼は真の人間なのです」（同, 99頁）という有名な言葉に示されるように，シラーはあらゆる人間に遊戯衝動を認め，その昇華こそ芸術であると考えた．シラーは，感性の保護と理性の向上が教育の課題であるとした．

「教養の任務は二重であって，第一は——自由の侵害に対して感性を保護すること，第二は——感覚の権力に対して人格を安全にすることです．第一のことを教

養は，感情能力の向上によって，第二のことを理性能力の向上によって達成するのです．」(同，84頁)

教育における芸術の重視には人間性の調和という理想があった．シラーは，「他のあらゆる粗野な自然に対しては幅のきくわれわれの教養と高尚さの誉れも，ギリシア人の自然に対しては，まったく役に立ちません」(同，46頁)と記し，その理想を古代ギリシアに求めた．ゲーテとシラーはドイツ古典主義の黄金時代を築いた．

こうした流れを教育や学問の制度化につなげたのが，ヴィルヘルム・フォン・フンボルト (1767-1835) だった．富裕な貴族の出身でゲーテやシラーらと交友し，プロイセンの外交官として活躍するかたわら言語の研究を進めた彼がプロイセン内務省の教育局長に就いたことで，ドイツ古典主義の理想は教育改革に反映されることになった．フンボルトの在任期間は短かったが，その間に中等教育機関のギムナジウムの学制改革やベルリン大学の創設が実現された．

フンボルトは，特定の職業に役立つ個別的な知識・技術を教授するという実学主義や専門職養成という考え方をとらず，あらゆる職業に先立って人間として必要と考えられる一般的で形式的な能力を養成することが重要だという「一般的人間陶冶」(Allgemeine Menschenbildung) を重視した．人間性は，理念として語られるだけでは具体性を持ちえない．フンボルトは，人間性が客観的に表現される場として言語に注目し，その結果，ギムナジウムではギリシア語やラテン語等の古典語の教育が重視された．

フンボルトが創設したベルリン大学は，ボローニャ大学に始まる伝統的な大学に見られる専門職志向ではなく，教養を重視したカリキュラムを取り入れた．また，大学を教師と学生が共同して研究にとりくむ場としてとらえ，研究と教育の自由を保障した．この考え方はフンボルト理念と呼ばれ，19世紀においてドイツの大学が世界的優位を占める原動力になったとされる．国家による自由の保障は国民の能力に左右されると考えるフンボルトにとって，教育改革は能力の自由な発展に向けられるべきものだった．ただし，19世紀末になると，古典主義的な人間形成の思想は強い批判を浴びることになった．ニーチェは，古典の知識をひけらかす市民を「教養俗物」と呼んだ．

19-2 産業化と大衆社会

19-2-1 自由放任経済と教育

18世紀は,イギリスで産業革命が成し遂げられ,経済構造が根本的に変化し始めた時代だった.経済学の祖アダム・スミス(1723-90)が『諸国民の富』に「見えざる手(invisible hand)に導かれ,自分が全然意図してもみなかった目的を推進するようになる」(スミス,1965,56頁)と記して社会の調和に楽観的な見通しを示したのはよく知られている.人間に利己心があるにしてもそれは共感をとおして徳を生み出すがゆえに,あえて道徳を教え込まなくても諸個人の調和は図られる,そう考えるスミスは,教育の普及が必要であるとしても,それは最低限の保障でよいと見ていた.

スミスには,当時のパブリックスクールや大学が特権的な地位に安住して教育責任を果たしていないという強い批判があった.ゆえに,公的機関が教育を掌握して完全に無償化するのには反対だった.経済が自由放任(フランス語でレッセ・フェールと呼ばれる)された産業化の初期,児童が安価な労働力と見なされたこともあり,教育の充実は社会的課題とは見なされなかった.

19-2-2 大衆教育の始動

19世紀になると産業化が進むなかで社会の矛盾は増大し,階層間の対立は「2つの国民」(two nations)と呼ばれるほど先鋭化した.この世紀の前半のイギリスでは,急進派知識人と下層労働者たちが選挙法の改正と社会の変革を要求する運動を展開した.この運動は,成人男子選挙権の実現を求める『人民憲章』(ピープルズ・チャーター)からチャーティズムと呼ばれた.運動は急進派と穏健派の対立を抱えながらも,署名活動に基づく議会への請願が3度行われた.請願は採択されず,ヨーロッパ各地で民主化の要求が高まった1848年を頂点に運動は衰退した.しかし,この間,選挙法,工場法,救貧法の改正が図られ,人権意識の高揚,社会主義・共産主義思想の形成,労働運動の発展が見られた.

こうしたなかで,さまざまな大衆教育の試みが見られた.イギリスでは,16世紀にイギ

イギリス学校博物館
モニトリアルシステムの教室が現存.

リス国教会が成立したが，その他にも多くの教派（非国教会派）が生まれ，教育を含む自発的な活動を展開していた．これらの活動はボランタリズムと呼ばれ，ボランティアの歴史的起源のひとつと見なされている．慈善学校や日曜学校が多く開設されたが，モニトリアルシステム（ベル＝ランカスター方式）もこの活動の一環として広まった．スコットランドの宣教師のベルは，インドで孤児院の院長を務め，まず年長の優れた子どもを教育し，その子どもを助手として他の子どもたちを指導した．イギリスに戻ると，彼はこの方法を相互教授と呼んで紹介し，国民協会という国教会派の団体を通じてこの方法を広めた．また，非国教会派の内外学校協会でも，ランカスターがロンドンの貧民街で同様の実践を行い，この方式は19世紀前半のイギリスの初等教育を担った．しかし，狭い校舎に大勢の子どもたちが収容されるなど学習環境は劣悪で，教育方法も身体の細かな動きまで指定される機械的なものだった．

19-2-3　ユートピア社会主義の教育実験

　チャーティズムの初期の活動に影響を与えたのがオウエンだった．彼は紡績業で大きな成功を収めたが，工場制度の矛盾と労働者のおかれた過酷な状況に直面し，労働者の救済のためには組合の組織化と教育の普及が重要であると考えた．彼は，スコットランドのニューラナーク工場で労働環境の改善と利潤の拡大の両立を実践し，そのなかで労働者の人格形成について考察を深めた．モニトリアルシステムの開発に資金援助をするなど教育にも関心があった彼は，工場で働いていた子どもに教育を受けさせることを考え，1816年に性格形成学院を開設した．彼は，ヨーロッパ各地を訪問してペスタロッチをはじめとした教育実践についての見聞を広め，幼児からの教育，書物に偏らない実物教授，労働と教育の結合，身体教育を重視した．そこには環境の整備による人間の変革という思想があった．

> 「子どもはひとり残らず外からの働きを受け入れる驚くほど精密な複合体である．問題の正しい知識にもとづいて事前事後のきちんとした配慮によって，子どもはどのような性格でももてるように集団的に形成される．」（オウエン, 1974, 36頁）

　オウエンは，世界帝国として繁栄を誇るイギリス社会の矛盾を指摘し，私有財産制・宗教対立・結婚制度等を批判し，新たな社会の構築を構想した．ニューラナークでの実践が行き詰まると，アメリカのインディアナ州南西部の土地を取得し理想社会ニューハーモニーの建設にとりくんだが，事業は多大な負債を抱えて２年ほどで挫折した．マルクスらは，オウエンらの構想は共産主義社会を実現す

る方法や制度についての考察が欠けていたとし，ユートピア社会主義（空想的社会主義）と呼んだ．

19-2-4　功利主義と教育

18世紀後半，ユートピア社会主義の台頭に見られるように，ヨーロッパ思想の前提とされてきた，神や人間の本性といった前提が懐疑にかけられるようになった．裕福な弁護士の家庭に生まれ，法律を修めたジェレミー・ベンサム（1748-1832）は，ロックの自然法的な思想に疑問を抱き，ある行為や政策の妥当性は，その結果の有効性によって判断されるという功利主義を提唱した．

「自然は人類を苦痛と快楽という，二つの主権者の支配のもとにおいてきた．われわれが何をしなければならないかということを指示し，またわれわれが何をしようとするかということを決定するのは，ただ苦痛と快楽だけである．」（ベンサム，1967, 81頁）

ベンサムは，人間の本性は快楽の追求にあり，それは量的に計算可能であるとすら主張した．人間は，原子のような個人としてとらえられ，社会は個人から形成される擬制的な団体にすぎない．そこで，社会の利益とは「社会を構成している個々の成員の利益の総計」（同, 83頁）であり，社会の目標は「最大多数の最大幸福」とされた．ベンサムはオウエンの性格形成学院の出資者に加わり，普通選挙法の成立にも積極的に関与するなど，社会の近代化に大きな影響を与えた．ヨーロッパでは伝統的に大学進学に宗教的な規制があったが，彼はそうした条件を撤廃したロンドン大学の設立にも関わった．ロンドン大学には，彼の遺言にしたがって彼の遺体の標本が展示されている．

しかし，人間が快楽原則で行動するという見方においては，個人を自律的に行為させたければ，外部から褒賞や刑罰を科せばよいということになる．実際，ベンサムは，人間がある行為をとったり思いとどまったりするのは外的な強制力としてのサンクション（制裁）によるとし，否定的なサンクションが働くことで個人は自己規制しあい，それによって社会は維持されるとした．彼は，政治的・法律

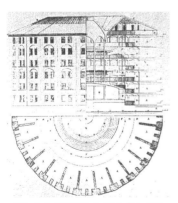

ベンサムが考案したパノプティコン

的なサンクションを重視したが，それとともに個人は快苦の計算能力を備えるべきだと考えた．ベンサムのそうした発想がよく示されているのがパノプティコン（一望監視施設）である．

パノプティコン（panopticon）は，ギリシア語で「すべて」を意味するpanと「みる場所」を意味するopticonからなる造語である．ベンサムがロシアにいる弟を訪ねた際，技師を務める弟は中央監視によって1人で周囲の大勢の人間を管理できるワークハウスを考案していた．これをヒントに監獄の新たなデザインとして考案されたのがパノプティコンである．中央に監視塔があり，その周囲をとりまくように囚人の部屋が配置される．中央の塔からは個々の囚人を見ることができるが，囚人たちからは監視人の姿は見えない．すると，囚人たちは実際には監視されなくても，監視されているかのように管理されることになる．監視人のまなざしが囚人たちに内面化され，自律的に服従するようになるというのである．

ベンサムの提案は，単に監獄の管理の合理化や省力化を図るものではなかった．歴史的には，処罰は罪人に苦痛を与えること自体が目的だった．それに対して，罪人に快苦を計算できる能力を身につけさせようという彼の提案においては，処罰は一種の教育の手段と見なされている．ただし，ここで言われる教育とは，人間を社会的に飼い慣らす馴致の手段である．

19-2-5　疎外と教育

19世紀，ヨーロッパの伝統的な価値観を批判し，新たな社会を樹立しようする思想のなかでもっとも大きな影響を残したのは共産主義である．ドイツで政治や宗教の保守的な体制に批判の論陣を張っていたマルクスは，フリードリヒ・エンゲルス（1820-95）とともに社会主義者としての自覚を深め，ヨーロッパ各地で革命が起きた1848年に『共産党宣言』を著した．しかし，革命は挫折し，翌年にロンドンに亡命すると，極貧のなか大英図書館に通って『資本論』を著した．

マルクスらは，資本主義社会で失われた人間性の回復のためには資本家が独占している生産手段を共有化しなければならず，それは革命という手段によるしかないと考えた．革命の究極の目的は，一切の平等が実現され国家権力も消滅した共産主義社会の樹立にあった．共産主義の実現に至る途上の社会は社会主義社会と呼ばれる．1917年のロシア革命によって最初の社会主義国家が成立し，第2次世界大戦後は東ヨーロッパ，アジア，アフリカにも広がり，40カ国近い社会主義国家が成立した．しかし，20世紀末の冷戦終結に前後して社会主義体制の多くが崩壊した．マルクスは，自己の本質が外部に対象化される疎外という現象を経済

的側面から考察した.

> 「工場手工業（マニュファクチュア）や手工業では労働者が道具を利用し，工場では労働者が機械に奉仕する．……労働条件が労働者を使用するということは，……すべての資本主義的生産に共通のことであるが，しかし，この転倒は，機械装置をもって初めて，技術的に明瞭な現実性を受取るのである.」（マルクス, 1969, 407頁）

　19世紀になると，生産形態は手工業から機械工業に移った．マルクスは，資本主義社会が発展すると，人間が生み出したはずの生産手段によって逆に人間が支配されるという転倒が生ずると指摘した．労働者は単純労働に束縛され，さまざまな能力を用いる機会を失ってしまう．労働からの人間の疎外という問題である．
　カント等の哲学者やそれを引き継いだ思想家は，芸術や古典に人間性の回復の可能性を見た．これに対して，労働者中心の社会を構想する共産主義においては，労働の教育的意義が強調されることになった．労働の意義はルソーなども指摘していたが，エンゲルスは，「労働は一切の人間生活の第一の基礎条件である，しかもそれは或る意味では，労働が人間そのものを創り出したのだ，といわなければならないほどのそういう程度にまで基礎的なものなのである」（エンゲルス, 1956, 238頁）と述べている．しかし，分業化した労働によって人間の疎外がもたらされたという以上，労働を単純に教育に取り入れればすむということにはならない．

> 「吾々の理解する教育とはつぎの三つのことである.
> 　第一，知能教育.
> 　第二，体育学校および軍事教練で行われているような体育
> 　第三，技術教育，これはあらゆる生産過程の基本原則をおしえ，同時に，児童または少年をあらゆる生産のもっとも簡単な道具の使用法に習熟させるものである.」（マルクス, 1954, 159頁）

　マルクスは，子どもが将来どのような職業に就いても活かすことのできる基礎的な技術教育を提案した．それは，革命後のロシアでレーニンやその妻のクルプスカヤらの指導のもとで総合技術教育として実践されることになる．1920, 30年代には，「生活を学べ．ロシア語・算数の代わりに」といったスローガンのもと，教科別の教育を廃止し，自然・社会・労働に基づいた教育内容が導入された．こうした急進的な教育運動は学校死滅論と呼ばれた．しかし，大量生産技術の進歩のなかで労働はいっそう単純化され，人間の疎外は社会主義国家においても解消されたとはいえなかった．また，自然科学の進歩が生産現場に応用されると産業

は重工業化し，労働者にも高度な専門的知識が必要となった．

19-3　眺望固定病予防のために

教授がこのユニットで出した課題図書は，

- ・ヘッセ，ヘルマン『車輪の下』実吉捷郎訳，岩波書店〔岩波文庫〕，1958年．
- ・ユゴー，ヴィクトル『レ・ミゼラブル』辻昶訳，潮出版社，2000年．
- ・アンダーソン，ベネディクト『増補　想像の共同体——ナショナリズムの起源と流行——』白石隆・白石さや訳，NTT出版，1997年増補版．

の３冊だった．『レ・ミゼラブル』は長いので教授は一部だけでもいいと言ったが，担当者はミュージカルの映像を見て，全体の流れをつかんできた．教授がゼミのまとめで話した内容を要約しておこう．

＊＊＊

誰でもどこかに自由で楽しい学校はないものかと１度は思ったことがあるだろう．学校教育の窮屈さをとりあげた文学作品は数多い．とはいえ，学校が勉強するところである以上，何の苦痛もない学校というのは虫のよい願望ではないだろうか．そんなことを勘案しても，19世紀ドイツの学校生活はかなり過酷だったと思われる．文豪ヘルマン・ヘッセ（1877-1962）の名作『車輪の下』は，その証言として読むことができる．

主人公のハンスは，将来エリートになることが約束される神学校に合格するが，厳しい学校生活のなかで自らの生き方に疑問を抱くようになる．感情や欲求を抑えるうちに心身ともに疲弊し，神学校を退学して機械工となるが，挫折感と劣等感に苛まれる．酒に酔って川に落ちて溺死したと読める描写に続いてハンスの葬儀の場面で話が終わる．

この作品はヘッセ自身の体験が反映されているといわれる．ヘッセは大変な難関の試験に合格し，マウルブロン神学校に入学する．ここは12世紀創建の修道院に由来する名門校で，街から離れて塀に囲まれており，全寮制で無償である．ヘッセは，この学校になじめず，半年で脱走した．自殺未遂，入院，他のギムナジウムへの入学，退学と苦しい少年時代を送った．『車輪の下』には次のような記述がある．

280　第Ⅱ部　入門ゼミ2「教育思想史へのアプローチ」記録

　「若い人たちは，都市や家庭生活の，気を散らすような影響から遠ざけられて，
実際的な生活の有害な光景から，守られているわけであった．このため，少年た
ちに多年のあいだ，ヘブライ語やギリシャ語や，いろいろな副科目の研究を，大
まじめで生涯の目的だと思わせることができるし，若い魂の渇望のすべてを，純
粋な，観念的な研究と享楽に，むかわせることができるのである．さらにそこへ，
重要な因子として，寄宿生活，自己教育への強制，団結の感情が加わってくる．
……数カ月たつうちに，四十人の神学校生が，わずかな停滞者をのぞいて，心身
ともに変化してしまったさまを見るのは，おもしろいものだった．多くは，横に
ふとるほうをひどくぎせいにして，おそろしくたてにのびてしまった．」（ヘッセ，
1958, 71, 130頁）

　ドイツ古典主義の教育改革では，古典の学習は人間性の調和をもたらすと信じ
られていた．しかし，その学習負担は大きく，多くの脱落者を生んだ．『車輪の
下』を読んで，「やはり学校は息苦しい」と感じるか，「この神学校に比べればま
だ耐えられる」と感じるかは個人の自由だが，多くの人々が厳しさを感じるよう
な学校教育のあり方は，19世紀に新教育が模索される動因となっただろう．

＊＊＊

　マルクスは，人間の意識に関わる法律・政治・文化・宗教は経済という下部構
造の上に派生する上部構造であると考え，経済体制の変革なしには人間は変革で
きないと主張した．ゆえに，宗教が心の持ちようを重視し，与えられた環境を運
命として受け入れることを説く傾向があることを強く批判した．「衣食足りて礼
節を知る」と言われるように，経済的な基盤がまったく整わないで道徳的に振舞
えというのは難しいかもしれない．しかし，「武士は食わねど高楊枝」という言
葉もある．江戸時代の下級武士は貧しかったが，武士としてのプライドを保つた
めに食事ができなくても楊枝を使って見せたという．経済が人間生活の条件であ
ることは間違いないが，それさえ確保すれば人間は完成するのだろうか．

　文豪ユゴーの名作『レ・ミゼラブル』は「惨めな人々」を意味する．飢えた子
どものためにパンを盗んだ罪で20年の刑を受けたジャン・バルジャンは，出会っ
た司祭の慈悲深さに生まれ変わることを決意する．過去の罪を許さず彼を追跡す
る警官ジャベールは，バルジャンの高潔な生き方に何度も触れ，ついには追跡す
る意味が見出せなくなり死を選ぶ．

　ユゴーは軍人貴族を父に生まれ，若くして才能を認められ，政治家としても活
動した．当初は王党派に属し，そののちナポレオンの甥のルイ・ナポレオン（ナ

ポレオン3世，1808-73）を支持するが，その独裁化に抗議して亡命し，共和主義者として論陣を張った．『レ・ミゼラブル』は，亡命先の英仏海峡に浮かぶガーンジー島で完成した．売れ行きが気になったユゴーが出版社に「？」だけの手紙を送ると，「！」だけ書かれた返信が異例な売れ行きを伝えたというエピソードは有名だ．

　ユゴーが記した弱者への共感を単なるフィクションにすぎないと読むこともできる．また，弱者にも息づく人間性に光を当てたのは，フランス革命後の階層間対立を緩和しようとする意図からだったのではないかという解釈も可能かもしれない．しかし，「海よりも壮大な眺めがある，それは大空だ．大空よりも壮大な眺めがある，それは人間の魂の内部だ．」（ユゴー，2000, 223頁）というこの作品の主題には，私たちを単に物質的に生きることを超えた精神的な生へと誘ってくれる何かがあるのではないだろうか．

＊＊＊

　18世紀から19世紀にかけて，ヨーロッパには国民国家が形成された．それは，国家との関係を抜きにしては教育について考えられない時代に入ったことを意味する．グローバル化が進むなか，もはや国家の時代ではないという見方がある．しかし，たとえば世界市民の育成が期待されるとしても，国民にとって代わるほどそのイメージは確立されておらず，そのための教育の道筋もはっきりしない．また，20世紀末の冷戦終結以降，超大国が存在しなくなった世界では国家主義が強まっている．そして国家は，テロリズム等に対する防波堤の役割も果たしている．

　アメリカの政治学者ベネディクト・アンダーソン（1936-2015）は，国家主義の起源についてユニークな考察を残した．彼は，「国民とはイメージとして心に描かれた想像の政治共同体である」（アンダーソン，1997, 24頁）であり，そのイメージの形成にひときわ大きな影響を与えたのが，「一八世紀ヨーロッパにはじめて開化した二つの想像の様式，小説と新聞」（同，50頁）であったという．新聞と小説は出版資本主義の興隆のもとで普及し，国民の間に共通の時間・空間の感覚を生み出したという．それを媒介したのが出版語であった．

　知識人の言語であるラテン語と口語で用いられる方言は通用性に限界があった．それに対して出版に用いられた言語ははるかに多くの人々に共有された．そして印刷された言語は時間と空間を超えて伝播し，言語としての安定性を獲得した．さらに，出版語として用いられた言語は類似関係にある方言を吸収して優位にな

り，通用性の高い口語となった．アンダーソンの指摘は日本が国民国家として近代化していく過程をよく説明するだろう．

18世紀以降，社会階層間の対決を煽るパンフレットから弱者に光を当てる文学まで，多くの言説が流通した．それらの内容は過激なものから温和なものまでさまざまである．しかし，すべて出版語で印刷され，その読者が共通の時間・空間の感覚を得たという意味では，国民国家という想像の共同体を強固にするのに貢献したことになる．国際的な労働者運動を進めていたマルクスとエンゲルスは，労働者に対して国家間の戦争に加担せずに中立を守るように勧告したが，その頃すでに想像の共同体は想像以上に強固だったのだろう．各国には利害を同じくするはずの労働者がいたはずだが，彼らを支配する国家どうしの戦争はやむことがなかった．

投稿日：12月1日（土）

19-4　教育思想史紀行 4

ケイです．スイスからドイツに入り，ヨーロッパの金融の中心地フランクフルトに来ました．中央駅の周辺は風紀が良くなくてちょっと緊張しました．ここはゲーテの出身地で，第2次世界大戦で破壊されたこの街の復興がゲーテハウスの再建から始められたのは有名な話ですね．高層ビルの谷間にゲーテとシラーの像がありました．2人の像はドイツの各地で目にします．ゲーテハウスを見学し，子どもの頃のゲーテがコメニウスの『世界図絵』で勉強していたのを知りました．

フランクフルトで一泊した翌日，特急で4時間ちょっとの首都ベルリンに移動しました．この街には教育史関係の図書館があるということで，同行の士はそちらへ．私は，ウンター・デン・リンデン通りを歩きました．名前のとおり菩提樹（リンデン）の並木道です．1989年にベルリンの壁が崩壊するまでの28年間，この通りのブランデンブルク門が壁によって往来できなかった様子は冷戦の象徴になっていました．現在，壁のあった周辺の場所の地面には印が付けられています．私の青春時代から壮年時代まではここに壁があったわけですから，非常に印象的でした．

ベルリンは，現在のポーランドやバルト三国にも領土を有していたプロイセンの首都でした．ブランデンブルク門は，啓蒙専制君主フリードリヒ2世のあとを継いだフリードリヒ・ヴィルヘルム2世（1744-97）の命により建設されましたが，そのデザインは当時の古代ギリシアへのあこがれをよく伝えています．しかし，19世紀に入ってベルリンがナポレオンに占領されると，この門の上に設置されていた4頭立ての馬車に乗った

勝利の女神ヴィクトリアの像はフランスに持ち去られてしまいました．国王フリードリヒ・ヴィルヘルム 3 世（1797-1840）は現在はロシア領になっている東プロイセンに逃亡し，プロイセンは存亡の危機に陥ります．フィヒテが「ドイツ国民に告ぐ」と題した講演をし，この通りにベルリン大学（現在のフンボルト大学）が設けられたのは，日本をはじめ，教育立国をめざす国々のモデルになったのでしょう．

ベルリンのブランデンブルク門

＊＊＊

同行の士の父君は国鉄（今のJR）にお勤めでした．ですので，鉄分を補給したがります．そんなわけで，この旅行ではいい歳の男 2 人がレール・パスで移動していました．ベルリンを訪ねたあと，お尻を痛くしながらオランダのアムステルダムまで鉄道で移動し，そこで一泊して近郊のコメニウスが眠る街を訪ねました．そして今度はフランスの新幹線TGVでフランスに行ったのでした．パリからはユーロスターでドーバー海峡トンネルを通ってロンドンです．

かつてここにはベルリンの壁が…

イギリスにも教育の歴史にまつわるスポットがたくさんありますが，この回の内容に関係するスポットを紹介しておきましょう．ロンドンに接するハートフォードシャー州のヒッチンという街に，イギリス学校博物館があります．ここには，19世紀のいろいろなタイプの教室が保存されており，ランカスターが1837年に開いたモニトリアルシステムの教室

モニトリアルシステムでチューターの指導を受ける壁面

もあるのです．300人の子どもたちがいたという割りには思ったよりも狭く，子どもたちはさぞ窮屈だっただろうと思いました．モニター（助教）が掛図を見せて子どもたちに教える壁面の前には子どもたちが立つ位置が半円形で示されていて，この学校がまるで人間を作る工場のように思えて暗くなりました（112頁の図版も参照）．

投稿日：12月2日（日）

284　第Ⅱ部　入門ゼミ 2 「教育思想史へのアプローチ」記録

✐ 学習を深めるための課題
・18世紀ドイツの教育思想において道徳性が重視された背景を考えてみよう.
・18世紀ドイツで国民教育の必要性が訴えられた背景を考えてみよう.
・19世紀イギリスにおける大衆教育はどのように実施されるようになったかをまとめてみよう.
・オウエンの教育観と教育活動についてまとめてみよう.
・マルクスがいう疎外の問題と教育の関係について考えてみよう.

📖 引用文献
エンゲルス, フリードリヒ『自然の弁証法』上, 田辺振太郎訳, 岩波書店〔岩波文庫〕, 1956年.

オウエン, ロバート『世界教育学選集　性格形成論・社会についての新見解』斎藤新治訳, 明治図書出版, 1974年.

カント, イマヌエル『世界教育学選集　教育学講義他』勝田守一・伊勢田耀子訳, 明治図書出版, 1971年.（訳語を変更して引用）

シラー, フリードリヒ・フォン『人間の美的教育について』小栗孝則訳, 法政大学出版局, 2003年.

スミス, アダム『諸国民の富』三, 大内兵衛・松川七郎訳, 岩波書店〔岩波文庫〕, 1965年.

フィヒテ, ヨハン『ドイツ国民に告ぐ』早瀬明訳,『フィヒテ全集』第17巻, 哲書房, 2014年.

ベンサム, ジェレミー『道徳および立法の諸原理序説』山下重一訳,『世界の名著　ベンサム　J. S. ミル』中央公論社, 1967年.

マルクス, カール・エンゲルス編『資本論』二, 向坂逸郎訳, 岩波書店〔岩波文庫〕, 1969年.

マルクス, カール「臨時中央委員会代表にたいする個々の問題についての指示」『マルクス・エンゲルス選集』第11巻, マルクス=レーニン主義研究所編, 大月書店, 1954年.

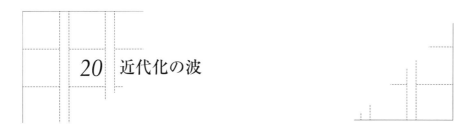

20　近代化の波

20-1　教育学の成立と展開

20-1-1　問題としてのヘルバルト

18世紀末，国民国家が形成されるなか，大学は教師の養成を担うことを期待されるようになった．それ以来，教育学者は教育現場からは実践に活かすことのできる知識や技術の提供を求められるようになった．ヘルバルトは，「教育学は，教育者にとって必要な科学であるが，しかしまた教育者は，相手に伝達するために必要な科学的知識を持っていなければならない」(ヘルバルト，1960, 19頁)と述べている．教育は経験に依存しがちで知識や技術が一般化されにくい．知識の科学化は，もしできるのであれば，望ましい課題である．それは，教育学が大学における学問領域として認められるためにも必要だった．

ヘルバルトは，教育学は目的を倫理学，方法は心理学に依存するとした．そして彼が教育の科学化において期待したのは心理学だった．カントは，心理的現象は数学的に表現できないために心理学は厳密な意味での科学にはなりえないと考えた．しかし，ヘルバルトは，外部からの刺激の強度と感覚の数学的関係を研究したエルンスト・ヴェーバー (1795-1878) らを支持し，心理学の科学化を追求した．

感覚・想像・記憶・意志などの能力を想定し，それらの能力の相互作用から心理現象を説明しようとする能力心理学に対して，ヘルバルトは表象心理学を提示した．たとえば，雪を触わると白いとか冷たいという感覚を得るが，それは何らかの仕方で私たちのうちに保存される．このような，精神が外界からの刺激に反応するなかで形成されるイメージが表象である．ヘルバルトは，さまざまな能力を実体視する心理学説を否定し，最初は無色である精神において表象が反発と連合を繰り返し，それによって思想が形成されると考えた．彼によれば，理解や学習はさまざまな表象が作用しあって結合する統覚によって成立する．統覚は何かが欲しいとか知りたいとかいう方向性をもつと願望となり，その願望を実現しよ

うとすると意志となる．この意志や願望に関わる外的な作用としてヘルバルトが
位置づけたのが訓育と教授だった．彼がオデッセイのようなギリシア古典を教材
として重視したのも，単にドイツ啓蒙の古典主義を引き継いだからではない．
『一般教育学』の一節は，彼が古典作品には子どもの統覚を促し願望と意志を指
導できる可能性があると信じていたことがよく示されている．

> きわめて道徳的な劇を見る際の自分の感情を思い出してみるがよい．しかし，
> 事件，状況，人物が豊富であり，しかも強く心理的に訴える真理をもっており，
> 子どもの感情や洞察の彼岸にあるのではなく，また極端な善悪が描写されようと
> しているのでもなくて，ただ行為の興味が悪から離れ，善，公正，正義に傾くよ
> うにかすかな，みずからなおなかばまどろんでいるような道徳的分別が配慮され
> ているような子どもたちにとって極めて興味ある物語を与えるなら，どんなに子
> どもらしい注意がそこにむけられ，どんなにその注意が，一層深く真理を発見し，
> 事柄のすべての側面を思案しようとしていることか，またどんなにさまざまな材
> 料がさまざまな判断を刺戟していることか，どんなに変化の刺戟がよりよいもの
> の選択を目指していることかということ，すなわち道徳的判断においておそらく
> は物語に出てくる英雄や著者よりも一，二段も強く感じている少年が，すでに自
> 分のもとに感じている粗野からみずからを守るために，どんな内的な快感をもっ
> て自己をしっかりと支えることだろうか，ということがわかるだろう．」（同，24頁）

　ヘルバルトの明瞭・連合・系統・方法という4段階説も，心理学的見解に基づ
いて考察された．明瞭は指示ともいわれ，たとえば，ひとつの三角形を示して説
明するように，個々の事物に集中し明確に把握させる段階である．連合は結合と
もいわれ，他の三角形を示して関連づける段階である．この段階では子どもどう
しの会話が有効であるという．系統は教授とも言い換えられ，三角形が3つの辺
からなるとか頂点が3つあるといった秩序を把握させる段階である．方法は哲学
ともいわれ，得られた表象を他の表象の獲得に用いる段階である．ここでは，子
どもは課題や自習にとりくむのがよいという．ヘルバルトは，教育の方法を心理
学的に基礎づけたが，彼の表象心理学説は子どもの精神を受動的にとらえるもの
だった．

　19世紀後半以降，科学的な心理研究が盛んになり，多くの学説が提起された．
他方，ヘルバルトが教育学のもうひとつの車輪として位置づけた倫理学は哲学
的・思弁的な方法に立脚している．ゆえに，心理学の方法が科学化すればするほ
ど，心理学的研究と倫理学的研究のギャップは拡大していく．心理学研究の成果
は教育場面で検証と応用がなされ，それによって教育学の学問的権威は高まった．

教育学の科学としての性格を高めようとして心理学に依存すれば，教育学は学習や教育の方法を進歩させるための技術学となっていく．そこでは，ヘルバルトが倫理学に期待した目的というテーマが背後に退いていく．また，教育学が技術学としての性格を強めて専門的な学問分野となるにつれ，それは政治・経済・文化・宗教といった大きなテーマと切り離されることにもなった．ヘルバルトによる教育学のデザインは，教育学の抱える問題をすでに示していたといえる．

　ヘルバルトが倫理学や哲学に期待した方向で教育学を探求した代表者にあげられるのはシュライエルマッハーだろう．フィヒテとともに草創期のベルリン大学を支えた彼は，神学研究を近代化し解釈学の祖とも呼ばれる．彼は，道徳を自然の理性化であるととらえ，それを実現するのが教育であるとした．彼において，教育学は倫理学の技術学として位置づけられる．教育に哲学的にアプローチしたなかには，個人の意識や学校という枠を超えて教育を考察したナトルプのような存在もいた．ナトルプは統一後のドイツが大きな社会的危機に陥った第1次世界大戦後に活躍し，ペスタロッチを重視した．

　教育学を教育実践に奉仕する技術学として展開したのは，ヘルバルトの弟子のツィラー，ラインらのいわゆるヘルバルト派だった．とくに，ラインの予備・提示・比較・総括・応用の5段階教授法は，一斉授業を効率よく進める方法として広く普及した．導入・展開・まとめといった授業の指導案のフォーマットは，ヘルバルト派の教授段階説の痕跡といえるだろう．ヘルバルト派は，教授段階説以外にも，カリキュラムの編成論について研究と実践を進めた．ヘルバルト派の学説は，教科や教材の違いにかかわらずに適用された面があり，そのために次第に下火となり，20世紀に入るとヘルバルトの教育学自体もあまり顧みられなくなった．しかし，第2次世界大戦後，新教育のいきづまりのなかでヘルバルトとヘルバルト派の差異も認識され，ヘルバルト教育学は再評価されるようになった．

20-1-2　教育学と社会学

　社会学の創設者の1人とされるフランスのデュルケームは，大学教員としてのキャリアを教育学者として積み始めた．ここからドイツとは異なる教育学の流れが生じた．デュルケームは，集団や社会全体の行動や思考の様式としての集合表象が個人の思考や行動を左右すると考え，社会的事実を分析対象とすることで人間の行動を科学的に記述しようとした．

　敬虔なユダヤ教徒の家に生まれたデュルケームは，ユダヤ系フランス人の冤罪事件であるドレフュス事件などに直面し，積極的な社会的発言も行った．また，

エミール・デュルケーム

義務・無償・中立の初等教育を創設するフェリー改革に賛同し，ソルボンヌ大学教育科学教授として，『教育と社会学』や『道徳教育論』などを著した．『教育と社会学』には，デュルケームの社会学者としての視点がよく示されている．

「私は社会学者であり，したがって私が諸君に教育のことを語るのは，とりわけ社会学者としてである．なお，人は事物を観察し指示する場合，それを歪曲するような角度から行なっているが，私はかかる方法は事物の真の性質を明らかにするための適切な方法ではないと固く信じるものである．実際，私は教育というものが，その起原の面でも機能の面でも優れて社会的な事象であるということ，したがって教育学は他のあらゆる科学以上に緊密に社会学に依存しているということが教育学的思索全体の公理そのものであると考える．」(デュルケーム, 1982, 114頁)

デュルケームが社会学的視点をとったのは，単に科学性ということだけではない．彼は，心理学的アプローチでは人間を具体的な歴史的・社会的状況から切り離してしまうと見ていた．

「近代の教育学者は教育を顕著な個人的事象であり，したがって教育学を心理学のみから直接導かれる系とみるという点でほとんど異口同音に一致していた．……教育とは人間種一般の生得的属性を各個人において実現し，しかもそれを可能なかぎり高度の完成の域にまでのばすことを何よりもまず目的とするものであった．人が自明の真理として措定(そてい)していることは教育というものがただ一つであり，あらゆる人間が依存している歴史的，社会的条件のいかんにかかわらず，他のあらゆる教育を拒否して，あらゆる人間に無差別に適合するということである．そして教育論者が決定しようと志してきたのは，まさにこの抽象的かつユニークな理想であった．」(同, 115-116頁)

こうした，あらゆる状況に当てはまるような「普遍妥当的」な教育を探求しようという主張に対して，デュルケームは，「もともと教育体系は明らかに特定の社会体系に結びついているから，それから切り離しえないものである」(同, 121頁)と主張した．また，ヘルバルトと同様に，心理学的アプローチからは教育の目的を導けないと考えた．

「心理学が完成された科学となったときでさえ，心理学のみでは教育者が追求すべき目標を教育者に対して教えることはできない．ただ社会学のみがこの目的を，

それが依存し，かつ表明する社会状態に結びつけることによって，われわれがそれを理解しうるようにわれわれを援助することができる.」(同, 133頁)

デュルケームは，ヘルバルトが教育の目的の検討を倫理学に期待したのに対して，社会学がその役割を担うとした．しかし，「教育が追求すべき目的の決定において社会学の役割がたとえ顕著であるとしても，社会学は手段の選択に関しても同一の重要性を有するだろうか」と問い，「心理学が自己の権利を取り戻すことには疑う余地がない」とした (同, 134頁)．デュルケームは，教育の目的は社会学から，教育の方法は心理学から導かれると考えた．そして，彼が提示した教育を社会化としてとらえる視点は，今日の教育社会学につながっている.

　「要するに教育は個人およびその利害をその唯一の，もしくは主要目的とするのではなく，それは何よりもまず社会が恒久的に自己固有の存在条件を更新する手段である．社会はその成員間に充分な同質性が存在することによってのみ存続しうる．教育は予め子どもの精神に集合生活が予想する本質的類似性を固定させることによって，この同質性を恒久化し，強固にするのである．しかし他方，一定の多様性なくしては，すべての協力は不可能である．教育はそれ自体を多様化させ，専門化することによってこの必要な多様性の存続を確実にするのである．教育はそれゆえ，そのいろいろの側面における若い世代の体系的社会化として成立する.」(同, 127頁)

個性を重視する教育観の持ち主は，「本質的類似性を固定させる」という記述には抵抗感があるだろう．デュルケームは，「子どもは生を享けたとき，個人としての性質しか身につけていない」ために，「社会はそれゆえ，いわば新参者に対して新たな努力で染めあげなければならない」とも述べている (同, 128頁)．しかし，彼は，本質的類似性と多様性という言葉を用いている．言語ひとつにしても，まったく別の言語では互いの意思疎通は困難だ．日本人どうしの間でも方言があり，性別・年齢・職業などによって語彙も表現法も微妙に異なるが，互いが努力しあえば何とか通じる．これが類似性ということだろう．また，社会規模が拡大すれば，必然的に分業化が進む．そこで，知識や言語ばかりでなく，習慣や技能も多様化する．この多様性の存続によって社会は変容し，新たな状況に適応できる.

290　第Ⅱ部　入門ゼミ2「教育思想史へのアプローチ」記録

20-2　明 治 日 本

20-2-1　脱亜入欧と和魂洋才

　アジアの東端に位置する日本は，他文化との遭遇を何度も経験してきた．排外と拝外の往復ともいわれるように，そこには葛藤と受容の交錯があった．しかし，その過程をとおして他文化の独特な受容がなされ，それが日本の文化を常に更新してきた．

　明治維新によって近代化を開始した日本は，西洋の知識・技術を導入しつつ，いかにして国家としての一体性を実現するかという課題を背負った．2世紀半以上にも及ぶ幕藩体制は排外の時代といえるが，その間に高まった郷土性の自覚に対して，国民意識や文化的アイデンティティの再構築が求められた．この時代の日本がおかれた状況は，多くの領邦に分かれて統一が進まなかった18世紀のドイツに似ている．

　想像の共同体としての国家形成のなかで，急速に成長した出版資本主義をとおしてもたらされたのが，脱亜入欧，和魂洋才，大和魂といった言葉だった．しかし，和魂洋才という観念は，けっして新しいものではない．西洋と対峙する以前から，中国文化（漢才）とどのように向き合うかという問題があった．幕末の知識人がこの問題にとりくみ，明治になると議論は沸騰した．初代文部大臣となる森有礼が日本語を廃止して英語を公用語とすることを考えたり，ローマ字を国字にする提案がなされたりするなど，一方には積極的な西洋化の主張があった．他方，『国民之友』や『日本人』等の雑誌が創刊され，急激な西洋化への警戒や国粋主義の主張も展開された．

　福澤諭吉が創刊した新聞『時事新報』の1885（明治18）年の社説には「脱亜論」が掲載された．そこには，欧米によるアジアへの進出のなかで西洋文明の摂取は不可避だが，中国と朝鮮の「二国の者共は，一身に就き又一国に関して改新の道を知らず，……其古風旧慣に恋々するの情は百千年の古に異なら」ないがために「今より数年を出でずして亡国と為り，其国土は世界文明諸国の分割に帰す可きこと，一点の疑あることなし」という認識が示され，「我国は隣国の開明を待て共に亜細亜を興すの猶予ある可からず，寧ろ其伍を脱して西洋の文明国と進退を共にし，其支那朝鮮に接するの法も隣国なるが故に特別の会釈に及ばず，正に西洋人が之に接するの風に従て処分す可きのみ」と記されている（福澤, 1970, 239-240頁）．時期的にはややあとになるが，森鴎外（1862-1922）や夏目漱石らには

一種のバランス感覚が見られる.『吾輩は猫である』には，次のような記述がある.

> 「大和魂！　と叫んで日本人が肺病やみのような咳をした」……
> 「大和魂！　と新聞屋が云う．大和魂！　と掏摸が云う．大和魂が一躍して海を渡った．英国で大和魂の演説をする．独逸で大和魂の芝居をする」……
> 「東郷大将が大和魂を有っている．肴屋の銀さんも大和魂を有っている．詐偽師，山師，人殺しも大和魂を有っている」……
> 「大和魂はどんなものかと聞いたら，大和魂さと答えて行き過ぎた．五六間行ってからエヘンと云う声が聞こえた」……
> 「三角なものが大和魂か，四角なものが大和魂か．大和魂は名前の示すごとく魂である．魂であるから常にふらふらしている」……
> 「誰も口にせぬ者はないが，誰も見たものはない．誰も聞いた事はあるが，誰も遇った者がない．大和魂はそれ天狗の類たぐいか」（夏目, 1990, 242-243頁）

　夏目は冷静に問うことなく大和魂という言葉が一人歩きする状況を揶揄している．辞世に「かくすればかくなるものと知りながら　やむにやまれぬ大和魂」，「身はたとへ武蔵の野辺に朽ちぬとも　とどめおかまし大和魂」と詠んだ吉田松陰との距離は明らかだ.

　他方で夏目は，『こゝろ』における「先生」の「明治の精神」への殉死を描いている．親友を裏切って恋人を妻にした利己心に罪悪感を抱いた「先生」は，明治天皇の崩御に接して乃木希典（1849-1912）が殉死したのを知って自殺を決意する．これは，一般的に資本主義化する社会のなかで強まる利己心と伝統的な無私の精神の葛藤が表現されていると解釈されている.

　『こゝろ』は『朝日新聞』に掲載されたのち，岩波書店の最初の小説として出版された．作中の「先生」は「私」に何も教えてはいないが，日本人に「私」のあり方を考えさせる「先生」となったといえるかもしれない．この作品は，アンダーソンが言うように，出版資本主義をとおして国民のイメージの創造に関与した試みといえるだろう．しかし，富国強兵政策による日清戦争と日露戦争の勝利と拡張する日本に対するヨーロッパ諸国からの黄禍論（黄色人種差別論）が交錯するなかで，近代に投げ込まれた「私」のあり方の教養的な問い直しはどれだけの意味をもつことができたのだろうか.

20-2-2　西洋教育学の受容
　日本における西洋の学問や技術の受容に大きな役割を果たしたのが，いわゆる

お雇い外国人だった．西洋の教育学の移入に関しては，アメリカのスコットやドイツのハウスクネヒトが知られる．ハウスクネヒトは，1886（明治19）年に来日し，東京帝国大学でドイツ語や教育学を担当した．彼からヘルバルト派教育学を学んだのが，高等師範学校（現在の筑波大学）教授などを務めた谷本　富（1867-1946）や東京女子高等師範学校の校長等を務めた湯原元一（1863-1931）らだった．彼らがどのようにヘルバルト派教育学を受容したのかを見ておこう．

湯原はハウスクネヒトの勧めでヘルバルト派教育学者グスタフ・リンドネル（1828-87）の著書を『倫氏教授学』，『倫氏教育学』と題して翻訳した．これらは明治中期の教育界では相当に普及した．ドイツ教育学の基本的な概念のBildungに「陶冶」という訳語を与えたのは湯原である．愛国主義者の彼は，『倫氏教育学』の翻訳では過激ともいえる方針をとった．「道徳の大本に至りては耶蘇教国ならざる我国の教育においては，いまだついに，西洋学者の議論を採用すべからざるなり」として，原書中のキリスト教的な言及や引用に代えて「本邦固有の道徳談」を挿入したのだった．第2章「教育の一般的前提，教育の概念」の一節をあげてみよう．

> 「これ目的は如何，初より各自将来の希望に応じて，一々之に適応する感化を施すは，もとよりその煩に堪へざる所なれば，この目的は人類普通の職分，詳言すれば，心身上すべての能力を，彼此偏頗なく発達し，ついに道徳的品性を完成するをもってその終局となさざるべからず．謹みて按ずるに，勅語に，
> 爾臣民，父母ニ孝ニ，兄弟ニ友ニ，……，一旦緩急アレハ義勇公ニ奉シ，以テ天壌無窮の皇運ヲ扶翼スヘシ．
> とあるも，またこの意に外ならざるなり．訳者云く，原書はここに新約聖書の語を引けり，しかれども吾が　天皇陛下の勅語の優渥なるにしかざるをもって，今此をもって彼に代う．」（リンドネル，1893，7-8頁）

湯原の訳とリンドネルの原文を比べると，教育勅語と入れ替えられている部分には，『新約聖書』「テモテへの手紙」，「ピリピ人への手紙」が引かれている．著者のリンドネルはチェコ生まれで，同国出身のコメニウスの影響も見られるが，彼は，ヘルバルトとともにエルヴェシウスやスペンサーを重視した啓蒙主義者であり，宗教色はそれほど濃厚とはいえない．それにもかかわらず，神経過敏と思えるほどの徹底ぶりで，西洋の宗教的・道徳的側面が注意深く除去されたのだった．これは，和魂洋才という観念が西洋文化の移入におけるフィルターとして機能したことを示す実例だろう．

谷本富は，明治後期には新教育を強く提唱するが，当初はヘルバルト派教育学

の受容に徹した．ただ，これも単純な受容ではなかった．1895（明治28）年出版の『科学的教育学講義』を見てみよう．谷本は，ドイツでも「ヘルバルトの倫理学は，耶蘇教の諸説と，相容るゝか容れざるか」（谷本, 1895, 60頁），「ヘルバルト派の教育学は全然社会或は国家を度外視して，単に個人の完成を望む者なりや」（同, 62頁）という疑念があり，国内にも「ヘルバルトの倫理学は耶蘇教的倫理学なるの故に，我が国体に合せずとの論」（同, 同頁）があることを記している．つまり，ヘルバルトが教育の目的を導くために期待した倫理学とその個人主義的な性格をどのようにクリアするかが問題と見なされていた．谷本は，ヘルバルトの堅固な道徳的性格といった個人主義的な教育目的に代えて，教育勅語に接続する次のような教育目的を提示した．

　　「我が初等教育は国家将来の一員として個人的に徳性を涵養するを旨とし国民の歴史的心情を斟酌して之れを行ふべし．又中等教育に於ては右の徳性涵養の外，尚ほ進んで国家的機関の一員たる準備をなし，且つ国家の必用を斟酌して個人的に業務を定むるの基礎を立つるを本旨とすべし．　勅語の旨を奉体するは，実に教育の目的なりと．蓋し申すも畏けれど　勅語は実に個人的及び国家的道徳を，国民の歴史的心性に従うて涵養すべきことを示したまへるなり．」（同, 76-77頁）

　教育方法について，谷本は次第に発展しつつあった心理学とその論争をフォローしながらも，ヘルバルト派の枠組みを受容している．ヘルバルト派の教材編成論として，人類の発展の歴史（系統発生）と個人の発達（個体発生）を関連づける開化史的段階説がある．古代の歴史が発達初期の教育内容にふさわしいという説明には無理があるが，ヘルバルト派に限らず，こうしたとらえ方は20世紀まで見られた．ヘルバルト派では，ヨーロッパやキリスト教の歴史のトピックを子どもの発達段階に対応させて配列する試みがなされたが，谷本は日本への受容を意識して次のように提案している．

　　「帝威漸く八紘に光宅する事を示すを大目的とし，国家の歴史並に口碑に基きて之が材料を定撰すべし．語を変じて云へば，余は国史的の教科を所謂感情教科をして諸教科の中心とせんとするなり．但し単に国史教科的のみにては所謂感情的教科の稍々欠くる所あるが如くなれば，宜しく之と併せて修身科を存し相待たしむべし．余嘗て試みに我が国開化史的段階を分ちて，尋常高等両小学校を通じて各学年を配当したることあり．左の如し．第一学年，童話．第二学年，神代紀，特に地神の巻．第三学年　神武天皇より　応神天皇に至る．」（同, 200-201頁）

　谷本は，乃木希典の殉死を批判したことが原因で京都帝国大学を追われたよう

に，国粋主義者というわけではなかった．しかし，その谷本にしても，西洋教育受容の課題は，どのように教育勅語を中心とした教育体制に適合させるかだった．

20-2-3 福澤諭吉

物事にはすべて序列があるという儒教倫理の影響力を考えると，福澤諭吉が『学問のすゝめ』を「天は人の上に人を造らず人の下に人を造らず」と書きだしたのは非常に挑戦的であり意識的であっただろう．彼は儒教の陰陽五行説や封建道徳を厳しく批判した．福澤の思想を象徴する言葉は「一身独立して一国独立する」（福澤, 1978, 28頁）であるといわれる．彼は，江戸幕府が日米修好通商条約に調印したのと同じ1858（安政5）年に蘭学塾（のちの慶應義塾）を開き，それは日本の私学の礎となった．幕臣に召し抱えられて3度海外に渡るが，とくに明治14年の政変以後は政府と距離を置き，『時事新報』等を舞台に民間の立場から社会啓蒙にとりくんだ．福澤が教育に関して残した発言を，教育の目的・機会・内容・方法・行政に整理してみよう．

> 「教育の目的は，人生を発達して極度に導くにあり．そのこれを導くは何のためにするやと尋ぬれば，人類をして至大の幸福を得せしめんがためなり．その至大の幸福とは何ぞや．ここに文字の義を細かに論ぜずして民間普通の語を用うれば，天下泰平・家内安全，すなわちこれなり．」（福澤, 1991, 23頁）

社会の平和や家庭の安穏を極度と見なす目的論は，ドイツの人間形成論などと比べると，抽象的・観念的な色彩が払拭され，きわめて現実的である．また，そこで形成さるべきであると考えられたのは，主体的に社会に参画する独立した個人であった．

> 「人間の事業は独り政府の任にあらず，学者は学者にて私に事を行なうべし，町人は町人にて私に事をなすべし，政府も日本の政府なり，人民も日本の人民なり，政府は恐るべからず近づくべし，疑うべからず親しむべしとの趣を知らしめなば，人民漸く向かうところを明らかにし，上下固有の気風もしだいに消滅して，始めて真の日本国民を生じ，政府の玩具たらずして政府の刺衝となり，学術以下三者も自ずからその所有に帰して，国民の力と政府の力と互いに相平均し，もって全国の独立を維持すべきなり．」（福澤, 1978, 43頁）

福澤諭吉

ゆえに，教育機会は，経済的立場や身分にかかわら

ず権利において平等であるべきだと考えられた．福澤は，性差も社会的に構成されたものだと見ている．

> 「人と人との釣合を問えばこれを同等と言わざるを得ず．但しその同等とは有様の等しきを言うに非ず，権理通義の等しきを言うなり．」（同, 21頁）
> 「人の心の性は，男子も女子も異なるの理なし．また小人とは下人ということならんか，下人の腹から出でたる者は必ず下人と定めたるに非ず．下人も貴人も，生れ落ちたる時の性に異同あらざるは固より論を俟たず．然るにこの女子と下人とに限りて取扱いに困るとは何故ぞ．」（同, 117-118頁）

ただし，権利における平等をいう限り，「人は生まれながらにして貴賤貧富の別なし」，「ただ学問を勤めて物事をよく知る者は貴人となり富人となり，無学なる者は貧人となり下人となるなり」というメリットクラシー（業績主義）がとられることになる（同, 12頁）．

教育内容について，『福翁自伝』では，知育と徳育に大別され，とくに東洋に欠けているのは「有形において数理学と，無形において独立心」（福澤, 1978, 206頁）であると論じられた．知育に関しては明確な実学主義がとられ，『学問のすゝめ』ではかなり詳細に列挙されている．

> 「学問とは，ただむつかしき字を知り，解し難き古文を読み，和歌を楽しみ，詩を作るなど，世上に実のなき文学を言うにあらず．……今，かかる実なき学問は先ず次にし，専ら勤むべきは人間普通日用に近き実学なり．譬えば，いろは四十七文字を習い，手紙の文言，帳合いの仕方，算盤の稽古，天秤の取扱い等を心得，なおまた進んで学ぶべき箇条は甚だ多し．地理学とは日本国中は勿論世界万国の風土道案内なり．究理学とは天地万物の性質を見て，その働きを知る学問なり．歴史とは年代記のくわしきものにて万国古今の有様を詮索する書物なり．経済学とは一身一家の世帯より天下の世帯を説きたるものなり．修身学とは身の行ないを修め人に交わりこの世を渡るべき天然の道理を述べたるものなり．……右は人間普通の実学にて，人たる者は貴賤上下の区別なく，皆悉くたしなむべき心得なれば，この心得ありて後に，士農工商各々その分を尽し銘々の家業を営み，身も独立し家も独立し天下国家も独立すべきなり．」（福澤, 1978, 12-13頁）

ここに明らかなように，福澤は実学の習得が独立心を可能にすると見ており，独立心を養うために特別な教育が必要であるとは見ていない．『学問のすゝめ』には，日本にルター，西洋に親鸞（1173-1263）が生まれたという仮定で話を進めた下りがある．福澤は，敵を愛し衆生済度を説く宗教がその教えとは裏腹に激しい宗派対立を招いた事実を揶揄し，キリスト教も仏教も「その性質は同一なれど

296 第Ⅱ部 入門ゼミ2「教育思想史へのアプローチ」記録

も，野蛮の国土に行なわるれば自ずから殺伐の気を促し，文明の国に行なわるれば自ずから温厚の風を存するに由って然るものか」(同, 141頁) と記し，道徳や宗教の超越的価値に関しては判断を保留している．また，あわせて「今の改革者流が日本の旧習を厭うて西洋の事物を信ずるは，まったく軽信軽疑の譏を免るべきものと言うべからず」(同,同頁) として，安易な西洋礼賛も戒めた．彼は，夫婦関係といった具体的な人間関係に即して道徳を考えた．

　教育の方法について福澤に特徴的なのは，「発育」という概念だろう．彼は，educationが教育と訳されたことに異議を唱え，注入主義を批判する．また，知識の獲得ではなく課題場面に対処できる能力の発育という学力観をとった．

> 「もとより直接に事物を教えんとするもでき難きことなれども，その事にあたり物に接して狼狽せず，よく事物の理を究めてこれに処するの能力を発育することは，すいぶんでき得べきことにて，すなわち学校は人に物を教うるところにあらず，ただその天資の発達を妨げずしてよくこれを発育するための具たり．教育の文字ははなはだ穏当ならず，よろしくこれを発育と称すべきなり．かくの如く学校の本旨はいわゆる教育にあらずして，能力の発育にありとのことをもってこれが標準となし，かえりみて世間に行わるる教育の有様を察するときは，よくこの標準に適して教育の本旨に違わざるもの幾何あるや．我が輩の所見にては我が国教育の仕組はまったくこの旨に違えりといわざるをえず．」(福澤, 1991, 135頁)

　福澤の意見が取り入れられていたら，教育学は発育学と呼ばれていたかもしれない．彼は人間の教育可能性を強調したが，それは「人の能力には天賦遺伝の際限あり」という前提においてのことであり，「人力を以て智者を製作せんと欲する」ような介入的な教育観を否定した (福澤, 1963, 154頁)．

> 「人或いは言わん，言語容貌は人々の天性に存するものなれば勉めてこれを如何ともすべからず，これを論ずるも詰るところは無益に属するのみと．この言或いは是なるが如くなれども，人智発育の理を考えなばその当たらざるを知るべし．凡そ人心の働き，これを進めて進まざるものあることなし．」(福澤, 1978, 158頁)

　福澤は，「習慣の力は教授の力よりも強大なるものなり」として，学校のような形式的教育ばかりではなく，家庭を教育の基礎となる「習慣の学校」として重視した (福澤, 1959, 399頁)．そして，福澤が私学を経営し政府と距離をおいたことからすれば自然なことだが，政治と教育の分離を主張した．彼は，「政治の働は急劇にして，教育の効は緩慢」であるとして，「この活発なるものと緩慢なるものと相混一せんとするときは，おのずからその弊害を見る」という (福澤, 1991,

123頁）．福澤は水戸藩の例をあげて，国家主義的な政治教育が浪士たちの過激な行動につながったと指摘する．

> 「ただ我が輩の目的とするところは学問の進歩と社会の安寧<ruby>安寧<rt>あんねい</rt></ruby>とよりほかならず．この目的を達せんとするには，まずこの政教の二者を分離して各独立の地位を保たしめ，たがいに相近づかずして，はるかに相助け，もって一国全体の力を永遠に養うにあるのみ．……政事は政事にして教育は教育なり．その政事の然<ruby>然<rt>しか</rt></ruby>るを見て，教育法もまた然らんと思い，はなはだしきは数十百年を目的にする教育を目下の政事に適合せしめんとするが如きは，我が輩は学問のためにも，また世安<ruby>世安<rt>せあん</rt></ruby>のためにもこれを取らざるなり．」（同，125-126頁）

福澤の構想は教育に限ってみても，きわめて先駆的なものだった．現実的で功利的な構想は広く受け入れられる通用性がある．「日本にはただ政府ありていまだ国民あらず」（福澤，1978，41頁）と指摘した独立した国民の形成は，いまだに課題であり続けている．教育の自由化の主張は，価値観の多様化への対応が常に遅れをとっている日本の現状からしても重要だろう．また，教育が一貫性や連続性を要する営みだという見方も，教育改革が自己目的化しないための不可欠な論点だろう．他方，彼が教育課題とした独立心が実学と世俗道徳のみで可能であるのかは残された問題といえるかもしれない．

20-3 眺望固定病予防のために

教授がこのユニットで出した課題図書は，

・司馬遼太郎『峠』上下，新潮社〔新潮文庫〕，1968年．

の１冊厳選だった．教授がゼミのまとめで話した内容を要約しておこう．

＊＊＊

歴史はどうしても単純化してとらえられてしまう．しかし，それによって視線が固定化されると，たとえば，日本の近代化のダイナミックな過程が見失われる．司馬遼太郎（1923-96）の『峠』は，それを感じさせてくれる名作のひとつだろう．戊辰戦争時に越後長岡藩の家老となった河井継之助<ruby>継之助<rt>つぎのすけ</rt></ruby>（1827-68）はほとんど無名の存在だったが，この作品で広く知られるようになった．

河井は陽明学に傾倒し，多読よりも精読を主張し，重要と見た本は写本した．同年代の藩士と積極的に意見を戦わせ，江戸や西国に遊学する．戊辰戦争が始ま

ると中立政策をとって藩の独立を守ろうとした．そして，やむなく開戦となった後は，江戸の藩邸の宝物を処分して購入したガトリング砲などで兵力が上回る新政府軍を苦戦させた．河井の死後，荒廃した長岡藩の再生にとりくんだ小林虎三郎（1828-77）は，支藩から贈られた米百俵を教育の振興に用いたエピソードで知られる．司馬は，河井と小林が真っ向から対立する様子を活写する．

> 「継之助は，
> 「小林というやつほどの腐れ学者もいない．あれほどの頭脳をもち，あれほどの骨節のたしかな精神をもっていながら，書物のみにかじりついて時務も知らず，実行もできず，名声のみを得ている．これは名声泥棒というものだ」
> と平素言い，小林のほうも，
> 「河井は天下の大曲者である．君寵をたのんでおのれひとり合点の説をあて，しんこ細工でもひねるように政道を自由にまげようとするやつ．あいつはいったいこの長岡藩をどこへもってゆこうとするのか．」
> と，そんなぐあいであり，ここ数年，両家のあいだで親戚づきあいも絶えている．」（司馬，1968下，277-278頁）

親戚ながら対立していた2人だが，ふとしたことから小林の家が火事を起こしてしまう．継之助は融和する好機と思い，大量の見舞い品を荷車に積んで小林を訪ねる．剛毅な小林は論敵の情に感動し涙するが，ただの礼では終わらなかった．

> 「小林虎三郎はやがて膝をただし，
> 「これほどの財物を頂戴してもおかえしできる力がない．なにもないのだ．」
> 顔に，赤誠があらわれていた．
> 「ただ，足下の物の考え方，施政，人の使い方に大きな誤りがある．それを申しのべて，この御厚情に対する恩礼としたい」
> と言い，その刻限から夕刻にいたるまでの長時間，継之助のやりかたをいちいちあげて痛論し，間違っていると叫び，さらに欠陥をえぐり，その欠陥の基礎になる考え方にまで刺すような論評を加えた．
> そのはげしさ，痛烈さは，気の弱い者なら卒倒するほどであったであろう．
> これが，お礼なのである．
> （豪い）
> と，継之助はむかっ腹を立てながらも感心し，小林のもとを辞去して家へ帰る途中，いよいよ小林という男のえらさへの感動がふかまった．」（同，280-281頁）

幕末をあつかった司馬の作品には，時代の激動を受けとめようとするなかでこそ「主体」は立ち上がるというテーマが読みとれるのではないだろうか．その主体は画一的である必要はない．むしろ，この作品からは，多様な主体が立ち上が

ることでこそ社会は存続できるというメッセージが読みとれるように思える．

投稿日：12月15日（土）

20-4 教育思想史紀行 5

　ケイです．ヨーロッパの教育スポットのことばかり書いて，「暇とお金がある人はいいですね」と嫌味を言われるのもつまりません．スポットというのは，こっちが目を向ければ発見できるものです．それで，京都をネタに書きます．

　日本で最初の小学校は，京都の町衆たちによって明治維新後の1869（明治 2 ）年に創設された番組小学校です．学制が発布される 3 年前に，当時の地域住民の自治組織であった番組（町組）ごとに64もの小学校が設けられたのです．これらの小学校は町会所でもあり，望火楼（火の見櫓）も設置されていて，行政の出先機関でもあったそうです．64の町組の名前は今も残っていて元学区と呼ばれています．下京第11番組小学校として開校した開智小学校の跡地に京都市学校歴史博物館があります．福澤諭吉は学制が発布された1872（明治 5 ）年に京都の学校を視察し，旅館で「京都学校の記」を書き残しています．

　　「市中を六十四区に分（わか）て学校の区分となせしは，かの西洋にていわゆるスクールヂストリックトならん．この一区に一所の小学校を設け，区内の貧富貴賤を問わず，男女生れて七，八歳より十三，四歳にいたる者は，皆，来りて教を受くるを許す．……学校の内を二に分わかち，男女ところを異にして手習（てなら）せり．」（福澤，1991，17頁）

　福澤は，春秋 2 回の試験と褒賞制度，優秀な児童の中学への飛び級制度，自律的な経営体制，外国人を雇って語学を教える中学の先進性，そして，「学校の内，きわめて清楚，壁に疵（きず）つくる者なく，座を汚す者なく，妄語せず，乱足せず，取締の法，ゆきとどかざるところなし」（同，19頁）という学校の雰囲気を快活な調子で記し，「民間に学校を設けて人民を教育せんとするは，余輩（よはい），積年（せきねん）の宿志（しゅくし）なりしに，今，京都に来（き）り，はじめてその実際を見るを得たるは，その悦（よろこび），あたかも故郷に帰りて知己朋友（ちきほうゆう）に逢（あ）うが如し」（同，22頁）と大いに評価しています．福澤は，個人と国家の独立は教育によって可能になると考えていました．

　　「爾後（じご）日本国内において，事物の順序を弁じ，

京都市学校歴史博物館

一身の徳を修め，家族の間を睦じくせしむる者も，この子女ならん．世の風俗を美にして，政府の法を行われ易からしむる者も，この子女ならん．工を勤め商を勧め，世間一般の富をいたすものも，この子女ならん．平民の知徳を開き，これをして公に民事を議するの権を得せしむる者も，この子女ならん．自から労して自から食らい，一身一家の独立をはかり，ついに一国を独立せしむる者も，この子女ならん．」（同，21頁）

投稿日：12月16日（日）

✏️ 学習を深めるための課題
・ヘルバルトの評価の変遷とその背景について考えてみよう．
・ヘルバルトがギリシア古典を教材として重視した背景を考えてみよう．
・デュルケームの教育観の特質を考えてみよう．
・夏目漱石の『こゝろ』が当時の社会においてどのような教育的意味をもったか考えてみよう．
・日本における西洋教育学の受容の特質についてまとめてみよう．
・福澤諭吉の教育思想の特質についてまとめてみよう．

📖 引用文献
デュルケーム，エミール『教育と社会学』佐々木交賢訳，誠信書房，1982年新装版．
ヘルバルト，ヨハン『世界教育学選集　一般教育学』三枝孝弘訳，明治図書出版，1960年．
リンドネル，グスタフ『倫氏教育学』湯原元一訳補，金港堂書店，1893年．
谷本富『科学的教育学講義』六盟館，1895年．
夏目漱石『吾輩は猫である』岩波書店〔岩波文庫〕，1990年改版．
福澤諭吉『福澤諭吉全集』慶應義塾編纂，第4巻，1959年．
福澤諭吉『福澤諭吉全集』慶應義塾編纂，第20巻，1963年．
福澤諭吉『福沢諭吉全集』第10巻，岩波書店，1970年．
福澤諭吉『学問のすゝめ』岩波書店〔岩波文庫〕，1978年．
福澤諭吉『新訂　福翁自伝』富田正文校訂，岩波書店〔岩波文庫〕，1978年．
福澤諭吉『福沢諭吉教育論集』山住正己編，岩波書店〔岩波文庫〕，1991年．

📚 参考文献
内田樹『先生はえらい』筑摩書房〔ちくまプリマー新書〕，2005年．
夏目漱石『こころ』岩波書店〔岩波文庫〕，1989年．
平川祐弘『和魂洋才の系譜　内と外からの明治日本』平凡社〔平凡社ライブラリー〕，2006年．
矢野智司『贈与と交換の教育学』東京大学出版会，2008年．

21 教育的世界とその現実

21-1 新教育とデューイ

21-1-1 新教育の多様性

　新教育は児童中心主義教育とも呼ばれる．たしかに，『エミール』におけるルソーの主張が新教育の多くの思想家によって評価されたのは事実だ．しかし，新教育といってもけっして一枚岩ではない．ここでは，エレン・ケイとシュタイナーをとりあげて，新教育の多様性をおさえておこう．

　19世紀に最大の影響を与えた思想は，チャールズ・ダーウィン（1809-82）らが提起した進化論とニーチェらが提起した無神論，そしてマルクスの共産主義だろう．生物学的種は不変ではなく進化する存在であるという進化論の主張は，人間は神の似姿として創造されたというキリスト教の教説を否定するものであり，激しい社会的反発を呼んだ．これはスペンサーらによって応用され，社会進化論として展開された．また，進化論の影響を受けて，遺伝構造の改良によって社会を改良しようという優生学の主張も生まれた．新教育においてこうした影響を受けた代表者がエレン・ケイである．

　ケイは「20世紀は児童の世紀である」という言葉で知られるが，そこには社会進化の視点があった．彼女によれば，19世紀は女性の世紀であった．19世紀，女性の権利が主張され，女性はさまざまな分野で活躍し始めた．しかし，大半は低賃金労働者であり，それは児童労働とともに成人男性の雇用と収入を奪う．その結果，家庭は貧困化し，女性が不在となる．また，上流階級では愛情に基づかない結婚と出産が少なくなく，親が子育てすることも一般的ではなかった．そこでケイは性道徳の進歩を説き，恋愛に基づく結婚を奨励した．それは，そうした環境で誕生した子どもの方が優秀に育つ可能性が高いという優生学的な発想に基づい

エレン・ケイ

ていた．彼女はまた，産むことと育てることを母性の両輪と見なし，その復興を訴えた．女性が自己実現だけを考えて子育てに価値を見出さなければ，優秀な次世代は育たず，社会の進化は期待できないからである．こうした主張に対しては，女性の「産む性」という面のみを強調したものだという批判も寄せられた．

新教育のなかで独特な地位を占めるのがシュタイナーの思想である．彼は，最初はゲーテの研究者として注目され，そののち神智学（テオソフィー）に傾倒した．神智学は，神のような超越的存在に結びつくための知識や認識を求めようとする主張であり，直観・幻視・瞑想・啓示などを重視する．これに類似した主張は世界に見られるが，ヨーロッパではキリスト教の神秘主義や新プラトン主義にそうした要素が見られる．シュタイナーはのちに神智学運動からは離れ，人智学（アントロポゾフィー）運動に加わり，それを指導して独自の発展に導いた．

人智学は，人間を感覚的世界と超感覚的世界を統合する存在ととらえる．シュタイナーは，当時のさまざまな思想や進化論のような科学的知見もとり入れ，人間の意識は進化し，超感覚的な霊的現実を知覚できると考えた．17世紀には数学による分析的な方法が確立されたが，それは産業の発展をもたらした半面，ヨーロッパが退潮していく第1次世界大戦の悲劇も生んだ．シュタイナーは，こうした歴史的帰結をもたらしたのは科学的・物質主義的な思想であったと見なし，人間の内的な霊性（スピリチュアリティ）を高めることで社会に新たな調和を実現できると考えた．彼が，霊性を高めるための教育の場として構想したヴァルドルフ学校（シュタイナー学校）は，オルタナティブ教育の代表格と見なされている．シュタイナーはまた，精神生活における自由，経済生活における友愛，法・政治における平等という社会の三層化運動を提唱した．

ただし，人智学には近代科学の一般的な知見からは証明されない要素もある．たとえば，シュタイナーは7という数字を聖なる特別な意味があるとして重視し，自然・人類・文化・人間は7段階の進化の周期を経ると主張する．また，「個体発生は系統発生を繰り返す」という反復説を重視する．ゆえに，人智学は疑似科学にすぎないという批判もある．

価値観が多様化した社会において一定の合意のもとに政策を実行しようとすれば，どうしても客観的で合理的なアプローチが優位になる．しかし，自然・社会・人間，そして教育を科学的側面から完璧にとらえきれるかどうかは，簡単には断言できない．科学的な実験で得られるデータは，既知の特定の条件のもとで得られるにすぎない．かりにあるデータが得られたとしても，それは他の原因や可能性を排除して得られたものである．

7にこだわるのを非合理だと思う者は少なくないだろうが，ラッキーナンバーかどうかを気にする者も少なくない．個体発生が系統発生を繰り返すという説は否定されているが，ヘルバルト派の開化史的段階説はこの考え方に基づいている．マクロコスモス（宇宙）とミクロコスモス（人間）の間には科学だけでは説明できない関係や働きがあるという見方は洋の東西を問わずあり，それを信じている人は少なくない．自然の動きに意味を読みとるような芸術的・文学的な感性はそれを前提にしている．フランスの詩人ポール・ヴァレリー（1871-1945）は，このように書いている．

> 「後になって，われわれが，われわれの宇宙から一切の生命を取り除くことに哲学を用いたのと同じ熱意をこめて，古代人は宇宙に生命を満たすことに彼らの哲学を用いていました.」（ヴァレリー, 2011, 150頁）

ウェーバーは，近代社会の発展は自然や社会の営みを無意味化する過程であったと指摘し，それを世界の脱呪術化（世界の魔術からの解放）と呼んだ．しかし，人間が意味を求める存在であるとすれば，科学だけで人間が生きられるといえるだろうか．19世紀末から20世紀にかけて，アメリカ心理学の祖とされ，デューイに影響を与えたウィリアム・ジェームズ（1842-1910）や，生命の流動性を重視した哲学を探求したフランスのアンリ・ベルクソン（1859-1941）らのように，科学や哲学とスピリチュアリティの関係を考察した思想家はほかにもいた．

21-1-2　問題としてのデューイ

デューイは，概念や認識をそれがもたらす帰結（結果）から科学的に記述しようというプラグマティズムの立場から，教育ばかりでなく，哲学・心理学・政治学にも大きな影響を与えた．ヨーロッパ思想においては，行為が正しく行われる根拠となる理性や真理とは何かが問われてきた．プラグマティズムは，こうした確実な根拠を追求する立場をとらず，発生した問題の帰結にどう対処するかを重視する．この立場が心理学として展開されたのが機能主義的心理学であり，経験主義の教育理論はそこに基づいている．また，行為における帰結が重視されると，政治的・社会的にはリベラルな民主主義がとられることになる．

ドイツ哲学の研究から出発したデューイは，ジェームズらの影響を受け，従来の能力心理学や表象心理学に対して機能主義的心理学説を提起した．シカゴ大学の実験学校での実践に基づいて書かれた『学校と社会』には，デューイがどのような心理学的見解から教育実践を行ったのかが示されている．彼は既存の心理学

に3つの問題を認め，それらに対処しようとした．

　第1に，デューイは，従来の心理学が「精神をもって外界と直接に，じかに接触する純然たる個人的なものとみなした」（デューイ，1957，102頁）のを問題にし，「社会的に獲得された遺伝が個人の中で作用することは現在の社会的刺激のもとにおいてのみおこなわれる」（同，103頁）とした．従来の心理学においては，「教授のすべての要求は地理とか算術とか文法とかという貼紙をつけた外部的な事実の種々なるかたまりと子どもを直接に関係させることによって充たされる」ことになる（同，同頁）．この結果，教師の側に置かれた教材が教師の方法上の工夫によって教えられる形態が一般化した，とデューイは考えた．

　第2にデューイが問題にしたのは，旧来の心理学が知能の心理学であり，情緒や努力に対する注目が不十分であるということであり，その結果，「学校における知識は孤立させられ，それ自身が目的とされていた」（同，105頁）とした．彼は，コメニウスやペスタロッチのような実物教授においても，抽象的な観念や概括を重視する教育論においても，「感覚の訓練なり論理的な操作なりを実際生活の問題や興味とむすびつけようとするこころみは少しも存在しなかった」（同，同頁）と指摘する．とくに書物を用いた教育でいわれている理性とは「書物のなかに定式化された他の人々の観念」（同，同頁）にすぎないとした．

　第3にデューイは，精神を成長の過程ととらえるという立場から，旧来の心理学の影響によって発達に応じた教育が顧慮されてこなかった点を問題にした．

　　　「宇宙の全範囲がまず最初に学科とよばれるいくつかの部分に区分される．つぎにこれらの学科の各々が小区分に細分される．そして或る一つの小区分がその学科の課程の或る一学年分として割当てられる．発達の法則というものはみとめられていなかった．」（同，107頁）

　こうした心理学的視点から，デューイは経験主義的な教育論を展開した．しかし，経験主義が依拠した機能主義心理学はワトソンらの主張する行動主義によって吸収されることになる．また，デューイの主張と対立する本質主義（エッセンシャリズム）と呼ばれる立場は教育界で一定の影響力をもった．本質主義は，伝統的な学問や知識の体系を重視し，最小限必要と考えられる知識内容（ミニマム・エッセンシャルズ）の習得や学問の体系にのっとった系統的学習の必要性を訴えた．この対立の構図は，第2次世界大戦後の日本の教育政策のなかにも現れた．

　デューイは，『民主主義と教育』で，民主主義と教育の不可分な関係について，次のように記している．

「民主主義が教育に熱意を示すことはよく知られた事実である．自分たちの統治者を選挙し，それに従う国民が教育されていなければ，普通選挙に基礎を置く政治はうまく行くはずがない，というのがその表面的説明である．だが，民主的社会は，外的権威に基づく原理を否認するのだから，それに代わるものを自発的な性向や関心の中に見出さなければならない．それは教育によってのみつくり出すことができるのである．しかし，さらに深い説明がある．民主主義は単なる政治形態でなく，それ以上のものである．つまり，それは，まず第一に，共同生活の一様式，連帯的な共同経験の一様式なのである．人々がある一つの関心を共有すれば，各人は自分自身の行動を他の人々の行動に関係づけて考えなければならないし，また自分自身の行動に目標や方向を与えるために他人の行動を熟考しなければならないようになるのだが，そのように一つの関心を共有する人々の数がますます広い範囲に拡大して行くということは，人々が自分たちの活動の完全な意味を認識するのを妨げていた階級的，民族的・国土的障壁を打ち壊すことと同じなのである．」（デューイ，1975，141-142頁）

　プラグマティズムにおいては，人間が生きることとは，そのなかで出会うさまざまな問題に対処していくことである．そうした経験が多様であればあるほど，人間の成長は実現される．関心が広く共有され，個人や集団の相互作用が自由に行われる民主主義は，人間の成長を保障するゆえに，もっとも望ましい社会形態であると考えられた．

　アメリカに限らず，20世紀初頭には，社会の産業化や集権化によって，人々の生活は小さなコミュニティ（地域共同体）では完結しない状況が到来した．人々は複雑化し大規模化した社会に投げ込まれ，さらに1929年の世界恐慌により，階層間格差，人種や宗教への不寛容といった問題が大きく顕在化するようになった．そこで，社会の統治はすぐれた専門家（テクノクラート）に委ねるべきだという主張が現れる．それに対してデューイは，社会が何らかの問題に直面すれば，すべての市民はその帰結の影響を被らざるを得ないがゆえに，市民がその問題を共有し自由にコミュニケーションすることで問題は解決できると考え，民主主義を擁護した．

　第2次世界大戦後，デューイの教育思想はそれまでほど注目されない期間があったが，20世紀末，学習は外部世界との相互作用として成立するという状況的学習論が台頭すると，再び評価されるようになった．また，普遍的な価値を設定して，そこから政治や教育のあり方を考えるという基礎づけ主義を排除したことは，自由主義と民主主義を擁護するものとして評価されている．しかし，デューイの民主主義への期待は美しいが，あまりに教育や人間の可能性を楽観視してい

るという指摘もある．立ち上がってくる問題を解決し，それを学習することで個人と社会は成長できるというプラグマティズムの考え方は実際的であり，広く受け入れられるものだ．しかし，プラグマティズムの生き方に，何か一貫性が欠け，場当たり的なイメージを与えるものがあるのも事実だろう．20世紀末以降，民主主義のチャンピオンといわれてきたアメリカは，民主主義の価値自体が問われるような矛盾を抱え，共同体主義にも一定の支持がある．

　新教育は，現在に至るまで大きな影響を与えている．小学校低学年の生活，小学校中学年以降の社会，総合的な学習の時間のような科目や授業形態は，デューイらにその起源を求められる．この他，民主的な学校づくりや教育行政という点でも，新教育の遺産は大きい．しかし，たとえば，ドイツにおける新教育は軍国主義やナチズムに対する砦とはなれなかったのではないかという批判もある．

　新教育にそこまでの責任を押しつけるのは酷だろう．しかし，新教育の思想に一種の弱さが垣間見られるのも事実だ．たとえば，プラグマティズムに関して言えば，何が価値であるかは結果から判断されるという限り，事前に目的や価値観を示せない．すると，価値や目的の設定からスタートする基礎づけ主義やその露骨な現われといえる全体主義に対して，どうしても後手に回ってしまう．また，基本的に児童中心主義をとる新教育運動では，産業化や集権化しながら巨大化する社会のなかで子どもの本性を保護することを重視するあまり，結果として子どもを実社会から切り離し，教育という世界のなかに囲い込んでしまった面があるのも否定できない．

　もちろん，子どもを社会のなかに投げ込めばよいということにはならない．そうであれば，そもそも教育は不要になってしまう．新教育は，教育それ自体がひとつの世界となった時代の所産であり，それを引き継いだ現在の教育を考えるための手がかりを与えてくれる．第2次世界大戦が勃発した1938年，デューイは次のように記していた．

　　　「新教育への途は，旧教育の途を歩むよりは，決して安易なものではなく，一段
　　と奮起を要する困難な途である．……私はこれまでに，「進歩主義的な」また「新
　　しい」教育という言葉を優先して頻繁に使ってきた．しかしながら，基本的な論
　　点は，新しい教育対旧い教育，伝統的教育に反対する進歩主義的な教育という対
　　立にあるのではない．それがどのようなものであろうとも，問題は「教育」の名
　　に値するものは何であるかという点にある．」（デューイ，2004，148-149頁）

21-2　技術化と教育批判

21-2-1　イデオロギー対立と技術化

　「有史，先史を通じ，人類にとってもっとも重大な日はいつかと問われれば，わたしは躊躇なく一九四五年八月六日と答える．理由は簡単だ．意識の夜明けからその日まで，人間は「個としての死」を予感しながら生きてきた．しかし，人類史上初の原子爆弾が広島上空で太陽をしのぐ閃光を放って以来，人類は「種としての絶滅」を予感しながら生きていかねばならなくなった．」（ケストラー，1983，16頁）

　イギリスの小説家，ジャーナリストのアーサー・ケストラー（1905-83）は，このように記した．「平和は戦争の幕間」という言葉があるように，人類の歴史は戦争と平和の繰り返しだった．しかし，原子爆弾の発明によって，人類がその手で歴史を終わらせてしまうかもしれない時代が到来した．

　核兵器は，国家主義と全体主義が頂点に達するなかで技術の発展が異常なほどに加速された結果として生み出された．国家主義や全体主義のような観念の体系を総称してイデオロギーと呼ぶ．イデオロギーは生きる根拠や政治的立場を示す一種の世界観である．それ自体は観念にすぎないが，その現実化が図られると社会的な対立が激化する．その現実化の手段として重視されたのが教育であった．国民教育は，新聞・ラジオ等のメディアとともに，国家やそれが掲げる社会体制に奉仕する主体としての国民を創造した．主体（subject）は，国家に従属する（be subject to）ことで主体となった．

　冷戦という言葉は，熱いものではないが，戦争がくすぶるように続いたことを示している．20世紀末，社会主義体制の衰退によって冷戦が終結したとき，政治経済的な自由主義が勝利を収め，人類の発展という意味での歴史が終わるという見通しが示された．しかし，21世紀は2001年9月11日のアメリカ同時多発テロ事件で開け，とくに民族主義や宗派主義による対立が続いている．また，アメリカと旧ソ連という対立の構図に代わって中国やインドも台頭して国際政治はより複雑になり，新冷戦と呼ばれる状況が生じている．そうしてみると，冷戦時代のような構図とは同じではないが，イデオロギーは形を変えて存続しており，それが引き金になった対立は続いていると見ることができる．

　イデオロギー対立は教育にも影響を与えないではおかない．敗戦後の民主化を経た日本で成立した55年体制は国際的な冷戦の構図が反映したものだった．保守

と革新の対立は教育にも反映した．教員に対する勤務評定，教育委員会制度，教科書検定，学力テストをめぐって，文部省と日本教職員組合は対立を繰り返した．京都市立旭丘中学校では，1953（昭和28）年，教育方針をめぐって保守的な立場と革新的な立場の教員・父母が対立し，革新派は学校を封鎖して自主管理授業を始め，保守派は市内の別の場所で授業を行うという状況に陥った．授業の分裂は1カ月ほど続き，教員の処分や配置転換などで収束したが，こうした対立は他にも見られた．

　イデオロギー対立は，教育改革の動因にもなった．1957年，旧ソ連は世界初の人工衛星スプートニク1号の打ち上げに成功した．それに遅れをとったアメリカは，大きな衝撃を受けた．スプートニクショックである．翌年，アメリカ航空宇宙局（NASA）が設立され，教育分野では国家防衛教育法が制定され，理数科教育や外国語教育の強化，優秀な生徒への特別なカリキュラムの実施，奨学金制度の拡充が求められた．これによって，アメリカの大学進学率は飛躍的に伸び，高等教育は大衆化した．

　認知心理学者のブルーナーが『教育の過程』で述べた，「どの教科でも，知的性格をそのままにたもって発達のどの段階のどの子どもにも効果的に教えることができる」という発言も，この流れのなかで生まれた．1959年，ウッズホール会議が開催され，自然科学教育の改善が議論された．10日間にわたる会合の結果，デューイ的な経験主義のカリキュラムに代えて，科学の系統性に基づいたカリキュラム改革が提案された．日本の学習指導要領が，1958（昭和33）年の改訂で経験主義から系統主義に転換し，1968（昭和43）年の改訂で理数教育を強化する現代化が図られたのは，こうした流れに対応している．

　1960年代のアメリカでは，科学技術が大きく発展した一方，人種差別や階層間格差の拡大といった社会的矛盾が露呈した．1964年に公民権法が制定され，人種隔離や差別は撤廃された．しかし，有色人種や貧困層では子どもが学習に意味を見出せず，学力格差が縮まらないという問題が見出された．ジャーナリストのチャールズ・シルバーマン（1925-2011）は『教室の危機』で画一的で知識中心的な学校教育の問題を指摘し，社会学者のジェームズ・コールマン（1926-95）は学校教育は機会の不平等を克服できていないと報告した（コールマン報告）．ブルーナーは，人種間の教育格差を解決するため，有色人種の子どもたちに就学前の補習的な教育を行うヘッドスタート計画にも関与した．こうした歩みを，彼は次のように振り返っている．

「私は積極的に教育に関わるようになって数年，『教育の過程』の中に当時の私が理にかなったと思ったいくつかの結論を書き留めておいた．それより三十年，今省みてみると，私はそこであまりにも「知る」という単独な精神内部の過程と，それがいかに適切な教育学によって助長されるものなのかということに心を奪われてきたかのように思う．……私を教育の過程の研究へと鼓舞したのは，当時心理学において進行していた認知革命であった．……他方，国内のいかなる関心にも先行する「外的」不安があった．「冷戦」である．……それはイデオロギー的あるいは軍事的戦いというだけでなく，「科学技術上の」戦いであった．当時の教育改革の主要な焦点が理科と数学にあったことは驚くにあたらない．」（ブルーナー，1994, ix-x頁）

　「教育改革についての軽佻なひとりよがりから，我々のほとんどを目覚めさせたのは，アメリカにおける「貧困の発見」と公民権運動であった．詳しく言えば，衝撃的な貧困，人種主義，それらに因り犠牲となった子どもたちの精神生活や成長への疎外等の発見である．すべてに奉仕する教育という理論が，おだやかで，中立的でさえある文化の支持，援助を当然のこととすることはもはやできなくなった．「文化的剥奪」が作り出した「欠陥」と我々の多くが考えるものを補償するには，もっと多くのことが必要であった．そしてそのような剥奪の克服にむけての救済策の提起は，結局「ヘッドスタート」とそれに類するプログラムという形になっていった．」（同, xi頁）

　しかし，有色人種の家庭や地域社会では，子どもが学校教育での向上心（aspiration）を形成しにくい実態があった．たとえば，せっかく家で勉強していても親から評価されず，友人からも疎外されるといったことが起こる．親権の建前上，行政が個々の家庭での教育に関わるのには限界があり，この計画は必ずしも十分な成果をあげなかったといわれる．
　こののち，ブルーナーは自らの立場を文化心理学に展開し，文化が教育に果たす役割を重視するようになった．

　「人が教育というものをどう考えるかということは，その人が公言しているか否かにかかわらず，文化というものをどう考えるかということと相関して決まってくる事柄であるということである．……文化が心を形作り，我々の世界のみならず，我々が自分自身や自分の力についての概念を構築するための道具一式を文化がもたらしてくれる……学習，想起，発話，イメージ化等，これらのすべては，文化への参加によって可能になる．……人間の精神活動が，たとえ「頭の中」で進行している時でさえ，それは単体のものではないし，援助なしに行われているものではない……精神生活は，他者とともに生きられているのであって，人と通じあうべく形成され，文化的なコードや伝統等のようなものに助けられてくり広

げられてゆく. 教育は教室の中だけでなく, 家族が夕食のテーブルを囲んで, その日にあったことがらを共にわかり合おうとする時にも起こるし, また子ども仲間がおとなの世界を知ろうと互いに協力しあう時にも, また親方と見習いがしごとのことでやりとりする時にも教育は起こっている.」(同, vi-viii頁)

そして, ブルーナーは,「我々が世界の中の自己自身についての見方を構成するのは自分自身のナラティヴを通してであり, 文化がその成員に対して, アイデンティティと行動主体としてのモデルを付与するのもそのナラティヴを通してなのである」(同, xii頁) と述べる. ナラティヴとは語りや物語を意味する. 文化はナラティヴによって世界観として表現される. ブルーナーは, ナラティヴは説明できるものではなく, 解釈するものだという. たとえば, あるテクストに接すると, 私たちはそれについての解釈を抱く. それが表現されると, それもひとつのナラティヴとなる. それは自分が自分を理解し, 他者が自分を理解するための媒介となる. この主張は, テクスト解釈を重視した精神科学やそれを受けて人間形成における言語の意義を考察したボルノーに接近している.

21-2-2 教育への批判と再構築

高度な教育とその普及を実現したはずの近代社会が全体主義に陥り, 未曽有の惨劇を生んでしまったという事実は, 啓蒙主義とそのもとで発展してきた教育への深刻な反省を呼び起こした. とくにナチズムを生んだドイツから追われたユダヤ系知識人の考察は重要な示唆をもたらした. マックス・ホルクハイマー (1895-1973) とテオドール・アドルノ (1903-69) は, 第2次世界大戦後に発表された『啓蒙の弁証法』で, 通訳不可能なものや非合理なものを排除してきた近代的な理性のあり方を批判した.

> 「古来, 進歩的思想という, もっとも広い意味での啓蒙が追求してきた目標は, 人間から恐怖を除き, 人間を支配者の地位につけるということであった. しかるに, あます所なく啓蒙された地表は, 今, 勝ち誇った凶 徴 に輝いている. ……ベーコンは数学の知見こそとほしかったけれども, 彼に続く学問の精神の向うところを見事に射当てている. 彼が志した人間悟性と諸事物の本性との幸福な結婚は家父長的である. つまり迷信に打ち克つ悟性が, 呪術から解放された自然を支配しなければならない. 力である知は, 被造物の奴隷化においても, 世の支配者たちへの従順さにおいても, 制限を知らない.」(ホルクハイマー, アドルノ, 2007, 23-24頁)

体制としての全体主義は崩壊した. しかし, 社会の近代化とともに進んだ制度

化，集権化，技術化はますます進んでいる．こうした状況において，教育がはらんでいる権力的な性格が指摘されるようになった．その代表者がフランスの哲学者フーコーである．彼は，『監獄の誕生』で，ベンサムのパノプティコンのアイディア（276-277頁参照）をとりあげ，それは抑圧的で強制的だった権力が教育的で生活に必要な性格へと変容した転換点を示していると論じた．フーコーは，近代的な権力を「規律訓練」，あるいは生活に不可欠に介在することから「生・権力」と呼んだ．彼は，こうした権力は監獄・病院・学校で実践され，そのもとで人間は知らず知らずのうちに権力の意志を内面化し，馴致されるようになっていると指摘した．教育を人間の可能性を実現するための営みであると信じる者は，こうした教育観には違和感があるだろう．しかし，社会政策において，教育が治安の手段と見なされてきたのも事実である．

　ドイツの哲学者ニクラス・ルーマン（1927-98）は，社会の記述を適切に行うという意図からシステム理論を構築した．彼の理論が教育に適用されるなかで，教育観は人それぞれであること，コミュニケーションが不確実であることからして，教育者は相手を意のままにはできないということが強調されるようになった．それは，人間は何らかの仕方で理解し合えるのだという教育の前提を懐疑に付すものだった．視点は異なるが，人間は互いに届きえない他者なのだという理解は，フランスのレヴィナスらによっても強調された．

　このほか，教育の権力性に関しては，フランスの社会学者ブルデューらは，教育がむしろ社会階層や格差を再生産しているという問題を実証的に論じた．さらに，アメリカのマイケル・アップル（1942-）は，学校の実際の教育場面に即して，再生産がどのように行われているかを論じた．彼は，『学校幻想とカリキュラム』で，隠れたカリキュラムが暗黙のうちに児童生徒にイデオロギーを習得させる機能があるのを指摘した．こうしたなかで，教育の日常場面における言語の分析によって教育という営みの自律性を論証しようとする分析哲学的な教育研究は下火になった．

　20世紀後半以降の教育思想には，相互に関連しあっていることを踏まえたうえで，① 理性の可能性を再考する方向，② 理性中心主義を相対化する方向，③ 民主主義社会の再構築をめざす方向，④ 技術化や制度化に対処する方向が見られる．

　理性の可能性を再考するアプローチを代表するのは，ドイツの社会哲学者ハーバーマスだろう．理性が批判されたひとつの要因は，それが個人の意識においてとらえられたためだが，ハーバーマスは，理性を他者とのコミュニケーションに

おいてとらえなおすことを提唱した．実際，合意（コンセンサス）の形成の際，私たちは他者を単に手段としてあつかっているわけではない．家庭や学校で親や教師が子どもを説得しようとしても，それは相手のあることであり，思い通りにできないことを経験する．

　政治哲学者のハンナ・アレント（1906-75）は，思考の異なる意義を強調した．彼女は，全体主義化する危険をはらんだ社会において，思考には状況と自己を切り離し，安易な合意に歯止めをかける意義があると論じた．プランテーションの労働者に関わり，彼らのおかれている状況の意識化を導こうとしたブラジルのフレイレの実践もここに含められるかもしれない．

　理性中心主義を相対化する方向としては，アメリカのフェミニズムの思想家ノディングスやジェーン・マーティン（1929-）らがいる．ノディングスは，個人主義や自律性が優位であった啓蒙主義的な教育観に対して，他者のニーズへの応答のあり方を自らに問うところから発想するケアリングの重要性を説いた．マーティンは，モンテッソーリ教育から示唆を得て，身体的・精神的な世話（care），相互の配慮（concern），関係性（connection）の必要性を重視したスクールホーム概念を提唱した．マーティンは，ペスタロッチやデューイにはこれらの3つのCへの注目が欠如していたという．

　民主主義社会の再構築をめざす方向性としては，教育の課題として市民性（シティズンシップ）を重視する立場がある．そこで重視される理念が，意思決定に至る過程を重視する熟議（deliberation）である．この代表者としては，エイミー・ガットマン（1949-）がいる．価値の多様化が進むほど合意形成は困難になり，対立を避けるために無関心が社会を覆ったり，無批判に意思決定を他者に委ねたりする怖れが増大する．それを乗り越えるためには，市民が熟議できる能力を獲得しなければならない．ガットマンは，ともすれば利己的な関心の手段となってしまう批判的思考力だけではなく，異なる意見の尊重ができる態度の形成などを重視する．ここに見られるコミュニケーションのとらえ方はハーバーマスに近いものだといえる．

　技術化や制度化への対処という方向をよく示しているのはイリッチであろう．彼は，『脱学校の社会』での問題意識を発展させ，巨大化する制度や技術は，あくまでも人間どうしの関係を成り立たせる道具であるという見方に立って，個人の意志と行為の範囲での自律性と共生を重視し，それをコンヴィヴィアリティ（自立共生）と呼んだ．

投稿日：12月22日（土）

21-3　眺望固定病予防のために

教授がこのユニットで出した課題図書は，

- ・ハイデガー，マルティン『技術への問い』関口浩訳，平凡社〔平凡社ライブラリー〕，2013年.

の1冊だった．そのなかの最初の講演の，それも一部が指定されただけだったが，とにかく何を言いたいのかよくわからなかった．教授がゼミのまとめで話した内容を要約しておこう．教授は，言い換えに言い換えを重ねればと言い訳していたが……．

＊　＊　＊

　マルティン・ハイデガー（1889-1976）は20世紀最大の哲学者の1人と呼ばれているが，彼に対しては根強い批判がある．彼にはユダヤ人の友人や弟子もいたが，ナチス政権に加担した．フライブルク学長時代は，講義の初めと終わりにヒトラー式敬礼をさせていたという．そのため，戦後は厳しく批判された．しかし，アレントやボルノーもハイデガーの影響を受けている．彼の講義は非常に深遠で，若者を虜にしたという．

　ハイデガーの文章は非常に独特で，言葉遊びのようなところもあって，他の言語に訳すのに大きな困難がある．哲学者の苦心の賜物である日本語訳は読みやすいとはいえない．しかし，ハイデガーを日本語に表現する挑戦のおかげで，日本語はそれだけ豊かになっているともいえる．だから，「何を言っているのか分からない」，「無意味」と頭から決めつけないでほしい．本格的にとりかかろうとすれば，哲学史の知識やハイデガー独特の用語を知っていないといけないが，ここでそこに深入りすると迷路に入ったまま終わりそうなので，このユニットで目標にしている視野を広げるという点に限定して読んでみよう．

　20世紀は，19世紀にもまして技術が発達した時代だ．インターネットの普及からだけでも，生活スタイルはずいぶん変わった．技術なしには私たちの生活は考えられない．そして，教育を考えようという場合，技術を無視するわけにはいかない．生活でも教育でも何か問題があれば，私たちの多くはそれまで用いてきた技術に問題があったと思い，技術を進歩させれば問題が解決できると思っている．

314 第Ⅱ部　入門ゼミ2「教育思想史へのアプローチ」記録

ハイデガーは，20世紀に技術のとる姿が大きく変わったことを指摘している．

> 「水力発電所がライン河に据えられている．それはライン河を水圧目当てに調達
> する．河の水圧はタービンを回転運動目当てに調達し，その回転運動は機械を駆
> 動する．……このような挑発が起こるのは，自然のなかに伏蔵されたエネルギー
> が掘り当てられ，掘り当てられたものが作り変えられ，作り変えられたものが貯
> 蔵され，貯蔵されたものがさらに分配され，分配されたものがあらためて転換さ
> れたことによる．」（ハイデガー，2013, 27-29頁）

ハイデガーは，水力発電は川に対してエネルギーを引き渡すように挑発する行
為だという．そして得られた川の流れはエネルギーに変換されて分配されて見え
なくなってしまう．ここでハイデガーは，人間が自然を挑発しているようであり
ながら，そこでは人間の挑発が起こっているのではないかと問う．

> 「人的資源，診療所の患者といった広く流布している言い方はこれの証拠である．
> 山番は森で伐採された木を測定する者だが，外見上，彼は祖父と同じやり方で同
> じ森の道を見回っている．しかし，そのことを自覚しようとしまいと，今日，彼
> は木材を利用する産業によって用立てられている．」（同，32頁）

人的資源という表現は比較的わかりやすい．産業化，技術化した社会で，人間
は資源を挑発してくるための資源と見なされるようになっている．ハイデガーは，
そのように人間を動員するものを「集−立」（ゲ・シュテル）と呼ぶ．「集−立」は
「駆り−立て」などとも訳される．技術は，自然や人間を挑発するなかで，それ
らが利用の対象であることを明るみに出してしまう．ハイデガーはそれが技術の
本質であるとした．

あまり要約しすぎるとハイデガー研究者に怒られるが，技術が発達すればする
ほど私たちがそれに駆り立てられるようになるというのは，認めないわけにはい
かないだろう．イリッチは，高速道路ができれば私たちはそれを利用しないでは
いられなくなり，利用度の高さを根拠に高速道路網の整備が必要だとされ，こう
して制度化が進むと論じた．ハイデガーは，そうしたなかで人間が技術による駆
り立ての対象になっていることを指摘した．

似たような問題は教育にもあてはまる．国民教育は，国民を国家発展のための
人的資源として動員しようとするものだった．第2次世界大戦後の教育の現代化
にも，イデオロギー対立を背景とした教育による人間の動員という側面がある．
教育による人間の動員は，けっして悪意で行われるわけではない．いじめが問題
だといわれると道徳教育の充実が訴えられ，就職率が低い見られるとキャリア教

育が導入されるのは，児童生徒，学生を思ってのことだろう．しかし，それが繰り返されるなかで，教育への依存を強めるために，それほど深刻ではないことが問題として仕立て上げられていないとも限らない．そのためにお金と時間を使うように駆り立てられるとき，人々は何か大切なことを見失っているかもしれない．

ハイデガーは，けっして技術を不要であるとは言っていない．技術なしに現代の生活を考えることはできないことを認めている．そして，技術がかつては芸術を意味したことを指摘して，そこに希望があるのではないかと示唆した．彼の示唆を受けとめるかどうかは人それぞれだが，問題があれば技術で解決すればいいという思い込みがあるなら，それは一度見直してみてもよいのではないだろうか．

投稿日：1月12日（土）

21-4　教育思想史紀行 6

ケイです．最後は広島について書きます．広島は日清戦争で大本営がおかれ，軍都として発展しました．世界遺産に登録された原爆ドームはチェコの建築家ヤン・レツル (1880-1925) の設計で，商品の陳列や美術展の開催などに用いられていました．しかし，原爆投下によって，3000度の熱線と秒速440メートル以上の爆風にさらされて無残な姿になりました．

20世紀の代表的な政治思想家である丸山眞男 (1914-96) は，当時，陸軍船舶司令部に召集されて広島におり，爆心地から4.6キロで被爆しました．丸山は原爆症で苦しむ人々のことを思い，自分は「至近距離にいた傍観者」だという理由で被爆者健康手帳を申請しませんでした．彼は，「あまりに生々しい現実が，いわば，毎日原爆が落ちているんじゃないか」，「だから，広島は毎日起こりつつある現実で，毎日新しくわれわれに問題を突き付けている」と語っています．

ドイツの哲学者アドルノは，「アウシュヴィッツ以後，詩を書くことは野蛮である」（アドルノ，1996, 36頁）と書きました．彼は，書かれた言葉が商品になって流通することで本来の精神的活動が浸食されるようになった時代を批判しました．その批判も商品としての書物として流通し，批判力が評価の対象になるわけで，いかなる精神活動も野蛮だということになってしまいます．しかし，それなら，口を閉じて耳をふさいでい

広島の原爆ドーム

316 　第Ⅱ部　入門ゼミ2「教育思想史へのアプローチ」記録

ればよいのかということになります．1951（昭和26）年，自らも被爆した教育学者の長田 新（1887-1961）の呼びかけで，被爆した子どもたちの作文集が『原爆の子』として出版されました．そこには，歴史の不可逆性への絶望ばかりでなく，極限的な状況のなかでも道徳性を失わなかった人間の可能性が記されています．

> 「お母さんのすわっている前に，私と同じ年くらいの女の子がいました．その女の子は，体中にやけどや，けがをしていて，血がながれていました．苦しそうに母親の名ばかり呼んでいましたが，とつぜん私の母に，「おばさんの子供，ここにいるの？」とたずねました．その子供は，もう目が見えなくなっていたのです．お母さんは，「おりますよ」と返事をしました．すると，その子供は「おばさん，これおばさんの子供にあげて」と言って，何かを出しました．それはおべんとうでした．それは，その子供が朝学校に出かける時，その子供のお母さんがこしらえてあげたおべんとうでした．お母さんが，その子供に「あなた，自分で食べないの？」と聞くと，「私，もうだめ．それをおばさんの子供に食べさせて」と言ってくれました．」（長田，1990，257-258頁）

投稿日：1月13日（日）

📝 学習を深めるための課題
・新教育の思想の背景の多様性について考えてみよう．
・プラグマティズムがデューイの教育思想にどのように現れているかを考えてみよう．
・デューイが民主主義を擁護する教育的な意味を考えてみよう．
・デューイの教育思想の評価の変遷についてまとめてみよう．
・冷戦期の教育における対立について調べてみよう．
・20世紀後半の教育の現代化の思想にはどのような背景と特質があったかをまとめてみよう．
・20世紀後半の教育に対する批判の論調にはどのような特質があるかまとめてみよう．

📖 引用文献
アドルノ，テオドール『プリズメン』渡辺祐邦・三原弟平訳，筑摩書房〔ちくま学芸文庫〕，1996年．
ヴァレリー，ポール「神話に関する小書簡」『ヴァレリー集成』Ⅱ，塚本昌則編訳，筑摩書房，2011年．
ケストラー，アーサー『ホロン革命』田中三彦・吉岡佳子訳，工作舎，1983年．
シルバーマン，チャールズ『教室の危機——学校教育の全面的再検討』上下，山本正訳，サイマル出版会，1973年．
ブルーナー，ジェローム『教育という文化』岡本夏木・池上貴美子・岡村佳子訳，岩波書店，1994年．
ホルクハイマー，マックス／アドルノ，テオドール『啓蒙の弁証法』徳永恂訳，岩波書店〔岩波文庫〕，2007年．

長田新編『原爆の子　広島の少年少女のうったえ』上，岩波書店〔岩波文庫〕，1990年.

📚 参考文献

アレント，ハンナ『全体主義の起源』3巻，大島通義・大島かおり・大久保和郎訳，みすず書房，1981年新装版.

ウェーバー，マックス『プロテスタンティズムの倫理と資本主義の精神』大塚久雄訳，岩波書店〔岩波文庫〕，1989年.

ガットマン，エイミー『民主教育論──民主主義社会における教育と政治』神山正弘訳，同時代社，2004年.

シュタイナー，ルドルフ『教育術』坂野雄二・落合幸子訳，みすず書房，1986年.

フクヤマ，フランシス『歴史の終わり』上下，渡部昇一訳，三笠書房，1992年.

フーコー，ミシェル『監獄の誕生』田村俶訳，新潮社，1977年.

マーティン，ジェーン『スクールホーム　〈ケア〉する学校』生田久美子監訳，東京大学出版会，2007年.

服部範子「エレン・ケイの母性主義思想」『家族社会学』No. 2，1990年.

高橋巖『シュタイナー教育を語る』角川書店〔角川選書〕，1990年.

中国新聞ヒロシマ平和メディアセンターHP http://www.hiroshimapeacemedia.jp/?p=8953（2018年11月9日閲覧）

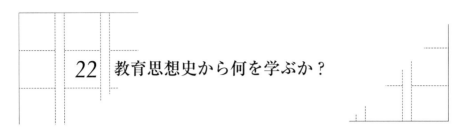

22 教育思想史から何を学ぶか？

知る必要はあるのか？——1月16日（水）9時．

「去年は，ちょっと気合いを入れすぎて君たちを苦労させたかもしれないね．もう発表はないから安心してね．でも，ディスカッションは積極的にね．」

「入門ゼミ2」の授業も今日でおしまいだ．教授はちょっとリラックスした感じだ．

「教育思想の歴史っていっても，そこにアプローチしていくためのヒントくらいしかとりあげられなかったけど，今日は振り返りをしようと思う．

まず，いきなりだけど，君たちは教育思想の歴史を学ぶのにどういう意味があると思う？」

「役に立つかっていうことではあまり意味がないかもしれないけど，昔の人はそういうふうに考えていたのかって知るのは無駄じゃないと思いました．そう思わない？」

テツタは，名前に哲学の哲が入っているけど，あまり深くない．

「私は，教師になりたいと思ってるけど，そのためには自分の教育観がないといけないと思ってるので，いろんな考え方やそれが出てきた背景が考えられて，意味があったと思います．」

真面目で通っているマヤが答える．

「でもねえ，私らは教師になっても自分で決められることなんかあまりないし，とくに19世紀からあとのことを報告したけど，世界は重いわあって思うばっかりで．」

暮れに自分が発表なのに遅刻して怒られたハルヒが言う．彼女は皆が遠慮して言わないようなこともするっと言って，それが嫌味じゃないのは持ち味なんだろう．

「たしかにね．文部科学大臣でも教育長でもないわけだから，何か決められるわけじゃないよね．だったら，国民教育の成り立ちなんかについて知らなくていいと思う？ デューイのところを報告したのは，ユマ君だったね．」

教授がユマに振る. 報告までにけっこう指導されたのと, 報告後のディスカッションでも話が出ていたので, 教授が望むだろうなあという答えを返した.
「私たちはいろんな問題にぶつかるわけですよね. それって何かの帰結なわけですよね. その帰結のせいで私たちが苦しむことになったらイヤですよね. だから, そういう問題があることは知っておいて損はないですよね. それで, 何か意見を言って, それで帰結が少しでもよい方向になればいいですよね.」
「あんまり模範解答的に答えてもらわなくてもいいんだけど, もう君たちは選挙権もあるし, もし教師になるんなら, 児童生徒も社会の担い手になるように関わっていかなくちゃならない. だから, ちょっと大きすぎるなっていうことも知っておかなきゃいけないだろう. それに, 何か問題が起きたとして原因はひとつじゃない. 見方によっていろいろに解釈できる. いろんな解釈が出た方が, 次の帰結が少しは良くなるかもしれない.」
「プラトンみたいなエリート主義教育じゃいけないってことですね.」
　コウタが言うと, ハルヒ・キャノンが火を噴いた (大げさ).
「エリートがしっかりしてもらわないと困るってゼミの時に話出たでしょう. それに, プラトンは師匠のソクラテスが死ぬことになって, 民主主義の限界ってことも考えたんじゃないかって話したよねえ.」
「……. じゃあ, 民主主義は必要ないってこと?」
「民主主義じゃないと, 知らないうちにどこに連れていかれるかわからないようになるって話を今してるところでしょう.」
「でも, これだけ大きい社会で全員の意見をきくって実際は無理でしょ. 意見聞きすぎて何も決まらないことも多いって話したよね.」
「そこがエリートの役目じゃないの?」
　コウタはハルヒに揉まれて半年でだいぶ返せるようになったが, まだハルヒの敵じゃない.
「その話題でずっといってもいいんだけど, いいかな.
　まあ, これだけ情報が流れている社会で, 民主主義がそう簡単にひっくり返るってことは考えにくいよね. ただ, 議論することが目的になったり, 人間って感情の生き物でもあるから反対のための反対をしたりして, いつまでも結論が出なかったり, 結論が出るまでに時間とお金がかかりすぎたり, 出た結論が妥協の産物であまり意味がなかったりってことが増えて, 皆が民主主義に価値を見出さなくなるっていうリスクはあるんじゃないかな.
　そう考えるとエリートの役目は大事だと思うよ. リーダーが都合の悪い情報も

ちゃんと出すには正直なだけじゃダメで勇気が必要だろう．不利益を蒙る人がいそうな場合，そういう人を説得することから逃げるようじゃ新しいことはできない．そして，市民も意見を言っていればいいってもんじゃない.」

理性の価値をめぐって——同日 9 時20分.
「教育に国がどこまで責任を持つかみたいなテーマも大事なんだけど，君たちが親や教師になったり，日常生活を送ったりする上でヒントになりそうなトピックをもう一度話し合ってみよう．

まず，理性の価値ということでどうだろう？　啓蒙主義の回をやったのは開君だったね.」
「はい，啓蒙主義は，非合理な信念や因習を批判して，理性で納得できる世界を創ろうとしたわけですよね．それでフランス革命も起きたんだと思います．それから科学が発達して，人間の生活は便利になったと思います．でも，環境の破壊とかも起きたわけですよね．それから，学校教育を熱心にやったはずのドイツや日本が全体主義になって戦争を起こしちゃったわけですよね.」
「開はブログ書いてるから反応速いな.」

テッタが突っ込む．嫌味はない.
「その問題は，私が報告の時にも話し合ったねえ．理性は，相手や環境を自分の目的を実現するための手段っていうふうに見てしまって，それがいろいろな問題につながってるって話でしたよね.」

ハルヒの報告の回は難しかったんだが，自分の言葉で理解している．やっぱり地頭はいい．
「それでどうしようって話になったんだっけ.」

テッタは人あたりはいいが，物忘れが早い．
「理性を人間関係においてとらえなおすっていう意見があって……，ハーバーマスでしたっけ．それから，頭を鍛えるっていう教育の考え方を見直すっていう意見もありましたねえ．ケアリングでしたっけ.」
「ハルヒ君，今日は……，ゴメン，今日も冴えてるね．暮れのゼミでは，ケアリングについてあまり話ができなかったね．どうかな.」

教授が振ると，ハルヒが言った.
「ケアリングは相手が何を求めてるかを大事にする倫理でしたよねえ．私も意見言いますけど，みんながしゃべらないといけないですよねえ．アユはどう思う？」

しばらく沈黙が続く．このゼミはかなり話しやすい雰囲気だと思うが，アユは自分からは話さない．ハルヒは周囲をかまう性質なので，よく声をかける．とりつくろうようにテツタが言う．

「ケアっていうのが女性的な倫理で，それが男性中心の社会で尊重されてこなかったっていう話だったけど，俺，よく女子力高いって言われるし，理性が男でケアが女って分け方は，なんていうんだったっけ，開？」

「ステレオタイプ？」

「そうそう，それ．男にも女にも両面あるし，両方必要だと思うけど．それに時代はLGBTだしね．」

「そう，LGBTっていっても，ごっついのからゆるいのまでいろいろよ．」

LGBTだとカミングアウトしたイクマが言う．イクマの父さんはすごいマッチョで男らしく男らしくってやられて，イクマはそれがツラかったという．

「カミングアウトして，それがある程度受け入れられたのは嬉しかったけど，ケアの精神だけでいけるかっていうとそうじゃないと思うし，女でもごっついのはいるし．今，ハルヒがアユに振ったのだってごっついっていえばそういえるじゃない．」

「私はそんなふうに受けとってないよ．気を遣ってくれたと思ってるよ．

私はあんまり気を遣うこともできないし，自分の意見も言えないし，両方できるようになりたい．」

アユがやっと口を開いた．

「ケアが女性の倫理だという主張にはフェミニストからも批判が出たんだよね．ユマ君はどう？」

教授が振ると，ユマは背筋を伸ばして淡々と言った．

「私はケアも必要だと思いますけど，結局１人ひとりちゃんとしないといけないと思います．気遣うっていうのは相手が困ってるなとか弱ってるなとかいうところからくるわけですよ．それっていらないお節介の時もあるし，絶対にケアが必要な人はケアされるべきだけど，たまに気遣われてるのを当たり前みたいにして楽をしているタイプがいて，あれはよくないと思います．」

ユマは高校時代にバスケの部長をして県大会準優勝までいった．その思い出が出てきたのか，直球だ．

「私もケアの精神は大事だと思うんだけど，それが優先にはならないって思います．私は女子高だったけど，気を遣って相手が欲しがっているような言葉やなんかを出せるかどうかをいつも問われている感じがして息苦しかったです．ケアは

こっちの気持ちで善意でするものだから，そのやり方を上から目線で評価するのっておかしいと思います．ケアをし合うことが目的ってことにはならないと思います．

それにケアが命みたいなオーラ出している人が野合して，おかしいことをしてるのにおかしいって言えない雰囲気を作ることがあります．私の姉はOLしてますけど，大人の女の世界は大変だって言ってました．」

マヤがちょっと違う角度から参戦した．

「今，マヤ君が言ったのは大事な視点だね．他者性ってことを前提に考えると，こっちが気遣いだと思って何かしても相手や周囲がそれを気遣いだと受けとめるかどうかはわからない．逆にお節介だと思われるかもしれない．「ケアとして受けとられるように行為しろ」って要求されるのはキツいよね．」

教授が言うと，ハルヒがすぐに言った．

「相手が不快だと思えばハラスメントだっていうことだけど，あれはどうなんですかあ．」

「今，小学校にボランティアに行ってるけど，教頭先生が愚痴ってたよ．何かというと，すぐにハラスメントだって言われるって．

コンビニのレジで流れてる「一見して明白に成人と判断できる方を除いて身分証明書の提示をお願いしております」じゃないけど，そりゃ明らかにハラスメントだ，いじめだっていうことなら絶対に問題にしないといけない．教師をめざすんなら，それを感知するセンスも磨かなきゃならない．だけど，本当にちょっとしたことまで気遣いが足りなってやられたら，親も教師もおかしくなるよね．」

ヒロムは鋭い意見を面白く言う．

「教育の場面に限らないけど，理性をコミュニケーションとの関係でとらえ直すとか，気遣いのような感情を大切にしようというのは大事なことだよね．でも，それが目的なんだろうかという気はするし，逆に気疲れしそうだね．そういう先生や親を誰がケアしてくれるのかねえ．親や教師は無限に努力しろっていうんだろうか．」

教授は机の上のコンピュータをいじっていたが，モニターに1枚の絵を映し出した．

「正義の女神って知ってるかい．私はすごく面白いと思う．右手にもってる剣は正義を実現するために必要な力を表している．左手の天秤は，バランスの良い正しい判断をするための理性だ．そして，目隠しをされているけど，これは，えこひいきしない，言い換えると過剰な気遣いはしないことを意味している．見え

ちゃうと,どうしても気遣いの気持ちが前面に出て,公平な判断ができなくなることが多いからね.そして,この女神はね,当たり前なんだけど女性なんだよ.」

どこまでの成長?——**同日 9 時40分.**
「デュルケームのところで出てきたけど,教育って時代や社会によって変わるよね.だけど,じゃあいろいろあっていいんだじゃ話は終わらないよね.

正義の女神 (コメニウス『世界図絵』の挿絵)

　私は,高度経済成長期に大きくなった.成長って言葉にはよいイメージがあったし,それを疑うなんてなかった.頑張って勉強してよい大学に入れれば,よい未来が約束されるって思ってた.
　君たちは,日本がもう成熟した社会になった21世紀に入って生まれてきた.成熟っていっても問題は多い.少子高齢化で,君たちはどんどん増える高齢者を支えないといけないと言われているし,経済の規模が縮小しないように頑張ってって期待されている.
　私の世代は,詰め込み教育はつらかったけど,成長が価値なのは認めざるを得なかったよ.君たちはどう考えてるんだろう.」
　やはりハルヒが口火を切る.
「社会が豊かになっちゃって,もうそれほど欲しいものもないとかいうことになれば,そんなにあせって勉強しなくてもってなるのは,そんなにおかしいことじゃないと思いますけど.」
「さっきから出てる気遣いってことが目的になって,自分が本当にどうしたいかって考えることがなくなっちゃっているかもしれないですね.」
　アユが口を開いたので,皆ちょっと驚いた.
「私もそう思う.気遣う能力があるって認められるのは悪い気はしないけど,それがアイデンティティのメインの根拠になっちゃったら,頑張って認められようとか,できるようになって認められようとかいう気持ちは出なくなるよね.」
　マヤが返した.
「でも,成長,成長っていって公害起こしたり,会社が生き残るために非正規雇用が増えて,スパッとクビになったりする社会が幸せだなんて思えないよ.父さんとはあわないけど,日曜日は死人みたいになっているのは,なんか気の毒なん

だよね.

　成長っていうと必ず差別が起こる.みんな同じ人間に生まれてきたんだから,それを尊重し合うことが教育の目的になればいいと思うんだけど.」

　イクマは日頃からこういうことを言っている.

「先生,AIが進歩して人間の仕事を奪っていくけど,人間の代わりに仕事をしてくれるから,そんなに働かなくてもいい時代が近いっていう意見もありますよね.ベーシックインカムが保障されれば問題は解決するんじゃないですか?」

　「社会政策論」の授業で出た話をヒロムが言った.

「面白い展開だね.皆,どう思う?」

「楽をして生きられればその方がいいですけど,なんか暇すぎて,ぼーっとしちゃいそうですよね.」

　テツタが知性のない反応をする.

「経済学の教授が,富っていうのは格差を作りながら生み出されるものだから,働かないで生活できるような世界は来ないって言ってたけど.私もそんな甘い話はないと思うけど.」

　ハードボイルドなユマらしい返しだ.

「それに,生活条件さえ確保されれば満足するっていうほど単純じゃないよね.競争心や嫉妬心もあるし,それを抑え込めるだろうかって思うし,そういう気持ちだって成長につながることだってあるし.」

　マヤがつけ加えた.

「うん,教育に関心のある人って,子どもや児童生徒との関係をどう作るかに関心がいきすぎて,この社会をどうやって維持できるかという意識が薄いよね.経済格差はなんとか縮小していけばと思うけど,働かなくていいような社会はそう簡単に来そうもないね.

　それに,社会の発展のためには技術革新が必要だ.技術の開発にはお金がかかる.開発した国や会社が発明した技術をただでシェアするようにはならないから,競争は続く.ICTも生命科学も電気自動車も,世界の国がしのぎを削っているよね.それは,技術開発で後手に回ると利益が得られなくなって一挙に貧困化する恐れがあるからだよね.そして,人間の性だと思うんだけど,危機に出くわさないと人間って本気にならない.」

　教授が言うと,イクマが少し不満そうに言った.

「じゃあ,いろいろな価値観を持った人が共生する社会ってのは無理ってことですか.」

「逃げるわけじゃないけど，私が答えちゃうと話が続かないから，もう少し意見を出し合ってみよう．」

「私，大学出たら田舎の実家に帰って地域起こししようと思うんです．だからルソーやイリッチの話は賛成できるところが多くて……．でも，そういうのって時代の流れじゃないってことなんでしょうか．」

　また，アユが発言した．彼女は週末は実家に帰ってボランティアをしている．

「いや，価値相対主義の世の中だから，時代の流れじゃないってことはないでしょ．ICTやAIが発達しても，地域の結びつきがなくなるのはよくないってことで，かえって重要になるかもしれないし．

　でも，日本中のサラリーマンが脱サラしてカフェとかペンションを開いて，全体としての経済が発展するわけはないよね．新しい技術を創造したり，新商品を生産したりという仕事も必要だよね．そういう人たちが自分を見つめ直したり疲れを癒したりするための場があれば，お互いの利益になる．それぞれの価値観を認め合えるといいと思うけど．」

　あまりしゃべらないつもりだったが，発言してしまった．

「ハイデガーは何言ってるのかわからなかったけど，技術が人間を駆り立ててるっていうのは感じられるよね．そうだとすると，あんまり技術に頼らない人間の結びつきって貴重になるんじゃないかな．」

　ヒロムにいいところを持っていかれてしまった．

「僕のじいちゃんは会社をやめてから，田舎で蕎麦打ちを始めたんだけど，違う人間がそれぞれの役割をするっていうこともあるけど，1人の人間でも人生のなかでいろいろな生き方を選ぶこともできると思うよ．」

　コウタが珍しく少し長く話した．

「コウタ，今のはヒットだと思うよお．人生100年時代だしねえ．」

　ハルヒがコウタをほめるのは珍しい．

知を愛する心——同日10時．

　ちょっと話が切れたので，教授が話した．

「最初の方でやった哲学者とソフィストの話も，今の話の流れに関連づけられないだろうか．」

「先生は，僕らの世代がコミュニケーション能力ばかり言われて本当にそれでいいのか心配だってよく言われますよね．」

　糸口はテツタが開く．

「ソフィストってたしかにコミュニケーション能力あったんだろうけど，修辞学って相手を論破する技術だから，今の時代のコミュニケーション能力とは違うでしょ.」

ユマがピシっと否定する.

「いやあ，ソフィストの時代は相手を打ち負かすことがカッコよかったわけだけど，今それをやっても人気はとれないと思う. コミュニケーション能力って時代によって違うんじゃないの. 今，私らがプレゼン能力ある子を「オッ」て思うのは，現代の修辞学って言ってもいいんじゃないのお.」

ハルヒはこの授業はあまり居眠りしないで最後まで参戦している.

「ソクラテスは，修辞学じゃダメだって言ったわけよね. それは，人間関係で優位に立つことが目的になっていて，何か提案するにしても「本当にそれでいいのか」っていう姿勢がないっていうことだったよね.」

このゼミはマヤに助けられていると思う.

「先生は，「教育学の基礎」の授業でヒトとヒトがどうつながるかを考えるんじゃなくて，ヒトとヒトをつなぐコトは何かを考えなきゃって言われてましたよね.」

イクマがいいパスを出した.

「ソクラテスの対話って仲よくしようっていうのが目的じゃないわけだよ. 相手と一緒に真理を探求しようっていうのが目的なんだよね.」

僕は『ラケス』読んだが，その印象が残っていた.

「真理の探求っていうコトで対話が成り立ってるわけね.」

やっぱりマヤがいいとこをもっていく.

「気遣いって大事なんだけど，下手をすると関係がうまくいけばいいってことになるともいえるのかな.」

アユの発言にハルヒが母親のように言った.

「アユう，あんた成長したんじゃなあい.」

「キケロが弁論家は哲学者でもないといけないって言ったのは，私たちにもけっこう当てはまるかもね.」

ユマがさらっと言ってのけると，ハルヒが茶化す.

「でも，ソクラテスみたいなのはうっとうしいわあ.」

「いや，哲学も狭く考えなくていいんじゃないかな. 何でも人に合わせるんじゃなくて「本当はどうなんだろう」って考えるんなら，誰でもできるんじゃないかなって，名前に哲学の哲が入る僕がこう言うのってどうだろう.」

テツタにしては頑張ったと言っておこう.

「哲学が英語でフィロソフィーなのは知ってるよね．フィロソフィーってどんな意味？」

　教授が尋ねた．

「フィロは愛するという意味のフィリアから来ていて，ソフィアは知恵ですから，知恵を愛することです．」

　ちょっといいところ見せたつもりの僕．

「コミュニケーション能力がいらないってことはないよね．ただ，それも何のためという問いがなきゃ，ただの馴れ合いで終わっちゃうね．知を愛する心は，テツタ君が言うように，哲学者だけのものじゃないよね．ただ，言わせてもらうと，好き嫌いしないでいろいろな知に慣れておいた方がいいね．」

　教授が答えると，マユが真打らしく返した．

「先生，プラトンは教育は魂の向け変えの技術だって言ったんですよね．それは知への愛ってことと関連しますよね．」

「ありがとう．探求しようっていうのは，もうわかっていることを教わるのとは違う．結果が出るかどうか未知の戦いなわけだ．「ここに何かある」って思って探しても何も出てこないかもしれない．「何かあるかもしれない」って思える好奇心がいるよね．

「あそこに何かあるかも」っていうのは，まだ〈マリ〉にはできないと思うよ．AIはビッグデータを処理して，大勢の人が考えているトレンドをつかむことはできるだろう．でも，それがいいとか悪いとかの判断材料は出せても，判断そのものはできないわけだ．」

　研究室のテーブルには人数分のスマホがあり，〈マリ〉がインストールされている．〈マリ〉は教授の発言をどう聞いたのだろうか．

中身とスタイル──同日10時15分．

「お，時間がなくなってきたけど，何かほかに感想とかある？」

　教授がきくと，ハルヒが言った．

「私，最後の回を担当しましたけど，20世紀の思想って暗くて重くてしんどかったです．教育は所詮不可能だとか，教育は監視なんだっていう話で，この人たち私に教職を諦めさせようとしているのかなあ，なんて思いました．」

「それ，開のブログに毎週書き込んでくるケイさんも書いてたよ．あの人，長い間，教育現場にいた人でしょ．あの書き込み，参考になるんだよね．」

　ヒロムが言った．こいつ結構コアな読者なんだ．

328　第Ⅱ部　入門ゼミ2「教育思想史へのアプローチ」記録

「ヒロム君，なんて書いてあったか覚えてる？」

　教授がきくと，ヒロムはスマホを開いた．すぐに見られるように登録している．
「知識人っていうのは前に言われたことと同じことは言えないので，どうしても
あら探し的な言い方になるって書いてますね．それから，大きく分ければ，神
話・ロマンス・悲劇・喜劇・アイロニーっていうスタイルがあって，今はアイロ
ニーの時代になってるんじゃないかという話です．」

「もうちょっと，その先を言ってくれないかな．誰でもいいよ．」

「20世紀の思想って重いけど，それはそういうスタイルで書かれてるってこと
じゃない．」

　ユマが言う．そして，何を思ったかハルヒに言った．

「ハルヒのパーカーの「魔界」ってロゴだけど，変な字体でパステルカラーの生
地にプリントされてるから，陰気な感じしないし，なんか笑えるよね．」

「要するに，ユマが言いたいのは，スタイルがアイロニーになってるから重いん
で，スタイルが違えば重くなくなるってことお？」

「いや，やっぱり原爆が投下されて，時代が変わっちゃったんだから，スタイル
を変えれば，意味まで変わるとはいえないんじゃない．」

　コウタが頑張った．

「でも，中身っていってもあるスタイルで表現されるんだから，スタイルを変え
れば変わる部分もあるんじゃない？　先生，どうですか？」

　マヤが振った．

「もう時間が来てるから私に回ってきたかな．アカデミックなレベルで人類の運
命をどんなに悲観的に書いてもいいけど，そこでピリオドを打たれちゃうとね．
ちょっと皮肉っぽく言えば，人を煙に巻くようなことを言えば一時は有利なポジ
ションをとれるからね．

　でも，そういう言説が変に影響力をもつと，行政の人なんかは「何を一円にも
ならないことを言っているんだ」って思うかもしれない．教職希望の純真な学生
なんかで，「「教育は監視だ」なんていうんなら他の進路にしよう」っていう人も
出るかもしれない．

　自然科学者は，今，自分の研究が環境や社会にどんな影響を与えるか，かなり
厳しく問われている．哲学者や思想家も，もちろん学問の自由は絶対だけど，ど
んな影響を与えるかは考えた方がいいと，私は思うね．

　本当に大変な時代だし見通しもはっきりしないけど，にもかかわらず希望があ
るとしたら，その可能性は何かってことを考察して，そのことを匂わすだけじゃ

なくて書くことが大事だと思うよ.

　ハルヒ君の言ったことでいえば，20世紀の思想は人間の担っている運命を論じようとしているので重くなる必然性はあると思う．でも，アイロニーというスタイルを選んでしまっているせいで重い部分もあると思う．アイロニーというスタイルが必然とはいえないと思うな．いや，いい考察課題をもらったよ．論文のネタになるなあ.」

　ハルヒが言う.

「あとがきにヒントを出した私のこと書いてくれますかあ？」

　教授は苦笑いをした.

「居眠りと遅刻のことも書いていいかい．……冗談だよ．お，時間だな.

　さて，この授業の成績なんだけど，今日出してもらうレポートと，皆の相互評価をあわせて決めます．授業のサイトにルーブリック評価のシートをあげておくので，今週中に入力してください．出さない人は成績が出ませんからね．お互いがお互いを評価するんだよ．せっかく，「成長と共生の両立」ってことで話したんだから，多少きついことでも，「本当にそう思う」ってことを書いてね．書かれた方も悪くとらないでね．礼儀は必要，遠慮は無用，いいね.」

　ハルヒがやらかすんじゃないかと心配していたが，皆，この日が締め切りのゼミのレポートを印刷して持ってきていた．課題は，「現代の教育上の論争点について，授業であつかった人物の思想を参照しつつ整理し，自分の意見を述べなさい.」だった．思想家の具体的な発言を引用して注を付けるように言われていた．評価基準は,

　　C：最低限の要件をクリアしている.

　　B：1人だけではなく，複数の思想家の意見が参照されていて，筋の通った整理ができている.

　　A：上記に加えて，配布資料であげられた参考文献をはじめ他の文献を参照するなど，プラスアルファの努力が認められる.

　　S：上記を満たし，形式，客観性，独創性がとくにすぐれていると認められる.

だった.

　　　　　　　　　　　　　　　　　　　　投稿日：1月19日（土）

23 コメニウスに学ぶ

　4年ぶり……──3月28日（木）チェコ時間6時10分.
　深夜に中国の上海をたったジェット機は，チェコの首都プラハに向けて降下を開始した．ちょうど4年ぶりだ．教授が3月28日はコメニウスの誕生日で，チェコでは「教師の日」なんだと教えてくれた．早朝に到着なのですぐに動き出すことになるが，ちょっと眠い．
　新学期直前っていう日程なったのは，アルバイトで旅行代をかせぐ時間が必要だったからだ．祖父は「出してやる」と言ってくれたが，もう子どもじゃない．ホールのバイトは初めてで戸惑うことも多かったが，いい経験になった．しかし，目まぐるしい展開だった．2カ月ちょっと巻き戻すと……．

　祖父宅にてまた……──1月20日（日）11時40分.
　秋学期の試験が始まるが，年末年始に祖父のところに行けなかったので，訪ねることにした．夏に間の悪いことがあったので今度はアポなしで来た．「それなのに，教授の靴が，玄関に」って俳句にもならない．またランデブーだ．……．一瞬考えたが，そそくさと靴を脱ぎ，廊下を通る．祖父はいつも廊下まできれいにしている．居間の障子をあけた．
「よお，来るなら来るって連絡して来いよ．」
「ああ，開君，君とはなんかシンクロするね．」
　2人の大人がお出迎えだ．今年はどんな年になるんだろう……って，複雑な心境の僕．
「先生がコメニウスについて書かれた本を出されたんで，今日はそのお祝いがてらお話をお聞きしようってことになったんだ．」
　教授は言う．
「次年度の秋学期の「教育哲学」でコメニウスをとりあげるので，講義のネタバレになっちゃうなあ．でも，君はなかなか突っ込みがいいので歓迎だよ．」
「今日はコメニウスの話を聞くので，チェコ料理の定番のグラーシュとクネド

リーキを作ってみました．味はわかっているんで，大丈夫だと思いますけど．」
「ケイ先生，何でもなさるんですね．」
　チェコ料理はちょっと重いが，家では父も作ってくれるので，一族の定番といってよい．父からの差し入れだけおいて帰るのも不自然なので，席に着いた．

教育のための社会──同日11時55分．
「先生のご本を読んで，コメニウスの活動の広さと思想の深さに改めて驚かされました．教職課程では『大教授学』，『世界図絵』，実物教授法，あとは一斉授業，このくらいしか教えられないですからね．コメニウスは，語学の教科書だけじゃなくて，小説も書いているし，今の自然科学とは違うでしょうが世界の成り立ちも書いているし，哲学の著作もあるし，誰でも通じる普遍言語ってのを考えたりしてますね．そして彼は，宗教的理由で祖国のチェコを離れるわけですが，祖国を回復しようというんで相当に激しい政治運動もしていますね．そして，チェコ兄弟教団というプロテスタントの一派の代表者でもあったんですね．」
　祖父は教授の本が面白かったようだ．実は僕も読んでいた．
「それに足跡がすごいですよね．チェコはもちろんですが，ドイツ，ポーランド，イギリス，オランダ，スウェーデン，ハンガリー，スロヴァキアに行っていますよね．」
　教授は，老若2人の読者を前に嬉しそうだ．祖父は教授と旅もしたので，遠慮なく言う．
「ただね，先生．ルソーとかと比べると，コメニウスって非常に宗教的ですよね．私は学生時代に『大教授学』の翻訳を読みましたが，聖書からの引用がものすごくて，ちょっと違和感がありました．私が教わった教授なんかは，「こういうところははしょって現代につながるところを読めばいいんだ」って言っていました．その後にルソーとかデューイとかがいることを考えると，21世紀にコメニウスを参照する意味って何なんでしょう？」
「ケイ先生，いきなり直球ですね．ですが，本質的な問題です．」
　教授はこの手のことを結構言われているようだ．
「いい加減な解釈はいけませんが，入念になされた解釈でも多様性があるわけです．私は，そのなかでも20世紀チェコの哲学者のパトチカの「コメニウスは世界を教育の相から見た哲学者である」っていう解釈に妥当性があると思います．そして，この解釈による限り，コメニウスは現代でも大いに参照する価値があると考えています．」

「パトチカって，言論の自由を訴えて社会主義政権下で秘密警察に捕まって厳しい取り調べを受けて亡くなった人ですね.」

「そのことで有名ですが，パトチカは，ドイツのハイデガーなんかの教えも受けた大変な知識人でした. 第2次世界大戦後，チェコスロヴァキアが社会主義国になると言論の自由が制限されたわけですが，パトチカはその時に大学を追い出されています. それで国の研究所の司書になるんですが，何せ大変な教養があったので，コメニウスを研究するようになったんです.」

「「世界を教育の相から見る」ってどういう意味ですか. あまり聞きなれない表現ですが.」

「「相から」っていうのは，英語でいえばin terms of〜とかfrom the viewpoint of〜っていう感じかな. パトチカが言うには，17世紀っていうのはいろんな分野にすぐれた思想家が出たけど，彼らは独自の視点をもっていたっていうんだ. たとえば，デカルトは数学的視点から世界を見たし，ホッブズは権力という視点で世界を見たが，コメニウスは教育という視点で世界を見たっていうんだね. それを読んだとき，私はビビッときたんだ.

ケイ先生が言われたように，コメニウスの文章はあまりに宗教的でね. キリスト教思想の研究ならいいけどって思ってた. そんな時にパトチカの論文を読んだんだ.」

「先生，でもルソーだってペスタロッチだって，世界を教育の相から見たっていえばそういえるんじゃないですか.」

「開君，いい質問だね. まずは，その通りだ. 教育思想史ってのがいちおう学問分野になるのは，教育に軸足をおいてものを考えた人がいたからだ. そして同じ教育といっても，いろんな角度がある. それを学ぶことで教育を多面的にとらえられるわけだね. しかし，コメニウスのユニークさは私のひいき目じゃなくて格別だと思うんだ.

教育について何か言っている人が教育という視点で物を見るのは当たり前といえば当たり前だ. ただね，たとえば会社の社長さんが人材育成を考えるとき，それはどうしても利潤の拡大のためにはどうしたらよいかという発想になるだろう. だから，それは「経済の相から」教育をみているわけで，「教育の相」から見てるとはいえない場合があるでしょ.」

「たとえば，フィヒテが国民教育って言ったときは，国家と国民という観点から教育をどうしたらよいかって考えたってことですね.」

「開君，学習が定着しているじゃないか. そのとおりで，近代国家が形成される

なかで，教育は社会を成り立たせる手段と見なされるようになってしまった．これは「社会のための教育」という考え方と呼んでいいと思う．」
「コメニウスは，「教育のための社会」を考えたってことですか．」
「先に言われちゃったなあ．実は私はそう見ているんだ．そこには大きく2つの背景があるね．
　まず，コメニウスの思想自体にそういう性格がある．彼は世界をとらえるにあたっ

世界は光の現れ（コメニウスのモットー「暴力なくば，すべては自ずと流れる」）

て「光」に注目した．世界のすべては光の運動の現れだっていうんだ．たしかに，太陽が昇ると世界は明らかになって，日向や影ができたりするね．彼は世界のなかで起きている光のやり取りを教育と学習にたとえて，『光の道』って本にこう書いている．
　『この世界に存在するものは，それが何であろうとも，教えるか，学ぶか，あるいはその両方を交互に行っているかのいずれである．』
　コメニウスの哲学は「光の哲学」って呼んでいいと思うけど，このために彼は世界を教育っていう相から見ることができたと思うんだ．
「光」っていうのは教育を考える場合，いろんなヒントを与えてくれる．誰でも「明るい教室」がいいって思うだろうけど，この場合の「明るい」ってLED照明が何ルクスだって意味じゃない．コメニウスを読んでいると，いろいろヒントがあるんだ．
　話が脱線したけど，もうひとつは，コメニウスの生きた時代が大きいね．最後で最大の宗教戦争といわれた三十年戦争が起きて，ヨーロッパは崩壊しちゃった．コメニウスは，政治も宗教も家庭も，その再建のためには教育から始める以外にはないって考えた．それは誇大妄想だった部分もあると思うよ．でも，教育をマクロなスケールでとらえていると思うんだね．」
「なるほど．コメニウスは17世紀の人間なんで，書いている個々のことは現代ではピンとこないこともありますけれど，教育をとらえるスケール感は認めざるを得ないですよね．とくに，18世紀からは世俗化が進んで，哲学者たちは宗教の問題を除外しちゃったし，19世紀になって近代国家ができちゃうと，教育はその枠内で論じられるようになった感がありますね．」

祖父は，チェコのビールを取り寄せていた．チェコ通の2人によれば，日本人はビールといえばドイツだと思っているが，実はそのもとで働いていたチェコ人の努力の結晶なんだという．2人とも食べては飲んでいる．それなのに，けっこう冴えている．

「ケイ先生，おっしゃるとおりです．教育が社会のなかで専門化していったのは仕方ないです．教育が大学の学問になった時には，教育は国家という枠組みを前提に考えられるようになりつつありました．しかし，そこで教育は何をどうやって教えるかという話に矮小化されてしまった面もあったんじゃないかと思うんです．物事を見るとき，接近して見るのも大事ですが，「木を見て森を見ず」になることがあります．」

リテラシーと思慮深さ——同日13時10分．

「先生，おねだりですが，教えてください．私が学生時代に習ったのは，「コメニウスは初めての絵入り教科書である『世界図絵』を発明して，言語中心だった教育を転換して，事物から学ぶ教育を取り入れた」っていうことだったと思います．この理解についてはどうですか．」

祖父は復習もしていたんだろうが，ポイントを的確につかんでいる．

「コメニウス自身が事物から学ばないといけないと言っていますので，従来の解釈は間違っていないです．ただ，コメニウスが問題にしたのは，言語がそれを論じている事物から離れて独り歩きして言葉遊びになっている状態でした．ですから，彼は言語がいらないといったわけじゃなく，事物と照らし合わせながら言語を学ぶべきだという主張でした．

ルネサンス時代はラファエロの《アテネの学堂》のような傑作で頂点に達するわけですが，そのあと美術界は技巧に走り，奇想天外な構図やデフォルメなどが試みられますね．同じことは文芸にもあったわけです．さっき光の話をしましたが，鏡に映った世界も世界の像には違いないですが，たとえば，鏡の面が歪んでいたり，鏡に色がついていたりすればその像はオリジナルとは違ってきますよね．コメニウスは，できるだけ言語が依拠していたはずの事物に立ち返ることで，わけがわからなくなっている状況を整理しようとしたんでしょう．それが『世界図絵』だったんではないでしょうか．

事物のことをラテン語でレス（res）といいますが，これはリアルの語源です．事物を参照することを訴えたコメニウスの立場はリアリズムと呼ばれたんですが，これが日本語では「実学主義」と訳されてしまいました．実学主義の反対は教養

主義ですが，コメニウスは古代の古典が読めるようになることを目標にしていましたから，いわゆる日常生活に役立つような知識を学べばよいという意味での実学主義者じゃありません.」

「教育思想史の通説では，ルソーやペスタロッチが書物中心の教育を批判して事物や生活からの教育を重視して，それはデューイにもつながっているということですよね．でも，コメニウスはむしろ教養主義的だというのでしたら，コメニウスは古い存在ということになりませんか.」

「開君，いいよ，いいよ．教育思想史って初めて書かれたのが，ペスタロッチが活躍したちょっとあとくらいだったんだ．ペスタロッチはドイツで広く取り入れられたんで，教育思想史の作者たちは，「どうやってペスタロッチに至ったか」という筋書きをとったんだね．そういう目で過去にさかのぼった時に，コメニウスが事物を重視した点が引っかかってきたんだろう．同時にコメニウスはルネサンスの人文主義とは切り離されてしまったんだろうね.」

「でも，人文主義って言葉の暗記が中心で子どもには負担だったっていいますよね.」

「だから，コメニウスは『世界図絵』やその他の教科書を開発して，その負担をできるだけ軽減しようとしたんだね．しかしね，負担をゼロにできるんだろうか．そして，それでいいんだろうか.」

「私は社会の教師をしてましたが，社会経験こそが大事で知識を覚えることには意味がないみたいな風潮がずっと疑問でした．人間は言語で考えるわけですから，ボキャブラリーを増やしてそれを操れるようにならなきゃしょうがないですよね.」

　祖父の参戦が教授にはいかにも心地がよいようだ.

「開君は，少なく学習して能力をつけるっていう風潮のなかで育ってるから，君を責める気はないよ．でも，私もケイ先生と同じ意見だね.

　コメニウスは，世界のすべては光だといった．世界には自ら光る発光体，それを伝達する透明体，光を跳ね返す不透明体があるっていう．それで，人間の精神は不透明体だっていうんだ．その場合，人間の精神にやってくる光ってのは音声とか文字にあたるけど，それらの情報を受けとめて返すことが反射だという．その反射の仕方は人それぞれで，そこに個性がある.」

「先生の本で読みました．でも，何か言われてもさっぱりフォローできないんじゃいけないですよね．それは個性とはいえないわけです．その人間ならではの返し方ができるように能力を高めなきゃいけない．それが学習ってことですね.」

「そうだね．コメニウスが語学の学習シーンを書いている下りがあって，教室で順番に当てて同じことを言わせるんだけど，リベラルな人は機械的って思うかもしれない．でも，第2言語を実際に操れるようになるには機械的な反復練習は必要だよ．だって，何か言われてパッと出てこなかったら，相手はだんだん話すのがイヤになるでしょ．コメニウスは精神の反射能力を高めなきゃいけないと考えていたんだと思うね．」

「そういうことなら僕にもわかります．高2の春に家族でフィリピンに短期語学研修に行きましたけど，レッスンの最初に機械的な言い換えの訓練がありました．イヤだったけど，3単元のSとかパッと出てこないと，スラスラしゃべれるとはいえないですよね．」

「開君，わかってくれると嬉しいね．それで人文主義的だから古いかっていうことに話を戻すとね，個人的には「今だから新しい」って思ってる．デューイや新教育が生活経験を学校に取り入れたのは間違ってない．でも，それだけで今の教育として十分だろうか．とくに20世紀後半からICTがものすごく進歩して，リテラシーが非常に重要になってる．子どもにしても，20世紀初頭とはまったく異なった環境で生活するようになってる．」

「現代的に言えば，コメニウスがとくに知育の目標に考えたのはリテラシーだったということですか．」

「そう言っていいと思います，ケイ先生．リテラシーってなんで必要かといえば，端的にいえば騙されないためです．また，安っぽい思いつきのようなアイディアで人に迷惑をかけないためです．コメニウスが身につけるべき徳目の筆頭にあげているのは「思慮深さ」(prudentia) なんです．」

「たしかに思慮深さは大事だと思うんですが，それでどうして教養なんですか．」

「開君，今日はケイ先生に負けじといいじゃないか．たしかに，社会に出て実際に騙されて懲りて，そこから学ぶことができるかもしれない．しかし，ケイ先生が書き込んでくださったけど，フランスの教育学者のルブールが言ったように，それはいきなり道路に出て車の運転を練習するようなもんだ．経験主義者は，学校に生活経験を取り入れるっていうけど，騙されるような経験を意図的に導入するなんてあり得ない．子どもに対して二重にウソをつくことになるよね．

　人生どんなに準備しても完璧ってことはない．事前の準備はシミュレーションにしかならないけど，やっておけばいざという時に助かるでしょ．防災教育なんかそうだ．

　で，なんで古典かってことなんだけど，そこから思慮深さをめぐる成功や失敗

を学ぶことができるからさ．たとえば，1人の政治家がいるとする．政敵がいて，全体の利益を考えると倒さなきゃならない．その政敵にも愛する人がいたりする．政治家はジレンマに悩んで心が揺れる．でも，ある決断をする．こういうことって，道徳としては教えられないでしょ．でも，実際に似たように出くわすことはある．その政治家と同じような決断をとるにしてもとらないにしても，そういう

思慮深さ（コメニウス『世界図絵』の挿絵）

ことが書かれたテクストを学んでおけば判断材料になるでしょ．私は，教養の方が安っぽい実学よりもはるかに役立つと信じてるけどね．」
「今のところAIはリスクの少ない方向を提案できるだけです．それにビッグデータに基づく最大公約数っての自体が怪しい．だって，現状維持でいいっていうのが大多数の社会なら，「ちょっとリスクがあっても賭けてみよう」みたいな意見はランキング的には圏外になりますよ．そういう意味で，リテラシーは今一番必要ですね．」
「はい．ですから，私は若者の読書量の低下が心配なんですよ，ケイ先生．」
「思慮深さかあ．大切ですね．でも，考えてばかりで決断できないんじゃダメですよね．」
「開君．コメニウスはそこも考えていてね．『世界図絵』の「思慮深さ」の挿絵を見てごらん．そこには，「後からはつかむことができない」機会が描かれている．機会って翼がついていて，頭には毛がないんで，つかみにくいんだ．コメニウスは，いくら用心深くてもチャンスをつかめないんじゃ意味がないってことを，子どもの頃から理解させようとしていたんだ．」

技術のなかの技術——同日13時50分．

「先生，次の問題にいきましょう．「コメニウスは子どもの個性を無視した教え込み中心の教授学者だ」というような評価がありますが，それについてはどう反論されますか．」
　テーブルには，もうビールの空き瓶が5本並んでいる．
「そこには，歴史的な問題がありますね．」
　教授は顔が真っ赤だ．チェコのビールはそんなにうまいのだろうか．

「コメニウスの書いたものは非常に宗教的です．18世紀の終わりにチェコ人の民族意識が高まってコメニウスが注目され始めたとき，その宗教的主張を強調すると対立をあおるおそれがありました．それで，コメニウスは教育にとりくんだ啓蒙主義の先駆者として紹介されました．そして，第2次世界大戦後，チェコスロヴァキアは社会主義国になりましたから，コメニウスの宗教的な側面はさらに脱色されました．

　たとえば，「学校は人間性をつくる工場である」という言葉があります．この日本語訳はコメニウスが近代的に解釈された典型です．第2次世界大戦後の日本の大学は，マルクス主義の影響が強かったですよね．とくに経済史は社会の発展段階を明らかにするとして期待されていました．家内制手工業が工場制手工業を経て工場制機械工業に発展するという段階が言われていたわけですが，コメニウスの時代は工場制の直前にあったと考えられました．その理解からラテン語のオフィキナという言葉の訳語として「製作場」が選ばれたわけです．そして，この訳語はもっと近代的に「工場」と言い換えられました．その結果，コメニウスの教育思想は人間を量産する技術論なのだと理解されるようになりました．この解釈は，人口増と都市化が進んだ戦後の日本では，教育機会を確保するという課題とマッチしていました．しかし，経済成長が一段落して国も個性尊重を言い出して価値観も多様化すると，量産化というスタイルは流行らなくなります．それでコメニウスは，個性を無視した教師中心の教授学者だと批判されるようになりました．」

「でも，先生．コメニウスは，『大教授学』で，教育を印刷術にたとえていますよね．そこでは人間の精神を知識が刷り込まれる紙だと言っていますよ．それってものすごく機械的に見えますけど．」

「おお，『大教授学』を読んだんだね．たしかにね，そこだけ見ればコメニウスは精神白紙説に見えるね．しかしね，コメニウスは，デカルトと同じように生得観念論者なんだよ．生得観念を言っているってことは，人間の精神に能動性を認めてるってことだ．だから，本当は，コメニウスが一方で精神を紙にたとえ，他方で生得観念を認めているのはなぜかが考えられるべきだったんだ．」

「先生がおっしゃりたいのは，コメニウスが人間の精神を受動的にとらえているとか，子どもの個性を無視した教え込み中心の教授学者だというのは，コメニウスの近代化されたイメージを真に受けた批判で，必ずしも的を射ていないということですね．」

　祖父はやはり頭の回転が良い．

「おっしゃるとおりです. コメニウスが教育技術の発明者だと見られたのは評価する気持ちからだったと思います. マルクス主義では, 技術は社会を豊かにするよいものだと見られていましたから. コメニウス自身も, 当時の教育が教師の能力に大きく左右されていたのを批判して, 機械のように正確に教育できないものかと考えていたのも事実です. ただ, コメニウスが言っている技術は, 機械技術とはかなり違います.」

「と言いますと.」

「技術は数学的な関係から導かれます. フランスの哲学者のフーコーが言っていますが, 17世紀はデカルトに代表されるように, 数学的に世界がとらえられるようになった時代です. その見方が応用されるようになって蒸気機関その他の技術が開発されたわけです.」

「先ほど, パトチカのことを紹介された時, デカルトは数学の相から世界を見て, コメニウスは教育の相から世界を見たと言われましたが, 2人では世界の見方が違うわけですね.」

「開君, ケイ先生は飲まれると, さらに冴えていくんだよ.

　いや, まさにそこなんです. コメニウスは, 教育にこだわったんですが, 教育の技術を考える際に数学者のデカルトのような方法はとらなかったんです.」

「どんな方法ですか.」

「比喩, 英語でいうとアナロジーを用いたんだね. これは, フーコーの整理でいくと, ルネサンス時代に非常に流行した方法でね. だから, コメニウスは, 生きてたのはデカルトと同じ科学革命時代なんだけど, 発想はそれより前のルネサンス的ってことになる.」

「すると, コメニウスって科学的っていうよりは芸術的っていう感じですか.」

「開君, もうSを付けたいね. さっきから技術の話をしているけど, 技術って英語で何.」

「先生も祖父みたいにきくんですね. テクノロジーですよね.」

「そうだね. テクノロジーはギリシア語のテクネーから来てるんだけど, それがラテン語では何て訳されたか知ってる.」

「いえ, 知りません.」

「アルス（ars）なんだけど, これって英語のアートの語源になっているんだ.」

「アートって普通は芸術って訳しますよね. ……ってことは, もともとテクネーとかアルスには技術だけじゃなくて芸術という意味もあったってことですか.」

「そのとおり. ハイデガーも言っていたでしょ. だいたい, 手工業の時代を考え

教育は技術のなかの技術（コメニウス『教授学著作全集』第1巻の扉絵）

れば技術と芸術の差はないよね。」
「機械技術が発展した近代への流れのなかで，教育の技術が開発されたらという願望が生まれて，コメニウスはその先駆者と見なされた．でも，コメニウスが考えていた技術は，技術っていうより芸術だったってことですね．」
　祖父は冴えているが遠慮がない．いいところをもっていってしまう．
「コメニウスが誰がやってもできるだけ同じ成果があがる教育方法を考えたのは事実です．でも，同じ結果になるとは考えていません．『大教授学』をていねいに読むと，まず生徒に一斉授業して教えます．ここだけ注目されて，コメニウスは一斉授業一辺倒だって言われていますが違います．そのあと，生徒をグループ分けして討論をさせるんです．これって話し合い学習，いえばアクティブラーニングです．そこで作文をさせるわけですが，同じものは絶対にできてこないと書いています．」
「教育を技術化するっていう流れはAIが入ってきて，ますます進んでいます．そうなったら教師はいらなくなるんじゃないかって，私の後輩はいつも心配しています．でも，教育を芸術化するって考えれば，何か希望が湧いてきますね．それって〈マリ〉にはまだできなさそうですね．なあ，開．」
　苦笑いするしかないが，でも，「私は技術者だ」っていう教師よりは「私は芸術家です」っていう教師に習いたいとは思う．
「そうですね．コメニウスは，どんなに努力しても天体の運行や印刷術ほどの確実な教育は実現できないことを理解していました．それなのに，いや，多分それだから，教育のことを「技術のなかの技術」と呼んだんです．」
「いい得て妙ですね．機械がいくら完璧でも使う人間がいい加減なら，大事故につながります．有終の美は教育にかかっているということですね．」

公開性と熟議——同日14時45分．

「先生，教育のこともいいんですが，コメニウスは教育という視点から政治のことも考えたんですよね．その魅力についてはどうですか．」
　いつもはもう少しもったいぶる教授だが，もうだいぶ酔っていて，すぐに答え

てくれる.

「端的に言うと, コメニウスの政治思想の魅力は公開性と熟議の重要性を主張したところにあるね.」

「高校の時, 政経の先生が「熟議ってだんだん定着してきた言葉だ」って言ってました.」

「そうだね. 何かの意思決定をするとき, 簡単に決めちゃわないで, できるだけ幅広く利害関係者を集めて, 話し合いのプロセスを重視する考え方だよね.」

「コメニウスが17世紀にそんなこと言ってたんですか.」

「もちろん, 今言われている熟議とは意味が違うけどね.

　コメニウスは教育学者として有名になった. でも, 若い頃にドイツで学んでから, ずっと世界を改善できる哲学を研究したいと考えていた. で, 原稿を書くんだけど, パトロンからは教育の研究に専念しろって言われるし, 書いた原稿は戦争で焼けちゃうし, さんざんな目に遭った. でも, 死ぬ少し前にほぼ完成した. そのタイトルが『総合的熟議』というんだ. 熟議は英語でいうとコンサルテーションの訳語だね.」

「そのコメニウスのライフワークともいうべき作品は, 長い間, 行方不明だったんでしたよね.」

　祖父はキッチンでデザートを準備している.

「『総合的熟議』がもっと早く見つかっていれば, コメニウスのイメージはずいぶん違ったと思いますね. 19世紀に国民教育を興そうということになった時, コメニウスの『大教授学』は教育のことを広く論じた古典と見なされて翻訳されて, 急に注目されるようになりました. その結果, コメニウスといえば『大教授学』というイメージができあがってしまったんですね.」

「研究室で見せていただきましたけど, 教授学の全集も大著ですけど, 『総合的熟議』も膨大な分量ですよね.」

「あれが何とか日本語で読めるようにと思ってる…….

　話を戻すとね, コメニウスは, この本をヨーロッパ中の学者・政治家・宗教者が集まって会議を開いて, そこで話し合うという形式で書いたんだ. それでタイトルが「熟議」なわけ.

　コメニウスは1670年に死んでいるけど, 1660年にはイギリスが王政復古して, 1661年にはフランスでルイ14世の親政が始まって, 本格的な絶対主義の時代になった. そこでは権謀術数や秘密主義が横行していたわけだ.

　コメニウスは, この時代随一の教育学者で宗教上は合わないはずのフランスか

らも招待された．でも，チェコを離れた亡命者で，少数派の意見が無視される辛さを感じていたと思うね．」

「それで，公開性と熟議を訴えたってことですか．」

「コメニウスは，世の中で重要なのは学問・宗教・政治の３分野だと考えてね．そのそれぞれについての国際会議を設置して，定期的に利害関係者を集めてあらゆる問題をオープンに話し合うことを提案した．とくに学問分野の国際会議は，第２次世界大戦後にできたユネスコを先取りするものだっていうことで評価されている．」

「でも，熟議って言葉はきれいだけど，結局話し合いのための話し合いに終わることが多いですよね．祖父とか先生の世代は戦後民主主義に育ってこられたわけですけど，僕は民主主義が建て前のはずの教室にカーストやいじめがあったりとか，日本の政権が安定しないで失われた20年になったりとか習ってきましたから，正直，あんまり熟議って言葉に魅力は感じないんですが……．」

「開君．でもね，新冷戦と呼ばれる状況になってきて，国内外でも利害のぶつかり合いが激化しているよね．私は，コメニウスが公開性と熟議をセットで強調しているのがとても示唆的だと思う．

公開性が不十分だと，身勝手で不十分な意思決定が平気で行われるようになる．意思決定の過程がオープンになるほど，勝手なことはされにくくなる．また，熟議に時間ばかりかかって何も決まらないのも批判されるようになる．公開性と熟議は互いが補い合う関係にあるわけだよ．」

「『民は由らしむべし，知らしむべからず』っていうのは封建時代の政治原理だけど，いまだにそれでいいと思っているお山の大将がいるからな．まあ，民主主義社会なんで，そういうのはいずれ見放されるけどな．やっぱり，コメニウスの言ってることは大事だよ．」

祖父がチェコのデザートの定番のトゥルデルニークをもってきながら参戦してきた．いつの間にデザートを焼くまでに腕をあげたのだろう．シナモンの香りが冬にぴったりだ．しかし，また現職時代のことを思い出したんだろう．口調が厳しい．

「コメニウスは，感情や憎悪に陥らないで理性的に忍耐強く話し合うルールを提案しています．他方で，話し合いのための話し合いじゃダメで，意思決定のための話し合いじゃないとならないとも言ってますね．」

「私が教育委員会にいた時に思ったのは，各種の審議会やワーキンググループの活動や審議の過程はもっと公開されてもいいんじゃないかということです．

地域社会の衰退は深刻で，何かしなければ人もお金も動かないのは事実です．でも，そのことを本当にやるべきなのか，目標や効果の妥当性をよく論議しないで，予算や労力を費やすこと自体が目的になっていることが少なくないと思うんですね．私は政策と意思決定の透明性は非常に重要だと思いますよ．」
「ケイ先生とまったく同意見です．ただ，コメニウスは，言論の自由こそが大事というジャーナリストは目をむくだろうけど，情報の管理も必要だとも言っています．」
「それも「世界を教育の相から」という視点から見ないといけませんよね．言論の自由はもちろん尊重しなければなりません．しかし，無条件に認めればいいとは思えません．開の父さんが子どもの頃までは，「もう子どもの時間は終わり」っていって茶の間から追い出せばOKだった．今はもう世界中の情報がリアルタイムで小さい子どもにも入ってきている．それで実際，ネットのフィルタリングなんかが行われているわけだ．」
「コメニウスの時代は印刷術の発明から2世紀ほどたっていました．宗教と政治の対立が高まった背景には，デマや根拠のない予言が大量に出回ったことがあったでしょう．コメニウスは特権階級が情報を独占するなかで不利益を蒙ったわけですから，情報公開への思いは強かったでしょう．でも，どんな情報も好き勝手にまき散らせばいいとは考えなかったわけです．情報の普及って教育そのものですからね．彼のなかの迷いは，21世紀に読んでもリアルです．」

開けた魂──同日15時35分.
「いやあ，盛り上がって話していると時間がたつのを忘れますね．先生は，夕方からご用事がおありでしたね．
　また，直球ですみませんが，これを聞かないと終われないって質問があります．コメニウスってどんな人間をめざしていたんでしょう．『大教授学』には，学識・徳性・敬虔と書いてありますが，簡単に言えば，勉強ができて，正しく行動できて，信仰心が篤い人ってことですが，なんか優等生すぎて魅力がないですね．中学校の校長をやった私が言っちゃあいけませんが．」
　祖父の質問に，コーヒーを飲んでいた教授が答えた．
「学生時代，私も同じ印象を持ちました．まあ万人に通用する目的を示さないといけませんから，仕方がなかったと思います．ただ，知識を習得するのはともかく，敬虔な信仰心を持たなきゃってすべての人に求めるのは，現代からするとピンとこないですよね．」

「キリスト者以外にとっては，コメニウスの言ったことは関係ないってことだとちょっと物足りないわけです．さっき，コメニウスが少しでも多くの若者が古典を読めるように語学教育の改革をしたのは，現代的に言えばリテラシーを高めるという目的からであって，それは騙されないで生きていく思慮深さを身につけるためだったというのは，すごくリアルに感じられました．パトチカが言うように，コメニウスが「世界を教育の相から」見たのなら，この点も何か言えるんじゃないですか．」

「ケイ先生には脱帽なんですが，この点でも，私はパトチカの解釈は，コメニウスの宗教性を否定せず，なおかつキリスト者ではない人にも理解可能な線を出したものだと思ってます．パトチカは，コメニウスを「開けた魂」の思想家だと言っています．」

「開けた魂？ それって何ですか．」

「そういえば君の名前は開(カイ)だね．」

「ええ，それで，ブログ上ではドイツ語で「開く」を意味するオッフェン (offen) で通してるんです．」

「開けた魂は，ドイツ語だとoffene Seele(オッフェネ ゼーレ)なんだよね．あまり話すと秋学期の講義のネタバレなんで，ちょっと考えちゃうけど，ケイ先生からこんなにもてなされて話さないわけにはいかないなあ．

開けた魂の反対は閉じた魂だ．パトチカによれば，閉じた魂の代表者は数学的な視点で世界を説明しようとしたガリレイやデカルトなんかのことなんだ．」

「それがなぜ閉じた魂なんですか．」

「数学的な認識って，理性的に世界を見るってことだね．それはもちろん大事で，そのおかげで法則が見つかって技術も開発された．でも，理性で世界を見るとき，世界は理性で見える限りで見られることになる．意味わかる？」

　祖父が入ってきた．

「落としたのは向こうなんだけど…」

「アメリカンジョークでこんなのがあったな．夜道の街灯の下で女性が何か探し物をしてた．警官が近づいてきて，ここに何か落としたのかって聞いたら，その女性はあっちの方だと言って暗闇を指さした．警官が，じゃあっちを探さなきゃって言ったら，向こうは暗くて見えないからここを探していると言ったというんだ．」

「ちょっとシニカルですが，理解の助けになります．これもアナロジーですね．

　私はもちろん，理性は大事だと信じています．でも，理性って完璧じゃないです．経験や知識の助けが必要ですし，誰でも自分のとった視点に縛られます．

　東日本大震災で福島第1原発が津波に襲われて大災害になったわけですが，実はあの場所は海抜35メートルの台地だったんですね．地盤の強さとか海水をくみ上げる電力を考えて，地面を25メートル削って発電所が建設されたそうです．そこに15メートルの高さの津波が来たんです．この工事には当時の優秀な技術者が参画していたはずですが，そんなに高い津波は来るはずがないと思ったわけです．

　技術者を責めるのは簡単です．ここで問題にしたいのは，頭で考えることは大事だけど常に限界があるってことです．意思決定に関わった人たちが，「ひょっとしたら，違う可能性があったかもしれない」と思えていたら，違う結果になっていたかもしれません．」

「じゃあ，開けた魂って，何かをしようとする時，他の可能性がないかって思える人のことですか．」

　割り込んでみたが，ちょっと短絡的な言い方だった（恥ずい）．

「広い意味では，そう言ってもいいと思うけど，もうちょっと考えよう．

　まず，コメニウス本人について言うと，彼は人間のあらゆる不幸の原因は自己中心性にあると考えていた．その時代にはそういう言葉がなかったんで，彼はチェコ語でサモスヴォイノストって言葉をわざわざ作った．彼はキリスト者だから，世界の中心は神だと信じていたけど，政治家も宗教者も学者も自説にこだわってばかりで，ヨーロッパは分裂してしまった．それは神という中心に目を閉ざして自分のうちにこもっているように見えたに違いない．それが閉じた魂だろう．

　それで，今日は2名のコアな読者からずっと尋問を受けているわけだけど，こっちからも質問させてもらいます．世界が自己中心主義者ばかりになって危機に陥っていると思ったコメニウスは，ではどうしようと思ったのでしょう．」

　それはここまでの流れからすれば簡単だった．僕が答えるべきだろう．

「教育です．コメニウスは自己中心性の克服のために教育に関わったってことですね．」

「正解！　そこで，第2問．プラトンって，教育とは何だって言っていましたか．」

　ブログをよく読んでいる祖父が言った．

「「教育とは魂を向け変える技術である」ですね．

なるほど！　先生，わかりましたよ．コメニウスは，ベクトルが自分の内に向いてしまった人々の心を教育によって外に向けたようと考えたわけですね.」
「大正解です．コメニウスはプラトンの「洞窟の比喩」のことも書いていますから，ケイ先生が言われたように考えたのは間違いないです.」
「それをパトチカは，開けた魂と呼んだんですね．そして，そのように言い換えることで，コメニウスの宗教的側面は，キリスト者じゃない人々にとっても接近できるようになったということですね.」
　祖父の答えにうなづいて教授が言った.
「ですから，敷衍して言えば，開けた魂っていうのは，開君が言うように他の可能性を想定でき，それに向かって自分を開ける人のことだといっていいと思います．それって，当然でもあるし，非常に難しい課題でもあります.

　子どもは養育者の眼差しに合わせて眼を動かす共同注意によって世界に開かれていきますよね．ですから，広い意味では，どんな人間にも魂を向き変える能力はあるわけです.

　開君が他の可能性に開かれると言ったのはとても大事です．開けた魂は，コミュニケーション能力があってオープンだとかいうような面もなくはないでしょうが，そう単純なものじゃないです．いくら外面がよくても内面の闇を隠しているなら，それは開けた魂とはいえないわけです．魂を開く方向が外じゃなきゃいけないってこともないでしょう．自己の内面と向き合うという課題もあるわけですから，コメニウスは，自分が書いた小説の『地上の迷宮と心の楽園』で，天職を求めて世界を旅する若者が，世界は虚栄に満ちていることを知って，そこから自分の心に帰還するというプロセスを書いています.

　去年，大学から国際学会でイスラエルに行かせてもらいました．エルサレム旧市街の印象は強烈でした．ほんの半径数百メートルのなかにユダヤ教とキリスト教とイスラム教の聖地があるんですから．そこでコメニウスの宗教思想の可能性について研究発表したんですが，ベルギーから来た研究者が質問してくれました．私はその質問ひとつでもイスラエルまで行った甲斐があったと思いました.」
「どんな質問だったんですか.」
「「コメニウスにとって学ぶことは救済の条件だったと思いますか」って聞かれたんです．救済とは今の話でいえば，開けた魂になることです．ですから，その学者の質問は，開けた魂になることと学識・徳性・敬虔を身につけることはどんな関係があるかっていう質問だったわけで，ケイ先生の質問と同じ趣旨だと思います.」

「それで，どんなふうに答えられたのですか.」

「英語だったし，意表を突かれたし，その時はうまく答えられなくて悔しかったです．それでエルサレム旧市街を歩きながら考えました．そこで考えたのは，学識・徳性・敬虔は，それを身につけること自体が目的ではなくって，それらは開けた魂に至るための手段だったんじゃないかってことです．学識も徳性も敬虔も完璧に身につけられる人はそうはいない．それなら，開けた魂には至ることができないといえば，そうじゃないだろう．大変だなあと思いながら，そのプロセスを通過することで開けてくる何かがあるんじゃないか．学識・徳性・敬虔っていうのは，開けた魂に至るためのトンネルみたいなもんなんじゃないか．そう考えた時，私は以前からこう聞かれたらどう答えようっていう問題に自分なりの答えを持つことができました.」

「どんな問いですか.」

「私は教育哲学者の端くれです．「教育とは何か」，「学習とは何か」を問うのが教育哲学者の仕事です．しかし，そういう問いはあまりにナイーブで，専門家の間で話題になることはありません．でも，親御さんや高校生からは突然聞かれることがあります．そんな時，自分の答えがないのは情けないです.」

「どのように答えられるのですか.」

「「学習とは，今よりもオープンな自分になるためにある.」

「教育は，人間を世界に向かって開くためのお仕事だ.」

そう答えることにしました.」

二十歳の第1日——4月2日（火）チェコ時間18時40分.

　祖父と僕がチェコに着いて6日目．明後日にはもう帰国だ．首都のプラハで2日を過ごし，そのあとコメニウスが生まれた東部のモラヴァを旅して，今日はモラヴァの古都のオロモウツにいる.

　道中，いつも上機嫌な祖父が時々ふさぎ込んだようになったので心配した．6年前，祖母がガンで他界する前，一時的に回復したことがあった．祖母は父を育てたプラハをもう1度見たいと言い出した．祖父は相当迷ったが，思い切ってチェコに連れて行った．社会主義時代には全体にくすんだ感じだったチェコが光り輝くようになっていたのを見て，祖母は自分のことのように喜んで元気になったそうだ．でも，帰国して3カ月後に亡くなった．祖父が僕を誘ったのは，1人旅だと祖母との思い出が蘇るのに耐えられないと思ったんだろう.

　でも，旅をしているうちに，祖父はどんどん吹っ切れていった．教会のステン

ナ・ズトラヴィー（乾杯）!!

ドグラスの前で延々と話している老夫婦を見て，学校帰りの無邪気な子どもたちから人懐っこく「ドブリー・デン（こんにちは）！」と声をかけられて，いつもの上機嫌を取り戻した．

夕方，チェコで2番目に歴史のあるパラツキー大学近くのレストランを訪れた．祖父はチェコ語が少しできる．テーブルで待っていると，イケメンのウェイターがビールのジョッキを2つ持ってきた．

「開，誕生日おめでとう．じいちゃんはこの日を待っていたんだ．20歳になったんで，もういいな．インフォーマルでも酒を飲ませなかった自分の教育者魂を褒めたいよ．まあ，無理に飲まなくていいし，具合が悪くなったら介抱してやるからな．これは教育学的には通過儀礼なのかなあ．」

祖父が明るくなったのは嬉しいが，ちょっと引く．

「明日はプラハに戻る前にコメニウスが逃亡中に隠れたっていう洞窟を見に行くしな．ほどほどにしとこう．お前の二十歳（はたち）とじいちゃんが感情の始末をつけられたのを祝って乾杯だ．

ナ・ズドラヴィー（乾杯）！！」

参考文献

コメニウス，ヨハネス『地上の迷宮と心の楽園』藤田輝夫訳，相馬伸一監修，東信堂，2006年．

パトチカ，ヤン『ヤン・パトチカのコメニウス研究——世界を教育の相のもとに』相馬伸一編訳，九州大学出版会，2014年．

相馬伸一『ヨハネス・コメニウス——汎知学の光』講談社〔講談社選書メチエ〕，2017年．

相馬伸一『コメニウスの旅——〈生ける印刷術〉の四世紀』九州大学出版会，2018年．

著者インタビュー
～本書の成り立ちと学習の手引き～

福地成文（晃洋書房編集部）：この本の計画が動き出したのは2018（平成30）年の4月でしたが，なかなか原稿をいただけなくて，予定に間に合うか心配しました．

相馬伸一：いや，ご心配をおかけして申し訳ありません（土下座）．今までやってきたことをまとめればいいと考えていたんですが，簡単にはいきませんでした．

福地：この本の特徴と学習のための手引きなどを伺っておこうと思います．この本の企画の経緯をお話ください．

相馬：この本は，大学の教職課程や教育学部・学科での基礎科目で用いる教科書を想定しています．教職課程では，「教育の基礎的理解に関する科目」として「教育の理念及び教育に関する歴史及び思想」に関して最低でも2単位修得することが義務づけられています．それを受けて，各大学では教育原論や教育原理といった科目が開設されています．

　教育原論は，教職課程ばかりでなく保育士の資格取得や社会教育主事の任用資格にも関連するので，あつかう範囲も広いのです．私はこの関係の科目をもう20年近く教えています．大学では専門的な研究に基づいていろいろな角度からの教育がなされるべきです．とはいっても，大学教員が自分の関心のあることばかり話しては，内容のバランスが悪くなります．ですので，いろいろ試行錯誤して，2008（平成20）年に『教育的思考のトレーニング』（東信堂）を出して10年ほど使ってきました．

　2017（平成29）年に教職課程の各科目でとりあげるべき事項を示した「教職課程コアカリキュラム」が出て，学習指導要領も大きく改訂されましたので，今回，全面的に見直すことにしました．

　執筆にあたっては，まず，教職課程コアカリキュラムに示されている各事項にどういう内容が該当するかを検討しました．各大学で行われている授業のシラバスを見たり，出回っている教科書の内容を参照したりして，できるだけ漏れがないようにしたつもりです．

　また，現在，科学研究費の交付（17H02673）を受けているんですが，研究仲間と共同で2012（平成24）年度から5年間の全国の教員採用試験の教育原論系の問題を分析しました．せっかくの成果なので，そこに出題された人名や事項は網羅するようにしました．本来は，専門の学会が音頭をとって，教員採用試験の出題

状況が教員養成という目的にかなっているかどうかを検討して，その検討に基づいた内容を考えるべきです．しかし，それを待っているわけにもいきませんし，教職課程の必修科目で実際に教員採用試験に出ている内容があつかわれないというのは不自然だとも思うので，そのような下準備をしました．

　第Ⅰ部は，「教育の理念及び教育に関する歴史及び思想」に関して教職課程コアカリキュラムであげられた事項を網羅しています．でも，最低限ではいけないので少し詳しめです．第Ⅰ部の最後の「教職課程コアカリキュラム対応表」では，本文でその事項をあつかった箇所を示しましたので，索引とあわせて学習の助けにしていただければと思います．

　ひとつお断りですが，執筆にあたっては，できるだけ最新のデータを参照しましたが，ここ10年から20年の間の傾向に大きな変化がない場合は個別のデータを引用せず，傾向を一般化して記述しました．そのため個々のデータの出典を示していない場合もあります．

福地：第Ⅱ部は，どういう意図で書かれているのですか？

相馬：第Ⅱ部は，応用への接続編です．応用編といえる本もたくさんありますが，私から見ると，かなりハードルが高いです．そこで教養的な内容を中心にして，教育の理念・歴史・思想についてもっと考えてもらえるきっかけを得てもらいたいと思って書きました．

　本文でも指摘していますが，近年，方法の工夫によって力そのものがつけられるといった考え方があります．しかし，スポーツや器楽の場合なんか分かりやすいですが，練習や反復の量が一定の水準を超えたとき，はじめて上達，つまり質の変化も起きるものです．ですから，読書量の低下が大きな問題なのです．前著で多くのイラストを描いてくださったジョージマ・ヒトシさんのご厚意で，いくつかの傑作も入れさせてもらい，できるだけ楽しく読めるようにも考えましたが，とにかく量を読んでもらうことを意識しましたので，ボリューミーになりました．「字が小さすぎて読めないッ！」っていうことはないと思いますが……．

福地：（軽くスルー）最後はコメニウスについて書かれていますが……．

相馬：一言で言えば私の研究対象がコメニウスだからですが，「そんな身勝手な！」って思われても困ります．ちゃんと理由があります．

　第Ⅱ部で，ニーチェが言う眺望固定病に陥らないようにということを書きました．その点，コメニウスっていうのは評価が変化している歴史があるので，彼を知ることで，いろいろな思想や歴史の見方を知ることができます．

　もうひとつ言いたいのは，コメニウスは今から4世紀前の人ですが，その距離

に意味があるということです．今の日本やその教育のスタイルは19世紀のヨーロッパをモデルにしています．そこに入る前の混沌とした時代がコメニウスの生きた17世紀です．そこまでバックすることで，私たちが知らないうちに視線から落としていることも考えられるのです．

福地：第Ⅰ部，Ⅱ部とも各章の終わりに課題をあげていますね．

相馬：全部やってくださいっていうことではないですが，何か興味を持ったトピックを調べてみると，学習した内容を「ああ，そういうことだったのか」っていうように振り返られると思います．

　それにインターネットのおかげで，ちょっと根気強く探せば，いろいろな情報をゲットできます．それが主体的な学習の第1歩だと思います．私たちが首の上に載せているのはカボチャじゃありません．頭は宇宙の歴史の芸術品です．そしていくら使っても減りません．使わないとカボチャに悪いです．

福地：(軽くスルー) タイトルの「しょうせつ」については？

相馬：最初は普通の教科書を書こうと思いました．しかし，コメニウスは，『大教授学』で「簡便・愉快・着実」という原則をあげて，それを実践しました．コメニウス研究者を名乗りながら，何の工夫もないんじゃコメニウスに申し訳ないので，ちょっと考え，小説という形式をとることにしました．ルソーの『エミール』のように，教育を論じた作品には小説形式をとっているものがありますしね．ただ，小説形式だと分量が増えすぎるという心配を福地さんからもらいましたし，大学学部段階の教科書という制限もあるので，授業をブログにアップするという体裁にしました．それから，基礎から発展への内容を入れたので「詳説」という意味をかけて，「しょうせつ」としました．

福地：モデルはあるんですか．

相馬：それは企業秘密です（笑）．私が経験したり見聞きしたりしたことが素材なのは事実です．そのくらいで勘弁してください．もし，最後まで読み通せた人が少しでも多ければ，成功だと思います．

福地：今度が5冊目の単著ということですが，今まであとがきに献辞を書かれていますね．今回は何かお考えですか．

相馬：そうですね．多くの方に教育学の基礎をお伝えするお仕事をいただくようになった佛教大学にささげたいと思います．

2018年11月9日　佛教大学紫野キャンパス11号館にて

人名索引

＊教職課程コアカリキュラム対応表，参考文献のページを除く．
＊団体・組織名も含む．
＊学習の便宜のため，第Ⅰ部と第Ⅱ部の間に斜線（／）を入れている．

〈アルファベット〉

IEA　　136，152
ILO　　180
OECD　　81，97，98，134，151，152

〈ア 行〉

アインシュタイン，アルバート　　／203
アヴェロンの野生児　　42
アウグスティヌス，アウレリウス　　178／
　　229，230，232
アウレリウス，マルクス　　／227
アカデメイア　　74，176／224，226，233
アクィナス，トマス　　／232，235，236，243
芥川龍之介　　99，116
足利学校　　75
芦田恵之助　　117
アップル，マイケル　　／311
アドルノ，テオドール　　／310，315
アボッツホルム校　　116
アマラ　　43
アリエス，フィリップ　　89／244
アリストテレス　　26，27，74，92／226，227，
　　232，235，236，252
アルクィン　　／231
アルノー，アントワーヌ　　／244
アルベルティ，レオン・バティスタ　　／240
アレクサンドロス大王　　74／226，228
アレント，ハンナ　　／312，313
アンダーソン，ベネディクト　　／281，282，
　　291
アントワネット，マリー　　／264
イエス・キリスト　　175／230
イエズス会　　110，156／244，249，253，254
石田梅岩　　78
イソクラテス　　／222
イタール，ジャン　　42

市川伸一　　186
伊藤仁斎　　79
イリッチ，イヴァン　　36，117-119／312，
　　314，325
インガム，ハリー　　66
ヴァルドルフ学校　　116／302
ヴァレリー，ポール　　／303
ヴィゴツキー，レフ　　35，57，130，131，161
上杉鷹山　　83
ヴェーバー，エルンスト　　／285
ウェーバー，マックス　　78，141，142／303
ウォッシュバーン，カールトン　　158
ヴォルテール　　／253，262，265，268
内田樹　　108／212
内田義彦　　／215
エラスムス，デシデリウス　　／241，242，244
エリクソン，エリク　　35，59
エルヴェシウス，クロード＝アドリアン　　44
　　／292
エンゲストローム，ユーリア　　131
エンゲルス，フリードリヒ　　／277，278，282
及川平治　　117，159
オウエン，ロバート　　94，112／275，276
大村はま　　108
緒方洪庵　　79
長田新　　／316
小澤征爾　　16
オットー，ベルトルト　　157
小原國芳　　116
オルセン，エドワード　　115
オング，ウォルター　　／247

〈カ 行〉

貝原益軒　　78／210
カイヨワ，ロジェ　　63
ガダマー，ハンス・ゲオルク　　／217
ガットマン，エイミー　　／312

金沢文庫　75
カマラ　43
苅谷剛彦　136
ガリレイ，ガリレオ　／249，250，252，344
カール大帝　／231，234
カルヴァン，ジャン　／243
河井継之助　／297
咸宜園　79
カント，イマヌエル　33，40，41，135，139，146／207，257，268-271，285
キケロ　／227，229，326
北原白秋　116
木下竹次　117，138，157
ギリガン，キャロル　100
キルパトリック，ウィリアム　115，158
クィンティリアヌス，マルクス・ファビウス　／228
空海　75
クザーヌス，ニコラウス　／235
グーテンベルク，ヨハネス　／248，250
倉橋惣三　117
クルプスカヤ，ナデジダ　116／278
クーン，トーマス　／203
ケイ，エレン　94，115／301
慶應義塾　／294
ケストラー，アーサー　／307
ゲーテ，ヨハン・ヴォルフガンク・フォン　53，60，108，146／272，273，282，302
ケプラー，ヨハネス　／249
ケラー，ヘレン　108
ケルシェンシュタイナー，ゲオルク　115
薫園塾　79
孔子　126，175，176
幸田文　101
幸田露伴　101，138，184
古義堂　79
子どもの家　95
小林虎三郎　／298
コメニウス，ヨハネス　32，40，41，46，58，76，78，93，110，127，128，130，134，142，156，159，173，191，192／210，244-247，250，266，282，283，292，304，330-348，350，351
コールバーグ，ローレンス　59，100
コールマン，ジェームズ　／308

コンディヤック，エティエンヌ・ボノ・ド　／254，255
コンドルセ，ニコラ・ド　111／210，256

〈サ　行〉

小砂丘忠義　117
佐藤学　180
ザビエル，フランシスコ　75／244
サマーヒルスクール　116
澤柳政太郎　116
ジェームズ，ウィリアム　／303
ジェルピ，エットーレ　81
ジェンセン，アーサー　45
閑谷学校　75
司馬遼太郎　／297
シーボルト，フィリップ・フランツ・フォン　79
綜芸種智院　75
シュタイナー，ルドルフ　116，121／301，302
シュテルン，ウィリアム　45
シュプランガー，エドゥワルト　18，35
シュライエルマッハー，フリードリヒ　134，／287
松下村塾　79
昌平坂学問所　75
ショーペンハウアー，アルトゥール　48，65／214
ショーン，ドナルド　180
白川静　25
シラー，フリードリヒ・フォン　60／272，273，282
シルバーマン，チャールズ　／308
親鸞　／295
スキナー，バラス　35，44，160
スコット，マリオン　114／292
鈴木三重吉　116
ストア派　／228，259
スペンサー，ハーバート　135，136／292，301
スミス，アダム　／274
世阿弥　162，163，165-168，171
性格形成学院　112／275，276
セネカ，ルキウス・アンナエウス　／228
セリグマン，マーティン　7

人名索引　*355*

ソクラテス　7, 25, 26, 175, 176, 178, 179 / 222-226, 233, 235, 326

〈タ 行〉

ダーウィン, チャールズ　/ 301
棚橋源太郎　157
谷本富　/ 292
チャペック, カレル　15
中央教育審議会　3, 149, 153
ツイラー, トゥイスコン　34, 157 / 287
ツヴィングリ, フルドリッヒ　/ 266
ディルタイ, ヴィルヘルム　35
デカルト, ルネ　43, 129 / 249, 252, 332, 338, 339, 344
適塾　79
手塚岸衛　117
デューイ, ジョン　27, 28, 35, 73, 74, 94, 105, 115, 145, 149, 157-159, 161 / 209, 301, 303-306, 312, 318, 331, 335, 336
デュパン, ルイーズ　/ 265
デュルケーム, エミール　35 / 287-289, 323
ドモラン, エドモン　115, 116

〈ナ 行〉

中江藤樹　79
夏目漱石　19 / 290
ナトルプ, パウル　34 / 287
ナポレオン3世　/ 280
ナポレオン・ボナパルト　/ 270, 280, 282
鳴滝塾　79
ニーチェ, フリードリヒ　175 / 206, 273, 301, 350
二宮尊徳　78
日本教職員組合　180 / 308
ニュートン, アイザック　/ 203
ニール, アレクサンドロス　116, 121
ネロ　/ 228
乃木希典　/ 291, 293
野口雨情　116
ノディングス, ネル　100 / 312
野村芳兵衛　117
ノール, ヘルマン　35, 68, 69, 91

〈ハ 行〉

灰谷健次郎　69, 71, 182

ハイデガー, マルティン　/ 313-315, 325, 332, 339
ハヴィガースト, ロバート　70
ハウザー, カスパー　42
ハウスクネヒト, エミール　34 / 292
パーカー, フランシス　115, 157
パーカースト, ヘレン　115, 159
パスカル, ブレーズ　/ 243
ハスキンズ, チャールズ　/ 235
パトチカ, ヤン　173 / 331, 332, 339, 344, 346
羽仁もと子　116
ハーバーマス, ユルゲン　50, 142 / 311, 312, 320
林竹二　6, 53, 176
林羅山　88
バーンスタイン, レナード　/ 263
ピアジェ, ジャン　35, 59, 129
ピコ・デラ・ミランドラ, ジョヴァンニ　/ 240
ビスマルク, オットー・フォン　112
ビネー, アルフレッド　150
ビベス, ファン・ルイス　/ 241, 249
ピューリタン　88 / 243
平塚雷鳥　94
廣瀬淡窓　79
フィヒテ, ヨハン・ゴットリープ　112 / 270-272, 283, 287, 332
フェリー, ジュール　112 / 288
福澤諭吉　44, 79, 113, 132 / 294-297, 299
フーコー, ミシェル　118 / 311, 339
フス, ヤン　/ 245
ブッダ　175
ブーバー, マルティン　62
フライ, ノースロップ　38
プラトン　26, 27, 74, 106, 175, 176, 178 / 222-227, 230, 232, 233, 235, 236, 250, 319, 327, 345, 346
フリットナー, ヴィルヘルム　35, 49, 54
フリードリヒ2世　/ 253, 268, 282
フリードリヒ・ヴィルヘルム2世　/ 282
フリードリヒ・ヴィルヘルム3世　/ 283
ブルクハルト, ヤーコプ　/ 234
ブルデュー, ピエール　98, 118 / 311
ブルーナー, ジェローム　44 / 308-310

ブルーム，ベンジャミン　151
フレイレ，パウロ　118 / 312
フレネ，セレスタン　116
フレーベル，フリードリヒ　93，94 / 261，
　262
ブローデル，フェルナン　 / 204
プロタゴラス　 / 222
フンボルト，ヴィルヘルム・フォン　 / 273
ベーコン，フランシス　43 / 239，247，249，
　255
ペスタロッチ，ヨハン　47，48，87，91-93，
　97，101，112，115，127，128，130，135，
　149，153 / 203，209，210，257，261，262，
　266，271，275，287，304，312，332，335
ペーターゼン，ペーター　158
ヘッセ，ヘルマン　 / 279
ベートーヴェン，ルートヴィッヒ・ヴァン
　 / 272
ヘネップ，アルノルト・ファン　60
ベル，アンドリュー　112 / 275
ベルクソン，アンリ　 / 303
ヘルバルト，ヨハン　33，34，36，44，46，
　123，128，145，149，157，164，165 / 210，
　285-289，292，293
ヘルバルト派　34，114，157，159 / 287，
　292，293，303
ベルリン大学　 / 273，283，287
ベンサム，ジェレミー　 / 276，277，311
ホイジンガ，ヨハン　63
ボウルビー，ジョン　99
ホッケ，グスタフ　 / 250
ホッブズ，トマス　 / 253，257，332
ポパー，カール　169
ホルクハイマー，マックス　 / 310
ポルトマン，アドルフ　42
ボルノー，オットー　35，61，99，169，170
　 / 310，313
ポール・ロワイヤルの小さな学校　 / 244
ボローニャ大学　 / 231，273
ホワイト，ヘイドン　38

〈マ　行〉

マカレンコ，アントン　116
マキァヴェリ，ニッコロ　 / 240
牧口常三郎　157

マクルーハン，マーシャル　 / 248
マーティン，ジェーン　 / 312
マートン，ロバート　186
マリア・テレジア　111
マルクス，カール　 / 204，275，277，278，
　280，282，301
丸山眞男　 / 315
マン，ホーレス　112
ミシュレ，ジュール　 / 234
ミード，ジョージ・ハーバート　67
ミルトン，ジョン　 / 243
メランヒトン，フィリップ　243
モア，トマス　110 / 240，241
モース，マルセル　174
元田永孚　114
森有礼　114，136 / 290
森鴎外　 / 290
モリソン，ヘンリー　158
モンテッソーリ，マリア　95，115，159
モンテーニュ，ミシェル・ド　50，134 /
　241，242

〈ヤ　行〉

ヤスパース，カール　177-179
柳沢吉保　79
山田耕筰　116
山上憶良　88
ユゴー，ヴィクトル　 / 263，264，280，281
ユネスコ　81，180 / 342
湯原元一　 / 292
吉田松陰　79 / 291

〈ラ・ワ行〉

ライプニッツ，ゴットフリート　 / 256
ライン，ヴィルヘルム　34，114 / 287
ラケス　 / 223，224
ラ・シャロッテ，キャラドゥク・ド　 / 254
ラトケ，ヴォルフガンク　 / 245
ラファエロ，サンティ　 / 236，334
ラブレー，フランソワ　 / 240
ラメー，ピエール・ド・ラ　 / 249
ランカスター，ジョセフ　112 / 275，283
ラングラン，ポール　81，82
ランゲフェルト，マルティヌス・ヤン　35，
　42

人 名 索 引　*357*

リースマン，デイヴィッド　64
リット，テオドール　30，31，35
リーツ，ヘルマン　116
リュケイオン　75 / 226
臨時教育審議会　52，82
リンドネル，グスタフ　/ 292
ルイ14世　/ 253，341
ルイ16世　/ 264
ルソー，ジャン・ジャック　30，31，45-47，
　59，60，89，91，93，94，106，111，115，
　130，143，144，146，148，149 / 207，209，
　210，228，253，254，257-262，265，266，
　278，301，325，331，332，335，351
ルター，マルティン　110 / 242，243，245，
　295

ルフト，ジョセフ　66
ルブール，オリヴィエ　123 / 336
ルーマン，ニクラス　/ 311
レヴィナス，エマニュエル　48 / 311
レヴィン，クルト　60
レツル，ヤン　/ 315
レディ，セシル　116
レーニン，ウラジーミル　116 / 278
ロック，ジョン　40，41，44，93，127 /
　252-254，258，276
ロッシュの学校　116
ロベスピエール，マクシミリアン　/ 265
ロヨラ，イグナチオ・デ　/ 244
ロラン，ロマン　108
ワトソン，ジョン　44，46，48 / 304

事 項 索 引

＊教職課程コアカリキュラム対応表，参考文献のページを除く．
＊学習の便義のため，第Ⅰ部と第Ⅱ部の間に斜線（／）を入れている

〈アルファベット〉

CAI　160
DeSeCo　151
EI　151
IQ　150
MOOC　119
PDCA　36
PISA　134，152
SDGs　18，119
TIMSS　152

〈ア 行〉

愛着関係（理論）　99-101
アイデンティティ　59，67，98／290，310，
　　323
アクティブラーニング　2，14，30，160，
　　161，164／340
アスナロのジレンマ　51
遊び　17，45，62，63，93，94，117，134，158
頭・心・手　135
頭・舌・手　135，156／246
新しい学力観　133
新しい公共　82
アナロジー　／339
あらゆることを　32，110／245
あらゆる側面から　32，110／245，246
あらゆる者に　32，110／245
ありのまま　51-53
アンダーアチーバー　184
イエナプラン　158
生きること　149／228，259
生きる力　148-150，153
いじめ　3，13，19，64，68，121，142／314，
　　322，342
一斉授業　30，114，128，130，156，159，160
　　／287，331，340
一般学校令（ハプスブルク帝国）　111

一般地方学事通則（プロイセン）　111
一般的人間陶冶　／273
イデア　26／224-226，230，236
イデオロギー　81／307，311
遺伝と環境　45
意味ある他者　68
インターンシップ　83，167，168
ヴァージニアプラン　158
ウィネトカプラン　158
失われた20年　137／342
内向き志向　16
ウッズホール会議　／308
『エミール』　30，46，47，91，106，111，143
　　／257-261，265，268，301，351
エラスムス計画　／231
被仰出書　132，144
オキュペイション　158
お習い事　17，45，80，96，131
オーバーアチーバー　184，185
オープンスクール　159
親心　92／261
親の代わり　111
オルタナティブ教育　121／302
オレ様化　52
恩物　94

〈カ 行〉

開化史的段階説　／293，303
改正教育令　113
階層化　10，13，17
開放的態度　68
科学革命　／249，250，252
核家族　90，95
学識・徳性・敬虔　93，135／343，346，347
学習指導要領　3，109，133，150-152，158，
　　161，163／308
学習塾　80
学士力　153

学制　　113 / 299	教育勅語　　114, 144 / 292-294
拡張的学習論　　131	教育的関係　　68, 69
『学問のすゝめ』　　44, 113 / 294, 295	教育的教授　　34, 157
学力テスト　　150 / 308	教育的タクト　　164, 165
学力と体力の二極化　　10	教育的雰囲気　　99
学力の3要素　　151	教育の楽観主義　　43
隠れたカリキュラム　　74 / 311	教育の相から　　/ 331, 332, 339, 343, 344
数・形・語　　128, 135 / 262	教育必要性　　41, 43
家政　　90	教育令　　113
過疎化　　13	教化　　31, 79
家族国家　　92	行儀見習い　　76
家族団欒　　92	教師の地位に関する勧告　　180
価値観の変化　　18, 90	共同体主義　　29, 144 / 226, 306
学級王国　　69	共同注意　　62 / 346
学校五日制　　133	教養教育　　132
学校教育法　　114, 120, 144, 151	教養主義　　132 / 272, 334, 335
学校死滅論　　/ 278	教養小説　　106, 108, 109
『学校と社会』　　27 / 303	規律訓練　　118 / 311
家庭教師　　30, 92, 93	近代家族　　90, 91, 95
カテキズム　　129 / 242	クインシー運動　　157
家父長制　　90, 100	苦難の神義論　　187
神の三書　　/ 245	グローバル化　　2, 10, 16, 17, 80, 121, 134,
ガラパゴス化　　137	137, 152 / 281
カリキュラム　　78, 116, 131, 132, 157 /	ケア（ケアリング）　　31, 99-101 / 312, 320-
228, 254, 273, 287	322
ガールスカウト　　80	経験主義　　93, 115, 130, 133 / 303, 304,
カロリング・ルネサンス　　/ 231, 234	308
閑暇　　/ 227	敬虔主義　　/ 262, 268
感覚論　　127, 130	経験の教訓化　　36
環境閾値説　　45, 46	形式的教育　　74, 80, 131 / 296
感情の始末　　139 / 348	系統主義　　133 / 308
管理・教授・訓育　　157	啓蒙主義　　43-46, 111, 135 / 210, 252-254,
危機　　60, 70, 185 / 324	262, 265, 266, 272, 310, 320, 338
技術化　　/ 307, 311, 312, 314	ゲ・シュテル　　/ 314
技術革新　　17, 18, 36 / 324	堅固な道徳的性格　　145 / 293
基礎づけ主義　　/ 305, 306	言語論的転回　　/ 204, 220
機能主義的心理学　　/ 303	原罪　　88 / 229, 243
規範性（教育学の）　　34	現代化（教育の）　　133 / 308, 314
義務・無償・中立　　111, 112 / 288	コアカリキュラム　　157, 158
キャリア形成　　122	合科（学習／教授）　　157, 158
ギャンググループ　　63	高学歴化　　96
教育可能性　　44, 46, 48, 49, 54 / 254, 296	公教育　　27, 111, 115 / 256
教育基本法　　3, 82, 114, 119, 120, 145,	合計特殊出生率　　95, 96
147, 180	構成主義　　129, 130
教育振興基本計画　　3	行動主義　　44, 45, 128 / 304

功利主義　113, 144 ／ 276
国学　75
国民学校令　113, 120, 144, 146
国民教育　48, 112, 119, 132, 149 ／ 270,
　271, 307, 314, 318, 332, 341
国民国家　92, 111, 112, 144, 145 ／ 203,
　210, 271, 281, 282, 285
子殺し　87
個人主義　29, 60 ／ 312
5段階教授法　114 ／ 287
国家主義　29, 114 ／ 204, 226, 253, 281,
　307
国家防衛教育法　／ 308
克己　／ 241, 242, 259
子ども期（〈子供〉の誕生）　59, 89
子どもの貧困　10, 11, 97, 101
コミュニティスクール　115
コンヴィヴィアリティ　／ 312
コンピテンシー　151

〈サ　行〉

再生産　98, 118, 154 ／ 311
サロン　／ 253, 254, 265, 266
三間の減少　65
産業化　64, 90, 95, 111, 112, 145 ／ 261,
　274, 305, 306, 314
産業構造の空洞化　122, 123, 137
サンクション　／ 276, 277
3C　13
三従　92
三種の神器　13
シェマ　129, 181, 185
ジェンダー　65, 74
司教座聖堂附属学校　／ 231
シークェンス　131
四元徳　／ 225, 232
自己愛　65-67, 69
自己開示　65-67, 69
自己中心性　／ 245, 246, 345
自己能力感　136
私塾　75, 79, 179
思春期　59 ／ 259
四書五経　126, 132, 134
施設病　99
自然　46-48, 130, 135, 143, 144, 148, 149

／ 226, 256, 261, 273, 276
自然状態　46 ／ 257-259
自然の歩み　47
持続可能な社会　18
実学主義　132, 148 ／ 273, 295, 334
シックスポケッツ　183
疾風怒濤　60
実物教授（直観教授）　128 ／ 275, 304, 331
児童虐待　97, 101, 173
児童中心主義　28, 157 ／ 306
指導と放任　31
児童の権利に関する条約　98
児童労働　97, 112 ／ 301
自分なりに　51-53
自閉症スペクトラム障害（ASD）　121
市民性　80 ／ 312
社会（教科）　38, 104, 133, 134, 158 ／ 306,
　335
社会化　35 ／ 289
社会教育　27, 79, 80, 82
社会教育法　80
社会主義　105, 179 ／ 204, 274
社会状態　46, 148 ／ 257-259
社会人基礎力　153, 154
社会的包摂　119, 120
ジャンセニスム　／ 243
自由意志　／ 232, 241, 243
自由学芸（三学四科）　132, 134 ／ 228, 230,
　231
宗教改革　32, 88 ／ 210, 231, 239, 241-245,
　248, 249, 251, 262, 266, 268
集権化　／ 305, 306, 311
修辞学　／ 222, 227, 228, 233, 234, 242,
　326
修身　133 ／ 293
自由主義　29, 60, 94, 113, 144, 145 ／ 305,
　307
集団主義教育　116
修道院（内校／外校）　75, 126 ／ 230, 231,
　236, 239, 243, 247, 279
12世紀ルネサンス　／ 235
自由放任　／ 274
熟議　／ 312, 340-342
主体的・対話的で深い学び　134, 161
生涯学習　16, 27, 73, 76, 80-82, 84, 123

事項索引　*361*

生涯学習社会　16, 36, 79, 85, 123
生涯教育　27, 81, 82
生涯未婚率　95, 96
奨学金制度　98 / 308
小学校令　113
状況的学習　130, 178 / 305
消極教育　30, 31, 45, 143 / 258-260
少子化（少子高齢化）　17, 63, 65, 80, 96,
　97, 122, 137, 183 / 323
情熱的態度　68, 69
消費社会化　183, 193
情報化　10, 14, 17, 27, 30
助産術　25
女性の労働力化　96
初等教育法　112
ジョハリの窓　66
思慮（深さ）　/ 223, 226, 232, 334, 336,
　337, 344
人格の完成　146, 147 / 268
進化論　94, 135 / 301, 302
新教育　28, 94, 108, 115-117, 121, 133,
　149, 157, 158, 161 / 211, 280, 292, 301,
　302, 306, 336
親権　99
人智学　116 / 302
新プラトン主義　/ 229, 249, 302
人文主義　127 / 228, 241, 245, 335, 336
心理主義化　65
新冷戦　/ 307, 342
スウォドリング　88
スクールカースト　64
スコープ　131
捨て子　87
スプートニクショック　/ 308
スポーツクラブ　80
3R's　132
性格形成学院　112
生活　117, 133, 158 / 306
「生活が陶冶する」　149
生活綴方　117
聖職的教師像　179, 186
精神科学　35 / 310
精神白紙説　40 / 338
性的少数者（LGBT）　19, 121 / 321
制度依存　118

正統的周辺参加（論）　130, 131
制度化　118 / 310, 312, 314
生得観念（論）　93, 130 / 338
性別分業　90
世界開放性　41, 42
世界人権宣言　29, 98, 119
『世界図絵』　33, 58, 127, 156, 159 / 246,
　282, 331, 334, 335, 337
世界の脱呪術化　/ 303
責任　174, 181, 182, 185
世俗化　60, 144 / 210, 231, 253, 254, 262,
　333
絶対主義　33, 92 / 253, 341
絶対評価　152, 153
全体主義　/ 306, 307, 310, 312, 320
専門教育　28, 132
想起　/ 225, 230
総合技術教育　116 / 278
総合的な学習の時間　133, 158 / 306
相対評価　152
贈与　173-177, 184, 186, 187 / 216
疎外　/ 277, 278
素読　127, 129
ソフィスト　/ 222-224, 233, 325, 326

〈タ　行〉

大学寮　75
『大教授学』　32, 156 / 331, 338, 340, 341,
　343, 351
大正自由教育　116
大勢順応（主義）　19, 64, 84
他者性　48-51, 53, 54, 169 / 322
脱亜入欧　114 / 290
『脱学校の社会』　36, 117 / 312
他人指向　64, 65
魂の三分説　/ 225
多面的興味　34, 145, 157
ダルトンプラン　159
探索行動　62, 100
単線型　113
知育・徳育・体育　28
小さな大人　87
知恵の三角形　135 / 246
知識基盤社会　80, 81, 84, 123
知・情・意　135, 139

父の力　91, 97
知・徳・体　136
地平の融合　／217, 219
チーム学校　122, 123
チャータースクール　121
チャーティズム　／274, 275
チャムグループ　63
中心統合法　157
中庸　／226
超スマート社会（Society 5.0）　15, 137
眺望固定病　／204, 206, 233, 262, 350
通過儀礼　60
ティームティーチング　69
丁稚制度　76
でも・しか教師　180
寺子屋　76, 77, 179
田園教育舎　116
「ドイツ国民に告ぐ」　112／270, 283
洞窟の比喩　26, 175／224, 346
道徳（教育／教科）　17, 121, 133／314
陶冶　31／262, 268, 269, 292
特別支援教育　10, 27, 120-122
都市化　13, 15, 17, 60, 65, 95, 96／338
徒弟奉公（制）　89, 130, 131
隣組　79, 80,

〈ナ　行〉

ナラティヴ　／310
人間の拡張　／239, 246
ネグレクト　42, 43, 97, 101, 173
能動的な受動性　183, 185-187
ノーマライゼーション　120

〈ハ　行〉

ハイタレント　133, 144
パイデイア　26
発見学習　45, 160
発達・生成　57
発達障害　2, 57, 121
発達段階　58, 61, 70, 132, 161／293
発達の最近接領域　130
パノプティコン　／277, 311
母の日　91, 97, 101
パフォーマンス評価　152, 153
パブリックスクール　113, 116／274

パラダイム　／203
バーンアウト　184
晩婚化　96
反省的実践家　180
パンソフィア　／245
ピアグループ　63
ピアプレッシャー　64-66, 161, 193
非形式的教育　73, 80
庇護性　99
否定的媒介　／204, 205
表象主義　127-130
表象心理学　／285
開けた魂　／343-347
非連続的教育形式　61
フェミニズム　96
複線型　113
輻輳説　45
普通教育　132, 144
不登校　120
普遍人　／240, 241
普遍論争　／230
プラグマティズム　35, 145／303, 305, 306
フランス革命　33, 47, 111／253, 258, 264,
　320
フリースクール　120, 121
プログラム学習　44, 160
プロジェクトメソッド　158
文化資本　98
分析哲学　25
ペスタロッチ主義　112, 114
ヘッドスタート計画　／308
ヘブライズム　／228, 229
ペルソナ　67
ヘレニズム　／228, 229
偏差値　150, 151, 153
ボーイスカウト　80
萌芽的社会　115, 157
冒険的性格（教育の）　169
ポストモダニズム　105
母性剥奪　100
ポートフォリオ　152, 153
ホームスクーリング　121
ホモ・ルーデンス　63
ボランタリズム　／275
ボランティア　73, 82, 84, 167, 168／275,

事項索引　　*363*

322，325
ポリス的動物　　／226
本質主義　　／304

〈マ　行〉

まごまごする能力　　53
マージナルマン　　60
全き家　　90
学び続ける教員像　　181
学びに向かう力　　11，14
マルクス主義　　96／338，339
道（の観念）　　77
三つの教育（ルソー）　　47
『民主主義と教育』　　145／304
無償の愛　　87／232
無知の知　　／224，233
明瞭・連合・系統・方法　　／286
モニトリアルシステム　　112，128／275，283
モラトリアム　　59
モリソンプラン　　158

〈ヤ　行〉

野生児　　42
ヤマアラシのジレンマ　　65
唯物史観　　／204
優生学　　／301
ユートピア社会主義　　／276
ゆとり教育　　1，133，134，136，150，151，153

ユビキタス　　17
幼稚園　　94
予言の自己成就　　187
予備校　　80

〈ラ　行〉

リカレント教育　　83
リテラシー　　6，8，168／221，247，334，336，337，344
臨界期　　43
ルネサンス　　32，40／210，228，234-236，239-241，244-246，249，250，255，334
ルーブリック　　152，153／329
礼儀正しさ　　92／241
冷戦　　105，147，190／263，277，281，282，307，309
レジリエンス　　154
レディネス　　30，185
連続的教育形式　　61
労作学校　　115，116
労働者的教師像　　180

〈ワ　行〉

若者組　　60，76
若者文化　　61
和魂洋才　　77，114／290，292
『和俗童子訓』　　78
我─それ　　62
我─汝　　62

《著者紹介》

相 馬 伸 一（そうま　しんいち）

　1963年　札幌生まれ
　1994年　筑波大学大学院博士課程教育学研究科単位取得退学
　2000年　博士（教育学）（筑波大学）
　現在，佛教大学教育学部教授

[著書]

『コメニウスの旅──〈生ける印刷術〉の四世紀』（九州大学出版会，2018年）.
『ヨハネス・コメニウス──汎知学の光』（講談社〔講談社選書メチエ〕，2017年）.
『教育的思考のトレーニング』（東信堂，2008年）.
『教育思想とデカルト哲学──ハートリブ・サークル　知の連関』（ミネルヴァ書房，2001年）.

[訳書]

パトチカ『ヤン・パトチカのコメニウス研究──世界を教育の相のもとに』（編訳，九州大学出版会，2014年）.
コメニウス『地上の迷宮と心の楽園』（監修，東信堂，2006年）.

きょういくげんろんにまるにえっくす
しょうせつ 教育原論202Ｘ

| 2019年 2 月10日　初版第 1 刷発行 | ＊定価はカバーに |
| 2024年 4 月15日　初版第 3 刷発行 | 表示してあります |

　　　　　　　著　者　相　馬　伸　一ⓒ

　　　　　　　発行者　萩　原　淳　平

　　　　　　　印刷者　藤　森　英　夫

発行所　株式会社 晃 洋 書 房

〒615-0026　京都市右京区西院北矢掛町 7 番地
電話　075 (312) 0788番(代)
振替口座　01040-6-32280

装丁　㈱クオリアデザイン事務所　　印刷・製本　亜細亜印刷㈱
ISBN978-4-7710-3172-2

JCOPY 〈(社)出版者著作権管理機構委託出版物〉
本書の無断複写は著作権法上での例外を除き禁じられています。
複写される場合は，そのつど事前に，(社)出版者著作権管理機構
（電話 03-5244-5088，FAX03-5244-5089，e-mail:info@jcopy.or.jp）
の許諾を得てください。